愛の日本史

創世神話から現代の寓話まで

アニエス・ジアール

谷川渥＝訳

LES HISTOIRES D'AMOUR AU JAPON

AGNÈS GIARD

国書刊行会

本書はアンスティチュ・フランセの助力のもとヴィラ九条山の後援によって実現した。

LES HISTOIRES D'AMOUR AU JAPON

Agnès Giard

Japanese translation rights arranged with
ÉDITIONS GLÉNAT, S.A.
through Japan UNI Agency, Inc.,Tokyo.

日本語版への序文

私が武田好史に出会ったのは、二〇一〇年九月一日、私の誕生日でした。彼は着物姿で下駄を履き、女性（M・葉子）の肩につかまりながら東山の坂道を上ってやって来ました。このときのことを思い出すと、私はいつも称賛と当惑の入り混じった気持ちになります。ひとりの男性にこんなふうに粋な振舞いをさせてしまったことをとても面《おも》はゆく感じるからです。

私は当時ヴィラ九条山の一室に「レジデント研究者」として暮らしていました。私は外務省の奨学金を貰って、京都に数ヶ月間滞在し、現代日本をもっともよく表す百の愛の物語に関する書物を書こうとしていました。私の人生でもっとも幸せな時期に対応する、この研究の成果を読者の皆さんは手にしているわけです。この時期、私は日本の何人もの芸術家、思想家、職人に会う機会を持ちましたが、誰もがきわめて親切に時間を割いてくれました。この計画は、もともと、日本の代表的な愛の物語を拾い集め、それらを通してどんな愛の概念が現に流通し、そこからどんな問題が生じているかを理解することでした。私の目的は、できるだけ多くの専門家——文楽人形の製作者、人類学者、女形、美学の専門家、歌舞伎衣装の着付けの専門家、狂言役者、能面師、琵琶奏者、エロティック写真家、人形作家、等々——に出会って、愛の物語における信じられないほど豊かな伝説、ドラマ、詩歌、あるいは叙事文学といった膨大な資料から引き出される愛の物語を一人ひとりに語ってもらうことでした。こうした数えきれない物語のなかで、彼らはどれをもっとも重要なものとして評価しているのか。どんなところが重要なのか。

私の当初の仮説は次のようなものでした。研究対象の社会における特殊な感じ方にもっとも近づくためには、諸感情の起源を問わなければならない。そうした感情はどうして可能になったのか。日本に関しては、愛の情念こそが社会的相互作用と諸規範を司る論理を理解する助けになると私には思われました。心の鍵を、あるいはむしろジョン・ギャノンとウィリアム・シモンの言葉を引くなら「スクリプト script」を見つけなければなりませんでした。七〇年代にこの二人の研究者は社会学に革命をもたらしますが、それは、われわれの欲望は自然的あるいは本能的必要に属するのではなく、文化的に構築されたシナリオに属していると主張するものです。換言すれば、誰かに魅かれるためには、状況が潜在的に興奮させるものか当惑させるものとみなされなければならないというのです。ある人が美しいか扱いやすいかというたんなる事実は、それ自体としては十分ではありません。道路を裸で歩く男や女に魅かれることはないでしょう(警察を呼ぶことになるでしょう)。

スクリプトの理論は、社会を比較するのにとても役立ちます。フランスでは——社会学者のミシェル・ボゾンが『愛の実践』(二〇一六年)において述べているように——スクリプトはこんなふうに定式化されます。人が愛していると感じるのは、誰かときわめて特殊なタイプのやりとり、つまり秘密に「関わって」いると意識するときである。相手と低い声で話す。個人的な情報、ときに恥ずかしい、あるいは苦しい、つねに内密の情報を伝える。それが発端です。「心の内を明かすことで、人は他者に心の内を明かすように道義的に強いる」。他者がこの圧力に屈し、お返しに心の内を明かすと、事は進み始めます。それがミシェル・ボゾンが「自己授与」と呼ぶところのもの、つまり他者にお返しの自己献身を課す贈与の一形式です。他者が抵抗(秘密を明かすことを拒否)するなら、愛は成立しないか、あるいは一方的なものになり、可能な解決策はありません。

私が知りたかったのは、日本の心のスクリプトはどんなものだったか、そしてまた心を表す言葉、愛を表明する諸手段、この種の感情を囲い込もうとする諸規則がどんなものだったかということでした。愛の物語の考察を続けながら、私は直接的な問いを発することでより良い結果を得るつもりでした。「愛をどのように定義するか」「なにが愛の引き金になるのか」「愛をどのように表現するか」。私が不運にもこうした問いを発したとき、最初の答は手厳しいものでした。「お国にお帰りなさい。ここ日本には愛は存在しませんので。あなたが来られたのも無駄でした」。もちろん、私は帰りませんでした。私は留まり、そして特に武田好史の助力を得て、人が私に語ってくれた物語がどのようにまた別の物語のなかに含まれているのかを知ろうとしました。つまり、経済的バブルがはじけた現代日本の物語ですが、それはまたその言葉が個々の知と行為の無限の多様性の鏡となっている私の対話者の物語でもあります。

最後に私は読者に寛大であるようお願いしたいと思います。というのも、日本における愛の概念が、個人的であれ国民的であれ、アイデンティティの定義において中心的なものであるということのほか、私はたいして知っているとは思えないからです。愛について調べるということは、なによりも言説の生産について、あるいはフーコーの用語を借りるなら「言説的制度」、つまり歴史的に構成されたイデオロギー的表象へと送り返される言葉の総体の生産について調べることです。ここに集められた物語は、それゆえユニークで非時間的な「日本人の」アイデンティティを明らかにするものではなく、今日の日本のモンタージュ写真、いまや男女に新しい社会モデル、新しい愛の理想のモデルを発明するように強いる危機的現実と愛の夢とで分け持たれたモンタージュ写真を組み立てるために幾重にも交差する——ときとして矛盾する——一定の諸視点を明らかにするものです。

本書の翻訳は谷川渥によって初めて可能となりました。彼は廃墟や芸術的幻想に関する数々の素晴らしい書物を著していますが、この未完の仕事にその眼差し、その言葉、そしてその学識を注いでくれたことを私はこの上なく光栄に思います。

このアンソロジーには百の物語は収められていません。九十九です。あなたの物語を付け加えてください。

アニエス・ジアール

ジュネーヴ、二〇一七年十二月四日

愛の日本史　目次

第十七章　約束「あなたのことは決して忘れません」――461

わたしの「恋人」へ。すべてがあまりにも速く行き過ぎるので。

秋の夜も名のみなりけり逢ふといへばことぞともなく明けぬるものを

（長いと言われる秋の夜も、言葉の上だけのことだった。
恋人にいざ逢うということになれば、あっという間に明けてしまうのだから）

（小野小町、『古今和歌集』六三五）

愛の日本史

創世神話から現代の寓話まで

恋の罪

序説……むなしさの経験としての愛

聖書に匹敵するとみなされる文献、『古事記』と『日本書紀』[1]のなかで、最初の女性であるイザナミと最初の男性であるイザナギは宇宙を創造することを引き受ける。世界は言葉によって生じるのではない。それは、両者の「成り合はぬところ」と「成り余れるところ」の結合として記述される肉体的愛の行為の結果である。彼らはまぐあいの前に最初の出会いをなぞるように天の御柱のまわりをあらかじめ廻る。「あなにやし、えをとこを（なんていい男なの）」と、イザナミは驚きを装って叫ぶ。「あなにやし、えをとめを（なんていい女なんだ）」と、イザナギはイザナミに一目惚れの鏡像を送り返す。ここから、日本において「見る」という動詞が、「愛のいとなみをする」と同時にまた「他者の眼差しのうちに自分自身の愛の深さが映し出されるのに見入る」ことを意味するようになる。それゆえイザナギとイザナミは、まずその眼差しを交わし、次いで日本で何世紀もの間女性を誘惑する手続き（modus operandi）を定めることになる仕方に従つて愛の告白をやりとりする。その後、神話上の恋人たちは何度も抱擁を重ね、そこから海、島、花、動物、人間、あるいは星が生じる。この宇宙開闢《かいびゃく》説的伝承を信じるとすれば、人間は自分を取り囲むあらゆるものと同じ血を分け有っていることになる。人間の身体を循環する生命的エネルギーは、石を貫き、あるいは花咲く木々の葉叢を吹き抜けるエネルギーと同じものである。それは、最初の女を最初の男のもとへ運んだこの欲望から成る。とても強い欲望なので、岩ですら生気をもったものとして存在しつづける……。

日本では、愛を行為以外のかたちで表現することが嫌われるので、愛は華麗な舞踊におけるように、風にそよぐ葉にも似た、神的な足跡に従う。寄せては返す波がそのつど砂浜を泡で覆い、あるいは行き交う雲が山腹に風を吹き下ろすのにも似て……。

神話によって世界の起源に置かれたこのリズミカルな演出は、「微笑みが幸せを呼ぶ」ように、幸せであるためには楽しまなければならないがゆえに、人々がたいていの場合挙げることになる儀式の聖なる性質を帯びている。愛を語ること

前頁：Ryuya Kisaragi & Tomoe
「恋の罪」（同人誌、2000年代？）

も理論化することも、無益である。愛を生きなければならない。より正確には、「愛を行なうこと」だ。というのも、『日本の根源』のなかでジャン・エルベールが説明するように、聖なるものはなによりもまず肉体的かつ感情的経験に属しているからである。「新渡戸稲造（元国際連盟事務次長、日本的心性に関する多数の書物の著者）は、日本人が関心を抱くのは、信じなければならないことではなく、行なわなければならないことだと述べている。しかも一般に〈カミ〉に認められる性質のひとつは、〈言挙げせぬ〉こと、理論や一般化に現《うつつ》を抜かすあらゆる誘惑に歯止めをかけることである。だからこそ大きな宗教的儀式（祭り）において、言葉の表現が実質的に不在で感情だけが表に現れることになるわけである」(2)。日本に神学はない。思考は身体から生じるのだ。

日本語それ自体が、抽象的語彙に乏しく、概念を嫌う。それよりも好まれるのは、話し言葉、書き言葉、純粋に文学的な言葉にも、およそあらゆるところに見られる模倣的語彙であって、コツコツ、トクトク、ぶつぶつ言うモゴモゴ、あるいは声をかぎりに泣くオイオイのようなオノマトペ（音にもとづく〈擬音語〉あるいは〈擬声語〉）、アキアキ（うんざり）、ピカッと（まばゆく光る）、あるいはイジイジ（気おくれ）のようなイデオフォーヌ（感覚、視覚的様相、身体的ないし心理的状態にもとづく〈擬態語〉）に満ちている。一億二千七百万人の日本人が日常的に即興するのは数に入れないにしても、八百以上の「知覚語」(3)が存在し、日本語に触覚的、視覚的、音響的な喚起力を与えている。感覚だけが問題だ。日本では現実は、絶えず移りゆくこの世界で粘膜や皮膚の神経、鼓膜や網膜にとらえられるものに還元される。この現象的宇宙において、愛というものは、内面のカオス、九世紀以来、愛の歌で頻繁に用いられるイメージ、つまり風や水に揺らぐ草のイメージのようなカオスの言葉以外では記述されえない流動的感情として経験的に定義されるのである……。

そもそも主観的である愛は、流動的でとらえがたく、ついにはほとんど言い表せないものとなる。日本では「あなたを愛している」とは言わない。だから若者たちが最終的に選ぶのは、告白の代わりになる赤面を生じさせる窮地に相手を陥れることだ。言葉なしで済ますのである。あまりにあからさまと思われる表現に従って、「愛している」と言うよりは、それゆえ「月がきれいだね」とつぶやき、虫の声や樹々のそよぎと和する自分の心臓の鼓動を身を寄せ合って聞くことを好むのである。愛はこの内省の数分間しか存在しない。聖なるものと同様、愛ははかなく移り行く知覚から引き離されたこの束の間の時間から成る。ひらめきによってしか目標に達することができないというように、愛を神的なものと同じ仕方で考えるこの国には、明白に実体的なものも決定的なものもない。人はひたすらこの恩寵の時を熱望し、それが持続する間に世界の美を前にしたオルガスムあるいは悲痛な感情の効果に身を委ねる。その後に現実への回帰が来るのだ。

日本の宗教的根源に関する著書のなかで、芸術家で哲学者の岡本太郎(4)（一九一一—一九九六）は、もともと聖域というものはなく、ただ夢幻的な場所を示す小石群があっただけだと述べている。それは沈黙のうちに人間に休息をもたらし、眼を開かせ、場所の魔力を味わせてくれた。小石の一部が「存《カ》在《ミ》」を担う空間の境界を定めた。他の小石は積み重ねられ、不可視の存在が降りて来られるように小山を形成した。石は日本において磁極である。その無機的存在によって、石は他のものがその核心と衝突することを待ちうける。新年に稲荷神社では、捧げ物の上で二つの火打石を打って浄めるきわめて古い儀式が執り行なわれる。また、たいていの芝居好きが知っているひとつの身振りがある。愛していることを示すために顔の上に小石を置くのである。というのも、「小石《こいし》」という語は「恋し」（愛しい人よ、君がいなくて淋しい）という表現と同音異義だからだ。石と睦《むつ》み合う行為は、日本人を地殻と結びつける特別な絆を思い起こさせずにはいない。

地殻は複数の層から成るが、それは情念を表現する能力を人の顔と共有する、痙攣の走る組織たる皮膚である。この主題に関して『石の来歴』と題する魅力的な小説がある(5)。真名瀬という名前の兵士の物語で、彼は一九四四年末レイテ島の洞窟のなかに一人の瀕死の人間とともにいて、初めて地質学の教えを受ける(6)。そこで「目玉のなかで蛆が蠢《うごめ》いてい」る上等兵を前にして、真名瀬は岩の形成そのものを司る営みに自分が立ち会っていると意識する。というのも、石灰岩と肉とは、何十億もの積み重なった腐乱死体の産物でないとしたらなんだろうか。われわれの骨のカルシウムは、鉱物の循環のなかに投げ入れられ、そうして今日でもなお女性たちが子供を欲するときに川床に取りに行くのと同じ石を誕生させる。「だから君が河原で拾う石ころは、どんなによそよそしく疎遠にみえようとも、君とは無縁ではありえない」と語り手は言う。この石に君は「地球の歴史」を見る。君はそこに「君の未来の姿」を発見することもできる。

死体の積み重なりとしての地球のイメージは、すべての要素が満ち干の運動に身を委ねるリズミカルなダンスのイメージに似通う。大地を揺るがし、その波が絶えず寄せては返す海は、移動しながら重なり合う雲の影を空に送り返す。日本における愛の物語も、絶えず自分に立ち戻り、カテゴリーに分類するのがほとんど不可能なほど何度も再記述され、再解釈され、見直され、手直しされる同じ傾向を示している。本書は、もともと、はっきりした区別に従って章分けされるはずであった。幸福な結末の愛の物語、心中の物語、幽霊や動物との愛の物語、同性愛の物語、夫婦愛の物語……といった具合に。この章分けを尊重するのは不可能であることが直ちに明らかになった。愛の物語の一つひとつが、ありそうもない変身につれて、こうしたカテゴリーの一つに移りゆくのだった。男の主人公が、女に、幽霊に、狐に、父親に、夫に、愛人に、兄弟に、侍に、あるいは泥棒に姿を変えるので、物語を語ろうと思えば、必ずや劇作家や歌人や作曲家がもとのシナリオに基づいて次々に修飾しえたすべての物語を裏切ることになるのだった。日本の愛の物語のこの驚くべき特徴から、私は千変万化する万華鏡をどうにか尊重しつつも、様々なヴァージョンのうちから特定のものを選ぶことを余儀なくされた。私が物語るものの背後に身を潜めた何十もの物語を沈黙のうちに通過することをお許し願いたい。

日本の愛の性質それ自体が、まさしくこの絶えざる見直しの作業から生じるようにみえる。結末が決して同じではないのだ。視点は変化してやまない。登場人物は変容する。物語が修正され、さらには歪曲されればされるほど、それは意味を豊かにし、各変奏がそのスペクトルの美に新たなニュアンスを付け加える。……こうした変異する愛は、探ろうとしても探りえない神秘にも似て、つねに意識の高い水準に達しながら決してその目的に到達することはない。その途上で突然その探求のむなしさに気づいた者は、じつのところ諦念に近い叡智の一形式に達する。彼は決して真実を知るには至らないことを悟る。真実はわれわれを凌駕するからだ。われわれはなにものでもなく、量子力学的には塵《ちり》でしかないからだ。人を互いに相手に差し向ける欲望は、星々のうちに別の生命形態を、あるいは外観の構造のうちに隠された神の存在を探求すべくわれわれを駆り立てる欲望とつまるところさほど異なっているわけではない。それはわれわれを出発点に、われわれ自身に、われわれ固有の言いようもなく神聖な存在に連れ戻すが、われわれと未知なるものとのこの往還、この一方への回帰に続く他方へのこの熱望こそが、愛にかくも絶望的であると同時にかくも輝かしい色調を与えるのである。われわれは、しばしばいやましに募る妄想を追うだけなのだ。

ことに妄想的な日本の愛の物語の多くは不幸な結末に至る。主人公たちは、苦い挫折感を残して、あまりに早く死ぬか自殺する。多くの日本人は、彼らを見習い、一種のマゾヒスティックな悦びをもって潜在的な物語や表現されざる情熱のうちに得々としているように見える。愛において不幸であるほうがいっそうロマンティックである、そんなふうに。おそらくこれは神道の名のもとに集められ、幸福の観念に基づくあらゆる種類の儀礼を乱雑に結集したアニミズム的信仰の総体のもたらした結果だろう。幸福は日本においてタブーではない。それは、性的快楽と同様、宗教的義務の一部をなす。たぶんこれが日本人が失敗した愛あるいは実現されない愛を好むように見えることを説明してくれるだろう。そうした愛は、イザナギとイザナミの幸福な交わりをモデルとするこの国において、おそろしく違反的で、それゆえに魅力的なのである。

そこにはもちろん仏教の影響もまたなにがしかある。六世紀以来、中国から来た僧の影響下に、素直な喜びをもって愛を語っていた詩人たちは徐々に非充足の苦しみに陥る。仏教の教説は、愛をあらゆる災いに責任がある幻想とみなす。初期の古代的愛の歌のなかには勝ち誇った誘惑者が満ちているが、彼らは戸を押し開けて入り、女の「頭」と「足」をとらえたあと「つるのような腕」を絡ませて「心地よく」[7]寝るが、たちまち愛する者は郷愁的になって、朝霧のなかぼんやりした影の孤独な「鶴のような」妻を「愛しく思い」、泣くことしかできない。[8]……しかし悲しい愛に向けられたこの趣味に対しては、おそらく第三の説明が存在する。自分たちが捕らわれている極度の自己抑制を埋め合わせるために、日本人は、そうする暇があれば驚くべき量の涙をカタルシス的に流す。悲しい愛の物語は、特権的なやり方で、この溢れんばかりの情念にはけ口を与えるのだ。この問題に関しては、ほとんどことわざに属する、周知の表現が存在する。「日本人は泣きたい民族だ」。

生きた皮剥《かわはぎ》模型のように毅然と自己規定するこうした日本人をどのように評価したらいいだろうか。新渡戸稲造は『武士道　日本の魂』のなかで、この微妙な点に関して日本人は極度に礼儀正しい無表情な仮面を無理やり着けようとすると示唆していた。この仮面の教えのもとで、現代の日本人はいまなお自制している。「社会的関係」の枠内では、彼らはきまじめに規則を守る。仕事と「社会的関係」の枠内では、彼らの感情は少しも表れない。逆に、自分が友達のあいだに、あるいはハレと認められた文脈（お祭り）のなかにいることを見出すやいなや、彼らは打ち解けた仕方で自己解放する。そしてカラオケにでも行けば、マイクを奪い取って涙の噴水に変身する。特徴的な事態だが、レコード産業のなかでせいぜい一パーセントの売上を記録するに過ぎないエンカ（演歌）が、テレビやラジオで優勢な位置を占めている。まるで国民全体が、悲しみに濡れた眼の憂いに満ちた女性歌手や孤独な優男に一体化しているかのように。演歌は泣き節との異名をもつ。ハンカチを握らせれば握らせるほど、それは評価される。「涙をたくさん流させる歌」と人は言う。細かく見てみよう。こうした演歌のなかで頻繁に用いられる言葉がある。数の大きい順に挙げると、夢、心、あなた、酒、涙、泣く、女、人、恋、花、ひとり、胸、わたし、雨、ふたり、命、咲く、である。[9]

「演歌において、歌の主題たる夢は、愛する人、失われた人、離れた故郷を思い出させるノスタルジックな夢である」と、『思慕の涙』のなかでクリスティーヌ・R・ヤノは説明している。それは行動に向けられた夢ではない。それは夢見る者を無為と諦めの状態に置く夢である。「ああ、夢はぐれ、恋はぐれ」（ああ、私は夢を失くした、恋を失くした）[10]。夢見ることは、ここで流れに運ばれる藻のように漂うことに比べられるが、待つことのうちに愛する者を支えるのだ。「あなたに夢で逢えたらいいと今夜も思う雨の宿。いつか添えると信じて待って」[11]。演歌において、夢見つつ待つことは完全な関心事をなす。願いがかなう日を思い描きつつ歌う男あるいは女は、溢れる思いに運ばれ、自分の感情の非現実的な、はかない「浮世」を流されるに任せるのだ。平安時代の歌が、こうした涙いっぱいの歌謡のうちに蘇っているようだ[12]。

演歌は、大正時代（一九一二―一九二六）に、すなわち一世紀近く前に生まれ、若者たちから「古臭い」音楽とされているにもかかわらず、日本人によって真の「国民の魂」（日本人の心）を反映する歌とみなされている。なぜならそれは国が外国人に持ってもらおうとするイメージとはまったく反対のことを言うからだ。「がんばって」と叫ぶ闘士たちのナンバーワン日本ではなく、酒に溺れる敗者たちの日本である。ポケモンやハローキティの「かわいい」日本ではなく、傷つきやすい、流れる涙に運ばれる日本である。日本人が現に執着するこのステレオタイプは、自分たちがその超感動性によって他のすべてから区別される同質的民族を形成しているという考えを確かなものにするが、これはまことに意味深長である。理想的な愛は、日本においてはノスタルジックにして悲痛な様式で生きるのだ。現実には、イザナギとイザナミが鳥を真似て愛の作法を学んだ「神代《かみよ》」におけるのと同じ活発さで夢中になるということが大いにありそうである。しかし集合的想像界のなかでは、幸福と成功を規範とするこの主たるイデオロギーへのおそらくは反動として、破れた心をもつことがきわめて優雅なのである。日本人はこの本質的な考え方のまわりにみずからのアイデンティティを構築したように思われる。つまり、夢のように愛を生き、秘めた情熱のむなしさを味わい、あるいはつねに手の届かぬ相手に夢中になり、ひたすら願い、待ち続けて、空白の、空虚な、未完成の空間だけが残されるという。

夢の逢《あひ》は苦しかりけり覚《おどろ》きてかき探れども手にも触れねば[13]

（『万葉集』七四一）

【註】

（1）日本文明の最初の二冊の書物は、紀元七一二年から七二〇年のあいだに作成された。

（2）Jean Herbert, *Aux sources du Japon*, Albin Michel, 1964, p. 24.

（3）「この種の語によく見られる特色のひとつは、日本語の一連の形態変化に応じて、状態あるいは作用の多様な様相を微妙な仕方で表現することを可能にすることだ。それで、旋回や回転の観念に帰する語根のコロから出発して、コロコロ、コロリ、コロン、コロット、コロリン、コロリコロリ、ゴロゴロ、ゴロリ、ゴロリゴロリ……が形成されるが、それぞれが回るとか転がるとかの特殊な仕方を表している」。Daruma n°2, p.286.

（4）Taro Okamoto, *L'Esthétique et le Sacré*, Seghers, 1976.

（5）Hikaru Okuizumi, *Les Pierres*, traduit par Rose-Marie Makino-Fayolle, Actes Sud, 2006.〔奥泉光『石の来歴』文藝春秋、一九九四年〕

（6）「レイテ島では、一九四四年末のアメリカによるフィリピン奪還の決定的戦闘に巻き込まれた九万四千人の日本人兵士の九十七パーセントが死亡した」。Philippe Pons, *Le Monde*, 19 août 1955.

（7）六世紀初頭（五一三年九月）、女と一夜を過ごしたあとに作った勾《まがり》皇子の歌。Gaston Renondeau : *Anthologie de la poésie classique japonaise*, Gallimard Nrf, 1971, pp.18-19.

（8）八世紀初頭の歌人、丹比笠麻呂《たじひのかさまろ》の歌。Gaston Rennondeau, *op. cit.*, p.35.

（9）Christine R.Yano, *Tears of longing, Nostalgia and the Nation in Japanese Popular Song*, Harvard University Press, 2002, p.95.

（10）歌謡「恋歌綴り」（一九八九年）からの抜粋。Christine R. Yano, *op. cit.*, p.95.

（11）歌謡「泣かせ雨」（一九九一年）からの抜粋。Christine R. Yano, *op. cit.*, p.95.

（12）十二世紀、道因法師（一〇九〇？―一一七九）は、生き延びた悲しみを詠んだが、読者は彼が恋に破れたがゆえにとめどなく涙を流しているものと解釈してきた。

思ひわび　さてもいのちは　あるものを　うきにたへぬは
なみだなりけり
（『百人一首』八十二）

（13）夢のなかで夢見ている相手に腕を伸ばすことがしばしばある。むなしさの経験としての愛？　これは特別に悲痛な経験で、いやおうなく家持（七一八―七八五）が妻に贈ったこの歌を思い起こさせるのだ。

ちりめん本（英文／M・ブラムホール）『Japanese Jingles（日本の小唄）』より（1891年）

第一章

永遠の秘密

「愛する、なんで〈死ぬ〉って言わないの」

浦島太郎、阿部定、同じ闘い……「愛は存在しない」

　どんなに熱烈に愛し合っている者たちでも、いつの日か別れなければならないのだろうか。日本では愛を象徴するために紙を折るが、「折る」という動詞は、魂の物語が別離の苦しみのうちに否応なく悪い結末を迎えるかのように、また「引き裂く」をも意味する。「語の西洋的な、つまりキリスト教的な意味での愛は、わが国には存在しません」、と東京大学の人類学者船曳建夫は断言する。「持続する愛、永遠の結びつきと考えられる愛は、この点で私たちの文化には無縁であり、この概念を正確に翻訳しうるいかなる語も私たちの語彙のなかにはありません。あなたがたには愛があります。私たちには〈恋〉があるのです。そして〈恋〉を定義しなければならないとすれば、ちょっとインスタントスープのような、瞬間的な親密さの時にかかわるとでも言いましょうか。それは、たちまち消えてしまう火にも似た、ほとんど続かない瞬間です。一夜持続する〈恋〉もあります。また一時間持続する〈恋〉も。しかしいずれにしても一年は持続しません。持続の観念は、明らかな理由によって、私たちの〈恋〉のヴィジョンとは全面的に矛盾します。つまり、日本は太平洋火山帯、地球上でもっとも活動的な地震地帯の一部をなしています。ここでは事物は絶え間なく動き、私たちの美学はなべてこのはかない世界の観念に基づいているのです」[1]。もし日本を素描しようとするなら、ときとして溶岩や炎で覆われるその表面を折りたたんだり引き裂いたりする断層を示すすべての線を点線でまず引かなければならないだろう。船曳建夫にとって、それゆえ〈恋〉は「情熱」の恒常的な形以上のものである。それはこの激烈な国の本性そのものである。〈恋〉を理解しなければ、日本を理解することはできない。「私たちにとって〈恋〉はとても大事なので、二番目に古い日本の歌集である『古今和歌集』のなかで、恋にもっとも重要な章があてがわれているのが見られます」と彼は言う。浦島太郎の伝説が、彼の見るところでは、「日本に愛は存在しない」という観念を完璧に例証している。

　この伝説はとても古く、その祖型はもっとも初期のこの国の創世的文献『日本書紀』のなかに見出せるが、それは紀元四七八年七月に丹波国餘社《よさ》で起きた「事件」を報告するものである。「水江の浦島の息子が、舟に乗って釣りに出た。ほどなく大亀を捕まえた。それがたちまち女になった。浦島の息子は恋に落ちて妻とした。二人は、永遠の青春の島、蓬莱《ほうらい》山《さん》に至った」(2)。物語の続きは語られないが、『万葉集』のなかに反歌を伴った長歌の形式で再び見出せる。「春の日の　かすめる時に　住吉《すみのえ》の　岸に出でいて　釣舟の　とをらふ見れば　古《いにしへ》の　事ぞ思ほゆる」(3)。そして伝説が始まる。その昔、若い漁師、水江の浦島の息子がいた。七日間も「海界《うなさか》」を漕ぎ行くと、神の女《をとめ》に出会い、よく「あひとぶらふ（親しく語り合う）」ことができたので約束を交わした。

海若《わたつみ》の　神の宮の　内《うち》の重《へ》の　妙《たへ》なる殿に　たづさわり
　二人入りいて　老《おい》もせず　死《しに》もせずして　永き世に
ありけるものを　世のなかの　愚人《おろかびと》の　吾妹子《わぎもこ》に　告《の》り
て語らく　しましくは　家に帰りて　父母に　事も告《の》ら
ひ　明日のごと　吾は来《き》なむと　言ひければ　妹がいへ
らく　常世《とこよ》べに　また帰り来て　今のごと　あはむとな
らば　このくしげ　開くなゆめと

（わたつみの宮の奥の奥にある神々しい御殿に、手を取り合って二人きりで入ったまま、老うことも死ぬこともなくいつまでも生きていられたというのに、俗世の愚かな彼が愛しい人に打ち明けた。ほんのしばらく家に帰って父母に事情を話してから、明日にでもまた帰ってきたい、と。こう打ち明けると、愛しい人が言うには、ここ常世の国にまた帰って来て、今のように過ごそうと思うのでしたら、この櫛笥《くしげ》をけっして開けないでください、と。）

彼女は、当時女性がもっとも大事にしていた櫛笥を彼に預けた。西洋でこれに匹敵するのは宝石箱だろう。なぜなら日本で唯一価値のある装身具といえば、女性が髪にさす簪《かんざし》と櫛だからだ。彼女は彼にこの大切な箱を預け、決して、どんなことがあっても、それを開けることのないように約束させる。この箱をタマテバコ（玉手箱）、「喜ばしい手の箱」という(4)。浦島の息子は、それを持って住江に戻る。ところが、自分の家が見つからない。村すら見つからないのだ。すべてがなくなってしまった。動転した彼は、昔のものを蘇らせることができるかもしれないその箱に目を向ける。「この箱を　開きて見てば　旧《もと》のごと　家はあらむと……」。そして彼は、約束を破って、その大切な箱を少し開ける。「玉くしげ　少し開くに　白雲の　箱より出でて　常世《とこよ》べに　たなびきぬれば
　立ち走り　叫び袖振り　こいまろび　足ずりしつつ　たち
まちに　情消《こころけ》失《う》せぬ　若かりし　膚《はだ》もしわみぬ　黒かりし

髪も白けぬ　ゆなゆなは　気《いき》さへ絶えて　後《のち》つひに　命死にける」。こうして伝説は、美しい若者の悪夢のようなイメージとともに終わる。彼は数分間のうちに老人に変貌し、三世紀前には自分の家があったその場所で、枯れ尽き衰え果てる。ルネ・シフエールによって、時間の相対性に関する「哲学的物語《コント》」と呼ばれるこの長歌には、道徳的結論の代わりになる反歌（『万葉集』一七四二）が添えられている。

常世《とこよ》べに住むべきものを剣刀《つるぎたち》己《な》が心から鈍《おそ》やこの君
（とこしえの命の国で生きることができたものを、なんという愚かなことをみずからしでかしてしまったのか、この男は）

浦島は愚かに振舞った。箱を開けて(5)不死性の秘密を失うパンドラ同様、浦島はその生を、永遠の若さを失う。船曳赳夫は、こんなふうに要約する。「浦島は、結局すべての男と同じように愚かです。女の愛は彼には十分ではありません。〈恋〉の魔術は、それを非現実の空間、時間の外に保ちます。しかし現実原則、〈地上に戻る〉ことを唆す本能に導かれて、浦島は箱を開け、その魅力を壊します。この箱は〈恋〉の装置、一種の時間停止装置です。決して内部を見ようとしてはいけません。というのも、〈恋〉は、幻想と同様、その動因を見ないように仕向ける一種の盲目状態に捕らわれるときにしか存在しえないからです。〈恋〉は幻想のかたちでしか生きられませんし、また当然これ以上に維持するのに難しいものもありません。だからあらゆる愛の物語が終焉を余儀なくされるわけです」。

船曳赳夫にとって、自分の愛を不滅化するのに成功した唯一の女性は、阿部定《さだ》である。「それは〈恋〉のヒロインです」と彼は言う。「彼女は続けて六日間も時間を止めるにいたりました。ご存知でしたか」。阿部定とその愛人石田吉蔵は、六日間というもの一室に閉じこもり、昼夜を分かたず灯りをつけて、ひたすら愛し合った。「愛の六日間……人間の可能性の尺度からすれば、それは永遠に等しいでしょう！」このマラソンの果てに、阿部定は自分の愛人を殺す以外のことはできなかった、と彼は考える。一九三六年五月十八日、彼女は彼を絞殺した。情熱が決して衰えないように。彼らの愛が、というよりは〈恋〉が、現実の法を決定的に免れるために。(6)

結局のところ、阿部定と龍の娘は、男が自分の時計を見ようとしたまさにその時に、愛する男を殺したのではないだろうか。「もちろんこれら二人の女性のあいだには関係があります。阿部定は石田吉蔵とのこの超夫婦的関係にさらに何年間か満足することもできたかもしれません。しかし彼女は中途半端なことを望みませんでした。彼女はただ〈恋〉を、その全き強度において、望んだだけでした。彼女が警察に自首したとき、二人の警官に挟まれて警察署を出る姿が写真に撮られていますが、彼女は写真に向かって笑いを浮かべています。勝ち誇った女のように。明るく晴れ晴れと微笑む女のように。すべての証言が一致しています。驚くべきカリスマを持った女でした。男たちは彼女の魅力の虜になりました。阿部定が写真を撮られたとき、誰も知らなかったのですが、彼女は愛人のペニスを着物の帯に挟んで持っていました。彼女を刑務所に連れて行って初めて警官たちはそれを見つけました。写真を撮られたとき、阿部定以外の誰も彼女がおなかにしっかりと付けていたことを知らなかったのです。……」。彼女は文字通りペニスを重力から引き離したわけだが、それは、浦島に箱を手渡して花ざかりの年齢に死ぬべく仕向けた龍の娘の象徴的行為を反復するものだった。

　そこに一致を見るべきだろうか。浦島太郎伝説の物語形式のヴァージョンでは、龍の娘が亀であったと言われている。「なにかが釣り針にかかりましたが、それは一匹の亀でした。彼はその亀を水に戻してやりましたが、夜までにこの同じ出来事が三度繰り返されました」。浦島は亀を殺さずにまた水に戻してやったが、亀は感謝して乙姫という名の美しい王女の姿になり、父親の龍神の宮殿に彼を連れて行く。……中国では、亀は長生のシンボルであり、不死の神々と結びついた聖なる動物である。日本人はそれに性的なシンボリズムを付け加えた。亀を食べることは、情熱を強め持続させるばかりではなく、愛する者たちに新たな若さを与えることでもあるとみなされ、何世紀も前からスッポンを食べてきたが、人は眼前でその首を、まるでペニスを切断するかのように切断するのだ。スッポンの首は、それが甲羅の外に立ち上がるとき、今でもキトウ（亀の頭）と呼ばれる男性性器を思わせる。しかもスッポンはとても危険な――指を切断しうるほどの――歯を持つので、ベッドでも他のところでも獲物を放そうとしない独占欲の強い女はスッポンと呼ばれる。

　こうした女たちは、妥協で満足するよりも生身にメスを入れるほうを好むだろう。日本のヒロインたちは、明らかにこうした女たちからなるのだ。「阿部定事件が起きたとき、人々は強い安堵を覚えました」と船曳は語る。「この時代、人々は政府と道徳によって課せられた束縛のなかで息苦しく感じていました。圧迫はひどいものでした。阿部定は、愛人を殺して、きわめて軽い刑罰で済むような解放感を生み出しました。彼女が自分の関係を神話の高みにまで持ち上げ、それを不滅のものにしえたがゆえに、いまなお彼女は私たちを魅了するのです」。

　餘社《よさ》の海岸の浦神社では、信者たちがより長生きできるように浦島の墓の前に来てお祈りをする。これこそ日本における逆説である。本質的に束の間のものである〈恋〉のうちに、永遠の秘密が見いだされるのだ。永遠は、この生から引き抜かれた純粋な情熱の瞬間、思い出がより激しく、より強いものであるだけいっそう美しいものにする瞬間以外のなにものでもない。われわれが生きるのは、こうした思い出を十分に集める希望のもとでしかない。それは、死ぬ瞬間にそうした思い出が眼前に、全速力で、光速で、浦島が最愛の人の箱を開けてのち急激に経過した三百年の速さで、次々に現れるようにするためである。

高砂……積もった雪のような白髪

船曳赳夫が主張するように、日本人は「永遠の愛」を信じていないのかもしれない。では幸福な和合の象徴が本質的に松であることをどう理解したらいいだろうか。松は「待つ」を意味し、「永遠」の同義語であるのだから。松は常緑樹である。季節は移り変わっても松は緑のままなので、その常緑の樹は常世(7)と呼ばれる世界に絶えず湧出する無尽蔵の力のこの上ないイメージとなる。そこには「不死の存在」たるカミ（つまり死者、先祖、そして神々）が住むが、こうした存在に時間はもはや影響しない。恋人たちにとっても、体を重ね合わせ、寄せては返す波のような往復運動をするとき、時間はもはや重要ではないように思われる。彼らの抱擁は、彼ら以前の者たちの「一千回」、「一万回」の抱擁につながる。彼らの和合が絶えず更新されるように、結婚式では二人がいつまでも情熱を持ち続けることを讃える歌が歌われるが、二人は「枕を並べて」、髪が白く、ついには無の色と見分けのつかぬ、「積もった雪のような白髪(8)」になるまでと、誓い合わなければならないのである。

例外的な寿命を与えられた松は、日本のきわめて古くからの崇拝、永続的な再生の観念と結びついた男根崇拝の対象となってきたように思われる。結婚式の際に新郎新婦が松の二本の枝を並べて置く習慣があるが、それは交叉した枝で象徴的に男神と女神を和合させるという新年の儀式を思い起こさせる。「松根に寄って腰を摩れば、千年の翠手に満てり(9)」、と詩人の橘在列《たちばなのありつら》が言っている。彼は、九世紀のしきたりに従って、高雅な樹の性的な力を受け取るわけである。テオ・ルスアルクは、その『日本演劇の稲田』のなかで、一九六〇年代に京都近辺では四人の村人が神的な恋人同士である清九郎とお松を象徴する松の枝を絡ませるという昔ながらの儀礼が毎年執り行なわれると語っている。「儀礼の言葉を発しながら、彼らは、一回、二回、……わいわい、と枝を絡ませ、その枝を翌年まで樹のなかに入れたままにしておくが、清九郎は天に屹立し、お松は、開いた二股の枝で夫の身体を締め付けるのである(10)」。

この国のきわめて尊い松のなかに、千年の歳月を経たらしい高砂《たかさご》の松がある。高砂は、兵庫県の神戸からほど遠からぬところに位置する小村である。一九八八年以来、高砂は「結婚の村」という異名をもつ。というのも、幸先良く結婚式を執り行なうべく新郎新婦を祝福して謡曲『高砂』を謡うのが相応しいということになったからである。「謡曲」とは「能の歌」を意味する。謡曲『高砂』は、能の『高砂』の脚本で、そこにこんな言葉がある。「千秋楽は民を撫で、萬歳楽には命を延ぶ、相生《あいおい》の松風、颯颯の聲ぞ楽しむ、颯颯の聲ぞ楽しむ」[11]。結婚の宴の間、この言葉にしたがって能が演じられるが、この五つの詩節は、つねに強い情動を惹き起こす。というのも、能の『高砂』は理想的カップルの物語だからだ。とても強く長く愛し合い、死を乗り越えて愛し合い続けることができるように樹に転生する夫婦の物語である。

「最初に『高砂』がいつ結婚式で歌われたのか、この魅力的な改革が誰によるものか、知ることは難しい」、とジャン=ミシエル・ビュテルは『高砂』のシンボリズムに関するテクストのなかで述べている。「確かなのは、『高砂』は婚礼の宴の際に歌われるために世阿弥によって書かれたのではないということだ。これを用いるのは最近の習慣、幸福な逸脱である。(中略)『高砂』は、じつのところ始まりを祝う作品なのである」[12]。ルネ・シフェールは、それは「正式なすべての公演に先立つ」[13]ものと解釈されていると述べている。というのも、その言葉は、呪文のように、魂を浄め、それを聞くすべての人に幸福をもたらす効果をもつからである。しかも謡曲『高砂』に先行する二つの詩句は、贖罪的な性格をもっている。「さす腕《かいな》には悪魔を払い、納むる手には寿福を抱く」[14]。これらの詩句は、時の経過で積もった塵をはらう身振りをしながら歌わなければならない。この同じ身振りによって、古い歌のなかでは恋人たちが袖を振って褥《しとね》をはらうのだが、それはこんなふうに翻訳できるだろう。「私は悪をはらい、悪霊を追い出す。時間は消滅し、また新たに始まる」。死と同様、愛も目盛をゼロに戻すのだ。

『高砂』が上演され始めて舞台に登場する最初の人物は、旅の僧《ワキ》で、従者《ワキツレ》を伴っている。ワキという語は、あの世から到来する存在が姿を見せるときに、「縁にいる者」、舞台の埒外に、脇に立つ者を意味する。彼は、不可視のものを見ることができ、その霊媒的な働きで「存在たち」を出現させる。この僧は遠くからやって来る。長いあいだ歩いて来た、と彼は自分の行程の諸段階を振り返りながら言う。このミチユキ(道行)(旅の歌)の後、高砂の村に着いたことを喜び、そこで主要な名所を探す。有名な松はどこか。そのとき僧の問いが時の深淵から出現させたかのように、二人の老人がゆっくりとした足取りで舞台に続く橋の上に姿を見せる。翁《シテ》と嫗《シテツレ》である。シテという語は、文字通りには「行動する者」という意で、能の主要登場人物である霊、魔、あるいは神を指すが、彼は舞台の立方体の空間を時を遡る装置に変える。シテが現れるとき、失われた過去が蘇るのだ。

『千載和歌集』(一一八七年編纂)の一首に依り、老人たちは声を合わせて「松の春風吹き暮れて[15]」と歌い、次いで高砂を波の寄せては返す浜辺、「年々歳々、雪が真っ白に積もり」、そして白い鶴の羽が霧氷と見紛うばかりの浜辺として描写する。ここでは歳月が積み重なるのと同様に、人は徐々に老い、白髪になる。我慢すればいい。次いで声を合わせて老人たちはエロティックな文句を繰り返し唱える。「落葉衣《おちばごろも》の袖添へて、木陰の塵を掻《か》かうよ、木陰の塵を掻かうよ」。

「袖添へて」という身振りは、愛の営みを言うために歌のなかで頻繁に用いられるメタファーである。平安時代(七九四―一一九二)に貴族が女性の寝室に入ると、自分の衣服を女性の衣服の上に置くが、それは翌朝になって織物に女性の肌と香水の香りが染み込むようにするためである。衣服を重ね合わせることはよく行なわれるので、江戸時代(一六〇三―一八六八)、淫売屋で客は自分の上着で娼婦の上着を覆って、絹の肌の重なりが松葉のようにつながる体の幸福なイメージを生み出すようにする。先が割れた形の松葉は、そのシルエットが否応なく〈人〉という語のそれを思わせるので、永遠に結ばれたカップルの完璧なイメージを生み出す。その形が対《ペア》になっているのだ。幹が根元で二つに分かれている、アイオイ(相生)すなわち「同じ根株から生まれた[16]」と呼ばれる樹とまったく同様に。こうした樹は、日本では崇拝対象になる。それらは「夫婦松《めおとまつ》」と呼ばれる。

能の『高砂』においては、奇妙なことに、老人たちが僧に示す松は二本の幹の樹という名をもつが、じつのところ一本の幹しかもたない。それは「相生の松」と呼ばれるが、そこからずっと遠く、住江[17]にある別の松とそれを結びつけることによってである。僧は驚く。「高砂の松と住江の松とはよく相生の名で呼ばれます。ところが住吉の地は別の遠い地方にあります。ではなぜそれらが対をなすと言えるのでしょう」と僧は尋ねる。「ここに夫婦関係と、より一般的には愛の関係とについての疑問のおそらく核心をなす問いが提起された[18]」、とInaclo(フランス国立東洋文化研究所)の愛の関係の専門家ジャン゠ミシェル・ビュテルは解説している。中心の問いは、二人はただ一つの同じ心臓の鼓動を聞くまで愛しあえるのか、いつまでも結ばれていられるのか、ということだ。伝説によれば、高砂と住江の二本の松は一緒に生い育ち、それらを隔てる長い距離をものともせずに互いに生き続ける。これこそ愛の力である。愛は時間と空間を廃するのだ。「たとえ山川万里を隔てていようと、互いに通う心があるかぎり、夫婦の道に遠さはありません」、と彼らは言う。ここで用いられる語、カヨウ（通う）（集中する、往復する、行き来する）は、男が愛する女性と結ばれるために夜毎にとる行程を示す。この語は、平安時代のよく知られた表現、カヨイコン（通い婚）のうちにも見出される。これは、古代の結婚の最初の形式に相応する、行ったり来たりするケッコン（結婚）で、この時代、男女の関係を承認し聖別するような儀式は真に存在しなかった。結びつきは、男が女のもとにやって来るかぎり続いたのである。訪問が途絶えると、結婚は解消したとみなされた。

日本では、ほぼ二十世紀まで、結婚はそれにふさわしい肉体的行為の外には存在しない。絶対的に、理論的に愛するわけではない。肉体で愛するのだ。そしてこの行為は、男女が二人を物理的に隔てる距離を乗り越えることを意味する。もっとも、伝統的には、歩くのは男である。女のほうは、その性の生物学的現実がしからしめるような受身のかたちで待つのだ。そのペニスによって相手の方に導かれるように、男は女のいるところまで道（通い路）をたどり、その空ろな空間に入り込んで愛撫によって愛の炎を燃え上がらせる。ちなみに、日本の古典的な詩歌のなかに未来を規定する奇妙な仕方がある。それは、行末《ユクスエ》、文字通りには「道の終わり」と呼ばれる。それはしばしば橋によって象徴される。「道の果てまで」（行末まで）行く人は、誠実な人である。魂の道を何度も行ったり来たりしながら、決して戻って来ることを忘れない。「道に遠さはありません」、と高砂の老人たちは言う。愛するとき、道はもはや存在すらしないように思われる。「かしこは住江／ここは高砂／松も色添ひ／春ものどかに」、と彼らは真の姿をこの世に現す前に歌う。彼らは、空間と時間を超えて結ばれた、相生の松の精なのである。

日本語には「空間」と「時間」を言い表す一つの同じ語が存在する。間《マ》である。〈間〉は、行為あるいは事物を分ける間隔を指す。音楽家は、音符間にときに挿入する全休符を表すためにこれを用いる。俳優の身振りは、静止した〈間〉、シンコペーションで区切られる。紙の上の筆跡、庭石もまた「虚無を明かす痕跡」[19]にほかならない、とセルジュ・サラとフランソワーズ・ラベ（『日本のクリエーターたち——夢の浮橋』）は説明している。〈間〉は現象の背後にあるものへとわれわれの眼差しを開かせる切断の効果とみなされるのだ。どういうことか。それを察知させるべく、日本ではすべてが〈間〉の言葉で構成されている。道は、歩行者が通常とは違ったリズムを採らなければならない間隔の空いた舗石で出来ている。庭は、深さの感覚を攪乱させるように遠近法を狂わせて作られる。家の部屋はパズルに似ている。家具は収納できる。絵画には白い面が含まれ、章の欠けた本もある。言語そのものが意味的曖昧さを助長する。というのも、語が別の語と結び付けられるのは、空虚な空間によってでしかないからだ。セルジュ・サラとフランソワーズ・ラベは言う。〈間〉は「われわれを絶えず無限と無とに結びつける。事物と存在との、瞬間と場所とのあいだの亀裂は、絶えず現実の連続的横糸を引き裂き、この世とあの世とをつなぐ橋である[20]」。

〈間〉は、愛とまったく同様に、神秘的諸力の出会いとして規定される。ちなみに能の平行六面体の舞台の背景は、上演の魔術的価値をしるす松で飾られている。それは影向《ヨウゴウ》の松《マツ》と呼ばれる。ヨウは「影」を、ゴウは「受ける」、「迎える」を、マツは「松」を意味する。それは「その影になにかが待ち受ける松」、「その影が迎える松」である。われわれの世界と霊の世界との媒介者としての松。「能という演劇は、霊を呼び寄せるための魔術的表現形式とみなされてきました」、と京都の数寄者《フィロゾーフ》、武田好史は説明する。「能舞台を見ることは、超自然へと向かうことです。そのためにはコンディションを整え、出会いが起きるようにこのものへと精神的に向かわなければなりません。だからこそ舞台上に松があるのです。松は辿るべき道を象徴しています。空へ張ったその幹は、〈霊〉を待ち、呼ぶのです[21]」。この〈霊〉が「神であれ、魂であれ、あるいは愛する人であれ」、いずれでもかまわない。〈霊〉へと導く道は、魔法の道である。それは生と死、前と後、こちらとあちらといった観念がもはや存在せず、すべての矛盾が解決されているところへと導くのである。

恋しとは誰が名づけけむ言ならむ死ぬとぞただに言ふべかりける

（恋しとはいったい誰が名付けたのだろうか。死ぬとだけそのまままずばり言うべきだったろうに）

（『古今和歌集』六九八[22]）

ほととぎすと死……「われも血を吐く思いかな」

橘《たちばな》が花をつける初夏になると、ほととぎすが雌を求めて鋭い悲痛な叫び声を上げ始める。昼夜を分かたず歌い、そしてその喉《のど》の内部がきわめて鮮やかな朱色で彩られているので、この鳥は愛の叫びゆえに血を吐いていると伝説は言う。『万葉集』第八巻一四七三の大伴旅人（六六五―七三一）の歌。

橘の花散る里のほととぎす片恋しつつ鳴く日しぞ多き
（橘の花のしきりに散る里のほととぎすは、独り恋焦がれながら鳴く日が多いことよ）(23)

ほととぎすは、戸をたたく音に似た、神経にさわる息が詰まったような声で鳴く。ホ―ト―ト！　ホ―ト―ト！　虚空に発せられるこの執拗な呼び声は、応《いら》えなき愛の同義語になる。「平安時代に現れたような愛の観念は、誰かに夢中になることを意味する西洋近代の愛の観念とは明らかに異なる」、と日本文学の専門家白根治夫は説明する。「日本の古典的詩歌において愛とは、〝不在の、あるいは手の届かぬ異性の誰かと一緒にいたいという熱烈な願望〟を意味する。愛を指すために『万葉集』で用いられる表意文字は〈恋〉で、コイと読むが、文字通りには〈孤独な悲しみ〉である。愛について詩を作るのは、だから悲痛な孤独感について作ることに帰着する。〈恋〉は、願望の対象から遠くに、あるいは離れてあることの苦しみを指す。これは決して一緒にいることの喜びではない」(24)。

平安時代（七九四―一一九二）の詩歌のもうひとつの特徴は、そこで動物や虫が表現するのは、裏切られたり、捨てられたり、あるいは無視されたりしたことの感情にほかならないということである。それらの感情――欲求不満、怨恨、憂愁――のなかでもっとも重要なのは、古典的詩歌によって練り上げられてきた愛の概念の核心そのものに見いだされる、いつまでも待つこと、おそらく決してやって来ない、おそらく自分を愛していない、あるいはもう愛していない、にもかかわらず心燃やす相手を待つことである。この感情は、しばしばほととぎすのイメージと結びつけられる。この叫びを聞くと、百姓は米を植え始める。歌人たちはといえば、死に思いを馳《は》せるのである。

この鳥は五月に鳴く、と翻訳者ルネ・シフェールは説明する。「だからその名前は、水田を潤し、と同時にきわめて危険な伝染病のはやる雨季に結びつけられる」。一年の一番危険な時に鳴くので、ほととぎすは日本で「死の山の案内者」、冥土《めいど》と往来する存在とみなされている。二つの表意文字、「鳥」と「時」を並べてその名前を綴る知識人もいる。「時鳥《ほととぎす》」。古い信仰によれば、この鳥は「いまでは過去に属する人々」の魂に付き添うために死者の山の上を飛ぶことができる。ほととぎすが戻ると、この世とあの世とのあいだの時間の扉を開いて、死者の声で叫び、その呼び声を響かせるという。まだ生きている人々にとって、それは「見いだされた時」の音である。

中国の伝説の語るところによれば、ある日皇帝が既婚女性との恋に落ちて王位を捨て、そして失意のうちに死んだ。臨終の瞬間にほととぎすが鳴き始めた。その鋭い叫び声を死者の苦しむ心と結びつけた平安時代の貴族たちは、それを戦慄せずに聞くことはできない。彼らは、あの世への通路と毎年八月に繰り広げられる死者たちの祭り[25]とに思いを馳せる。その祭りの最中に死者たちが生者たちのあいだに立ち戻り、彼らに昔のことを執拗に思い出させるのだ。「ホ‐ト‐ト！ ホ‐ト‐ト！ 私があんなにも愛したあなた、戸を開けて。私を入れて。これは死のメッセージです」。一八六九年五月十六日、木鶏《ぼっけい》という異名をもつ戦士[26]が、天皇の軍隊に対する戦いの際に死亡した。彼は最後の侍たち、明治新政府に対して抵抗した侍たちのひとりだった。亡くなる前に、こんな辞世の句を残した。「ほととぎす　われも血を吐く　思いかな」（ほととぎすよ、私もまた歌う、最後の思いを血のように吐きながら）。

間近に差し迫った終焉の象徴として、ほととぎすは愛の願望を刺激する。その声を聞いて、人は自分もまた夢中になろうとする。希望がないにしても情熱の甘美な痛みに身を委ねようと。『古今和歌集』（一四三）のなかで、歌人素性《そせい》はこう詠んでいる。

　ほととぎす初声聞けばあぢきなく主さだまらぬ恋せらるはた
　（ほととぎすの初声を聞くとどうしようもなく誰とも相手の定まらぬ恋心が湧き起こってくることだ、いやはや）[27]

ほととぎすの声そのものが、虚しく感情を燃え上がらせ、燃え尽きさせようとする。一方でそれは、日本的想像界のなかで、日本文学の創設的小説、紀元千年初頭に生きた紫式部と言われる宮廷の女性によって書かれた『源氏物語』と結びつく。しばしばマルセル・プルーストの『失われた時を求めて』に比較されるが、『源氏物語』は、皇位から引き離された皇子で、[28] 決して手に入れることのできないであろう女性、つまり自分の母を希求する魅力的な誘惑者を物語るものである。彼女は、しかし彼がまだ赤児のときに死去している。光源氏（光り輝く皇子）は、あらゆる女性を通して自分に欠けている唯一の女性を求め、決して希みを捨てることなく消滅した影を追う。新たな出会いがその都度彼を動揺させる。最終的に彼は理想の女性に会いに行くことになるのだろうか。影法師を交差させ、声音をとらえながら、彼は誘惑の試みを控えることができず、しばしば恋に落ちるので、ついには記憶をなくしてしまう。『源氏物語』の第十一章で、ほとんど忘れられた恋人に会いに戻って来る。この章は、『万葉集』（二四七三）の歌に因んで「花散里《はなちるさと》」と題されている。

この辺鄙な「里」への途上、光り輝く皇子は奇妙な経験をする。それはデジャヴュの感覚に似ている。彼の御車が一軒の家の前を通ると、そのなかから琴の合奏の音が響いてくる。聞こうと御車を止めると、微風が顔に当たるのを感じる。一羽のほととぎすが陰気に鳴きわたってくる。彼にはこの場面をすでに体験したように思えるが、しかしいつなのか。光源氏は歌を詠む。

をち返りえぞ忍ばれぬほととぎすほの語らひし宿の垣根に

（昔語らったことのある宿の垣根にほととぎすは引き返してきて我慢できずに鳴いている）[29]

琴を弾いている女は、当惑して演奏をやめるが、男が会見を求めていることには気づかないらしい。女はためらいながらも慎重に歌を返す。ほととぎす語らふ声はそれながらあなおぼつかな五月雨《さみだれ》の空（ほととぎすの声は昔に聞いた声のようですが、五月雨の空のことですのでよくわかりません）。五月雨がすべてを溶かしてしまう。私の記憶さえも、と彼女は言う。

かすかに失望を覚え、皇子はおそらくは自分の知らないこの女性に思いを馳せながら御車を出すことを命じる。女性は、家のなかでいささか後悔の気持ちで同じように彼について考えている。こうして彼らは愛を宙吊りにしたまま別れるのだ。そしてこの潜在状態のうちに皇子は、その名前「花散里」が忘れられた愛の観念を喚起する昔の恋人のところに達する。「女性の住まいは、思っていたとおり、人目もなく静かだった。（中略）二十日の月がさし上って庭の大樹が暗い影を落としている。橘の香りが夜空に広がって過去をなつかしく思い出させる」。感動して光源氏は一首詠む。

たちばなの香をなつかしみほととぎす花散里をたづねてぞ訪《と》ふ

そして忘却の観念について思いを巡らしながら、彼は人がどんなに変わってもその思い出を大切にしようと考える。……「束の間のものであるにしても彼が関係を持ったあらゆる女性のなかで、彼がその美点を認めなかった人はひとりもいなかった。一瞬すれ違っただけの女性でも、いつまでも彼が忘れなかったのはたぶんそのためである。彼の人生から消えてしまった人もいる（中略）、しかし嘆き悲しんでなんになろう。それが世の習いなのだ」。琴を弾いていた女性も、おそらくはこうした過ぎ去った愛の一部をなしていたのであり、彼女が彼に心開かなかったのも大したことではない。……彼は、ほととぎすのように、愛の愛のために狂おしく歌い続けるだろう。光源氏は、夢幻的パズルの断片のように人を愛するという日本的理想のすぐれた体現者である。その一つひとつがユニークで、夢のかけらを含むのだ。

憶良と「愛」という言葉の歴史

………「子供が泣いている。母親もまたきっと」

八世紀初頭、いまなお日本の慣習でもあるが、人々は酒で憂さを晴らすために集まって宴を催していた。月明かりのなか乾杯をしたり歌を詠んだりしていたところ、彼らのうちでより賢く、おそらくはより愛情に満ちたひとりが、酔った風情で杯を掲げ、自宅に帰らせてくれと言った。紀元七一〇年か七二〇年の一夜、ひとりの繊細な文人[30]が何度も友達と別れようとしたが、かなわなかったのだ。彼は宴のさなかに自分の席を立つことをずっと気にかけていた。……このことは山《やまの》上憶良《うえのおくら》（六六〇―七三三）の一首の博した大いなる成功を説明する。彼は退出の許可を求めた際、こんな歌を詠んだ。

憶良らは今は罷《まか》らむ子泣くらむそれその母も吾《わ》を待つらむぞ

（憶良どもはもうこれで退出させていただきましょう。家では子供が泣いているでしょうし、その母親もきっと私の帰りを待っていることでしょうよ）

（『万葉集』三三七）

当時、妻と子を持つというような平板な現実を口実にするのは、まったく異例のことだった。この歌の生んだ効果は、『万葉集』の翻訳者ルネ・シフェールが指摘するように、「何世紀ものあいだ、文人仲間の打ち解けた付き合いの時間の前に辞去するための愉快な口実として、それは全体か、あるいは第三詩句「子泣くらむ」が引かれてきた」ということである。日本ではこの歌はつねに「子供を思う歌」の名で知られている。しかしこの呼称のうちに、たぶんある種のユーモアを見てとらなければならないだろう。というのも、じつのところ大多数の人が第三詩句を口にするときに思っているのは、子供のことではないからである。彼らはむしろその母親のことを思っているのだ。

この時代、すでに妻たちは夫が帰って来るのを待っていた。習俗が相当に変転したとはいえ、待つことは日本女性の定めであり続けているように思われる。というのも三菱重工業によって開発された最新の付き添いロボットのひとつ、ワカマルは、デザイナーたちによって、夫婦愛の同義語、「待つ妻の眼差し」を持つものとして構想されているからだ。このロボットの眼は、我慢強く、大きく、もの思わしげで、奇妙に濡れていて、言いようのない悲しみに沈んだスパニエル犬の眼をいささか思わせるところがある。そこに日本の愛の特徴を見なければならないだろうか。「わざと」らしく、あの「子供思い」の歌を詠んだ男は、また〈愛《アイ》〉という語を最初に用いた人物でもあった。この語は愛を指すべくいまではもっとも用いられる語になった。「アイと読む漢字の日本最初の登場は、少なくとも『万葉集』第八〇二歌に遡る」、とInaclo（フランス国立東洋文化研究所）の恋愛関係の専門家ジャン＝ミシェル・ビュテルは説明する。この歌はわかりやすいかたちで「子供への愛」を詠う[31]。この語は、序文に仏教の引用のかたちで漢字で現れる。「釈迦如来、金口《こんく》に正に説きたまはく。（中略）愛は子に過ぎたるはなし」。もともと〈愛〉は、仏教が深く染みこんだ中国渡来の語で、この世でわれわれを結びつけ、また人々が魂の平安を見出すのを妨げる執着を意味する。同時に、この語は「感情移入にかなり近い積極的な心の運動」を指す、とジャン＝ミシェル・ビュテルは説明する。したがってそれは、より弱い、より小さい、あるいはより傷つきやすい他者を守るように人をしむける好意的感情の同義語として日本語のなかに徐々に入りこむ。論理的な結果として、「十世紀中頃には、〈愛〉は劣った者への優れた者の態度を意味するに至った[32]」。

日本ではおよそ一千年の間、〈愛〉（寛大さに彩られた愛）という語は、差別的であり続けた。それは、人間間の、また男女間の不平等な関係を指すのだ。「〈愛す〉という動詞表現は、愛する者が男であることを前提とする」、とジャン＝ミシェル・ビュテルは明言する。「女のほうは、自分の感情を表すのに、尊敬の念のこもった〈敬愛す〉という表現を用いる」。西洋の愛は、だから日本文化とは全面的に無縁な概念にとどまるわけで、十九世紀に翻訳者が、「あなたを愛している」とか「互いに愛し合っている」とかいった文に相当する表現を見つけようとするとき、彼らは最大の困難に出会ったのである。上下関係ではない、平等な愛情の観念をどのように指示すればいいのか。「うんざりするほど繰り返されるキリスト教的言説にたぶんあまりに慣れてしまっているので、われわれは、神の人間との関係、そして人間の神との関係を同じ一語で指すことが、すでに異端かもしれないことを忘れている」、とジャン＝ミシェル・ビュテルは強調する。「われわれはもはや意識しないが、驚くべきことに、キリストによって与えられた最初の戒律は、神と一般大衆とのあいだ、また自己と他者とのあいだを区別しない語彙でなされていた。〈汝、汝の主、汝の神を愛すべし。……汝、汝の隣人を汝自身のごとく愛すべし〉。ところで、明治前半のキリスト教知識人にとって議論の核心は、まさにそこにある。もっとも完璧な平等を指す語を見出し、それを普遍的原理として措定《そてい》すること」(33)。一九一九年、中国への宣教師ロバート・モリソンは辞書を出版するが、そこで〈愛《アイ》〉という語を、対称的な、平等の、相互的な「愛」という革命的概念を翻訳するために用いている。これは日本的思想の対蹠に位置するものである。この辞書に基づいて日本語の最初の翻訳者たちは仕事を始め、〈愛《アイ》〉という語の深い意味を根本的に修正して一種の矛盾形容語法を作り上げたのである。

〈愛〉(love)のこの乱暴な導入は、日本人を長いあいだ混乱させずにはおかない。日本人は、そのもともとの意味からまったく逸れた、「愛する」という表現のまことしやかな側面をいまでも告発する。「明治の知的エリートの教育に及ぼした宣教師たちの影響で、人がのちに〈欺瞞〉と呼ぶであろうものが規範になったのに違いない」、とジャン＝ミシェル・ビュテルは強調する。というのも、日本人はおよそ百年間〈愛〉という語を使用してはきたが、少しずつ周辺化され、軽蔑的な仕方で再定義され、引き立て役のように用いられる他の語(〈色〉、〈恋〉、〈情け〉等)へのほとんどある種のノスタルジーを感じているからである。これらの語は、肉体と魂、善と悪との区別が存在しなかった古き良き時代に、魅力、肉体的欲望、そして魂の結びつきを同時に指示するものだったのだ。これらの語は、いまでは失われてしまった意味に満ちていて、伊藤整《せい》(一九〇五―一九六九)のような純粋主義者が心から残念に思うところである。人気のある小説家で、エッセイストで、翻訳家でもある彼は、警報を鳴らす。「相当の程度まで我々は、クリスチャンでないにかかわらず、キリスト教化され、それと同質化している」と、「〈愛〉の虚構」のタイトルで刊行された、怒りに満ちた論評(34)のなかで、彼は述べている。「男女の間の接触を理想的なものたらしめようとするとき、ヨーロッパ系の〈愛〉という言葉を使うのは、我々には、躇われるのである。(中略)性というもっとも主我的なものをも、他者への愛というものに純化させようとする心的努力の習慣がないのだ」。伊藤にとって、日本に固有の「感情的伝統」は、〈恋〉を通して表現される。すなわち苦しみに彩られた「愛の欲望」である。

あらかじめ死ぬ約束として、〈恋〉の情熱はその固有のはかなさを育む。それは、はかなければはかないほど相応の痛みを伴って燃え上がる。……伊藤整にとって、「日本製(メイド・イン・ジャパン)」の愛は、必然的にひとつの試練である。「我々は、他者と非現世的な愛という形で組み合わされることにはおびえがちだ。我々は社会を離れ、隠遁し、孤独になるときに心の平安を得るという古い心的習慣をまだ強く持っている。他者との結びつきには我々を不安にするものが常にあるのだ。我々が他者との間に秩序を形成するとき、それは他者を同一の人と見るよりは、上下の関係において見る傾向を持っている」。こうした愛の作法（短く、気づかわしげに、不平等に）の特殊性を堂々と主張しながら、伊藤は〈愛〉という語が象徴する有害なイデオロギー的罠を告発する。この語が、（優れた）男の（劣った）女に対する寛大さをまだ意味していたときには、逆説的にも、彼の眼にはずっと純粋な愛の形、――キリスト教的概念が帰着するところの、全体的愛――を保証していた。伊藤にとって、キリスト教的愛は間違いである。「クリスチャンたちが、祈りや懺悔に見出している気持を、やや滑稽な演戯性のあるものと見なしている」と彼は言う。女性の解放に関しては、彼はそれを信じていない。〈愛〉（amour-love）という西洋的重要性をもつ考え方は、確かに「隷属的であった女性たちに人間らしい立場を与えるという功利性」を持ってはいた。しかしそれでどうなるのか。女たちも男たちと同じ言葉で「愛する」と言う権利をたぶん獲得したけれども、しかし肉体を否定し、それによって有限性さえ否定する愛と同様に抽象的な、結局は同様に冷たい愛を、誰が望むだろうか。もし女が永遠の愛を信じ始めるなら、そのときは愛する人が不在でも彼女の心臓がどきどきする理由はもはやなくなる。われわれがいつか死ぬという意識が物事をかくも貴重なものにするのだ、と伊藤整は示唆する。どこかでひとりの女がわれわれを待っている。そしてわれわれは、彼女と再会するために、友達と別れるのだ。

砧を打つ女……「まさに長き夜」

秋の夜長、ゆっくりと秒を刻むように物憂げに規則正しく打つ音が田舎に響く。家のなかではときとして女たちが夫や愛人をむなしく待つが、農婦は彼女たちの心臓の打つ音に反響するようなこもった音を立てる。夜はいつまでも続く。男は来ない。遠くの木槌の音にあやされるように、眠らなければならない。一一七九年、「塵を動かす」歌が、「心を落ち着かせるもの」を数え上げる。

心の澄むものは、秋は山田の庵毎《いをごと》に、鹿驚かすてふ引板《ひた》の聲《こゑ》、衣《ころも》して打つ槌《つち》の音　（『梁塵秘抄』三三二）

〈砧《きぬた》〉と呼ばれるこうした槌は、物悲しい季節たる秋の同義語で、『古今和歌六帖』（十世紀のアンソロジー）のようないくつかの歌集は、それを「夜ひとりをり」のテーマに結びつけている。実際、藁葺きの家のなかで農婦たちが槌を使うのは夜であって、このいささか反復的な活動にはあまり光が必要ないからだ。彼女たちは、生地を艶出し機の上に置いて根気よく叩く。「日本の砧は、ありふれた家事の道具で」、とノエル・ペリは、能作品『砧』の序論のなかで説明する。「本質的に二つの台で支えられたまるまるとした木の艶出し機からなり、あらかじめ洗濯糊を塗った布地や衣服をその上で広げて叩くのである。木槌で叩くことで、この糊が生地に染み込み、それにいくぶんかの輝きと彩りを与える。砧は、中国起源のものだが、日本で早くから採り入れられ、かなり最近まで使われていた[35]」。

ノエル・ペリは、日本人がこの道具を中国から借り受ける際に同時にそれにまつわる伝説を採用したと付け加えている。「前漢時代、匈奴《きょうど》への使者として遣わされた蘇武《そぶ》なる者が、そこで長いあいだ囚われの身になった。（中略）彼の妻は、秋の夜長に夫のことを思い出して、その衣服を砧の上で打った。そして彼女が叩く音は、遥か遠く蘇武が留め置かれた場所にまで伝わり、彼のもとに故国の知らせと妻の変わらぬ愛の証を運んだのである[36]」。夫婦の貞節の例として言挙げされるこの伝説は、多くの愛の詩に採り上げられることになる。

紀元七世紀に煬帝《ようだい》は、遠方へ遣わされた使節の妻をこう讃える。「夜、悲しみに捕らわれて、彼女はもはや眠りにつけない。彼女は、消えかかった灯りで縫い物をして時を過ごし、秋の月明かりのもと、砧を響かせる」[37]。

中国では、槌の音は家庭の心安らかな暖かさを思わせる。それが秋に響くのは、元気な妻たちが冬の衣服を準備し、自分たちの愛情の表現を遠くまで届けるときである。日本では、逆に、この音はもっと暗い意味を帯びている。秋の夜は、この「傷ついた荒野」の国では、とても寒く長い。女を待たせるのは、女が色褪せ衰えるのを見る危険を冒すことである。『万葉集』(紀元七六〇年頃編纂)には、田舎の薄明かりのなかで倦まず繰り返される砧の鈍い音に言及した最初の歌がある。あの有名な紀貫之(八六六―九四五)が、『拾遺和歌集』(一〇〇五―一〇一一年)の「秋」の項で、木槌をすぐれて実存的孤独の、暗さに満ちた象徴として、真にこのテーマを詠んでいる。

かぜ寒きわがから衣打つときぞ萩のした葉もいろまさりける

絶望と戦いながら砧を打つ女は、自分を沈ませない一種の救命袋として、この儀式にすがりつく。愛する人は戻って来るだろうか。なにもできず、彼女はただ槌で絹を叩く――ほろほろ、はらはら――繰り返される槌の音を風が不在の人の耳にまで運んでくれることを願って自分の苦しみを表現するために。こうしてたぶん彼は彼女が待っていることを知るだろう。『源氏物語』においては、この音は主人公を泣かせる。遠くから砧の音が響くのが聞こえると、彼は突然動転して、愛する夕顔のことを思い出し、もはや彼女を抱きえないことを悔やむ。彼女は死んでしまったのだ。彼はつぶやく、「まさに長き夜」と。これは「夜、砧の音を聞いて」(聞夜砧)と題された白居易(七七二―八四六)の詩を暗示する。夜は本当に長い……むなしく待つときには。

十五世紀初頭、世阿弥(一三六三―一四四三)は、傑作とみずから評価する能作品を創った。「このような能の味わいは、後の世にこれを真に鑑賞できる人もないだろう」、と彼は言う(彼の息子によってまとめられ、『申楽談儀』に伝えられた発言)。「また、文章に書き表すのも、私の力に余る仕事だ。こんなにも極上の、こんなにも純粋な味わいは、評価するのは不可能だ」[38]。世阿弥は、この作品によって自分の芸術の限界に達したと考える。彼は慎ましくもそれを『砧』と題する。「それは、夫の長い不在に苦しみ悩み、夫から遅れて届いた新たな知らせで意気消沈し、ついには死んでしまう妻の物語である」、とノエル・ペリはこの作品を要約し、世阿弥がこれを書いたのは、「夫婦の愛、少なくとも妻の役割を、彼がいかに理解していたか、当時の人々がいかに理解していたか」を、そして「こころに掛かる理想」を言うためであると断言する。確かに、武士に支配されていたこの時代、妻たる者は死ぬ覚悟で忠実でなければならなかった。しかし作品『砧』は、支配的な道徳というよりも抗議の言説を反映する。「この作品で聞こえてくるのは、虐げられた人々の声である」、と「女物狂い」に関する研究のなかで、山本みなえは主張する。「待つことを運命づけられた妻の悲嘆は、それが同時に欲望を抑えられた人の怒りを表すので、鋭くわれわれの胸を打つ。優しさを欠き、嫉妬に駆られ、欲求不満に苛まれ、それでも愛に満ちた、この見捨てられた妻は、その欲望が、社会的、宗教的規範からすれば、ひとつの危険、つまり逸脱であるがゆえに、地獄堕ちを宣告されている」(39)。彼女を通して、満たされぬ心の叫びを聞かせるのは、妻だけではなく、すべての疎外された人々である。

この作品のヒロインは、完全な孤独のうちに生きている。夫は、彼女を故郷、九州奥地の辺鄙な村に残して、「訴訟のために」上京する。三年経って彼は侍女の夕霧を遣わすが、侍女は悪い知らせを持って来る。まだしばらくの間都を離れることはできないというのだ。不安に駆られた妻は、彼が恋敵と一緒に楽しい生活を送っているのではないかと疑う。「愛の契りもかなわず、私の身はこれからどうなるのか」、と彼女は心も千々に乱れて呟く。彼女はもう寂しさに耐えられず、怯える侍女の眼前でやにわに木槌を摑むや、夫を罰するかのようにその衣を打ち始める。「私たちが抱擁を交わしたこの褥の上で打ち続けよう!」、と苦しげに彼女は叫ぶ。夫不在のままに、彼女は折りたたんだ衣の上で、木槌の動きと同じ愛の身振りを演じる。「こうすれば苦しみを和らげられるかもしれない」、と彼女は言う。「更けゆく今宵の悲しみのなか、砧で衣を打ちながら、私の心を慰めよう」。

ああ、それにしてもどんな砧も肉体的存在の代わりにはならない。妻は、侍女の助けを借りて衣を打ち続けるが、衣はついにぼろぼろになって、彼女の苦しみをつのらせるだけだ。外では風が松を揺らすが、日本語の「松」は動詞「待つ」と同音である。そしてこの不吉な風の音のなかで彼女は打ちながら待ち続けるが、木槌の鈍い音がまた怨みに満ちた悲しみの枝の音ではないか知る由もない。「衣の上に松風が吹く。ああ、風は冷たい夜を告げる。(中略)ああ、夜は告げる、悲しみを」。彼女は、夫が自分を捨てたと思い、怨みに満ちて打ち続ける。彼女の重苦しい悲嘆の声が、木槌の音と混ざり合う。ほろほろ、はらはら。月日が過ぎる。だんだん寒くなる。いつも冬が来る前に最後の鳴き声を張り上げる松虫のように、妻は打ちながらその白鳥の歌を歌う。「八月、九月、げにまさに長き夜、千声、万声の憂きを人に知らせばや。月の色、風の景色、影に置く霜までも、心凄き折節に、砧の音、夜の嵐、悲しみの声、虫の音、交じりて落つる露涙、ほろほろ、はらはら」。

待ち続けることに、もはや理由はない。そのとき謡が重々しく響く。「風狂じたるここちして、病の床に伏し沈み、ついに空しくなりにけり、ついに空しくなりにけり」。夫が帰って来たとき、彼を迎えるのは、もはや地獄で泣きながらむなしく衣を打ち続ける亡霊でしかない。

1961年12月号の『少女クラブ』表紙（東浦三津男「夕月の山びこ」）

松虫、待つ虫……「誰も来ない」

秋になると、こおろぎがかん高い愛の声を上げて激しく鳴き始めるが、いっぽうで冷たい風によって一匹一匹と死んでゆく。おそらくその名前「虫」が「無私」という言葉と同音異義なので、それは日本人が自分と同一視するすべてのはかない存在にあてがうきわめて特殊な感情に囲繞《いにょう》されている。「いみじうあはれなるもの」（『枕草子』一一九）のなかに、清少納言は、「九月つごもり、十月ついたちのほどに、ただあるかなきかに聞きつけたるきりぎりす」を挙げている。平安時代から貴族はきりぎりす「こおろぎの古名、以下こおろぎ」のリフレインを「音楽」として聞く。(40) 微妙で、繊細で、軽妙であればあるほど、彼らはそれを好み、他のなによりも松虫（Xenogryllus marmoratus）、つまり「松のこおろぎ」を上位に置く。その鋭い、澄んだ、冴えたかすかな音色——チンチロリン、チンチロリン——には、「遠くから聞こえる電鈴の音」と同じ甘酸っぱい魅力がある。……一八九八年（「虫の音楽師」と題する文章のなかで）、ラフカディオ・ハーンは、貴族たちがこうした震えるメロディーを好むあまり、猛獣狩りにも匹敵する「虫狩り」を組織して、気取った小さな歌い手たちを小さな籠に捕らえて宮廷に持ち帰るのだと述べている。彼はそこで『古今著聞集』を引いている。「一〇九五年、帝は近習や侍従に嵯峨野に行って虫を見つけるように命じた。帝は彼らに紫色の糸で編んだ小さな籠を手渡した。一行は馬に跨り狩りに出発した。一行のひとり、弁時範《べんときのり》が、〈野径に虫を尋ぬ〉という主題で歌を詠むことを提案した。（中略）夜に宮廷に戻って来ると、彼らは小さな籠のなかに女郎花《おみなえし》や萩の花を入れて、酒を呑み朗詠した」。

松虫は、有名な紀貫之（八六六–九四五）の影響のもとに和歌のなかに入ってきた。彼は、その『古今和歌集』（九〇五年）仮名序において、ただ神々や英雄たちばかりでなく鳥や蛙や虫をも詠まなければならない、と主張している。(41) それで巻四に松虫を詠んだ歌が収められているが、マツという語の二重の意味（「松」と「待つ」）に掛けて、つまるところ「待つ虫」になる、そんな歌である。「やまと歌は、人の心を種として」、と貫之は主張し、爾来和歌の基礎となるべきもの

――心の表現を打ち出す。「花に鳴く鶯、水に住む蛙の声を聞けば、生きとし生けるもの、いづれか歌を詠まざりける」。死ぬまで歌い続ける松虫は、すぐれて愛の辛抱強さを象徴する。そういうわけで貫之は、『古今和歌集』のなかで松虫を讃える。「秋の野に人まつ虫の声すなり我かと行きていざとぶらはむ」。耳をすまして「我か」と言い、心臓が高鳴るの感じる。ああ、悲しいかな、それでも愛する人はやって来ない。だから詠み人（男であれ女であれ）は、永遠に思えるほど待ちあぐむことになる。松虫に言及した歌の大半は、虫の声と同じくらい持続する待つことの苦しみにとらわれた人間を登場させる。ある種の歌においては、それはチヨチヨ！（「千代、千代！」）と鳴く。松虫が短い生を生きるとしても、それはつねに時間の限界を遠くまで押しやり、愛する人が待つなかで息絶えるまで歌うように見える。ラフカディオ・ハーンは、こんな歌を引いている。「きりぎりすいたくな鳴きそ秋の夜のながき思ひは我ぞまされる」[42]

風に運ばれる松虫は、しばしばアラシ（「嵐」）と呼ばれる激しい風に結びつけられる。嵐はまたアラジ（「誰もいない」）とも読まれうる。どんなに叫んでも、風のほか誰も応えてはくれない。

訪ふ人もいまはあらしの山奥にひとまつむしの声ぞかなしき

（『拾遺和歌集』二〇五）

能の演目のなかで、松虫の鳴き声は、その同性愛的内容のために長く禁じられてきたある作品に想を与えている。明治時代（一八六八―一九一二）、「明るい」新政府が日本の近代化に着手したとき、多くの古典的作品が書物から削除され、「廃曲」のカテゴリーへと追放された。それらは政治的に正しくなかったわけである。『松虫』[43]の名のもとに、失われ、次いで再発見されたこの作品は、狂おしいまでの恋に陥り、毎日落ち合って松虫の鳴く原で愛を交わす二人の庶民の男の物語である。能がこれほど卑俗なことを上演しえたのは奇妙に思えるかもしれないが、長崎大学の研究者ケネス・L・リチャードが、『能における稚児』のなかで説明するように、「世阿弥とその信奉者たちが同時に演者でもあり作者でもあった室町時代、能は、芸術の消費者の特権階級、武士階級を惹きつけ、彼らが演者を庇護し始めた。権力を持った武士たちは、演者たちに人気のある作品を書くように奨励し、それを舞台上で眺め、次いで彼らを自分の寝室に連れ込んだのである」。それゆえ演者たちが性的特徴を際立たせ、それをロマンティックなドラマの主題にするのは通常のことであった。社会の最下層に属する庶民階級出身の多くの演者たちは、自分たちの芸術によって提供される相応の特権を活用して、「市でしたたかに酒を呑み、そして近くの場所に交わりに行く男たちを舞台に乗せたのである」。それで『松虫』は、秋の阿倍野（大阪）の市という舞台意匠で始まる。酒屋の男がひとりの客のまとう神秘的な雰囲気にどうしようもなく惹きつけられて、彼が来るのを辛抱強く待っている。見知らぬ人はいつもどこからともなく姿を見せるらしい。彼がやって来ると、酒屋は喜んで、彼に酒を呑ませて引き止める。夜の帳が降りると、酒屋は酔に乗じて彼に質問し始める。

「松虫の声があなたに大切な人を思い出させると言われるのはなぜですか」。見知らぬ人は答える。「その昔、ここ阿倍野に二人の友達が住んでいました。二人が出会ったとき、松虫が陰々と声を響かせていました。ある夜、友達のひとりが虫の声をもっと近くで聞きたいと思い、野原のなかに遠ざかって行きました。相棒は待ち続けましたが、いっこうに戻って来るのが見えないので心配になって探しに出かけたところ、湿った草のなかに横たわって死んでいる友達を見つけました。《君が死ぬとわかっていたら、随《つ》いて行ったのに》、と彼は泣きました。しかしどんなに涙を流しても、どうしようもありませんでした。それで彼は友達をその場に埋葬しました。《土中の埋《うも》れ木のように、君は忘れられてしまうかもしれない》、と彼は考え、その思い出がこの世の記憶から消えてしまわないように、松虫の震える声とともに呼びかけ始めたのです」。酒屋は、感動して、物思いに沈む。見知らぬ人はため息をついて、つぶやく。「ちょうど秋の終わりでした。私は虫の声を、〈君を待つ〉と私に叫んでいるかのように聞きました。松虫が私を欲したなどとはありうることでしょうか」。見知らぬ人は姿を消す。松虫の声がどこからかしきりに耳に聞こえながらついには沈黙と化してしまうように、彼は影たちのあいだに戻り、そして消えてしまう。酒屋は、神秘的な訪問者が幽霊だったとわかって、長い経を唱える。するとひとつの声が響く。死者の魂が、その真の姿、「昔の人」の姿をとって現れる。「貴方の祈りに感謝します。虫の声を聞き、秋の冷たい風に吹かれながら、私はあの世からやって来て、こうしていまここにいるのです……」。

観客を名状しがたい無感覚状態に沈める能特有の緩慢な動作でもって、演者はスローモーションのような舞いを始める。「何年経ったのかわかりません。しかし、寄せては返す波のように、戻って来ると、私はこの酒屋を思い出します。互いに引かれながら、私たちはいつまでも愛し合うことを誓ったのです。……」あの世から来た男は、空中に軌跡を描く粗描でしかないような控え目な舞いを舞うが、それは時間を切り離し停止させる。腕の一つひとつの動き、一つひとつの回転、その都度の首の傾きが、エネルギーを集め、空気が緊張で震えるようだ。とはいえなにも、あるいはほとんどなにも動かない。能舞台は凝固したように見える。「松虫の歌を歌わせてください」、と彼は言う。振りをほとんど速めることなく、彼は響きわたる虫のかん高い声を真似、そしてまた声を落とし、その身振りを分解するが、そのいずれもが抑制されて決して展開し終わらないように見える。こうして待つことは不動になり、いつもいまにも死にそうなはかない松虫の声は、一種の永遠性を得る。「りんりん、りんりん、暗々たる夜の声。ああ。鐘の音が聞こえる。夜明けが近い。さようなら、友よ」。袖振りながら、彼は心ならずも別れを告げ、その姿は葦の原に消えて行く。「夜明けの原に、夜明けの原に、松虫の声だけが残る。待つ虫の声だけが残る」。

【註】

（1）二〇一〇年六月二十九日東京で行なわれた船曳赳夫との対談。

（2）『水江の浦子』（『浦島太郎』の名でより知られた）と題された古い物語のなかでは、主人公は亀によって常世の国へ連れて行かれる。この言葉の起源については多くの解釈があるが、常世はつねに、この世から隔絶し、不幸と死から解放された、海の彼方の遠い場所とみなされてきた」。中国の影響のもと、常世、「不老不死の国」（また黄泉の国とも呼ばれる）は、カミ（霊、死者、神々）の領域と考えられ、不死の存在の集まる、蓬萊、方丈、瀛洲《えいしゅう》の三神山になった。「六世紀頃に中国で導入された道教の影響で、常世は、人が老いも死にもしない、海の彼方の一種の理想国とされた」。*Les Jardins japonais*, pp.70-71.

（3）『万葉集』, traduit par René Sieffert, POF, 2001, pp.324-331.

（4）浦島伝説は、海神の娘、豊玉姫の伝説によく似ている（一二八頁参照）が、不老不死の宝が龍の娘の差し出した貴重な贈り物であるとしている。この贈り物は、一般にタマの名で呼ばれるが、タマとは、球、玉、あるいは真珠の形で表される、「魂」、「生命力」、「宝飾品」のことである。ここでは不可視のタマは、玉手箱と名づけられた櫛の箱（櫛笥）のなかに閉じ込められる。

（5）今日でもなお箱を揺さぶる多くの儀式が存在する。それは、タマ、「魂」、「生命の力」を象徴する、衣装とか、結ばれた縄とか、あるいは他の物のかたちで内部に含まれている生命力を「呼び覚ます」（振る）ためである。

（6）浦島太郎の物語は、時間の存在しない、海のなかの驚異の国への民間信仰の実例のひとつである。堀一郎（『我が国民間信仰史の研究』）は、信者に富と長寿をもたらす常世神たちへの民間信仰を証言する、斉明天皇の治世（六五五―六六一）の一記録を引用している。人々のあいだでこう言われていた。「常世神を讃える者は、貧しければ金持ちになり、老いていれば若返る」と。こうしたカミのシンタイ（神体）、座は、昆虫、「常世の虫」で、その頭は蚕の頭に似ており、その緑色の身体には黒点が散らばっている。こうした虫は、ミカン科のタチバナ（橘）に棲息している。人々はそれを捕まえに行き、家のなかの聖別された場所に置いて、その前で歌う。「願わくば、常世の神の来《きた》らんことを！」Gérard Martzel, *Le Dieu masqué*, POF, 1982, p.32.

（7）「トコヨという語は、このように分解される。トコは、変化しないという意味のツネ（常）という文字で書かれ、ヨは「世界」を意味する。よく「永遠の世界」と訳されるが、われわれは「不変の世界」と訳したい。永遠の観念は、日本の思想には無縁だと思われるからであある。トコヨノクニ（常世の国）は、移ろい行くわれわれの世界の対蹠者である。それは儚さと反対の世界で、次いで豊穣と尽きざる若さの世界になる」。Gérard Martzel, *Le Dieu masqué*, POF, 1982, p.32.

（8）能『融《とおる》』からの抜粋。「積もった雪のような白髪。来る年毎に春を迎え、過ぎし秋にまた秋を重ねる。そして松に吹く風」。Gaston Renondeau, *Anthologie de la poésie classique japonaise*, Gallimard, Nrh, 1971, p.206.

（9）Gaston Renondeau, "Choix de pièces du théâtre lyrique japonais, transcrites, traduites et annotées", *Bulletin de l'École française d'Extrême-Orient*, tome 26, 1926, p.303.

（10）Théo Lesoualc'h, *Les Rizières du théâtre japonais*, Denoël, 1978, pp.115-116.

（11）Jean-Michel Butel, Vieiller ensemble sans confusion- *L'idéal amoureux chanté par la pièce de* nô Takasago, 2009, p.1.http://japethno.info/jimbutel/spip.php? article22.

（12）*Idem*. p.3.

（13）*De cent poètes un poème*, traduit par René Sieffert, POF, 1993, poème 34.

（14）Jean-Michel Butel, *op. cit.*, p.4.

（15）ハルという語は同時に「春」と「張る」を意味する。春風は愛のメタファーである。江戸時代に「春画」という表現は、最終的にポルノグラフィックな版画を指すようになった。

（16）アイオイという語は二文字からなる。アイ（「相」、「愛」という語と同音異義）とオイ（「生きる」）。

（17）住江は現在の大阪市の二十四区中の住之江区・住吉区にあたる。住江は住吉の浦の別名で、そこには海神を祀る有名な神社がある。

（18）Jean-Michel Butel, *op. cit.*, p.6.

（19）Serge Salat et Françoise Labbé, *Créateurs du Japon, le pont flottant des songes*, Hermann, 1986.

（20）*Idem*, p.12.

（21）二〇一〇年十月二十五日、京都で行なわれた武田好史との対談。

（22）清原深養父《きよはらのふかやぶ》の歌。Traduit par Gaston Renondeau, *op. cit.*, p.148.

（23）D'après la traduction d'Edwin A. Cranston *A Waka Anthology*, Vol. 2, Grasses of Remembrance, Stanford University Press, 2006, p.1059.

（24）Haruo Shirane, *Love in the Four Seasons, the Four Seasons in Love-Gender and Genre in Japanese Poetry*, University of British Columbia, 3 avril 2003.

（25）お盆。われわれの死者の祭りに相当。大部分の日本人が何日間か田舎で休暇を取って、家族と再会し故人を迎える機会。実際、お盆の期間に生者のあいだに死者たちが立ち戻る。踊ったり楽しませたりして彼らを歓迎し、次いで彼らがやって来たところへと送り返す。お盆の最後の日には、水に浮かべた筏の上に置いた蠟燭に火をつけ、その明かりで故人たちを（海のなかの）死者の国へと導くことが全国で行なわれる。火はまた山上でもつけられ、死者たちを（カミの住まうもうひとつの場所とみなされる）空へと導く。こうした火をつけるのにしばしば木材が使われるが、日本人は亡くなった近親者の名前をその上に刻んで、彼らが自分の住まいに戻るには煙の道に従うほかはないようにする。

（26）本名は中島三郎助。

（27）Yoel Hoffmann, *Japanese Death Poems*, Tuttle Publishing, 1986.

（28）この皇子の名前は知られていない。彼は一般にそのタイトル（源氏、継承から遠ざけられた帝の息子を意味する）とその異名（光、その美しさを暗示する「輝かしさ」）とによって指示される。彼の母はたんなる〈恋〉の相手（更衣）でしかなかった。宮廷を去るように強いられ、心労のために亡くなるが、忘れ形見の赤児に帝は愛情を注ぐ。光源氏は長じて帝の血を引く皇子の特権を享受し、好きなように人生を送る自由を得る。この自由によって彼は女性たちのもとを訪れ倦むことなく誘惑するが、それはつねに彼の人生の唯一の比類のない愛——彼が知りえなかった母、そして彼の父親が新たに寵愛する女性が寸分違わず似るところの母、を求めてのことである。この女性は藤壺という。

（29）紫式部『源氏物語』, traduit par René Sieffert, POF, 1988.

（30）山上憶良（六六〇—七三三）。朝鮮出身、日本帰化。百済王朝滅亡の際、家族とともに幼時日本に来る。「子を思ふ歌」や「貧窮問答歌」（『万葉集』のなかで卑俗でまた政治的に不作法な感じを与える唯一の歌）で有名。

瓜食めば　子等《こども》おもほゆ　栗食めば　ましてしのはゆ　い
づくより　来たりしものぞ　まなかひに　もとな懸《かか》りて
安眠《やすい》し寐《な》さぬ
（『万葉集』八〇二）

（31）Jean-Michel Butel (Inaclo, CEJ), “Forger un amour moderne-Petite histoire de la traduction de l'amour en langue japonaise:ren.ai” http://inaclo.academia.edu/JeanMichel Butel.

（32）*Idem note 2*, p.27.

（33）「〈色〉が、売春の世界で経験されるような官能的愛、色欲と不可避的に結びつくのが見られるのに対し、〈恋〉は、見捨てられた時間であり、それが肉体的なものと精神的なものとを区別しえないことが不意に重大な欠点になるようだ」(Jean-Michel Butel,“Forger un amour moderne”).

（34）伊藤整「近代日本における〈愛〉の虚偽」、中村真一郎編『恋愛について』ポケット・アンソロジー、岩波文庫別冊、一九八九、所収（Traduit par Jean-Michel Butel dans “Forger un amour moderne”.）

（35）Noël Péri, *Étude sur le drame lyrique japonais* nô. *Bulletin de l'École française d'Extrême-Orient.* tome 20, 1920, pp.1-110.

（36）*Idem.*

（37）*Idem.*

（38）Armen Godel et Koichi Kano, *La Lande des mortifications*, Gallimard, Nrf, coll. “Connaissance de l'Orient”, 1994.

（39）Minae Yamamoto Savas, *Feminine Madness in the Japanese nô Theater*, Ohio State University, 2008.

(40)『古今和歌集』(九〇五年)の有名な仮名序は、和歌(やまと歌)についての最初の理論的言説を構成するが、そこで紀貫之は、言い表しがたい自然による情感を、雨、鳥の声、雲などの自然から借りたイメージに書き換えることを許すコード化されたシステムとして、和歌を定義している。和歌とは、「心に思ふことを、見るもの聞くものにつけて、言ひ出せるなり」と彼は言い、幾つかの例を挙げている。「富士の山の煙」は、誰かに愛を感じることを、「蛙の声」は、親しい友の不在を淋しく思うことを意味する。「感覚界」という表現が、ここではその十全の意味を持つ。

(41)ラフカディオ・ハーンによれば、声をかぎりに鳴く蟬は、日本人にとって興味のないおしゃべりであり、かつて籠に入れられたことはない。日本人は、繊細で慎み深い、微妙な感情をよりよく翻訳する松虫の声を好む。それゆえに今日でもまだ、松虫は柳の枝で編んだ小箱に入れられて、敬意を表したい人に捧げられるのである。

(42)この歌は、〈擬人化〉と呼ばれる修辞学的技巧、ラスキンの「感傷的虚偽(pathetic fallacy)」に比べられる考え方に基づく。それは、人間の感情や情感を鳥や花といった自然界の対象に貸し与えることからなる。日本では現実的なものは、それ自体として存在するわけではない。現実的なものは、より深淵なもうひとつの現実、情感の現実の鏡である。

(43)能作品『松虫』には、二つの翻訳がある。Kenneth L. Richard のもの(インターネットで検索可能)と Ogamo Rebecca Teele のもの(未刊行)である。

第二章

待つことによる欲望

「山鳥の尾の垂り尾の長々し夜」

業平と有常……「愛している」をどう訳すか

愛の問題でよく引かれる逸話は、偉大な作家、夏目漱石（一八六七―一九一六）に関係する。あるとき彼は弟子のひとり（英語の教師だった）に、"I love you"という表現を日本語に翻訳してくれるように頼んだ。弟子が字義通りに翻訳すると、漱石はそれを批評して言った。「この翻訳はまずい。こう言うべきだったろう、〈月がきれいですね〉」。この話が本当かどうか知ることは難しいが、大半の日本人はこの話を知っていて、そしてほとんどすべての人がこの話をするとき、一種奇妙な挑戦の調子で「夏目漱石は正しかった」と付け加える。日本には愛は存在しない、と言外にほのめかしているわけである。それは日本の多くの知識人[1]が十九世紀以来主張しているところで、崇高で絶対的な「全き愛」の宗教と同時にキリスト教宣教師によってもたらされた「輸入概念」たる、自分たちの感性とはほとんど相容れない感情の存在を否定するのである。日本に愛は存在しない。熱情の高まり、欠乏の感覚、そして慣れ親しみの徴候（麻薬中毒によく似た）といったものに愛を認めるだけである。すべて〈恋〉という語が指し示しているものだ。翻訳の難しいこの言葉は、官能的欲望から、悩ましさ、高揚、希望、郷愁、また同時に他人を我が物にしようという肉体的意志の混ざり合った、より高貴な熱望に至る、きわめて広い範囲にわたる多様な感情を結集する。「〈恋〉、それは欲しがるとき、〈愛〉、それは与えたいとき」、と三十三歳のユキ（漫画のヒロイン）は要約し、そしてひとつの格言で自分の言葉を例証する。「恋は熱しやすく冷めやすい」。〈恋〉のより正確な定義は、語のほとんど語源学的意味における「欲望（desir）」ということになろう。"desir"という語は、ラテン語のsidus、「天体、星」に由来する。というのは――星占いの古代の伝承によれば――、欲望するということは、「好ましい星の不在を嘆く」ことを長いあいだ意味してきたからである。欲望は、〈恋〉とまったく同様に、欠乏から生まれ、不在を糧にするのだ。

中国から六世紀頃渡来した〈愛〉という語と違って、〈恋〉という語は固有のものである。そのきわめて古い用法は、日本の詩歌の最初の歴史的アンソロジー、『万葉集』の和歌のなかに確かめられる。収められた四千五百三十六点の作品のうち、半分近くが〈恋〉について語っているのだ。たとえば、こんな例がある。「相見てはしましく恋は和《な》ぎむかと思へどいよよ恋まさりけり」（貴女に会ったなら私の恋もしばらくは鎮まるかもしれないと思うけれども、いよいよ恋しさは募るばかりだ）[2]（『万葉集』七五三）。歌人大伴家持（七一八―七八五）は、結婚したばかりの若い女性、坂上大嬢《さかのうえのいらつめ》に歌を送る。彼は、幾夜抱擁を重ねても身と心を苛む渇きを癒すことができないほど、彼女を恋している。自分の苦しみを歌う際、家持は誇張表現を重ねる。「わが恋は千引《ちびき》の石《いは》を七《なな》ばかり首に掛《か》けむも神のまにまに」（私の恋は千人引きの岩を七つも首にかけるほど重いですが、それも神の思し召《おぼめ》しのままです）、と彼は言う（『万葉集』七四三）。「一重《ひとへ》のみ妹《いも》が結ばむ帯をすら三重《みへ》結ぶべくわが身はなりぬ」（あなたなら一重で巻くだろう帯をさえ、三重に巻かねばならないほどに私はなってしまいました）（『万葉集』七四二）、というほどに彼は痩せる。大嬢《いらつめ》が彼に小さな袋の贈り物をすると、彼は感嘆の声を上げる。「生ける世に吾《あ》はいまだ見ず言《こと》絶えてかくおもしろく縫える袋《ふくろ》は」（私の一生でこんなにも見事に縫われた袋は見たことも聞いたこともありません）（『万葉集』七四六）。今日恋人たちがTシャツを交換するように、彼女が彼に下に着ける衣を貸し与えると、家持はこの衣を捨てがたく思う。「我妹《わぎも》子《こ》が形見《かたみ》の衣《ころも》下に着て直《ただ》に逢ふまではわれ脱かめやも」（あなたが記念にくれた衣を下に着けているが、直接に逢うまでは脱いだりするものですか）（『万葉集』七四七）。彼が彼女と別れなければならない朝に、その都度彼はつらい思いをする。「夜のほどろ出《い》でつつ来《く》らく度《たび》まねくなればわが胸切り焼くごとし」（夜明けのころ別れて帰って来ることが何度も重なったので、私の胸は切り焼かれるようだ）（『万葉集』七五五）。彼の用いる言葉は強烈で、翻訳者のルネ・シフェールが強調するように、いくつかの言葉は神か狐に憑かれた人間の無思慮な行動に当てはまるほどだ。家持は「狂ひに狂」い、また自分の体が「切り焼」かれるのを感じる。これは愛だろうか。否、これは〈恋〉である。

「〈恋〉、それは欠如せるものです」、と京都造形芸術大学で芸術思潮史を講じる武田好史は断言する。「美も同じです。自分が持たないものを欲するのです。男も女も不完全な存在で、自分に欠けているものを他者のうちに見いだそうという希望に駆られています。われわれの神話では、最初の二柱の男女の神は、不完全な存在として規定されています。イザナミには〈成り合はぬところ〉があり、イザナギには〈成り余れるところ〉があるので、両者の交わりが可能になります。初期の神話の多くが、この補完的原理としての性の真実を反復しています。このことが日本ではとても重要なので、空虚、うつろな空間が、男女の間に保たれるのです。離ればなれになればなるほど、彼らは求め合うのです」。〈恋〉の観念は、この点で別離に結びついている。「恋する」という表現は、したがって「愛の営みをする」ではなく、「もう待てない」、「悶々とする」、「逢いたくて仕方がない」、あるいはごく簡単に「君がいなくて淋しい」と翻訳されよう。「おのがじし人死《しに》すらし妹《いも》に恋ひ日《ひ》に異《け》に痩せぬ人に知らえず」（君がいなくて恋焦がれるあまり日に日に痩せ衰えて死にそうなのをどうしたらいいだろうか）（『万葉集』二九二八）。〈恋〉という語は、してみれば男と女の関係にだけ適用されるわけではない。男女を分ける空間は、たんなる生物学的な事柄ではなく、もっと普遍的ななにかに関わる。……『伊勢物語』のなかに、この点に関してわかりやすい物語がある。逸話第三十八(3)である。ある日、ひとりの男が、その雅な歌が平安の宮廷で有名になっていた歌人の紀有常（八一五―八七七）の家を訪れた。

この男は在原業平（八二五―八八〇）といい、その色事で同じように知られていた。彼は有常の娘と結婚していたが、この時代の多くの男と同様、このことは別に彼が他のところに歌を送る妨げにはならなかった。恋愛遊戯はひとつの処世術であり、男にも女にも、才気、知識、そしてとりわけ感性の同じ資質を要求する。なぜ業平が有常のところを訪ねたのかわからないが、二人の男は――十歳離れているだけの――親密な関係を取り結んでいた。次の話がそれを明かしているように。

「昔、紀有常がり行きたるに、歩きておそく来けるに、よみてやりける。君により思ひならひぬ世の中の人はこれをや恋といふらむ」（昔、ひとりの男が紀有常のもとに行ったが、有常は散歩に出かけていて帰りが遅いので　彼は家に入り、この歌を送った。君のお蔭で私はこの世で待つことの燃えるような思いをした。世間の人はこれを恋と呼ぶのだろうか）。

井筒……「私は〈人待つ女〉と呼ばれた」

日本は書き物をする際に、中国からきわめて様式化されたデザインからなる書記システム、〈漢字〉と呼ばれる表意文字を借りる。女性を指す表意文字（〈女〉）は、ひざまずいているのか、たんにしゃがんでいるのか、よくわからないが、座った姿勢の人物を表す。いずれにせよ彼女が待つ姿勢をとって動かないことは確かだ。というのも、このようにして女性たちは長いあいだ中国の、次いで日本の伝統のなかで、受動的姿勢のうちに保たれてきたからである。中国人は、女性が身動きできないように足を布できつく縛って萎えさせた。日本人は、この纏足《てんそく》の習慣は採用しなかったが、しかし奈良時代（七一〇–七九四）と続く平安時代（七九四–一一九二）には、女性は下臈《げろう》でないかぎりは立ち上がったり歩いたりするには及ばないと考えていた。握りこぶしと親指で支えながら、奇妙にもいざりを思わせる技によって、床を滑るように動かなければならない。この移動方法は、「にじりよる」[4]という呼び方のもとで常に実践されてきた。それは茶会の作法の一部をなしている。客は、亭主が自分の前に置いた茶碗を取りに行くために決して立ち上がらない。可能ならば着物で膝をついて進まなければならない。というのも絹織物は反粘着性の被覆と同じ役割を果たすからだ。それは軽い音を立てながら滑ることを可能にしてくれる。奈良時代と平安時代、貴族の邸宅の床は、女性たちが川の流れの速さで歩く木の床である。彼女たちが、ほとんど二メートルに達するような長い髪をして、ゆったりとした衣装を長く引きずりながら行き来するとき、この衣擦れの音は男たちを文字通り身震いさせ、そして彼らは近づいて、しばしば植え込みや御簾の蔭から彼女たちを盗み見るのである。出会いの瞬間を延ばすことにはなにかきわめて甘美なものがある……妙なる苦しみのような。

恋ひ死なばたが名はたたじ世の中のつねなき物と言ひはなすとも

（私がこのまま恋い焦がれて死んでしまったなら、誰のせいだと評判が立つでしょうか。いくらあなたが人の世は無常なものなどと言ってごまかそうとしても）

（『国歌大観』六五六）

平安時代の貴族階級の女たちには移動する暇がほとんどないし、牛車で移動する場合でも遮蔽幕によって人目から守られている。この時代の結婚制度では、じつのところ結婚後も彼女たちは両親と一緒にいて夫の訪れを待つことが望まれる。「同居はルールではなかった」、と古代日本の専門家ジャクリーヌ・ピジョは説明する。「夫は気分次第で多くの妻をかわるがわる訪れることができた。しかし彼はまたひとりの妻のところに長く落ち着くことも、自分の家にひとりあるいは複数の妻といることもできた。あらゆる種類の形が、当時の文献に現れている」[5]。妻たちには、たいていの場合、住むところが定められていたけれども、彼女たちの状況は比較的羨ましいものであった。「夫婦の（性的）貞節が、彼らに厳密に課せられていたわけではない。一種の相互的多婚制というものがあった」。だから婦人たちは愛人の訪れを受け、妊娠することすらあった。財産譲渡の母系的規則によれば、子供は母親から相続するので、生物学的父親の身元確認は必要なかった。男女間の関係のきわめて自由な性格は、良い趣味の規約にしか最終的に従わなかったのである。彼らが愛の営みをするかどうかは大して重要ではなかった。貞操を（まだ）守ることをしないこうした文化においては、愛人たちは婦人たちの住まいを自由に廻り、そして歌の贈りもので飾られた手紙のやりとりで駆け引きを行なった。当の歌に関するすべてが自分の洗練された趣味を証言するように貴族が信義にかけてみずから綴った手紙には、小枝が結びつけられた。魅惑の基準――高貴、気品、礼儀、知性、才能――は、肉体的な美しさにではなく、「心」の性質に基づいていたが、それは花の主題に関してどんなふうに詠まれたかで判断されたのである。

この愛の文化をもっともよく示す物語のひとつが、『伊勢物語』のなかに見いだせる。「これらの物語の大多数は、在原業平という西暦八二五年から八八〇年まで生きた高貴の人（彼は帝の孫だった）の愛のアヴァンチュールに関するものである」、と本書の序文でガストン・ルノンドーは述べている[6]。「これらの物語は、愛する人の不在の事実に著者が感じた気持とか、あるいは彼が近づきえぬ女性をむなしく求めてため息をつくときの気持ちをわれわれに教えてくれる」。この業平の伝説的生涯を誰が書いたのかはわからないが、これは歴史的事実に基づいている。業平は結局有常の娘を妻にするが、逸話二十三は彼らの結ばれを物語っていて、そこで特に感動的なエピソードを伝えてくれている。「むかし、田舎わたらひしける人の子ども、井のもとに出でてあそびけるを、大人になりにければ、をとこも女も恥ぢかはしてありけれど、をとこはこの女をこそ得めと思ふ。女はこのをとこをと思ふ」。彼女はすべての求婚者を退け、また男も同様に両親の用意した結婚話をすべて拒否した。ある日、彼はついに愛の告白をした。「筒井つの井筒にかけしまろがたけ過ぎにけらしな妹見ざるまに」（円い井戸の縁で測った私の身長は久しくあなたに会わないあいだにあなたの身長を越えてしまったことでしょう）。彼女は返した。「くらべこし振分髪も肩すぎぬ君ならずして誰かあぐべき」（あなたと長さを比べ合った振分髪もいまでは肩の下まで伸びてしまいました。あなた以外の人のためにどうして結い上げたりするでしょうか）。当時、娘は結婚年齢（約十三歳）に達すると、お下げ髪にした。「髪をあぐ」（髪を結い上げる）は、婚約の同義語だった。歌の交換のおかげで二人の若者は結婚した。話は、しかし、悪い展開を見る。「さて、年ごろ経るほどに、女、親なくたよりなくなるままに、もろともにいふかひなくてあらむやはとて、河内の国、高安の郡《こほり》に、いきかよふ所出できにけり」（何年か経って女の親がなくなると、男は一緒に住んでいても致し方ないと、河内の国に頻繁に通う所を見つけた）。業平は別の女を誘惑して、せっせと「いきかよ」い始めたのである。平安時代、男たちはその妻の家族に養われていた。この家族が貧しくなったり、たまたま消滅したりすれば、夫は徐々に妻を捨てたのである。こうして夜ごと二人の住まいを後にして、業平は竜田山を越え別の住居に赴いた。不思議にも妻はなんら不満を漏らさず、いつも通り愛想よく優しかった。業平は疑いを抱いた。「このもとの女、悪しと思へるけしきもなくて、出《いだ》しやりければ、をとこ、こと心ありてかかるにやあらむと思ひうたがひて、前栽の中にかくれゐて、河内へいぬる顔にて」（この最初の妻はなんの悲しみも見せずに彼を送りだすので、男は彼女に心に思う人があるのではないかと疑って、前栽のなかに隠れて河内へ発ったふりをしたところ）、そこから彼は彼女が「いとよう化粧《けさう》じて、うちながめて」（丹念にお化粧をして遠くを眺めて）いるのを目撃した。誰のために彼女は綺麗にしているのか。業平は、恋敵が現れるのを見てやろうと待った。だが誰もやって来ず、そして大いに驚いたことには、妻はこんな気遣いの歌を詠んだのだった。

風吹けば沖つ白浪たつた山夜半にや君がひとりこゆらむ

妻は彼を愛するあまり、嫉妬に打ち勝って、彼が危険を冒していないかどうかを心配したのである。業平は仰天した。物語は言う、「とよみけるをききて、限りなくかなしと思ひて、河内へもいかずなりにけり」(7)と。このハッピーエンドにもかかわらず、物語の結末はいささか残酷である。愛する二人の長所を比較しようと、業平は河内の女性を探りに行った。彼はやって来て、たまたま彼女が「手づから飯匙《いひがひ》取りて、笥子《けこ》のうつは物に盛りける」（自らしゃもじで飯を器いっぱいに盛る）現場を見る。この驚くべき下品な行為に彼はうんざりして、彼女に対するどんな夫婦の義務も果たさなくなった。哀れな女がいくら彼を待っても、彼の心は動かなかった。彼女は彼に最後にこう書き送る。「君来むといひし夜ごとに過ぎぬれば頼まぬものの恋ひつつぞふる」（あなたがやって来ると言う夜が次々と過ぎていくので私はもうあなたを信じることができません。それでも変わらずあなたを愛しながら私は生き続けます）。女性の運命は、彼女たちに待つことを余儀なくさせるこの社会にあって、結局のところさほど羨むべきものではなかった。天空に掛かる月を禁欲的に打ち眺めなければならなかった。愛する人が早く離れて行ってしまわないように、夫が自分を捨てないように望んで。

十五世紀に世阿弥（一三六三―一四四三）は、『伊勢物語』の逸話二十三に想を得て、待つことで気が狂った女の苦悩を書いた。感動的な苦しみの長い歌として作品『井筒』を書いたとき、彼は六十歳だった。彼はその舞台を、奈良にほど遠からぬ、業平の墓の近くの石上《いそのかみ》の寺に設定した。

能が始まると、墓前への捧げものを手にしたひとりの女が現れる。

> この人目も稀な古寺には、庭の松風も夜の気配とともに凄まじく、傾く月影は傾く軒の忍草を照らし、忘れていた昔のことがにわかに偲《しの》ばれるのですが、とはいえ、いったいいつまでも待つ甲斐もないものを待ってながらえていようというのでしょう。

愛する人の不在にもかかわらず生きながらえることは、人が焦がれて死ぬ（「恋ひ死ぬ」）世界にあってほとんど偉業に属する。彼女が舞台に登場するとき、『井筒』のヒロインはすでにずっと以前に死んでいながら彼女の最期の場所であったところに出没し続けている。彼女は安らぎを得られずに幽霊になって、かつて将来の恋人と井筒のほとりで遊んだ頃の幼年時代の幸福な日々を夜ごとに蘇らせている。「長き世を契ったのは、まだうら若い日のことでした」、と彼女は消える前に言う。室町時代（一三三六―一五七三）、この役を引き受ける演者は、〈深井〉という、「子や愛を失った」女の仮面、言いようのない悲しみをたたえた喪の仮面をつけた。

演目の第二部において、演者が今度は狂女の仮面をつけて再び現れると、こう告げる。「私は〈人待つ女〉と呼ばれました。長い年月が経ち、いまは亡き人となりました」。業平の衣装を着けて、『井筒』のヒロインは、自分の身に最愛の人を蘇らせるために踊り始める。彼女は、見えない井筒のほとりに寄り、わが姿を水鏡に映し見て叫ぶ。「彼が私の眼の前に！　色香を失って久しく萎れた花のような亡者の私を通して、彼の面影が」。薄れ行く夢のように演目は終了する。

演者は舞台から静かに遠ざかって、この世の現実と隔てる揚幕の向こうに消える。この世では、女たちが、もう「久しく」望みなしに、まだいつまでも待っているのである。(8)

1970年代頃の貸本の表紙（小島剛夕『絵島生島』）

天の川の恋人たち……「恋ふる夜ぞ多き！」

日本は恋に祭日を設けた世界でも稀な国のひとつである。江戸時代（一六〇三―一八六八）以来、七月七日は恋人たちの国民的祝日である。この日には大きな竹が町の通りや店の前や寺の境内に飾られる。竹の葉に少年少女は〈短冊《たんざく》〉と呼ばれる青や緑や黄や赤の帯状の紙片を結び付けるが、そこには織女《たなばた》姫とその夫彦星《ひこぼし》に敬意を表した詩歌が書かれている。彼らの物語は、まぎれもなく不幸な恋の物語である。ラフカディオ・ハーン（一八五〇―一九〇四）は、『天の川の物語』において、こう語っている。「天の神にひとりのとても美しい娘がいた。その名をたなばたつめといった。[9]彼女は厳格な父親のために衣装を織って日々を送り、織物をすることよりも大きな喜びを知らなかった。しかし、ある日、天の住まいの戸口にある織機の前に座っているとき、彼女はひとりのとても美しい若者が牛を牽《ひ》いて通るのを見た。たちまち彼女は恋に落ちた。厳格な父親は娘の密かな欲望を見抜いて、彼女にその青年を夫として与えた。すると二人は自分の務めを忘れてしまうほどに互いに愛し合った」。ラフカディオ・ハーンは、この情熱の性質についてきわめて控え目だが、たなばた姫が激しかったと考えなければならない。というのも彼女は織物を完全にやめてしまったからだ。彼女は糸を交差させる喜びよりずっと強い喜びのもとを見出していた。「杼《ひ》を通す音が聞こえなくなった」、とハーンは言う。牛飼いのほうは、文字通り手綱を緩めてしまった。「番人のいない牛は天の原を気ままに彷徨《さまよ》った」。父親は激怒して若い二人を引き離した。「父親は彼らに別々に離れて――天の川の両側に暮らすように命じた」。夫と妻は、以来、一年に一度、七月七日の夜にだけしか逢うことが許されなくなった。このときから、夜空をよく眺めると、アルタイル星（牽牛星）が銀河を渡ってヴェガ星（織女星）に近づくのが見られる、と日本人は主張する。

天の川霧立ち渡る今日今日《けふけふ》とわが待つ君し船出《ふなで》すらしも
（天の川に霧が立ちこめている。今日か今日かと私がお待ちするあの人が船出をなさるらしい）

（『万葉集』一七六五[10]）

この物語のうちに、日本の古典文学に特徴的な、痛ましい別離として体験された恋についての一種の起源神話を見るべきだろうか。『枕草子』の「遠くて近きもの」の章において、清少納言（九六六頃―一〇二五）が「極楽」と「人の中」（男女関係）を挙げているのは、無邪気なことではない。距離の観念が〈恋〉の観念に内在的に結びついているように思われるので、七夕《たなばた》に関する歌の大部分は言い知れぬ悲しみを帯びている。三百六十四日ものあいだ互いに引き離された星の恋人たちは、たった一度しか逢瀬がかなわず、しかもあまりにも短いので、喜ぶ代わりにこの一夜を嘆き悲しむのだ。夜はあまりにも速く過ぎ去ってしまう。「玉かぎるほのかに見えて別れなばもとなや恋ひむ逢ふ時までは」（ほんのちょっとお逢いしただけでお別れしてしまったら、むやみやたらに恋い焦がれることでしょう、またお逢いできる時まで）[11]（『万葉集』一五二六）。渡ることのできない川岸に打ち捨てられ、対岸でむなしく待つ夫を恋い焦がれる織女は、それゆえ（月の孤独なかぐや姫のように）妨げられた恋と近づきえぬ女性という伝説的な姿として現れる。奈良時代（七一〇―七九四）から日本人はこの中国起源の伝説を採り上げるとき、それを哀歌の主題とする。「風雲《かぜくも》は二つの岸に通へども我が遠妻《とほづま》の言《こと》ぞ通はぬ」（風や雲は川の両岸にたやすく往き来するけれども、遠くにいる私の妻の言葉はなにひとつ通って来ない）[12]（『万葉集』一五二一）。「大空ゆ通ふ我れすら汝《な》がゆゑに天《あま》の川《かは》道《ち》をなづみてぞ来し」（この大空を自由に往き来している私だが、あなたに逢うために天の川の川道をようやくこうしてやって来たよ）[13]（『万葉集』二〇〇一）。いつ逢えるのかとため息をつきながら二人は嘆く。「たぶてにも投げ越しつべき天の川隔《へだ》てればかもあまたすべなき」（小石を放り投げても向こう岸に届きそうな天の川なのに、それが二人を隔てているばかりにまったくどうすることもできない）[14]（『万葉集』一五二二）。

星の恋人たちの物語は、間違いなく普遍的伝説の古い地盤に関連する。彼らに強いられた禁止は、あらゆる社会で制御不可能な野蛮さを示す性衝動を処罰するのと同じである。エロティックな情熱は秩序を危険にさらすのだ。夜と人間的活動の埒外《らちがい》に追いやられ、制限され、抑えられ、束縛されながらも、それは活発であり続けるので、星の恋人たちは決して尽きることのない炎を孤独に燃やすことになる。彼らは自慰行為にふける。嘆き悲しむ。期待し続ける。「万代《よろづよ》にたづさはり居て相見《あひみ》とも思ひ過ぐべき恋にあらなくに」（何万年も手を取り合って一緒にいようとも、消えてなくなるようなそんななまじっかな恋ではないのに）（『万葉集』

二〇二四[15]。

「秋風に今か今かと紐解きてうら待ち居《を》るに月かたぶきぬ」（秋風に吹かれながら、今おいでか今おいでかと着物の紐を解いて心待ちしているうちに月が西に傾いてしまった）（『万葉集』四三一一[16]）。

「霞《かすみ》立つ天の川原に君待つとい行《ゆ》き帰るに裳《も》の裾《すそ》濡れぬ」（霧のかかっている天の川の川原であの人を待って行きつ戻りつしているうちに裳の裾がすっかり濡れてしまった）（『万葉集』一五二八[17]）。

　不在に苛まれた星の恋人たちは、決して眠らずに、衣服の裾《すそ》を露で「濡らす」のだが、奇妙にもそれは空に昇りまた水滴となって落ちる霧の湿って透明な隠喩、「雲と雨」を思わせる。恋人たちを別つ川は、ときとしてもはや彼ら自身の満たされぬ欲望の流れでしかなく、霧は体のほてりと漕ぎ寄せる櫓《ろ》の音、情熱を暗示する。「我が背子《せこ》にうら恋ひ居《を》れば天の川夜船《よふね》漕ぎとよむ楫《かぢ》の音《おと》聞こゆ」（夫《せ》の君に早く逢いたいと待ち焦がれていると、まさに天の川から夜船を漕いでやって来る櫓の音が聞こえてくる）[18]（『万葉集』二〇一五）。絶望の様相を帯びているとはいえ「七日の夜」に捧げられた歌に、秋の初めに聖なる山に赴きそこで偶然に気の合った相手を自分の恋人に選ぶという民衆的祭礼への暗示がないわけではない。こうしたオルギア的な祭りは、一八四二年に江戸で七夕の淫らな行動を禁止するお触れが出されるほどに権威を失って、二十世紀初頭までには消えた。とはいえ、それは素朴なかたちでは存続している。ラフカディオ・ハーンは、たとえば「眠流《ねむなが》し」と呼ばれる出雲地方の慣習を採り上げている。七月七日の夜、若者たちは川に小さな巡礼を行ない、そこで牛飼いのように一年に要する力を汲むのである。おじぎ草の名称（「眠り草」）と「眠り」という語の同音性にもとづき、また「豆」を意味したり、あるいは「力」、「力強さ」、「精力」を意味したりするマメという音節の両義性にもとづいて、彼らはまず水のなかに願いを掛けた葉を投げ込む。「夜明け前、村のすべての若者は、眠り草の葉と豆の葉の束を持って近くの川に行く。川に着くと彼らはその束を投げ込んで、ちょっとした歌を歌う。「眠《ねむ》は流れよ！　豆の葉は止まれ！」このように歌ったあと、若者たちは川に入って、アルタイル星さながら一年中力強い輝きを放つようにしてくれるたくましい力を引き出そうとする。「天の川霧立ちわたり彦星の楫《かぢ》の音聞こゆ夜の更けゆけば」（天の川に霧が立ちこめて、彦星が舟の櫓を漕ぐ音が聞こえてくる、夜がだんだん更けてゆくと）[19]（『万葉集』二〇四四）。

　七五五年、天平勝宝時代の七月七日、宮廷は、『公事根源《くじこんげん》』に詳細の記されている複雑な式次第に従って、天の川の恋人たちに公式に捧げられた最初の儀式を執り行なった。夜になると宮殿の東の一室に筵《むしろ》が敷かれ、星の神々への捧げものが載せられた。黒漆の行灯のそばに花を盛った花瓶と（短冊のように）「五つの孔に五色の糸が通された針」とが置かれた。庭には七夕の星の輝きを映すようにいくつかの水盤が設置され、そして「女房たちがかわるがわるやって来ては水に映った星のかすかな光で針の孔に糸を通そうとした」[20]。この透明な象徴作用の儀式には、また墨と芋の葉の上に集められた露が用意され、長い帯状の色紙に歌が書かれた。この祭りは、当時とびきり贅沢なものだった。「たなばた祭り」は、もっとも、長いあいだ富裕層の特権でしかなかった。「徳川幕府の間に初めてたなばた祭りは真に国民的な祭りになった」、とハーンは述べている。それは色紙が安価になったときである。「それで儀式はずっと安くつくようになり、最下層の人々も参加できるようになった」。

　十九世紀から家々の庭では、歌を綴《つづ》るのに必要な新鮮な墨を用意するために、「天の川の滴《しずく》」と名づけられた露を集め始めた。露で満たされた硯で墨を摺《す》るとき、それが快楽を得るための身振りにとてもよく似ていることを、日本人が意識しているのかどうか確かではない。ラフカディオ・ハーンは、この祭りがこの墨の用意の儀式に強く結びついているので、この夜に特別に用いられる硯の場面で恋人たちが現れるという事実を強調している。「天の川の滴」に墨を浸けた後、家族の全員が、幼い子供も手を取られて、星の恋人たちに捧げられた歌を綴り始めた。「次いで、枝葉のある二本の竹、男《おとこ》竹《だけ》と女竹《おんなだけ》が庭に植えられた。六メートルの間隔を置いたそれらのあいだに紐が張られ、そこに五色の紙片と、また同様に五つの異なった色合いの糸が吊るされた。次に、家族の一人ひとりの歌が書かれた短冊が竹の葉に結びつけられた」。七夕伝説の深い意味は、おそらく歌を綴るというこの愛の行為のうちにある。つまるところ愛するとはなんだろうか。歌人にとって、それはたぶん距離を、歌の距離を置くことである。それは待つことを表現すると同時にそれを変容させることなのだ。

　秋されば川霧立てる天の川川に向き居て恋ふる夜ぞ多き
　（秋がやって来ると、川霧が立ちこめる天の川、その川に向かって坐り、あの人を恋い焦がれる夜が幾夜も続いている）

（『万葉集』二〇三〇）

かささぎの渡せる橋……恋人たちの守護天使

昔の日本には小舟を並べて縄で結び、「浮き橋」と呼ばれる、水に浮いた橋を作り上げる習わしがあった。『百人一首』のなかに、なんら愛に関するとは見えないけれども徐々にその意味を転じて恋人たちの狂おしい欲望を象徴するにいたるような歌が存在する。第六歌がそれである。

かささぎの渡せる橋におく霜のしろきを見れば夜ぞふけにける(21)

平安時代には「かささぎの渡せる橋」は、宮廷に至る段階を詩的なかたちで示す。おそらくこの表現は、この聖なる場所へ入ることの難しさを示している。雲の彼方なる天の王国にも似て、天皇の住まいは近づくのが難しいので、そこに近づくには文字通り翼で運ばれなければならない。しかし十七世紀頃に「かささぎの橋」は根本的に意味を変えるので、第六歌は思いがけぬかたちで解釈されるにいたる。七夕《たなばた》伝説と結びつけられて、それはロマンティックな歌になるのである。

というのも、ジョシュア・モストウが皮肉にも述べているように、「江戸時代の日本人は、どうあってもこの歌が愛について語っていると望んだ(22)」からである。「かささぎの橋」という表現を、その歴史的現実をいっさい考慮せずにその最初の意味から転じて、註釈者たちは、大伴家持(23)（七一八—七八五）がこの歌を作ったとき、星々が冬の空に瞬くのを眺め、そして天の川の白い輝きに想を得て、天空で結ばれる恋人たちの有名なイメージをこの光景に投影したと主張するのである。

江戸時代、星の恋人たちの伝説は、それゆえこの新機軸のイメージをまとっている。織女と牛飼いの夫を別つ川を渡るのに、二人は、かささぎが小さなからだをくっつけて橋を形成したその揺れ動く翼に乗って互いに進むのである。翼で脆《もろ》いアーチを形成するこのかささぎの列は、時代の図像表現のなかで、しばしば鷺や鶴の列に置き換えられることになるだろう。これらの鳥がその白さによってより吉兆的な側面をイメージに与えるように。またおそらくは、かささぎの翼があたかも霧氷に覆われているかのように夜のなかで白さに輝く橋を歌う第六歌のイメージによりぴったりと「合致する」ために。……伝統は失われた。今日でもまだ、七夕の夜には恋人たちは心配そうに空を眺め、それが晴れわたっていることを望む。「天気が雨模様だと、天の川の水嵩が増し拡がって鳥たちが橋を形成することができない」、とラフカディオ・ハーンは『天の川の物語』のなかで述べている。夫と妻は、そのとき逢うことができず、翌年まで待たなければならなくなる。「だからこそこの夜に降る雨を〈涙の雨〉というのである」。とはいえ、恋人たちがこんなふうに逢うことができずに三、四年経ったとしても、「しかし彼らの愛は永遠に若く、いつまでも変わらず、そして翌年の七月七日の夜にはついに逢うという希望を抱いて、彼らは自分の義務を毎日欠かさずに果たすのである」。ときに誤って鷺や鶴の姿で表されるにもかかわらず、かささぎはそれゆえ恋人たちにとって守護天使に匹敵する存在になった。「かささぎの橋」という表現は、そのもとの意味から完全に逸れてしまったけれども、それは、「いかなる障害にもかかわらず恋人たちが再会するために考えられるあらゆる手段」を意味し続ける、とルネ・シフェールは述べている。「彦星と織女《たなばたつめ》と今夜《こよい》逢ふ天の川門《かわと》に波立つなゆめ」（『万葉集』二〇四〇）[24]。

コンドームの物語………「愛には距離が必要だ」

二〇〇八年十一月三十日の冬の夜、東京に住む少女精野《あべの》いおりは、わずかにシャツと部屋着を身に着けただけで家を出る。福岡の少年、川崎翔平は彼女に逢うために同じ時刻に出る。走って。彼らを隔てる一〇〇〇キロメートルを走破するには一か月かかる。彼らは二年半前から「遠距離恋愛」で愛し合っている。彼らはある会社に選ばれたのだが、この会社は二人の恋人たちが抱き合うときにしかその名もこの演出の目的も明かさないだろう。いまやなにも知らないままに、いおりと翔平は喜んで走るが、その後ろには小型トラックが付いて彼らに移動宿泊所を提供する。彼らの長い行程は撮影され、人々は疲れ切って走る彼らの様子を二つのインターネットのサイト——ひとつは男性のための、もうひとつは女性のためのもので、恋人たちのあいだのコミュニケーションのプラットフォームになる——で追うことができる。メールや仲介的ヴィデオによるいおりと翔平のすべてのやりとりが、たちまち公開される。ファンは応援メッセージを送ることも、あるいはマラソン人の沿道に立って励ますことすらできる。

一秒ごとにミリメートル単位で測られる距離が縮む。予想される出逢いの地点は大阪城、日付は、花火が城の上空に打ち上げられるクリスマスである。二〇〇八年十二月二十四日、白いシャツ姿のきゃしゃな精野いおりと、一ヵ月前にアパートを出るときに身に着けていたセーターとズボンのままの翔平が到着して差し向かう。そして距離を〇に、〇ミリメートルにして抱き合う。互いに見つめ合うために離れる。三百十六ミリメートル。泣きながらまた抱き締め合う。〇・〇ミリメートル。次に〇・〇二ミリメートルで固く抱き合うとき、夜空に花火が炸裂する。この再会が視聴者に呼び起こす異常な感情を利用して、そのときこの再会を準備した秘密組織がその名を明かす。相模《サガミ》、コンドームの商標である。「日本のテレビでコンドームについて語るのはとても難しいことでした」、とスポークスマンは説明する。「私たちはもっとも革新的な製品、サガミ〇・〇二（わずか〇・〇二ミリの世界でもっとも薄いコンドーム）を世に送り出したかったのです、愛が可能であるためにはつねに距離を置かなければならないのですから。それがコンドームの距離ではないでしょうか」

"Love Distance"と銘打たれたこの広告キャンペーンは、大衆の熱狂を呼び起こす。コンドーム、サガミ〇・〇二は大きな成功を収める。このキャンペーンのディレクター、伊藤直樹は、その仕事によって数多くの賞を、とりわけカンヌ国際広告祭の金賞を受賞する。二人の恋人たちのほうは、二万ドル、豪華ホテル宿泊、そして販売促進のメッセージを強調する会社側のくだんの論理にしたがって、生涯にわたって必要となるだろう数のコンドームを獲得する。いおりと翔平は、結ばれたといえ、愛にほかならぬ〇・〇二ミリの縮められぬ距離によって隔てられなければならないだろう。人は、こうして逆説的にも、距離（遠距離）を置いて、愛するのだ。天の川によって遠ざけられた星の恋人たちのように、所有する欲望と夢見る欲望との永遠の緊張において、手の届かぬ対象へのこの飛躍において。それでもやはりその対象が「消失点」を、くだんの星々さながらに驚くべき消失点を構成するがゆえに追い求めるのである。

竹取物語……第三種接近遭遇

アメリカの天文学者ハイネクの分類によれば、人間が宇宙人に出会う場合、「第三種接近遭遇」[25]が問題となる。世界最古の宇宙人物語のひとつは、『竹取物語』と題する。中国起源のこの伝説は、口承にもとづくが、すでに七五九年に『万葉集』の歌のひとつ（三七九一歌）に姿を見せ、紀元九〇九年に書きとめられ、次いでさまざまな変異形で豊かになる。十二世紀末には『今昔物語』（巻第三十一、第三十三話）において、こんなふうに語られる。「今は昔、……一人の翁《おきな》ありけり。竹を取りて籠を造りて要ずる人に与えて、その功を取りて世を渡りけるに、翁、籠を造らむが為にたかむらに行き竹を切りけるに、たかむらの中に一つの光あり。その竹の節の中に三寸ばかりなる人あり。翁これを見て思はく、我年来《としごろ》竹取りつるに、今かかる物を見付けたる事を喜びて、片手にはその小さき人を取り、今片手に竹を荷《にな》ひて家に帰り」[26]たり。

年老いた妻は、子供がいなかったので、可愛い女の子が家に連れて来られたことをとても喜んだ。それで籠に入れて養っていたところ、「三月ばかり養ったところ、普通の大きさの、世に並び無く端正な人になった。まことにこの世のものとは思えない美しさだった」。髪は光り輝き肌も照り輝いたので、家には光が満ちてもはや暗いところが無くなるようだった。ある日、翁が一度ならず竹を切るたびに金塊を見つけたので、たちまち豊かになって、宮殿楼閣を造って豪勢に暮らした。

生活の必要から解放されてからというもの、翁は「いよいよこれをかなしび愛してかしづく事限りなし」。翁はこの子が十分に成長したと思ったとき、一人の占い師を呼んで名前を付けてもらった。なよ竹のかぐや姫と名付けられ、そして三日間にわたって宴が催された。噂を聞いた誰もが彼女を見たがった。多くの男たちが恋に落ちたが、彼女に近づくことができなかった。男たちは彼女の顔をほんの少しでも垣間見ようと、彼女の住まいを取り囲む塀に上り、一晩中庭に隠れ潜み、ときには垣根に穴を空けたりさえした。「さる時よりなむ〈よばひ〉とは言ひける」[27]、と物語の不詳の作者は述べている。

　こうした求婚者のなかで五人の殿上人がとりわけ熱心に彼女を口説き始め、雨風にも炎天にも雪にも挫けることなく通い、彼女に情熱的な歌を送り続けた。「しかし彼女はまったくとりあおうとせず、誰にも会おうとしなかった。殿上人が正式に結婚を申し込むと、彼女は言い寄って来る男がどうやって証拠を示していいかわからないような条件を出した。空に鳴る雷を捕らえて来るように、あるいは三千年に一度しか咲かない魔法の花、優曇華《うどんげ》を取って来るように、あるいはまた打たないのに鳴る不思議な鼓《つづみ》を持って来るように要求した。ある日、天皇《みかど》は世に並びなく美しいというこの娘の噂を聞いた[28]」。

　派手なお供の一行を率いて竹取の翁の家に赴いた天皇は、娘の住む棟に入るや目をみはり、すみやかに彼女を后《きさき》にしようと決めた。ためらわずにかぐや姫は従うことを拒んだ。「これは私にとって限りない喜びではありますが、私は他所から来ましたのでお受けできません。私は人にはあらぬ身なのです」、と彼女は言った。唖然《あぜん》とした天皇は、心残りのまま宮に戻った。他のどんな女も目に入らなかった。彼にはもはやかぐや姫に恋文を送ることしかなすすべはなかったが、彼女はそれに慰めの言葉を返したので、その不在がますます苦しくなるばかりであった。こうして三年経った。

　秋が近づくと、かぐや姫の顔が暗くなり始めた。「毎晩、彼女は月が空に上り、段々明るくなるのを見ては、ふさぎこんで行った。ある人が、月の顔を見るのは不吉なことですよ、と言ったが、かぐや姫は、ひとりでいると白い月を眺めては泣いていた」。ある夜、かぐや姫は、取り乱して、ついに両親に、自分が月の都から来たこと、そしてその国の人々が自分を取り戻しにすぐにやって来ることを告白した。これを聞いて竹取の翁は嘆き悲しんだ。天皇は、この知らせを受けると、二千人の兵士を遣わして屋敷の周りを取り囲み、誰も近づけないようにした。九月十五日、満月の夜、午前零時頃、すべての兵士は空に矢を向け、翁は、最愛の娘が行くのを死んでも防ごうと、門の前に見張りに立ったが、そのとき目も眩む光が空から降ってきた。「満月の明るさを十も合わせたような光で、人の毛穴さえ見えるほどだった。そして大空から雲に乗って人々が降りてきた[29]」。

　彼らの前で家の屋根が開き、かぐや姫は彼女をきつく抱き締めていた媼《おうな》の腕から魔法によるように引き抜かれて空に昇った。彼女には天皇に文《ふみ》と不死の薬の入った壺を残す時間しかなかった。そして羽衣《はごろも》を着て彼女は大空へと運ばれた。天皇は文《ふみ》を読んで、ひどくふさぎこんだ。そこに娘がこの地に留まれないことの心残りが表されていたからである。「愛する人に再びまみえることもなく一生苦しむのなら、この不死の薬もなんの役に立とう」、と彼は言った。彼はこの文《ふみ》と薬の壺をある山の頂《いただき》で燃やすように命じた。それ以来、人はこの山を「ふじ」、つまり「不死」の山と名付けた。いまでもその煙が大空に立ち上ると言われている。

こうして「月の都」から来た娘は、ＵＦＯ研究家が日本の歴史における最初の空飛ぶ円盤のひとつとみなすものに運ばれて、ついにそこに戻るのである。この物語のＳＦさながらの奇妙な結末は謎である。「そこには誰もが不可能と思い、実際、まぎれもなく驚異に似たなにかがある」、とこの物語の訳者塚越敏は書いている。英語版の著者ドナルド・キーンは、この伝説への仏教の影響を指摘している。仏教は、欲望に汚されたこの世と、光に満ちた、不死の存在のいる天上のあの世とを、はっきりと対立させているからだ。「羽衣は断絶のしるしである」、と彼は言う。「それを羽織ると、かぐや姫は愛着を持っていた人たちを忘れる。感情《パトス》の人間的世界を捨て、彼女は月（浄土の教えによれば、天国につながる天体）の世界に入る。それは無関心と無感動の世界である」[30]。月の上にもはや苦しみはない。永遠に生きるのだ。逆に地上では、光り輝く天体に顔を向けて、人はこの近寄れぬ美にむなしく昇ろうとする。……かぐや姫は、日本の集合的想像力のうちに深く刻みこまれているので、人気のあるアニメは直接にその物語から想を得ているほどだ。『セーラームーン』、『ゴルドラ』、『ドラゴンボール』、『コブラ』、『ウルフズ・レイン』、『僕の地球を守って』。そこで問題になっているのは、自分たちの地球外起源を隠し、そして心ならずも人間たちに望まれて地球を住処《すみか》に選んだ異星人である。だが、空からやって来ると、愛することはしばしば難しい。かぐや姫と天皇とを別つ距離は、惑星間の無の距離である。それは竹の虚ろな茎を満たす同じ無である。美術批評家ジャン＝バティスト・パラは、こう言っている。「この無はまた空《くう》である。空が、人間をその固有の人間性へと成長させる、絶対的なものへの緊張の別名であるなら。この無は、ときとしてわれわれを何光年も離れたところにあるものへと駆り立てる〈欲望の表象不可能なエネルギー〉である」[31]。

この無がわれわれを大きくさせ、月に顔を上げさせ、彼方を夢見させる。われわれの条件を越えるべくわれわれを駆り立てるのは、この無である。この無は、「要求する」、「せがむ」、さらには「愛する」を意味する〈乞う〉という語の字体のうちに見出せる。この漢字は、野外で跪いて空に向かって祈る人を表している[32]。たぶんだからこそ竹取の伝説が、日本でもっとも重要な伝説のひとつとみなされているのだ。それは、天空への呼びかけを愛の究極目的とするからである。試練のない、別離のない、傷つくことすらないかもしれない欲望による愛ではない。欲望が生まれるためには、男と女を、天と地を分かち、事物間に明確な境界を設けなければならない。周知のように、『創世記』にはこうある。「はじめに神は天と地を創った。次に神は光と闇を分けた」。日本人が、その起源に関する書物、記紀（『古事記』紀元七一二年、『日本書紀』七二〇年）において述べているところも、まったく同様に複雑である。「天地《あめつち》のはじめの時」、三柱《みはしら》の神が出現するが、まだ目にみえず判然としなかった。「次に、生まれたばかりの地が浮いた脂《あぶら》のように水母《くらげ》さながらに漂う時[33]」、神々が、「葦の芽のように」、未分化のゼラチン状の原初の物質の外に現れ出た。しかし何世代も経って初めて二柱《ふたはしら》の目に見える最初の神々、男神イザナギと女神イザナミが姿を現した。愛の最初の行為者である。

　この原初の差異化の観念は、アフリカ、アメリカ、アジア、あるいは北極地方の創世神話の多くに見出せる。これらの神話は、みな同じ真理、つまり、欲望と生殖を成立させるには諸存在を分かたなければならないということを言い表している。対立する諸原理は、失われた統一をこうして再び見出せると思うからこそ惹きつけ合う。『万葉集』のなかでたなばた姫に捧げられた歌のひとつが、それをこんなふうに要約している。

　天地《あめつち》と別れし時ゆ己《おの》が妻しかぞ離《か》れてあり秋待つ我れは

（天と地とが別れた遠い昔から私の妻と離れ離れに暮らしているが、ひたすら秋が来るのを待っているのだ、この私は[34]）　（『万葉集』二〇〇五）

われわれは二人でしか完全ではない、と彼らは言う。他者性が未達成の感覚のようにわれわれを苛み、白い霧に覆われた銀河を超えて互いに駆り立てるのだ。そしてこの不可欠の裂け目を維持するために、世界中の大部分の社会が、男は生物学的な面においてだけでなく象徴的な面においても女とは異ならなければならないという考え方をとっている。しかと意識せずとも、遠くからやって来て闇から現れる男と織女星からやって来る女あるいは月の王女とをより魅力的とするようなこうした神話によって、われわれは決定づけられている。われわれが、われわれとはこんなにも異なりながらしかも相補い合う彼らを、充溢と欠如の原則に従って、熱烈に希求するのは、彼らがわれわれの弱さを抑え、われわれの期待をかなえてくれるようにである。男女がしっかりと抱き合ってもっとも具体的なかたちで口にすることを、われわれの心はこんなふうに詠む。「たなばたの年とは言はじ　天の川　雲立ちわたり　いざ乱れなん」（『後撰集』二四六[35]）。

恋の重荷……「恋はなぜこんなに重いのか」

語源学的には〈恋〉は、「乞う」つまり「要求する」、「せがむ」、「懇願する」に由来する。それは、「物乞い」とか「雨乞い」といった言葉のなかにも見出せる。「この語が詩歌のなかに登場するとき、それを『私はあなたの魂を要求する』と訳すことができるだろう」、と能の専門家、狩野晃一は説明する。社会的階級がなんであれ男にも女にも用いられる〈恋〉という語は、いかなる身分も考慮せずに、貧しい漁婦を貴族に夢中にさせ、近づくことのできぬ姫の特別な計らいをたんなる召使いに熱望させる欲望を意味する。様々なドラマが生まれることになる。平安時代の歌集は、こうした不可能な恋の物語や、「雲の八重垣」に守られた聖なる場所、内裏に出入りする「雲の上人《うえびと》」と言われる近づきえぬ人物にむなしく差し向けられた祈りに満ちている。貴族たちは、慎ましくも「照る光」と呼ばれる存在、すなわち太陽の女神アマテラスの息子たる天皇を取り囲むほとんど天上的なサークルに加わることを夢見る。上流階級の人物はすべて天《あま》に属し、恋をひとつの崇拝のかたちとみなす歌のなかでは聖なるものに属する。『古今和歌集』のなかで、歌人定家はその悩みをこんなふうに詠んでいる。「夕暮は雲のはたてにものぞ思ふ天《あま》つ空なる人を恋ふとて」（夕方になると、雲の果てを眺めながらもの思いにふけることだ。天上のあのお方を恋い慕って）（『古今和歌集』巻第十一、四八四[36]）。

『後撰和歌集』のなかで、ある無名の女は、あまりに高いところにいるために決してよくは知りえない男のように、自分に言い寄る男について語っている。

恨むとも恋ふともいかが雲井よりはるけき人をそらにしるべき
（恨まれたり恋い求められたりしても、はるかな空の雲のようにあまりにも遠い所にいる人についてどうしてよく知りえましょうか）（『後撰和歌集』巻第十四、九九九[37]）

十四世紀に世阿弥は、この不可能な恋のテーマで『恋重《こいのおも》荷《に》』と題する作品を作っている。これは、意味深長な仕方で

〈恋〉の定義から始まる。「恋に身分の違いはない。かなえられないがゆえに、〈これは恋だ！〉と言うのだから」。空間的であれ、時間的であれ、あるいは社会的であれ、男女を隔てる距離の原因を引きながら、〈恋〉は常軌を逸した願い、境界を無くそうとする気違いじみた希望と定義される。……ああ、希望は苦しませる。その作品において、世阿弥は高位の女性に恋をする下賤《げせん》の老人、御所の庭師について語る。そのことを知った女性は、こう言う。

恋に身分の違いはありません（中略）。恋の犠牲者は重荷を持つばかりです。この人に重荷を持たせるように！[38]」。

重い石の塊を綾織物で包むように命じた彼女は、庭師がそれを持って庭を何度も廻るなら姿を見せようと彼に知らせる。「この重荷を持って庭を何度も何度も廻るように！」、と彼女は言う。恋の証であるこの重荷を運ぶならば、彼は高貴な女性のお姿をいま一度拝むこともできよう！　老人はこの試練を受ける。いつか恋する人にまみえる機会があるだろうと。彼女の顔にほかならぬ「天つ空」へと上ろうと熱烈に夢見て、重荷を縛る縄を取り、足を踏ん張って引く……が、石は重過ぎる。泣きながら、彼はもう一度試みる。「ああ恋よ、高い山は、近づきえない、深淵は、渡ることができない」。諦めずに彼は地面に釘付けになったこの重しを何度も持ち上げようとする。「私の情熱がどんなに重かろうと、私はそれを捨てはしない」、と彼は諦められずにうめく。くだんの美女が彼に向けるこの冷たい軽蔑の塊によって文字通り去勢されて、彼はむきになって別れの歌を歌う。「姫よ、私の魂はあなたのものだ。そして私はその代価がこんなにも重いことを知っている」。重さに打ちのめされて彼は死に、そして怨霊に変身する。

この作品を書くために世阿弥は、『綾鼓《あやのつづみ》』と題する作品に想を取り、それをわずかに、わかりやすい象徴法で改変した。その翻訳者ノエル・ペリは要約する。「主題はこうである。木《こ》の丸《まる》の御所の年老いた庭師が、庭園を散歩しているときにたまたま見た女御に恋心を抱くようになる。そのことを耳にした女御は、木の枝に鼓を掛けておくように命じ、老人がそれを打ってその音が内裏のうちに聞こえたら、彼に自分の姿を見せようと伝えさせた。しかし悪賢い女御は鼓に皮の代わりに綾布を張らせたので、鼓はまったく鳴らなかった。不幸な庭師は何度もむなしく鼓を打ったあと、絶望のあまり命を絶つ[39]」。まことに残酷な仕打ちである。老人に鼓を打たせて、彼女は彼を嘲笑う。彼女は彼が鼓を響かせることも振動させることすらもまったくできないことを知っている。雨を降らせるためのリズミカルな太鼓の音や、大地の発芽力を目覚めさせるために歌う歌やリズミカルな足踏みといった普遍的なエロティックなイメージを思わせる身振りでもって、どんなに打っても、鼓からはなんの音も出ないだろう。ため息すらも。天は老人の切迫した訴えにも閉ざされたままだろう。美女は逢いにやって来ないだろう。『万葉集』のなかに、この作品のモデルになっているのではないかとノエル・ペリの推測する歌がある。偽りの約束について語る作者不詳の歌である。「時守《ときもり》が打ち鳴《な》す鼓数《つづみよ》み見れば時にはなりぬ逢わなくもあやし」（時守の打ち鳴らす鼓の音を数えてみると、とつくに約束の時刻になっている。なのにあの人がやって来ないのはおかしい）（『万葉集』二六四一）。「時守」は、かつて鼓を打つて時を告げる宮廷の役人だった。この仕事を託された老人には、自分自身の死の時を告げ鳴らすのを聞くことができないだろう。鼓は沈黙のままである。そして男が沈黙のまま黒い池の水のなかに滑り込むとき、女御は眠っている。重なった雲の帳《とばり》の背後で空に漂う彼女に、どうして涙が流れ落ちるのを聞くことができようか。「私の心の花となって一つひとつ滑り落ちる涙の粒」を。

【註】

（1）「私はここで愛は輸入概念だと主張したい。（中略）なぜなら〈恋愛〉は、〈美〉や〈近代〉とまったく同様に、翻訳語だからである。われわれは、この語を通して一世紀前に人が〈愛〉と呼ぶものを発見したのである。要するに、そのときまで、日本には愛はなかったのだ」（柳父章『翻訳語成立事情』）。Traduit par Jean-Michel Butel, *Petite histoire de la traduction de l'amour en langue japonaise: Ai.*

（2）『万葉集』, traduit par René Sieffert, p.337.

（3）『伊勢物語』, traduit par Gaston Renondeau.

（4）「にじる（あるいは、にじりよる）」は、文字通りには「地面に両手をついて膝で前に滑り進む」ことを意味する。高さ六十センチの茶室の入口は、「にじり口」と呼ばれる。これは千利休によって創られたとされるが、彼は大阪で漁師が船のなかでこんなふうに滑り動くのを見たのである。茶室に入るときには、このように身を屈め、頭を下げて、親指を離して畳に置いた握りこぶしで詰め寄るのが習慣である。慎ましさを意味し、社会的しきたりから解放された世界への汚れた世界からの移行を示す姿勢である。

（5）Jacqueline Pigeot, *Femme galantes, femmes artistes dans le Japon ancien*, Gallimard, Nrf, 2003.

（6）*Conte d'Ise*, traduit par Gaston Renondeau, Gallimard, Nrf, coll. "Connaissance de l'Orient", 1969.「これらの物語は、その著者も日付もわからないが、原典が失われたらしい業平の自伝に基づいているように思われる」。これらは九〇五年から九五一年のあいだに書かれたと思しい。

（7）Noël Péri, "Choix de pieces du theatre lyrique japonais", *Bulletin de l'École française d'Extrême-Orient*, vol. 27, 1927.

（8）Traduction: Noël Péri et Royall Tyler (*Japanese* Nô *Drama*, Penguin Classics, 1992).

（9）異伝では彼女は、織姫、織女、女《め》たなばた様、朝顔姫、糸織り姫、桃子姫、焚きもの姫、あるいはささがに姫と呼ばれる。彼女の恋人は、飼い星、牽牛、あるいは男《お》たなばた様と呼ばれる。

（10）Lafcadio Hearn, *Le Roman de la voie lactée*, Mercure de France, 1993, p.345.〔小泉八雲『天の川幻想』船木裕訳、集英社〕

（11）*idem*, p.344.

（12）*idem*, p.342

（13）*idem*, p.346.

（14）*idem*, p.343.

（15）*idem*, p.348.

（16）大伴家持の歌。

（17）Lafcadio Hearn, *op. cit.*, p.344. René Sieffert, *op. cit.*, p.213.

（18）Lafcadio Hearn, *op. cit.*, p.347.

（19）*idem*, p.350.

（20）*idem*, p.336.

（21）Cf. René Sieffert, *De cent poètes un poèm*, POF, 1933, pp.16-17.

（22）Joshua Mostow, *Pictures of the Heart*, University of Hawaii Press, 1996.

（23）中納言大伴家持（七一八―七八五）は、『万葉集』への多大な貢献で知られる。そこには彼の手になる四百以上の歌が収められ、三十六人の不滅の歌人のひとりに数えられる。とりわけ情熱的な恋の歌を多く詠んだ。（「業平と有常」の項を参照）。

（24）Lafcadio Hearn, *Le Roman de la Voie lactée*, Mercure de France, 1993, p.349.

（25）ＲＲ３：第三種接近遭遇。一九七二年にハイネクによって唱えられた類型学《タイポロジー》で、のちにさらに段階が追加された。ＲＲ４（誘拐）、ＲＲ５（コミュニケーション）、ＲＲ６（侵略）、等。

（26）『今昔物語集』からの抜粋。Recits traduits par Satoshi Tsukakoshi, version française établie par Amel Gueme, Delpire, coll. "La fable du monde", 1959, pp.69-72.

（27）*Idem.*

（28）Donald Keene and Haruo Shirane, *Traditinal Japanese Literature: An Anthology, Beginnings to 1600*, Columbia University Press, 2008, pp.169-184.

（29）*Idem.*

（30）*Idem.*

（31）http://mercadier.metaproject.net/fr/textes-d-auteur/view/915/jean-baptiste-paravues-de-l- insaisissable.

（32）「乞うという漢字が創られたとき、まだ灌漑設備は存在しなかった。田畑に水をやるために、人々は雨を降らせてくれるように天に祈った。最初の要求、最初の欲望は天に向けられた」（三上はるみち、東京在住の芸術家）。

（33）*Le Kojiki*, traduit par Maryse et Masumi Shibata, Maisonneuve & Larose, 1969, p.63-64.

（34）Cf. Lafcadio Hearn, *Le Roman de la Voie lactée*, Mercure de

France, 1933, p.346.

(35) Cf. Edwin A. Cranston, *A Waka Anthology, Grasses of Remembrance,* Stanford University Press, 2006, p.262.

(36) Cf. Edwin A. Cranston, *A Waka Anthology,* vol. 2: Grasses of Remembrance, Stanford University Press, 2006, p.22. Cf. Robert H. Brower et Earl Miner, *Japanese Court Poetry,* Stanford University Press, First Edition, 1961, p.409.

(37) Edwin A. Craston, *op. cit.,* p.218.

(38) Armen Godel et Koichi Kano, La Lande des mortifications, Gallimart, Nrf, coll. "Connaissance de l'Orient", 1994.

(39) Noël *Péri, Études sur le drame lyrique japonais* nô: *Bulletin de l'École française d'Extrême Orient.* tome 13, 1913, pp.1-113.

第三章

誰にも心がある

「風が竹やぶを吹き抜けるとき……」

松風……嘆き待つ風

風が神々しい愛の歌を響かせる、男女間の永遠の愛の象徴たる松を唯一の装飾とする舞台上で、能の演者たちは、十四世紀以来不変の演出法に従って動き、ときとして何世代にもわたって伝わる衣装と面をつけて、同じしゃがれ声で同じ言葉を実際に繰り返す。十四世紀末に観阿弥（一三三三―一三八四）とその息子世阿弥（一三六三―一四四三）によって創られた能は、見かけは凝固した演劇である。その演出は、「謡」の流れにそった動きを指示する台本において誰に対しても一旦定められているが、それは、時間のなかでほとんど停止したように見えるほどにコード化された動きである。一九二六年に上演を見物して魅了されたポール・クローデルは、こう書いている。「すべてが物質化された夢の印象を与えるので、約束事に対して少しでも不意の、あるいは奇異な動きがあればたちまち壊れてしまいそうだ。本質的なことは、演者の注意が一瞬たりとも乱れず、演者が一種の恍惚状態のうちに動き、泣く場合でも殺す場合でも、眠ったように緩やかにしか腕を上げないということだ(1)」。

「一見したところ、能の作品は、過去のバレエ・メカニックにも似て、死んだ芸術に属しています」、と金剛流を学ぶ能の専門家のディエゴ・ペレッキアは言う。「しかし能においては即興の役割が大きいということを知らなければなりません。各作品には、きわめて易しいものから、徐々に困難さの度合いを増して、きわめて難しいものまで、多くの異本があります。舞いは、〈位《くらい》〉と呼ばれるもの、〈尊厳の度合い〉、つまりは〈緩慢さ〉にしたがって、短くも長くもなります。能の作品は、平均して一時間二十分の長さです。解釈によっては二時間半に及ぶものもあります。緩慢さが役者の尊厳の度合いを与えるのです。緩慢とは荘厳であることです」。能をシャーマン的儀式にたとえながら、彼はこの緩慢さを、参加者を二次的状態に入らせようとする催眠的技巧として記述する。「能は役者と観客の意識状態を操る多くの方法を展開してきました。それは人が立ち会うたんなる上演ではありません。それはわれわれの世界認識を変容させるために考えられた魔術に属するものです」。

能の「サウンドトラック」が断続する叫び声によって構成されているのも故なきことではない。それは八拍子の音楽だが、その拍はリズムがとれないようなかたちで間隔が空けられている。「テンポは膨らませられて、自分がどこにいるかもはやわからないまでになります。記憶は脈絡を失います。われわれの脳は、二つの拍の間にある距離を必要としますが、最後にはこう問うことになります。〈私はどこにいるのか?〉」。楽師たちは、その鼓を打とうとするその都度自分がどこにいるかを示すために、その流派によって異なる細かい規則に従って甲高い、あるいはしわがれた叫び声(〈掛け声〉)を発する。「能には、リズムを指示する人物、楽長がいません。楽師たちは、舞台上に並んで眼差しをまっすぐに据えて、頭を回したり互いに見つめ合ったりすることは許されません。演奏を合わせるために、彼らはヤァー! とかヨイー! とか、あるいはハッ! とか叫びながらコミュニケイトし、鼓を打つ二つの音のあいだに置こうとする空間〈間〉と音楽的パターンのなかに自分が占める位置とを指示するのです」。〈間〉は、二つの事物間の空間である。〈間〉を理解することが、能においては本質的である。というのも演者自身が、しばしば知覚の限界にまで引き伸ばされたこの音楽の拍の上に自分の歌と振りを乗せるからである。その固有の動きは、「神々の時間」とも呼ばれうるところのもののうちに刻みこまれるが、それはときとしてきわめて単純な身振りに含まれる永遠性をわれわれに感じさせる、われわれのとは異なった時間性《クロノロジー》である。演者が自分だけに見えるらしいものへと腕を上げるとき、彼はわれわれにそれを共有するように誘っている。「ああ、夜が魂を包み込む」、と彼は言う、黒雲の下とどろく海辺の秋の風景の広大さを数語で暗示して。

「能においては演者の言うことが理解できるかどうかはあまり重要ではありません」、とディエゴ・ペレッキアは主張する。「言葉は古く、その発音は現代日本語の発音とは相当違っていて、楽師たちの叫び声がしばしば歌を聴くのを妨げ、とぎれとぎれに曲の断片しか聞きとれないからです」。理解することがさほど重要ではないというこの考え方から出発するなら、別次元への扉を開く一つの儀式としての能に参与することが問題になる。もともと能の上演は野外の大樹の前で行なわれた。というのも日本では神々が人間たちのところに降りるのに樹の幹を借りるからである。この樹は一般に、その名が同音意義の「待つ」必然性を喚起する、とりわけ聖なる樹、松であった。明治時代以降、上演は西側の屋根付きの部屋で行なわれ、松は舞台の唯一の装飾となる大壁画に変容した。それは背景の壁に描かれ、観客が、往時のように、神が降りてくるのを、あるいは超越的な姿が突然出現するのを待つように誘うのである。

各儀式は、突き刺すような笛の音がわれわれの時空連続体を象徴的に引き裂くときに始まる。次いで楽師が叫んで鼓を打ち始めるが、それで観客はしばしば抗いがたいけだるさにとらえられ、一種の平行世界に向かうことになる。舞台の袖にある「鏡の間」から最初の演者が現れ、夢の懸け橋を暗示する「橋掛り《はしがか》」と呼ばれる屋根付きの橋に入る。「〈はし〉は橋を、〈かかり〉は繋がりの観念を示しています。橋は世界間の通路を物質化したものです」、とペレッキアは言う。「それはわれわれの現在を、過去と同時に〈存在〉の宇宙を象徴する、目には見えない場所に繋げます。そこから演者たちが幽霊のように出現するのです」。沈黙のうちにスローモーションのように現れる演者たちは、地面の上を滑るようなきわめて特殊な歩調で橋を渡る。次いで、舞台上を夢幻的な緩慢さで動きながら、彼らは隠喩でしかない旅の物語を歌い始める。

過去と現在と未来が結ばれる。能の各作品は、以下の目的しか持たないように思われる。つまり、「須臾《しゅゆ》」のうちに人間ないし地球の存在全体を要約すること。上演されるそれぞれの生が、不変の聖なるドラマの次元を獲得するように、空間と時間の歪みを創造すること。

『松風』は、世阿弥の魔術的芸術のなかでももっとも上演される作品のひとつである。「松」という語と「待つ」という動詞との同音意義性で戯れるなら、松風は「松に吹く風」とも「待つ風」とも訳されうる。この作品にはサミュエル・ベケット的なものがあって、その形而上学的射程において『ゴドーを待ちながら』と比較することもできよう。待つ者、そして決してやって来ない者、それは神そのものではないのか。それは、二人の若い姉妹、都から来た神的なまでに高位の貴族、在原行平《ありわらのゆきひら》を狂おしく恋する哀れな海女《あま》の物語である。彼はまったく作品には姿を見せない。それもそのはず、彼は彼女たちを捨てて行ってしまったのだ。行平（八一八—八九三）については、有名な業平の兄であったことがわかっているだけである。女たらしの業平《なりひら》は、スキャンダラスな恋の物語のあと東の地方に追放されていた。

『古今和歌集』（第九六二歌）を信じるなら、行平もまた、「事にあたりて」(2)、津の国の須磨に追放されたらしい。そんな僻地に遠ざけられるようなどんな罪を彼は犯すことになったのだろうか。誰にもわからない。この追放が、世阿弥には伝説に基づく特別に悲痛な作品の素材となった。行平は、漁師の二人の娘に目をつけて、村雨《むらさめ》（にわか雨）と松風（松に吹く風）と名付けたという。この恋の物語を、彼はおそらく『百人一首』第十六歌に基づくものと考えたのだろう。

たち別れいなばの山の峰に生ふるまつとしきかば今帰り
来む

（私はあなたと別れて因幡《いなば》の国へ発ちますが、その国の稲葉山の峰の松にちなんで、あなたが待つと言ってくれるなら、すぐにでも私は帰ってきます）(3)

行平は、この歌を因幡の国に発つ前に詠んだが、そこで彼は西暦八五五年に官吏として仕えた。おそらくこの「月並みで当たりさわりのない別れの歌」（ルネ・シフエール）は、彼の出発直前に何人かの友人に対して書かれたものでしかなかった。しかし男女を問わず多くの読者は、宴の夜に作られたたんなる儀礼的挨拶以外のものをそこに見ようとした。それでこの歌は、別れのときに二人の恋人に向けられた恋の歌として解釈された。それを誓いと解したのである。「私は出発しますが、稲葉の松のようにあなたが待つと言うのを聞いたならば、私は戻って来ましょう」(4)。それにしても、むなしい言葉だ。誰もこんな約束にはだまされはしない、将来の希望もなく須磨のようなところにいる場合を除いては。昔の自分の立派な住まい、家族、贅沢な人生を思い出して、おそらく行平はともに送った不幸な年月を急いで消そうとした。二人の姉妹のほうは、彼を忘れられなかった。待ち続けるあまり気の狂った姉は、妹の目の前で行平の残していった衣装――烏帽子と狩衣――を、欲望を鎮めるために毎晩身に着けはじめた。「取れば面影に　立ち増さり　起き臥《ふ》し別《わ》かで　枕より　後《あと》より恋の　迫《せ》め来れば　せんかた　涙に　伏し沈むことぞ　悲しき」（手に取ると、ますます貴方の面影が目に浮かび、起きているとき寝ているときの区別なく、頭のほうから、足のほうからと、絶えず恋が身に迫って来るので、どうしようもなく、涙にくずおれてしまうことが悲しい）(5)。

本人であるかのように形見を抱き締め、そして象徴的に彼が彼女のなかに「入る」ように身にまとって、松風は物狂おしくなる。彼女は言う。「こなたは忘れず松風の立ち帰り来《こ》んおん音信《おとづれ》」（私は忘れもしません。立ち帰って来るというおたよりをお待ちします）。恋する人の耐え難い不在に苛まれて涙しながら、妹の村雨は、もし彼が戻って来たら泣きくずれるだろうと言う。「終《つい》にも聞かば村雨の袖暫《そでしば》しこそ濡るるとも」（そのおたよりを最後には聞かれるのだとしたら、私、村雨は袖を涙に濡らすことでしょう）。こうして彼女たちは、絶望のきわみに、無念の涙にくれながら、しかし自分たちの恋を決して諦めることなく、消え去った。どうして諦めようか。恋は空間と時間の次元を超えるものだ。それは、二人の姉妹の幻視的狂気のうちに刻まれている。それは「夜通し激しい」高波に、また「狂じて吹き来る」松風のうちに刻まれている。みずからのからだを潮の流れに委ねて、二人の姉妹は、自分たちが待っていた人ともはや一体でしかないようになるべく四大元素と合体したのである。

葦の節……「私たちを隔てるうつろな空間……」

日本のもっとも有名なアンソロジーは、一種の遊びとして始まる。十二世紀末、定家という名の文人が、「日本の文字使用が始まって以来書かれたもっとも素晴らしい百の歌[6]」を選ぶ。百歌のうち、四十三歌が愛について語っている。このアンソロジーは、『百人一首』と呼ばれる。十七世紀初頭、『百人一首』はとても人気のあるカルタ遊びになる。それぞれのカルタに歌の半分が書かれている。下の句の書かれた一枚を見付けなければならない。年一度のカルタの競技会のとき、参加者のなかには指を捻挫したり手首を骨折したりして退出する者がいる。彼らは上の句が全部読まれるのを待つことさえせず、性急に最初の音節が発せられるや否や歌を同定して、それに対応するカルタを奪取するが、しばしば自分の手が相手の手と激しくぶつかるのである。『百人一首』は、この点で、ある詩句が発せられるのを聞けば日本人にはその続きを言うことができるものとみなされている。「難波《なには》潟《がた》」と言えば、誰かが物憂げにこういう哀歌を詠うのが聞こえる。「難波潟みじかき葦のふしの間もあはでこの世をすぐしてよとや」。難波潟は、『百人一首』の第十九歌の第一句である。

> 難波の潟に生えている葦の節《ふし》の間ほどのわずかな時さえも私に逢ってくださらずにこの世を終えてしまえと言われるのですか[7]。

この歌については、十世紀のもっとも有名な女性歌人のひとり、伊勢（八七五頃―九三八頃）によって、「彼女につれなくし」、「ひどいことを言った[8]」男に対して書かれたことしか知られていない。誰のことだろうか。選択に迷う。伊勢の数多い愛人のなかに、宇多天皇――一子を設けた――、藤原基経の息子で大臣の藤原時平、そしてその弟（藤原仲平）がいた。当時の貴顕たちに言い寄られ、愛され、追いかけられた女性として、伊勢はおそらくその愛の成功を彼女の芸術に負っている。彼女は三十六歌仙の一人であり、その百七十首が勅撰和歌集に残されている。しかしなかでももっとも有名なのが、定家に選ばれた、この『百人一首』の第十九歌で、それは葦の広大な広がりに侵された潟を喚起しながら物憂げに始まるのである。

　難波潟（現在は大阪港）は、見渡すかぎり広がる野生の葦の原に覆われた湿地の入り江だった。潮が引くと、風で傾き歪んだ、このぼうぼうと生い茂る丈高い草のあいだを、突風の吹く混沌のなかに迷いこむように何時間も彷徨うことができた。多くの存在がこの豊かな景色に住みついていた。鶴、鴨のつがい、雁、そしてとりわけ貧民たち、窮乏ゆえに「葦刈り」の仕事に追いやられた人々。彼らは、社会の最下層に追放された「竹取り」と同じ範疇の一部をなしていたが、それはおそらく彼らがその不安定な仕事を、境界の曖昧な地帯、まさに葦と竹が育つ、陸と水のあいだの泥地とか、湿地や川や海の近辺で行なったためだろう。この「浮世」において、彼らは鎌で一抱えのうつろな茎を截ったが、しかもその環形の切片は、「世」という語とまったく同じ「節《よ》」という名前を持っていた。こうして手の皮がむけるまで絶え間なく茎を切りながら、彼らはこの世の滞在期間を短縮していたのである。彼らの仕事はきつく、彼らの人生は短かった。たぶんそれゆえに、貴族たちはこうした周辺の人間に特別な注意を払ったのだろう。彼らの生は、彼らが切る植物の茎ほどに短く、伊勢のような歌人は、「この世」と「節（よ）」との表現の同音意義性の上で戯れながら、両者を緊密に結びつけるにいたるのである。

　しかしまた竹や葦の切片を指示する別の仕方もあった。「節《ふし》の間《ま》」は、文字通りには「二つの節のあいだの空間」を意味する。「ふし」という語は、「落ちる」、「屈する」、「傾く」あるいは「もぐる」を意味しうるので、節に関する歌はたやすくもの悲しい哀歌と解された。風に傾いた葦は――古典的な歌においては――、愛の重みに打ちのめされ、愛する人の不在に意気消沈する人々の象徴になった。葦や竹の二つの接合部のあいだのうつろな部分としての「節」は、ついにはきわめて短い時間、愛の束の間の時を隠喩的に指示するにいたった。

　難波潟みじかき葦のふしの間もあはでこの世をすぐして
　よとや

　女流歌人伊勢がこの歌を作ったとき、「難波」という語は、孤独の観念と同時にまたあらゆる方向にたわみ揺れる茎と暗い予感に悩み動揺する魂の観念をまぎれもなく喚起した。それらを鎌で刈って、関係に終止符を打とうとしたのだろうか(9)。茎が風で互いに擦れ合って立てる音は、絶望を表現しうるほどに無気味であった。難波潟の無秩序な植生は、あまりにも激しい情熱によって惹き起こされた精神的混乱、ほとんど狂気の状態と同義語になった。「私が見ているこれらの葦は無秩序にあらゆる方向を向いて私の魂の混乱の確かなしるしである」[10]。こうして生い茂った草に覆われた岸辺の風景は、狂おしいメッセージに変容したのである。

　この愛の詩学が成立した平安時代は、意味のある一致によってまた「中国的書法の適合の広範な運動」の時代でもあった。それは〈葦手《あしで》〉と呼ばれる新たな書法の創造に帰着するものだった。十世紀と十二世紀の間に流行したこの書法は、葦や波や水鳥や岩を無秩序に紙に散らして、ほとんど読めないような不規則な様子をしていた。〈葦手〉と呼ばれる字体は、ついには海辺の謎めいた風景、一般に難波の風景を指示するにいたった。そうした字体は、雲をちぎり、花を散らし、葦を打つ、変調の同義語である風を喚起するように散らし書きされた。クレール＝アキコ・ブリセは、この問題に関するすばらしい著書（『テクストとイマージュの交差』）において、この異形の書法は理解するのにとても難しいので結局廃れてしまったと語っている。発明されたときには、〈葦手〉は心の混乱を表現するのに役立った。葦や鳥の騒々しい形によって、それは愛の苦しみ、乱れた思いを暗示していた。しかし、こうした絵画的モチーフの下に隠された言葉は、しばしば解読不能なので、皮肉にも歌人たちのなかにはそれらを読むことのできない落書きとみなす者もいた。「葦」はまた「悪《あ》し」とも解されえた。「難波」という名称は、問いの表現と読むことができた。「何は」、つまり「なに？」、「それはなんですか？」と。文通相手のなかには、〈葦手〉で書かれた（どうしても理解できない）愛の歌に返答することができず、ついには激怒する者さえいた。まことに難解過ぎたのである！

『今物語』（一二四〇年頃に編纂された逸話集）のなかに、面白い話が収められている。クレール＝アキコ・ブリセは、それをこう訳している。「ある儀式が天王寺で行なわれたとき、それに仕える大勢の近習たちが都からやって来た。天王寺にいたある女が、そのなかのひとり、その名も知らぬ若者に狂おしいほどの恋心を抱き、葦手文字風に優美にしたためた紫色の貴重な紙片を手渡した。彼のまわりにいた人々同様、彼もそれをどう解読するのかわからず、皆の笑いものになりそうだった。しかし彼はひたすら考えこむ様子だったので、人々は心配して彼がどうするのか尋ねたところ、しばらくしてこの若者は葦手文字の上にこんな歌を書いた。〈難波で書かれたこの歌を私は理解できません。都から来た私には葦手はまったく不明です〉。そしてそれを彼女に届けた。ただちになされた返事としては、それほどずれてはいなかった！」

抜け目のない若者は、それゆえ無罪を主張したわけだ。都（京都）から来た彼が、どうして難波（大阪）の歌を理解できただろうか。クレール＝アキコ・ブリセはこう説明している。「恋する女がこれほどの精神的な拒否の結末にどう反応したかはわからないが、しかし葦手文字と返歌とのあいだの絵と意味の層の重なりが、元の葦手文字よりもさらに解読不能な返歌にしたのではないかと当然問うことができよう[11]」。

こうして女は、この呪われた葦手の過ちのために若者を誘惑することに失敗した。……彼らの節は、どんなに短くても、二人のあいだにときとして乗り越え難い距離を穿《うが》ったのである。

富崎NORI「お馬さんごっこ」(2009年)

吹き渡る風……「それが人生だ」

「世《よ》」（＝「世界」、「ここ」）というとても柔らかい感じの語を、息を吐いて音を引きながら発音することには、えもいわれぬ魅力がある。この語は風を喚起する。古典的な歌のなかには、葦や竹を吹き抜ける風の音を模倣するために、「そよ」と言う場合があるが、これは、「その通り」、「それが人生だ」を意味しうる。だから女たちは、「そよ」とつぶやきながら、「風そよぐ」自然のなかにひとりいるときに感じる孤独を暗示して、いまなお現在の苦しみを柔らかく表現するのである。葉が擦れ合って生まれるざわめきを暗示する、「そよそよ」という擬音語は、優しい包み込むような愛の運動を指示する。『百人一首』において、これら二つの小音節は否応なく第五十八歌を思い起こさせる。「ありま山ゐなのささ原風ふけばいでそよ人を忘れやはする」（私が「否」などと言ったでしょうか。有馬山の猪名《ゐな》のささ原に風が吹き渡れば、ささ原はそよぎ、それよそれよと頷くように、どうして私があなたのことを忘れましょうか[12]）。「かれがれなるをとこの、おぼつかなくなどいひたりけるに詠める」（離ればなれになりがちの男から、あなたの心がおぼつかないというようなことを言ってきたから詠んだ）、この歌は抗議する女の歌である。私の思いはどこか別のところに向かっているわけではありません、と彼女は言う。ささ原をそよそよと吹き渡る風のように、彼女の気持ちに変わりはない。彼女の心は動揺し、つぶやく。男がどんなに疑っても、愛に忠実なままであるのは、二人のうち彼女のほうなのだ。

自分の代わりにささ原に語らせる（あるいはそれが不在の人の声を伝えてくれるという望みをもって聞く）というこのきわめて特殊な詩学は、十世紀前半の説話集『大和物語』のうちに見出せる。第百四十八話がそれで、ルネ・シフェールはこう訳している。「難波（現在の大阪）の近く、津の国に一人の男が自分の家を建てて住んでいた。彼には長年連れ添った妻がいた。妻も夫も卑しい生まれではなかったけれども、年月が経つにつれて段々落ちぶれた。家は崩れ、召使いたちはいなくなり（中略）、そして主人たち二人だけが残された[13]」。彼らの境遇から人に仕えることが許されず、彼らは窮乏した。

しかし彼らの窮乏生活は、男がこう耐え難い決意をするにいたって終わった。「私のほうは、どうにかこうして生き延びることができるだろう。だがお前を見ると、まだ若い女のお前がこんな状態でいるのが哀れでならない。都に上って仕事に就きなさい！　事態が少しでも良くなれば、私に会いにくることもできるだろう。そしてもし私のほうでも身を立て直したら、きっとお前に会いに行こう！」こうして彼は涙ながらに誓った。そして妻はつてを頼って都に赴いた。

彼女は葦の原の前に住んでいる人のところに泊まった。風が吹くと、若い妻は、もの悲しく夫のことを考えた。一度、彼女はこんな歌を詠んだ。「ひとりしていかにせましとわびつればそよとも前の荻《おぎ》ぞこたふる」（ひとりぼっちでどうしてよいかわからず孤独に待ちあぐむとき、そよそよと葦〔荻〕がつぶやくばかりだ）(14)。葦は「そよそよ」と歌って、彼女に夫を思い出させるのだ。だがより良く生活しなければならなかった。女は結局大きな屋敷に仕える身となり、奥方が亡くなるときに彼女に自分のあとを託すまでに抜きんでた存在になった。すべての侍女たちのなかで、主人が新しい妻となるように申し出たのは彼女だった。「彼女は以来心おきなく幸せな生活を送ったが、しかし誰も知らないうちに、ただひとつの思いがつねに彼女を苦しめた。これ以外にどうなったというのだろう。悪かったのか、良かったのか」。難波に赴いた誰に対しても、かつて彼女は手紙を託していた。その都度、誰もがこの男の痕跡を見つけられずに戻ってきた。彼がどうなったか誰も知らなかった。結婚した今となっては、新しい夫を怒らせる危険を冒さずに昔の夫を探させることは彼女には難しかった。津の国の美しさを愛でたいという口実で彼女はそこに小旅行をする許可を貰って、昔の住まいに赴いた。「しかしそこにはもはや屋根もなく、男もいなかった！」。

落胆し途方に暮れた彼女は悲しい思いにとらわれていたが、そのときいぐさの束を背負ったひとりの乞食が馬車の前を通り過ぎた。すぐに彼女は彼を認めたと思ったが、しかし彼は痩せこけ惨めなありさまで、確かめるために彼を近付けさせなくてはならなかった。彼女は泣き崩れた。彼に施しをし、いぐさに十倍の価格を払うように従者に命じて、彼女は自分の心の混乱を隠そうとした。従者たちはこの同情の振舞いを少しも奇異に思わなかった。乞食は、馬車のなかの恩人の顔を垣間見て、自分の妻だと気づいて恥ずかしくなり、彼女が自分の惨めで醜いさまを見ていることに耐えられず、家のなかに駆け込んで姿を隠した。彼に出てくるように言う召使いたちに、彼は文箱と紙を要求し、そして「君なくて」（あなたが発ってから）という悲しい言葉で始まる歌を書きつけた。「君なくてと思ひてこそは別れしかなどか難波の浦にしも住む」（あなたの出発後、私は難波の葦を刈り始めた。別れたのは間違いだった。あなたがいない人生はとても辛い[15]）。この歌を読んで、女は言いようのない悲しみに襲われてむせび泣き始めた。馬車のなかで、彼女はその豪奢な衣装を脱ぎ、それを彼に着させ、文を付けた。そして彼女は立ち去った。その歌はこう言っていた。

あしからじ葦苅りけりと思ふにはいとど難波の浦ぞ住みうき
（悪くもなるまいと言って私を出発させましたが、難波であなたが葦苅をしている今となっては、私はまたあなたを失うばかりです[16]）

国政改二世国貞「近江八景之内 堅田落雁」（1844〜1855年頃）

葦刈り……善悪の彼岸

京都には、とてもさわやかな感じを与える、竹や葦でできた衝立《ついたて》が存在する。夏に家の壁の代わりをする日よけの簾《すだれ》と同様、それは風を通し、そしてまた見られも知られもせずに別のものを出入りさせる。『万葉集』の歌のひとつは、密かに男を自分の寝室に入れる、ちょっと機転のきく娘について語っている。「玉垂《たまだれ》の小簾《をす》のすけきに入り通ひ来ね　たらちねの母が問はさば風と申さむ」（玉すだれのこの隙間に入って通って来てくださいな。母が何の音と尋ねたら、風と申しましょう。）[17]（『万葉集』二三六四）。日本では七世紀以来、恋人たちはこんなふうなのだ。風や見えない訪問者[18]が、衝立をそっと開けて娘を慰めにやって来る。とても暑い。日本では、直接的過ぎる問い、「ご機嫌いかがですか」とは訊かない。儀礼的に「暑いですね」といった時候の挨拶をするのだ。夏には儀礼的挨拶は、「蒸し暑いですね」になる。誰もが微笑みながら同意する。ええ、とても蒸しますね。唯一の対抗手段は、日よけの蔭で扇であおぐことだ。そしてごきぶりが部屋に入って来たら――というのも七月になると季節風と暑さの二重の作用で這う虫が繁殖するからだが――、「これも私のお客様だ」と甘んじて言う日本人もいる。ごきぶりを拒絶してどうなるというのだろう。たくさんいるのだから。ここではどんなものでも歓迎されるようだ。たぶん、善が続くだろうと知りながら丁重に悪を受け入れようとする忍耐の形式の結果である。七月は、まさに京都の悪の月なのである。

盆地の底に位置するこの都市では、熱と靄《もや》の層が滞留して、紀元七九四年頃の建都以来、すさまじい疫病が続く。一年のこの呪われた季節には、住人たちはいつも害虫や病気に襲われる。復讐する亡霊の攻撃だ、と彼らは考える。あの世からやって来るこうした攻撃から身を守るために、彼らは日本で最大の祭りのひとつ、祇園祭を創出する。これは、鐘と笛と太鼓の音を響かせて七月いっぱい続く。亡霊をなだめるためにこの祭りをしなければならないのである。七月十七日、祇園祭のピークをなす山鉾巡行が、古代の着物を着て俳優のようにポーズをとったマヌカンたちを演出し、敬虔な、あるいは感傷的な、名高い物語による楽しい光景を提供する。もっとも古い山車《だし》のひとつ、蘆刈山《あしかりやま》は、謡曲『蘆刈』に想を得ている。世阿弥（一三六三―一四四三）のこの作品――ハッピーエンドで終わる数少ないひとつ――は、零落した男をその妻が見放さざるをえなくなる次第を物語る。金持ちになって彼女は故郷《くに》に帰って来る。「私の夫はどうしているかしら」、と彼女は自問する。夫を探しに行って、葦刈りの身分という悪い境遇のためにほとんど面影を失った昔の夫を見つける。そのとき彼女は言う、「こんなひどい状態の貴方を見出すとはなんと残念なことでしょう」。「葦刈り」という言葉と「悪しかり」という言葉の類似性で優雅に戯れながら、彼女は、「悪い状態を経験する」、「さらに悪くなる」を意味する「悪しかりけり」という表現をほのめかす。もとの版（『大和物語』一四八話）では、歌のやり取りをしたあと女は昔の夫のもとを離れる。謡曲では、逆に、彼女は彼とともに留まる決意をし、そして不幸な年月のあとついに再び結ばれた二人は、愛が不遇に打ち勝ったことを祝うのである。

亡霊をてなずけるために京都の住民が、（あらゆる神々や輝かしい武士や高貴な女性を差し置いて）鎌を持った惨めな浮浪者を舞台に上げることを選んだのは単純なことではない。平安時代から葦刈りは「穢多《えた》」あるいは「非人」の名で呼ばれる個人のカテゴリーに属していたが、これは、きわめて逆説的にも、その「非人間的」性質を天皇と共有していた。彼らは、定住地を持たない人々の境界領域的世界に属し、吹き渡る風のように自由で、それゆえに（門付け、娼婦、托鉢僧、巫女などと同様）不可視の世界との特権的仲介者になりえた。彼らの仕事は、結局のところ悪い草の繁茂に対して戦うことではなかったろうか。「〈葦〉を意味するアシという語は、また〈悪し〉を意味しえます」、と蘆刈山の責任者、竹村格《ただし》は説明する。「だからこそ葦《あし》を〈葦《よし》〉（〈良し〉を意味する）の名で呼んで、不吉な語を発音するのを避ける者がいるわけです。まさにそれこそ当の山車が祇園祭のなかできわめて重要な理由です。それは、象徴的に悪を刈る男を演出します。そして妻が彼を見つけ、彼らは一緒に生活し始めるので、われわれの山車は夫婦愛の山車になるわけです」。天皇が最下層民と同じ面に置かれ、復讐霊をなだめるためにそれに敬意を表して聖域を作るようなこの国においては、「悪し」という語と同音の「葦」という語は、否定的であると同時に肯定的なものとしてつねに考えられてきたのである。

歴史的にもっとも古い年代記、『古事記』（七一二年）と『日本書紀』（七二〇年）の最初のページに、すでにそのことが物語られている。そこでは最初の神々の出現が、「葦牙《あしかび》」（葦の新芽）にたとえられているのだ。それはまた誇張法によって日本列島を「豊葦原《とよあしはら》の千五百秋《ちいほあき》の瑞穂《みずほ》の国」（葦が生い茂り、永遠に穀物が豊かにみのる国）、「豊葦原の中つ国」

あるいは「葦原の中つ国」として指示する表現のうちにも見出せる。「こうした呼称において〈葦〉と結びついているのが見られる〈豊〉は、豊穣や豊富を意味する」、と〈葦の性質〉の専門家クレール＝アキコ・ブリセは説明する。[19]「それゆえこれは〈ほめ言葉〉で、〈葦〉に確かな吉兆的価値を付与するものである。こうして初めから豊作や国の肥沃さに結びつけられたこの言葉は、殿様や貴族の世界で長寿や幸福を願うための〈賀の歌〉にも見出せる象徴性を帯びないではいない」。何世紀ものあいだ葦は、その芽を食べ、それを薬にし、小舟を造るのに用い、火を起こし、笛や矢や簾を作る日本人にとって本質的な生活資源になる。とりわけ難波潟は、「屋根を葺《ふ》くために中世盛期以来開拓された葦原で有名」（ルネ・シフェール[20]）である。一方で葦は水を純化し、それを「肥沃な」ものにする。葦の生えるところで、魚が卵を産む。葦の生えるところに、鳥が来て雛《ひな》を隠す。

　互いに傾き触れ合って軽やかな音を（こそろと）立てるこうした草の蔭には、また欲望も隠れている。これは偶然だろうか。心、魂を表す〈こころ〉は、〈隠る〉、〈隠す〉と同じ起源を持つ。[21]この語は、内部に潜んでいるもの、内奥の思い、感情、胸、手のひらなど、神秘的な房室で構成された藺草《いぐさ》や竹に結局のところきわめて近いものを指示する。「日本では、伝統的に、聖なる事物には眼差しが及ばない」、と蘆刈山のチームのメンバー、佐貫のぶおは主張する。[22]「死者は見えなくなり、神的存在は、全さ、それゆえ無を映す鏡の形式によってしか表象されない。天皇は、首都の不可侵の〈うつろな中心〉に住まう。事物の真ん中につねにうつろな空間がある。われわれの美学、われわれの哲学は、われわれの生存の唯一の条件たる、この自我の不在という根本的観念に基づいている。折れることなくたわむ葦のように、われわれは世の過酷さに抗う。というのもわれわれは自我を強めようとは思わないからだ。逆にわれわれは空虚の純粋さに達しようとする。……」暑さと疫病に苛まれる、七月というこのきわめて「過酷な」月のあいだ、佐貫のぶおは、都市の有害な影響を取り除く、祇園祭周辺の数多くの儀式に参加する。最初の儀式は、その止血的特性で知られ、Imperata cylindrica とも呼ばれる〈茅《ちがや》〉でできたお守り、〈茅巻《ちまき》〉を作るものである。蘆刈山の〈ちまき〉は、特にカップルを守るということで、京都でもっともポピュラーな魔除けのひとつである。家の入口に吊るされて、それは魔除け的象徴の役をつとめるので、町のほとんどすべての住民が祇園祭のあいだにそれを買い求める。

　七月末、三十一日には、〈夏越《なご》しの祓《はらえ》〉の古い伝統に従って有害な影響から身を「清める」ために、その様子が奇妙にも映画『スターゲイト』の「星の門」を想起させる茅《ちがや》の輪をくぐるのが習わしである。この儀式は〈茅《ち》の輪《わ》くぐり〉と呼ばれる。伝統的に「神道」のすべての聖域のなかに設けられた茅《ちがや》でできた魔法の〈輪〉を続けて三度通り抜けるのである。くぐるのは、カップルでも、ひとりでも、家族でもかまわない。新たに生まれかわるには、三度の通過の秩序——あたかも空間に結び目を作るかのように、まず左側、次に右側、最後に左側——を守ることが大事である。〈茅の輪〉は、この世への到来の隠喩《メタファー》である管《チューブ》やトンネルや円蓋の通路と同じ形をしている。そこに一致を見るべきだろうか。古代の崇拝の対象のなかに、「竹玉」、つまり長い歳月を象徴する真珠のように、茎の断面を切って糸を通したものが存在した。〈竹や葦の〉「節」を〈節《よ》〉と言った。「長い歳月」を〈世々〉と言った。「未来永劫」を〈萬代《よろずよ》〉と言った。「無数の神々」を〈八百万《やおよろず》〉と言った。文字通りには「八百万」だが、八《や》は永遠の数字だからである。八は、表から裏へと無限に自己回転するメビウスの輪を想起させる。それは、再生《リサイクル》、永遠回帰、永遠のやり直しの観念を喚起する。しかもそれは、信者が〈茅の輪〉の聖なる円環をくぐるときにつねに行なう八の字形に絡み合った輪なのだ。

　それゆえ昔の日本人は、生を永遠に伸ばす望みを持って、茅の輪をくぐるとき聖なる結び目の軌道に従い、竹の輪の数珠を身につけて自分の願いがかなうように唱えた。彼らは再び生きるように祈った。愛する人に再会するように祈った。再び結ばれるように、もはや結ばれた同じ糸の上で輪舞を踊るだけでしかないように、もはや永遠に永らえることが約束された存在の、互いにぴったり身を寄せ合った、うつろな節でしかないように、祈った。『万葉集』に、ある女性[23]によって詠まれた、すばらしい愛の歌がある。

ひさかたの　天《あま》の原より　生《あ》れ来《きた》る　神の命《みこと》奥山の　さかきの枝に　白香《しらか》つけ　木綿《ゆふ》取りつけて　斎戸《いはひべ》を　斎《いは》ひ掘り据ゑ　竹玉《たかたま》を　繁《しじ》に貫《ぬ》き垂れ　鹿《しし》じもの　膝折り伏して　たわや女《め》の　おすひ取り懸け　かくだにも　我れは祈《こ》ひなむ　君に逢はじかも

（高天原から生まれ現れた神よ。奥山の賢木《さかき》の枝に、白香を付け、木綿《ゆう》を取り付けて、神酒《みき》を盛る壺を清めて掘り据え、竹玉を緒《お》にいっぱい貫き垂らし、鹿のように膝を折り曲げて、たおやめの私が襲《おすい》を肩に掛け、こんなにまでして懸命にお祈りをしていますのに、私は我が君にお逢いできないものなのでしょうか）[24]（『万葉集』三七九）

【註】

（1）Paul Claudel, “Le *nô*”, Œuvres en prose: *Japon*, 1921-1927, p.1171.

（2）『古今和歌集』（巻第十八、九六二）：「田村の御時（文徳天皇の御代、八五〇－八五八）に、事にあたりて（ある理由のために）津の国の須磨という所に引き籠っていたときに」作った歌。

わくらばに問ふ人あらば須磨の浦に藻塩たれつつわぶと答へよ

（ひょっとして私のことをどうしているかと尋ねる人がいたら、須磨の浦で泣き悲しながらわびしく暮らしているとお答えください）

（3）Cf. Joshua Mostow, *Pictures of the Heart*, University of Hawaii Press, 1996. René Sieffert, *De cent poètes un poème*, POF, 1993.

（4）*Idem*. いなばは、山の名前だが、同音意義で「去《い》なば」と解されうる。

（5）Armen Godel et Koichi Kano, *La Lande des mortifications*, Gallimard, Nrf, coll. “Connaissance de l'Orient”, 1994.

（6）*De cent poètes un poème* (POF, 1993), rédigée par Simone Sieffert. 序文。

（7）René Sieffert の翻訳にもとづく（*op. cit.*, p.26-27）。この歌は、もともと『新古今和歌集』（巻第十一、一〇四九）に見える。

（8）この伊勢の歌は、彼女がある男に宛てた一連の四つの歌の一部をなすもので、「彼女につれなくした男に宛て」という言及がある。とはいえ、これらの歌がどんな状況で書かれたのかは謎のままである。『伊勢集』において、この歌は、「秋頃、うたて人のもの言ひけるに」、と説明されている。『新古今和歌集』（巻第十一）においては、奇妙なことに同じ歌が「恋歌」のなかに入れられ、その解釈が根本的に変えられている。伊勢は、つれない恋人にかまわれないことが好きなのだろうか。それとも恋することが禁じられている男に近づきえぬことを嘆いているのだろうか。

（9）「刈《か》る」という動詞は、また「去る」、さらには「別れる」を意味しうる。

（10）源俊頼（一〇五五－一一二九）の歌。『散木奇歌集』（第三九五歌）、traduit par Claire-Akiko Brisset dans *À la croisée du texte et de l'image. Paysage cryptiques et poèmes cachés* (ashide) *dans le Japon classique et médiéval*, éd. Collège de France-Institut des hautes études japonaises/ De Boccard, coll. “Bibliothèque de l'Linstitut des hautes êtudes japonaises”, Paris, 2009, p.283.

（11）*Idem*, pp.106-107.

（12）大弐三位《だいにのさんみ》（紫式部の娘）の歌。René Sieffert (*De cent poètes un poème*, pp.52-53) と Joshua Mostow (*Pictures of the Heart*) の翻訳による。

（13）*Contes de Yamato*, René Sieffert, pp.97-100.

（14）René Sieffert の翻訳による。

（15）著者の翻訳。

（16）Cf. René Sieffert.

（17）*Anthologie de la poésie japonaise classique*, traduit par Gaston Renondeau, Gallimard, Nrf, coll. “Connaissance de l'Orient”, 1971, p.78.

（18）仕切りを吹き渡る風は、日本では女に逢うために障害を乗り越える男を否応なく思い起こさせる。

（19）Claire-Akiko Brisset, *À la croisée du texte et de l'image. Paysages cryptiques et poèmes cachés* (ashide) *dans le japon classique et médiéval*, éd. Collège de France-Institut des hautes études japonaises/ De Boccard, coll. "Bibliothèque de l'Institut des hautes études jaonaises", Paris, 2009, pp.27-28.

（20）*De cent poètes un poème*, traduit par René Sieffert, POF, 1993, p.26.

（21）Laurence Labrune, "De l'iconicité en japonais: suffixes en r+voyelle et reduplication", *Cahiers de linguistique – Asie orientale*, vol. 27, n°1, 1998, pp.79-118.

（22）http://www.ashikariyama.org.

（23）この歌は女流歌人、大伴《おおともの》坂上《さかのうえの》郎女《いらつめ》によって書かれた。『万葉集』に八十首ほど採り上げられている。

（24）Traduit par François Macé. *Religions, croyances et traditions populaires au Japon*, sous la direction de Hartmut O. Rotermund, Maisonneuve & Larose, 2000, p.58.

山本タカト「廃屋の少女」（2006年）

第四章

捕まえられない天女

「春の朧月の光に浮かぶ若い天女の姿」

羽衣

「愛のいとなみをする」の同義語、「見る」は、漢字で書くと「貝」ととても似ている。女性性器に見立てられる貝は、実際、小さな両足の上に乗った目として表され、その貝殻の半開きの目で、不確実な訪問者の到来をうかがい、待ちかまえる。それは待ちながら、日本人が蜃気楼のもとになっていると考えるため息のような、かすかな息をときとして漏らす。「その昔、日本人は、蜃気楼が半開きのはまぐりから漏れ出ると想像した」、と東京大学で教えるマリアンヌ・シモン＝オイカワは説明する。「中国起源のこの信仰によれば、海辺に打ち上げられた貝は、その貝殻から不思議な町のイメージを放出した。ちなみに〈蜃気楼〉という言葉そのものが、〈はまぐり〉（蜃）、〈気息、発散物〉（気）、〈宮殿〉（楼）を意味する諸文字からなる」(1)。この問題に関して奇妙な愛の物語が存在するが、それは、北のアイヌから南の沖縄にいたるまで、さまざまなかたちで日本中に見出されるばかりでなく、またアラスカ、中国、インド、全ヨーロッパにおいても、「天の妻」、「星から来た女」、「白鳥の女」、あるいは「セイレン」といった多様な名のもとに見出される。それは理想的で純粋な美女の物語で、男がその魔法の衣を盗んだり、羽を切り落としたり、ひれを切断したりして、女を引きとめようとするのである……。

「この物語をボードレールの詩「信天翁《あほうどり》」と比較することができるでしょう」、と能の専門家ディエゴ・ペレッキアは言う(2)。「私たちは皆自分のなかに知的高みと道徳的純粋さへの二重のノスタルジーを持っています。私たちを世界の重さへと連れ戻すこの現実への恐れをわずかに感じながら。……たんなる漁師も理想を夢見ます。彼は彼方からの呼びかけに自分が運ばれるのを感じ、世間の人が滅多に見る機会のないもの、つまり魔法の羽衣によって天から降り、浜の松原の牧歌的風景のなかにその軽やかなからだを休めた天女へと、欲望によって突然眼が開かれます。そのとき漁師は人間的に反応します。美女を奪おうと、我がものにしようとします。これはとんでもない間違いです。神的秩序にほかならぬ自然の秩序を尊重せずに、肉体的に触れ、所有しようとする態度は。

見ることのできないもの、あるいは束の間夢みられただけでしかないように思われるものがあるのです」。しかし、「見る」ことを「所有する」ことと同一視する日本語特有の論理に従って、男はかくも美しいこの出会いの視覚的証拠を確保しようとする。羽衣を奪って持ち去るのだ。天女は涙にくれてもはや戻ることのできない空を絶望的に見つめる。彼女は天空の不思議な宮殿でもう二度と踊ることはできないだろう。

天《あま》の原《はら》、ふりさけ見れば霞《かすみ》立つ、雲路《くもぢ》惑《まど》ひて、行くへ知らずも。住み慣れし、空にいつしか行く雲の、羨ましき気色《けしき》かな
（ああ、天の原をふりさけ見れば、霞が立って雲の道を閉ざしているので、私にはもうどこに行けばいいのかわからない。あの高いところにある私の生まれ故郷では、雲が自由に、幸せそうに漂っている）

日本ではこの物語は、とりわけ「羽衣」の名のもとに知られている。何百もの異本が存在するが、もっとも有名なのは作者不詳の謡曲で、これはじつのところ能芸術の初歩を学ぼうとするときに習う最初の舞いである。それは、日本の名高い浜辺、三保（古くは有度）の松原で始まるが、そこは静岡（古くは駿河と呼ばれた）の海岸の超自然的なまでに静かな自然の空間で、すばらしい松林がある。この海岸は、晴れたときに浜辺から富士山が水平線にくっきり浮かび上がるのが見られるので、昔から有名だった。ある夜、その富士山のふもとに、美しい白鳥にも似た天女が、月光のもと舞い降りてくる。それは、ある舞いの秘密を人間に伝える。「その伝統は、長く秘されていたが、もともと駿河《するが》舞《まい》だったもので、また〈東洋的喜遊曲〉、東遊《あずまあそ》びとも呼ばれた」（ルネ・シフェール）[4]。能因法師（九八八―？）の歌に想を得た謡曲『羽衣』は、本質的にこのきわめて純粋で単純で様式化された喜遊曲の舞いからなるもので、人を幸せにするために演じられたようだ。「うど浜にあまの羽衣むかしきてふりけむ袖やけふのはふりこ」（有度の浜でその昔誰かが羽衣を着て舞い袖を振ったいまでも風の娘たちがするように）（『後拾遺和歌集』第二十）[5]。能因法師が十一世紀にこの歌を詠んだとき、彼は聖域の聖なる踊り子の役割をする乙女たちの魅力的な光景をおそらく見たに違いない。彼女たちは「祝子《はふりこ》」、つまり「羽触り子」と呼ばれた。

「日本人は、西洋におけるように、無重力を克服しようとは決してしなかった」、とディエゴ・ペレッキア[6]は主張する。「神社は、ほとんど天とかかわりを持たないが、それでも聖なるものとの関係における垂直性がある。男根的シンボルが据えられる。死者は山頂に赴く。神々は地に降りるために樹

木の道をとる。鳥たちもまた、われわれが持っていないものを欲しがらせ、無限の空間へと向かわせ、神秘を探らせる、この聖なる場所にふつう結びついている。謡曲『羽衣』は、この欲望について語るが、欲望の対象のえもいわれぬ美を確保しようとしても、それがつねに距離を置いた、手の届かぬところにあることを、きわめて単純に説明する。鳥の羽を切りおとせば、鳥が空で歌うのをもう聞くことはないだろう」。

　聖なるものと同じく、愛はわれわれの理解を絶する神秘の領域においてしか花開かない。捕まえようとする、直接的な欲求を満足させようとする、手に取ろうとする、それはすべてを壊してしまうことだ。開けてはならない箱がある。盗んではならない衣がある。八世紀以来、それがこの物語の教訓である。近江風土記(7)の述べるところによれば、余呉《よご》の郷《さと》に天の八女《やおとめ》が鳥の姿をして降りたち、羽衣を脱いで全裸の美女に変身した。彼女たちは笑いはしゃぎながら水に浸かった。しかし伊香刀美《いかとみ》なる男が、自分の犬にひとりの衣を盗ませ、それを隠した。もとの姿に戻ることができず、若い女は伊香刀美と結婚することを余儀なくされ、自分の衣を見つけ出す日までに四人の子供をもうけた。なにが起きたと思われるだろうか。彼女は飛び去ってしまったのだ。伊香刀美は、それで自分の妻を失ったわけである。謡曲『羽衣』では、物語がちよっと違う。初めに羽衣を取ろうとしたエゴイストの漁師は、涙にくれる天女を見て突然同情の思いに駆られる。「私のために天女の舞いを舞ってくれ」、と彼は要求する。「そうすれば羽衣を返そう」。これに対して、喜んだ彼女は、羽を振ってしか舞えない駿河舞いをお見せしましょうと答える。男は、疑うが、結局羽衣を手渡す。約束を守って天女は羽衣をまとい、この上なく素晴らしい光景を現出して彼に天国を垣間見せる。彼女は歌う、「神々が十方向に世界をこしらえたとき、時間の限界なき空間を設けました。それはひさかたの空と名づけられました(8)」。

「能は、無際限の空間を創造しなければならないというこの考え方に全面的にもとづいています」、とディエゴ・ペレッキアは説明する。「なにかを生じさせるために、無を作ること。諸可能性を開くために。観者は足場を失わなければなりません。演者自身も全面的受動性の状態になります。演者は、各々の動きが唯一のものであるように、二度繰り返しません。しかも演目はたった一度しか与えられません。すべてが舞台上で起こりえます。なにが起こるのか誰も知りません。それは眼の開かれる魔術的儀式です。見る者ではなく、夢と欲望とに共鳴する者の」。ゆっくりと回りながら舞う女の姿のうちに、観者の精神と演者の技が融け合い、天女と彼女を見る者とがもはや一体でしかなくなる。寝室で結ばれる絆よりもはるかに強い絆によって、彼らは結ばれる。彼らは、目に見えずとも触れることのできるなにものか、つまり待つことによって結ばれる。なにを？　能舞台で天女が、その腕《かいな》に男を抱くかのように、ゆっくりと羽を振るとき、待つものがかたちをとる。この言い表しえぬものにかすかに触れたように感

じたときに、天女は飛び立つ。地謡は歌う。

時移って、天《あま》の羽衣、浦風に棚引き棚引く、（中略）幽《かす》かになりて、天つみ空《そら》の、霞に紛《まぎ》れて、失《う》せにけり。(9)

1960年頃の『たのしい三年生』3月号表紙（山内竜臣「つるのひみつ」）

鶴の恩返し……「見るな」のタブー

鶴が一夫一婦制で、その誘惑の舞いが動物界でもっとも優雅な光景の一部をなすために、鶴は生涯添い遂げる夫婦を象徴する。多くの昔話に、大変な美女に変身した鶴、〈鶴女房〉と男との幸せな愛が語られている。そのうちもっとも有名なのが、「鶴の恩返し」(10)である。昔々、森のはずれに与平という名の若い男が住んでいた。冬のことだった。雪がしんしんと降っていた。ある夜、吹雪のなか身を屈めながら歩いていると、細く澄んだ声、訴えるような叫びが聞こえた。「コーコー」。その哀れな呼び声のほうに助けに向かうと、羽に矢の刺さった一羽の鶴を見つけた。可哀そうに思った若者は、その矢をやさしく抜き取ってやった。すると傷ついた鳥は飛び立って、姿が見えなくなった。

与平は家に帰った。貧しい独り身だったので、その孤独な生活はつらかった。誰も訪ねてこなかった。しかしその夜、若者は突然戸をたたく音を聞いた。外は激しい吹雪である。いったい誰がこんな遅い時間に姿を見せるというのだろう。戸を開けてびっくり、目の前に途方に暮れた若い美女がいた。女は、道に迷ったと言い、一夜の暖をとるために中に入れてくれと頼んだ。若者は喜んで迎え入れた。翌晩、また同じ娘が戸の前に立った。彼女はそれから毎晩やって来た。この未知の美女に恋した与平は、自分の妻になってくれないかと頼んだ。彼女は快く受け入れ、二人は貧しいけれども幸せな生活を始めた。とても素晴らしい夫婦になったので、近所の人たちはその幸せな様子を見て喜んだ。だが、この年の冬は厳しかった。食物が尽きようとしていた。若妻は布を織る決意をし、そして夫は彼女のために家の奥の小部屋に織機を据えた。

作業に取り掛かる前に、彼女は彼に言った。「なにがあっても、どんな理由でも、あなたはこの部屋に入ってはなりません」。与平は約束した。若妻は閉じこもり、織り始めた。「チン、コラ、コラ、ポン、ポン。チン、コラ、コラ、ポン、ポン」。まる一日が経ち、二日目になっても、織機の音は片時も鳴りやまなかった。若妻は休みなく働き、三日目の晩になってようやく、やつれ衰えた姿で部屋から出、夫にきわめて美しい布を差し出した。とても珍しく貴重な布だったので、彼はそれを売って大金を手に入れた。それでしばらくのあいだ彼らは楽に暮らすことができたが、しかし厳しい冬が長引き、また食物が尽きそうになった。それで若妻は、夫になにがあっても部屋に入ってはなりませんと言いおいたあと、新たに布を織った。何日も一心不乱に仕事に打ちこんだあと、蒼ざめ、やつれ果てて、彼女は前のものよりもさらに素晴らしい布を携えて部屋から出てきた。それを売って若者はかなりの利益を得た。

妻のお蔭で彼は以来幸せな日々を送ることができたかもしれないが、しかし金儲けの誘惑と好奇心が彼のさらなる欲求を駆り立てた。それに近所の人たちが彼に、彼の妻が一本も糸を買わずにどうしてあんなに素晴らしい布を織ることができるのか尋ねた。誰もがそのことをとても不思議に思っていたのだ。それで与平は妻にもう一度布を織ってくれと頼んだ。衰弱した若妻は、なぜ彼がそんな無理を言うのか理解できなかったが、愛する夫の欲求に負けて、機織りの部屋に入らないようにと念を押してから仕事に取りかかった。しかし与平は、好奇心に駆られて、なんとしても美しい機織りの秘密を知ろうとした。彼は禁断の部屋に忍び寄り、そっと戸を開けた。眼前の光景に、彼は恐怖と驚愕の叫びを上げた。部屋のなかにいたのは、妻ではなく鶴だった。美しい鳥が血を流しながら自分の胸の和毛《にこげ》を、羽毛を次々に引き抜き、それを使って豪奢な布を織っていたのである。

鶴は叫び声を聞いて、若い女の姿に戻った。彼女は啞然とする夫に、じつは自分は彼に救われた鶴だと説明した。彼女は若い女の姿をとって、彼を助けるために来た。ああしかし、彼が秘密を知った今となっては、もう一緒に暮らすことはできない。苦い涙にくれながら、与平はむせび泣く妻を引きとめることができなかった。悲しみに沈んで彼女は家を出ると、鶴に変身して空に飛び立った。大きく羽ばたいて夫の頭上でゆっくりと円を描き、お別れの長い叫び（「コー!」）を上げ、雲の彼方に姿を消して二度と戻って来なかった。彼は彼女と、「鶴の千歳《ちとせ》、亀の萬代《よろずよ》」と言われるように、長く幸せに暮らせたかもしれないが、しかし約束を違えた彼は慄《おのの》かずには見られないものを見た。女の真の本性を。命を奪いながら命を与えるという逆説的な本性を。断末魔の苦しみのうちに驚異的なものを生み出す。おおよその人間社会において、生みながら同時に血を流すことのできるこの身体以上に恐ろしいものはない。

日本の民話の多くは、「見るなのタブー」あるいはまた「見るなの屋敷」と呼ばれる、聖なる空間に侵入する鋭い眼のイメージにもとづく、この眼のタブーを採り上げている。こうした民話で語られるのは、自分の二重のアイデンティティを守るために夫に自分を見ることを禁じる妻の物語である。男が禁を破ると――いつもそうなのだが――、妻は悲しみながら姿を消し、夫を悲嘆に暮れさせる。こうして彼らは、羽のある女の愛によって幸せな状態が保たれていたこの純粋なささやかな楽園から追放されてしまう。……仲良くしているあいだに、天国を失うのだ。ちなみに、「見るな」のタブーに関してもっとも有名な伝説は、世界創造と日本の最初の天皇について語る、最初の二冊の「起源書」、記紀（『古事記』七一二年と『日本書紀』七二〇年）のうちにいみじくも見出される。それは、神の機織り、天照《アマテラス》の物語である。この物語は、鶴＝女のそれと、ほとんどそっくり同じである。

　アマテラス、「天を照らす」女神は、太陽神とみなされるが、とりわけ天の神々に素晴らしい衣服を提供する役割を持ち、この仕事に多くの機織女《はたおりめ》が仕えていた。物語によれば、彼女はまた朝廷の太陽神信仰の巫女たち、有名な伊勢の巫女たちが地上で着る衣装も作っていた。別の研究者(11)の示唆するところでは、アマテラスは宇宙そのものを創造したが、それは彼女が織機に身を屈めて杼《ひ》を往き来させればさせるほど拡がった。彼女は、宇宙開闢的なレベルで、世界の「布」そのものを織っていたのだろうか。ところが、ある日、天《あめ》の衣織《みそおり》女《め》は、アマテラスの弟で雷、雷雨、荒れ狂う元素の神、スサノオによって、仕事を乱暴に邪魔された。文献の語るところでは、彼は忌服屋《いみはたや》の屋根に穴をあけ、斑駒《ふちこま》の皮を剝いで投げ入れたのだ。「これを見た天《あめ》の衣織女《みそおりめ》は驚きのあまり、杼《ひ》で女陰《ほと》を衝いて死んでしまった(12)」、と『古事記』は語る。アマテラスは、恐れ戦いて、天の岩窟、「天《あま》の岩戸《いわと》」に身を隠したので、世界から光と熱が失われた。世界は闇に沈み、「そこで万《よろず》の神々の騒ぐ声が夏の蠅のように湧きあがり、あらゆる災いが起こった(13)」。

　スサノオの罪は理解を超えていた。彼は、アマテラスが人間たちの眼の届かぬところでしか達成されない聖務を執り行なっている、まさにその聖なる場所に乱入した。秘密を保たなければならない儀式があり、そして一定期間処女でいなければならない女たちがいた。魔術が作用するためには、その期間中、見られも触れられもせず、あらゆる接触を免れていなければならない。学習院大学の比較神話学の教授、吉田敦彦によれば、スサノオによって行なわれた象徴的冒瀆は、神道のもっとも重要な儀式のひとつに対する「瀆聖(14)」である。「アマテラスが、天の衣織女の助けを借りて、神御衣《かむみそ》を織っていたとき、スサノオは彼女たちが仕事をしている家の屋根に穴をあけ、そこから皮剝ぎされた馬を落とし入れて、織女のひとりを死なせた。ところで神御衣の奉納は、神道のもっとも重要な祭りのひとつであり続けている。伊勢神宮では、一年に二度執り行なわれる(15)」。けだし、伊勢の巫女の役割として、女性が独身であることが要求される。こうした巫女（ふつうは天皇の娘から選ばれる）は、いかなる男とも交際するのを禁じられるが、それは、アマテラスと同じく、聖なる行為に孤独に身を捧げる女性特有の能力を確保するためである。それは、みずからの身体から生命的実質を引き出しながら生命を与えるという能力にほかならない。

一致を見るべきだろうか。天の機織りの伝説、七夕《たなばた》においては、織姫《おりひめ》あるいはまた細蟹姫《ささがにひめ》（蜘蛛姫）と呼ばれるヴェガ星は、彼女がアルタイル星と結婚してから天の神のために織ることをすっかりやめてしまう。まさに突然のように、愛に襲われ、憑りつかれ、満たされて、義務を忘れてしまう。彼女を正しい道に連れ戻すために、父親は彼女の心を占めている夫から彼女を引き離して、純潔でいるように強いた。男がいると織ることができないからだ。一種の自己犠牲のように、孤独に身を捧げなければならない。自分の身体から糸を出して、その線条によって世界を捕まえる蜘蛛が存在する。羽を引き抜いて、それで卵の孵《かえ》るやさしい巣を作る鳥が存在する。また生命を与えるために血を流す女も、太陽の女神のように、その光線でいろいろなものを自分を取り囲むすべてに結びつけ、その光のキャンヴァスに世界をとらえる女性も存在する。隠されたイメージに似たモチーフによって無限に変化する世界の形を生み出すのは、神の織女「倭文《しず》の神」である。

定家と式子……夢の浮橋

日本の古典的詩歌の美学にひとつの重要な概念、歌人の定家（一一六二—一二四一）がその本質と見た概念が存在する。〈妖艶〉つまり「至純な美」である。それは、より正確には、「春の朧月の光に浮かぶ若い天女の姿」として定義された。その歌を通して、定家は情念の微妙な影を表現しようとした。その〈妖艶〉の美学は、清らかな雲の向こうに死に脅かされる影がすでに見てとれるかのように、至純の雰囲気をより暗い要素に結びつけた。忘れられた過去の領域から現れいで、あるいは薄明の黄昏に沈んだ、靄に包まれた彼の歌から、日本人は定家がおそらく劇的な愛の物語に取り憑かれていたと考えた。『新古今和歌集』第三十八歌によって、この考えは確かめられるという。定家はそれをある伝説を暗示するかたちで詠んだが、多くの人はそこに隠された告白を読みとった。しかし一見すると、この歌はまことに取るに足りないように見える。「春の夜の夢のうき橋とだえして峯にわかるるよこぐもの空」（春の短い夜に浮かぶ夢の橋はちぎれて、連なった雲がゆっくりと峯から遠ざかっていく）[16]。『高唐賦』から引かれた中国の物語によれば、皇帝は巫山の女神と恋に落ちた。この女神は、山々の稜線から姿を現しては去っていく朝の雲にたとえられた。この神話上の皇帝に似せて、定家は自分の出会いを夢で見た女性との出会いにたとえた。束の間の夢から覚めたかのように、彼は出会いの記憶が到来したことを語った。思い出のなかで、男と女が春の夜にすれ違い、そして女は山の向こう側に流れ去る雲のように姿を消してしまった。この天女の流動的イメージのうちに、その地位が歌人よりもはるかに高い女性への変装した愛の告白を見てとるのはたやすかった。どんな女性が彼をこんなに魅了しえたのだろうか。その人は、彼自身の眼でみることも、ましてや近づくこともかなわず、夢のような宮殿の厚い雲に隠されて姿を見せなかったはずだ。皇女だろうか。

若い歌人が内裏に出入りした時期に、彼が後白河天皇の第三皇女、式子内親王《しょくしないしんのう》（一一四九—一二〇一）、あるいはまた式《しき》子《し》とも呼ばれる、未婚の皇女と知り合ったことが明らかになっている。この若い女性は、賀茂神社の斎院（いつきの巫女）になることになっていた。斎院は処女でなければならなかった。その身体は純粋な受容器で、神が彼女に取り憑き現れるように待機状態に保たれている。しきたりによれば、式子は、浄め式を行ない、そして上賀茂の境内の御手洗川《みたらしがわ》に手を浸けたあと、その機能として定められた無の完全な鏡となるべく、みずからの存在を無垢の状態に保つことを誓った。伝説によれば、彼女は、いたしかたない一度きりの奉仕であるにせよ、いかなる男にも身を任せてはならないという誓約をしたが、しかし——恋が突然彼女の心を燃え上がらせて——自分の約束を守ることができなかった。皇女が恋に落ちたのか、それがいつなのかを知ることは難しいが、それはさほど重要なことではない。ただわかっているのは、彼女が当時のもっとも偉大な歌人で判者のひとり、定家の父親の俊成（一一一四－一二〇四）の弟子であったことだ。若年にもかかわらず、定家はすでに天才と目されていた。式子その人も、その作歌の際立った美しさによって知られていた。おそらくある日彼女は定家に自分の歌を直してくれるように頼んだのだろう。伝説によれば、彼は皇女のもとに赴き、彼女は御簾《みす》の蔭から対応したが、見えない女性から発散される香りが彼を夢中にさせた。彼は何度彼女と口をきく機会を持ったのだろう。その日記（『明月記』）のなかで、定家は式子の居住する邸宅を何度も訪れたことに言及している。彼女は、彼が奉公人として以外に口をきくにはあまりに高い身分の人だったが、しかしだからといっておそらく彼らの精神が共鳴し合うことの妨げにはならなかった。定家が愛する人の顔を決して見ることができなかったとはいえ、彼は式子がほとんどつねに身にまとっている香りという深い絆によって彼女と結ばれていると感じていた。彼はそれを「嗅いでいた」のだ。彼女から遠くにあっても、彼は彼女の匂いを呼吸していた。彼女は良い香りのする空気であり、彼はそれを胸いっぱい吸っていたのだ。その詩的な花を。

偶然だろうか。彼女が十年間斎院を務めた上賀茂神社の境内では、〈二葉葵《ふたばあおい》〉という名の花が大事にされているが、そのハート形の葉は、永遠の愛の象徴として、根元でつながった二本の枝で互いに結ばれている。植物学者は、それをAsarum caulescens と呼ぶ。それは匍匐《ほふく》性の蔦《つた》の仲間である。五月になると、鈴蘭に似た小さな花が一対のハートの間に姿を見せる。上賀茂神社では、冠を編むのに使うこの聖なる植物の面倒を神官たちがつねに見ているが、その紋章は提灯を飾り、一四〇〇年前から京都の三大〈祭《まつり》〉の一部をなす禊《みそぎ》の儀の際に祝われる。この祭は、賀茂川と高野川の分岐点にある糺《ただす》の森、糺の魔術的森林の下生えから始まる。情念を鎮める力を持つ清流の間、大樹の濃い影の下、世界の起源を喚起するこの象徴的三角地から、毎年五月十五日に行列は出発する。これが葵祭で、また賀茂祭の名でも知られる。平安時代の衣装を着たおよそ六百人の人間が、内裏の人物たちを魔法のように蘇らせる。賀茂神社の神職、乾光孝《いぬいみつたか》は、六世紀から十二世紀まで〈葵〉は「あうひ」（彼は〝あふひ〟と書く）と発音され、それがまた「逢瀬の日」とか「神に出会う」とか意味しえたと主張する。「アウは互いに会うを意味します」、と彼は言う。「ヒは、精神、日、光、太陽、魂を指します」。昔の日本人がこの花の冠を被るとき、彼らは啓示に会うことを願ったのだ。「二葉葵は、結びつける花です」、と神職は説明する。「それは人間と聖なるものを結びつけます。それは男と女を結びつけます。あらゆる出会いは、聖なる経験の萌芽を含んでいます」[17]。乾光孝は皇女の歌を引いて語る。「忘れめやあふひを草に引き結びかりねの野辺の露のあけぼの」（決して忘れはしまい、私が神にお仕えする部屋で、葵の花を編み、その葉の上で眼を閉ざすとき、もう曙《あけぼの》の露に濡れるのを）[18]（『新古今和歌集』第百八十二歌）。式子内親王が〈葵〉を祝してこの歌を詠んだとき、彼女はその愛する人のことを思っていたのだろうか。

生涯最後の年、正治二年（西暦一二〇〇年）、彼女は重く痛ましい病に罹った。乳癌だと何人かの歴史家は主張する[19]。しかし別の病気がさらに密かに彼女を蝕んでいた。式子は恋に燃え、苦しみの床にあっても、まだ助けを求めて訴える力を失わず、表現するのを禁じられていることを書いた。「玉の緒よ絶えなば絶えねながらえば忍ぶることの弱りもぞする」（ああ、私の糸よ、切れるというのなら今切れてしまえ。私が生き長らえたら私の気持ちをこれ以上長く秘めていることはできないから）[20]。なんということ！　賀茂の斎院は、ならば恋をしていたのだろうか。一二〇一年一月二十五日、悲しみのうちに、彼女をなお生につなぎとめていた脆い糸が切れた。ある伝説によれば、定家は彼女の墓の上で自殺した。事実は異なる。彼は、歌集、歌論書、古典の書写、資料編纂など際立った仕事を遂げて、七十九歳まで生きた。とはいえ——この恋物語が起らなかったとしても——定家が皇女の死から全面的には立ち直れなかったことはありうる[21]。一二〇五年、後鳥羽上皇が彼に一部撰を委ねた、二千に及ぶ和歌の撰集、『新古今和歌集』に、定家は式子の四十九の歌を選んで、彼女をこの歌集のスターにした。『新古今和歌集』に皇女以上に作品が載っている歌人はいない。後鳥羽上皇その人も、三十四の歌しか選ばれていない。「つまり定家は彼女を愛していたに違いない」、と考える者もいる。噂を裏付けるように、定家の日記は、最愛の人が亡くなったこの運命的な年の前半、異常なまでに沈黙したままである。いつもはきわめて饒舌な彼が、一二〇〇年十二月から一二〇一年三月の間、完全に書くことをやめている。この「空白」は、なにによるものか。歴史家の石田吉貞（『新古今世界と中世文学』）は、しかしながら、恋物語の仮説を否定して、定家の苦労が大変なものだった、ほとんど耐え難いほどの苦労だったと考えている。

定家は式子をあまりに愛していたので、彼があの世で彼女に再会するために出発したとき、彼女の墓の上に葛が異常な勢いで伸び始めた。どんなに切っても、それは再び生え、いつそうしつこくはびこり、その根を地中深く張ったので、庭師が引き抜こうとしたら、その蔓に墓の断片が絡まってきた。庭師は結局諦めて、恋人たちが情熱的に抱き合い、その蔓でもって互いに絡みつくがままにした。この葛は定家葛《ていかかずら》と呼ばれた。それは、確かに、恋人の魂に結ばれた歌人の魂だった。十五世紀、この定家葛の美しい伝説をとらえて、世阿弥の弟子で女婿の金春禅竹（一四〇五―一四七〇）は、能楽『定家』を「夢幻能」として作った。[22] 彼は、神々が見えない糸で個々の人間たちを結びつける月、十月に、この作品の筋を設定した。十月は、雨の多い、悲しい月である。雨の光景に想を汲もうと定家が造らせた「時雨の亭」に、ひとりの僧が立ち寄ってまどろんでいる。「夢幻《むげん》」とは「夢」を意味するが、この言葉は夢を通して精神を非物質的なものの限界へと導く内的な旅を指示する。「われわれはかない人間は　過去のことを語るとき　うつろうこの世の現在が　前世とつながって」、とどこからともなくやって来た女がつぶやく。僧の夢想をさえぎって、彼女は彼を赤い蔦葛がまとわりついた墓の前に連れて行き、皇女だった自分の恋が始まった遠い時代へと徐々に時を遡らせる。「この縛めから私を解放してください」、と彼女は懇願する。「こう叫んで彼女は消え失せる」。能舞台で女を演じる役者は、墓に呑み込まれるように、塚を象徴する箱のなかに入って変身する。再び現れるとき、役者は〈泥《でい》眼《がん》〉の面、その金色の瞳が憑かれた状態を暗示する美女の面を付けている。[23] そう、それは式子、恋する幽霊で、夢の浮橋を渡って舞台前面まで進み、泣く。「雨は過去も私の所業も、この束の間の身体も洗い流し、現も幻も夢のように、すべてこの世ではむなしいものでしかなく、もはやなんの痕跡も残さない」。

その昔、月を眺めていた彼女は、風が雲を運び去り、雨がやみ、そして彼女の涙が乾くように祈る。夢見ながら彼女を蘇らせた僧は、物質的現実を超えて世界の真の本性へと観客を導き、あの世への道を開いたが、その夢が崩れるとき、彼女は「以前のようにその元の場所に戻る」。定家葛にまとわりつかれ、締めつけられ、巻きつかれ、覆われ、そして熱愛された墓、子宮は、その場所を影の実体なき宇宙に戻す。能はこうして、ため息まじりのように、なにも真実ではないという観念を唯一の結論として終わる。恒常的なもの、絶対的なもの、不変のものはなにもない。日本人の愛の経験は、この真理、つまり、まさに消えようとする瞬間、束の間の感情といった事物の崩落性の悲劇的認識に融けこむ意識の経験である。定家は、無の予知において彼に先行したこの女に同調しようとするかのように、この経験を歌に詠むことをやめなかった。現在の彼方になにかがあるだろうか。

見わたせば花も紅葉もなかりけり浦のとまやの秋の夕ぐれ

（『新古今和歌集』三六三）

おしどり……「ひとり寝ぞ、憂き！」

いったん番《つが》いになると、おしどりはもう生涯別れることはない。夫婦の幸せと貞節の象徴として、新婚夫婦に末永く暮らすことを願って差し出される贈り物を飾る。もし一方が死ぬようなことがあれば他方も死んでしまうほどに結ばれて。一二一四年、歌人の藤原定家（一一六二－一二四一）は、冬を主題とする選集のなかで、「おし」という語の二重の意味、「おしどり」とまた「惜し鳥」の上で戯れる歌を詠んでいる。多くの民間伝承の伝えるところでは、おしどりは決して死別から回復することはない。平安時代、深い悲しみにくれるあまり、それとは気づかずに雪に埋もれ苦しみに苛まれる孤独なおしどりが詠まれている。その「月次《つきなみ》詠花鳥和歌」（『拾遺愚草』）のなかで、定家はこの苦しみを一種の緩慢な落下として記している。

ながめする池の氷にふる雪のかさなるとしををしの毛衣
（眼前で雪片が凍った池に降り、過ぎ去る歳月のように、
それを惜しむ鳥の羽毛のように積もってゆく）

一九〇四年、『怪談』において、ラフカディオ・ハーンは「おしどり」というタイトルで採り上げている。「昔、陸奥《むつ》の国の田村の郷《ごう》に猟師で鷹使いの馬允《うまのじょう》という者がいた。ある日、猟に出かけたが、獲物が見つからなかった。しかし帰り道に赤沼という所に差しかかると、渡ろうとした川にひと番いのおしどりが泳いでいるのに気づいた。おしどりを殺すのはいけないことだが、この漁師はひどく空腹を覚えたので、矢を放ったところ、矢は雄の鳥を貫いた。雌鳥は向こう岸の真菰《まこも》の蔭に逃れて姿を消した」。馬允は殺した鳥を持ち帰り、それを料理した。その夜、猟師は不吉な夢を見た。自分の部屋に美しい女が入って来て、枕元に立ち、泣き始めた。その泣き方があまりに激しいので、馬允は聞いていて心臓が引き裂かれそうな気がした。女は長い小言を始めた。「どうして、ああ、どうしてあなたは彼を殺したのですか。彼になんの罪があったというのです。赤沼で私たちはとても幸せに暮らしていましたのに、あなたは彼を殺したのです。彼があなたに

どんな悪いことをしたというのです。貴方は自分がなさったことがおわかりですか。どんなに酷い、むごいことをされたのか。この私までをあなたは殺してしまったのです。連れ合いなしに、どうやって生きていけるでしょう」。彼女はまた声を上げて泣いた。とても激しく泣く声は、これを聞く者の骨の髄までしみ入るほどだった。

日暮るればさそひしものを赤沼の真菰《まこも》がくれのひとり寝ぞ憂き

（たそがれになると私はあの人と一緒に帰ろうと誘ったものですが、今は赤沼の真菰《まこも》の陰でひとり寝をする、そのつらさは言いようもありません）

この歌を詠んだあと、彼女は言う。「あなたは自分がなにをなさったのかわからない、そうです、わからないのです。でも明日、赤沼に行けばわかるはずです、わかるはずです」。そう言って哀れっぽく涙にくれながら女は立ち去った。赤沼《あかぬま》という名詞は、日本語で二通りの読み方ができる。それは「赤い沼」を指すが、しかしまた同音意義性で戯れることで、われわれの愛（飽《あ》かぬ）の時間（間《ま》）、あるいはより詩的に、「われわれがいつも一緒のとき」と訳せよう。「飽かぬ」は、「決してうんざりしない」、「決して飽き飽きしない」を意味する。それは、変わらぬ欲望、かなえられぬ願望、その存在なしで済ますことができないほど魅力的な他者への、またその肉体への願望の同義語である。その喪失は人を殺さずにはいない。馬允が目を覚ましたとき、夢が記憶にとても鮮やかに残っていたので動揺した。この夢がいったいなにを意味しているのか知ろうと、彼は赤沼に向かった。そして川岸まで来ると、雌のおしどりが独り泳いでいるのを見た。おしどりもすぐに彼に気づいた。逃げるどころか、まっすぐに猟師に向かって泳いできて、耐えがたいほどまじまじと彼を見つめた。そしてやにわに、くちばしで自分の胸を引き裂いて死んでしまった。「馬允は頭を丸めて仏門に入った」、とラフカディオ・ハーンは結論している。しかし後悔するには遅すぎたのだ。

日本語で色彩の観念「色《いろ》」は、「官能的愛」の観念「色《いろ》」に緊密に結びついているので、赤のまばゆい色調は情熱の同義語になった。それは下着の、火刑の、血の色である。そこでは極度の苦痛と抱擁とが混ざり合っている。なぜなら、「思い」（「誰かのことを愛情をこめて考える」）という語は、「い」という音節で終わるが、歌人たちはそれを「火」を指示する「ひ」という語に結びつけたからである。平安時代以降、心を焼き尽くす、あるいは火山から立ち昇るのにも似た煙をもうもうと立てる「恋の炎」のイメージをもてあそぶのがはやった。「こうした火は、それでも恋する人との出会い、当然ながら夜の出会いによって消える」、と『百人一首』の訳者のルネ・シフェールは説明する。「だから恋人がなんらかの事情で来られない夜に情熱が燃え上がるのも少しも驚くべきことではない」。恋に燃えるこの恋人のイメージを採り上げて、多くの歌人はその心を炎と燃え上がろうとするあらゆる種類の燃料にたとえている。それで藤原実方朝臣《ふじわらのさねかたのあそん》は、「伊吹《いぶき》の草」(さしも草)と呼ばれる植物になぞらえる。これはもぐさを作るために使われるが、緩慢な燃焼ながら触れるものをなんでも燃やすほどに強いという奇妙な特性を持つ。

かくとだにえやはいぶきのさしも草さしもしらじなもゆる思ひを
(どれほど私が思いつめているか、それだけでも言うことできればいいのですが。伊吹山のさしも草のように燃えている私の思いを、あなたはまったくご存知ないでしょう)
(『百人一首』五十一[24])

能宣《よしのぶ》(九二一―九九一)もまた、ついには灰になるこの恋のテーマを脚色して、自分の思いを燃えさしにたとえている。

みかきもり衛士《えじ》のたく火の夜はもえ昼は消えつつものをこそ思へ
(宮中の門を守る衛士のたくかがり火のように、私の思いは夜のあいだ燃えさかり、昼にはなすすべもなく消えて灰になる)
(『百人一首』四十九[25])

日本語で「なげき」という語は、同時に「苦しみ」、「火」、「悩み」を意味する。愛の観念を「熱」の観念に緊密に結びつけるこの国では、愛で死ぬほかはない。秋になると楓の森が文字通り真っ赤に燃え上がり、雄鹿が夜通し路上で雌鹿を求めて鳴き、そして人間たちは、このしつこい鳴き声に眠るのを妨げられて、寝床の上で何度も寝返りを打つ。「人にあはむつきのなきには思ひおきて胸走り火に心焼けをり」(思う人に逢う手だてのない闇夜には、熾火《おきび》のような思いで起き、胸が騒いで走り火に心が焼けている)、と欲求不満でじりじりした小野小町は語っている。まもなく冬がやって来るのに、このよそよそしい様子は彼女の焦燥感をかきたてる。急いで愛さなければならない[26]。

紀元六五〇年頃、春と秋との長所の比較に関して天智天皇によって提起された有名な論争[27]のあと、「紅葉《もみじ》」の鑑賞が、春の芽吹きよりも落葉を見に行くほうが優雅であるかのように、宮廷の待ち望む出来事になった[28]。「秋」は、表意文字の「火」と「穂」とで書き表されるが、すぐれて憂いの季節、叫びと嘆きの感情に満ちた数多の歌人の中心的主題となった。

おくやまに紅葉《もみぢ》ふみ分けなく鹿の声きく時ぞ秋はかなしき

（『百人一首』五[29]）

李夫人と楊貴妃……「彼女たちが死ねば、われわれも生きてはいない」

中国起源の日本の古いことわざに、女も美人過ぎると行くところ混乱と不幸をまき散らすというのがある。そんな女たちは避けたほうが賢明だ。なぜなら「女の蛾眉（双蛾）は、男子の知恵を絶つ斧である」からだ。美しい眉を「蚕蛾《かいこが》」にたとえるのは奇妙に思われるかもしれない。一対の眉が戦争や惨禍をもたらしうると考えるのもさらにいっそう奇妙であると。しかし蚕蛾の触角の弧を描く形から発する強烈な魅力というものを考慮しなくてはならない。実際、蚕蛾はとても美しい眉、どんなに羽ばたいても飛び立てないそのビロードの翅と競うかのような王冠型髪飾りの二本の羽に似た、「ビロードのような頭に留められた宝飾品」（ラフカディオ・ハーン[30]）を持つ。蚕蛾は夢の領域に属する。しかもその顔を白日のもとにさらすことは、きわめて稀である。二千年以上も前から養蚕家はその繭を熱湯に浸けて蛾が孵る前に殺している。「その絹の眠りから出ることを許されるのはほんのわずかである」、とラフカディオ・ハーン（一八五〇―一九〇四）は、蚕についての一九〇〇年の文章のなかで説明する。「それらは選り抜きの採種用蚕蛾である。それらは美しい翅を持っているが、飛ぶことはできない。口はあるが、食べることはできない。ただ交尾して卵を産み、そして死んでいく。この種族は、幾千年という間、大事に世話をされてきたので、自分で自分の身の始末をすることができなくなっているのである」。成熟した蛾は、それゆえ愛し合う束の間の時間しか持たず、飢えと渇きのために死ぬ。彼らの関係は、あらかじめ消滅の約束された、希望なしの関係である。

美しい眉をして死後まで愛された女性に関する中国渡来の二つの悲劇的物語が、日本文化に深く影響した。最初は、漢の武帝（在位紀元前一四一―前八七）が狂おしいほど愛した、美しい顔の女性の物語である。ある日、病気になった彼女は彼に会うことを拒んだ。帝が最後に自分を見てくれと懇願しても、彼女の心を動かすことができなかった。彼女は最期まで彼に別れを言わず、帝が記憶する理想的イメージを永遠に保持するように、壁に顔を向けたまま死んだ。彼女の名は李夫人という。藤原成範《しげのり》（一一三四―一一八七）は、説話集『唐物語』においてこの伝説を採り上げ、この神話的美人の死後に起きたことを強調している。「漢の武帝はいかに李夫人を思って死者を蘇らせるための香を焚いたか」というのが、その説話のタイトルである。実際、霊魂を蘇らせるための魔術的な香、「反魂香《はんごんこう》」(31)を焚く慣習が存在した。「その昔、漢の武帝は、李夫人の死後、悲嘆のあまり憔悴した。歳月を経ても気持ちは変わらなかった。かつて彼女が病に倒れたとき、帝は彼女のもとを訪ねたが、彼女は帝に会おうとはしなかったのだ」。癒しがたい悲しみに浸って、武帝はどうしてももう一度彼女に会いたいと願い、まるで妻がそこにいるかのように、ついに大声で独り言を言った。

「お前が夜中に立ち昇る葬儀の煙になってしまったとしても、どうしてお前のことを忘れられようか。もう一度会わせておくれ」。こうした嘆願にもかかわらず、彼女は願いを聞き入れることなく死んだので、帝の感じた未練の気持ちは深かった。宮廷のなかで帝はかつて知っていた通りの李夫人の肖像を作り、以来それを眺めながら暮らした。しかし、絵は黙ったまま決して笑わなかったので、結局絶望するほかはなかった。

絵にかける姿ばかりの悲しきは問へど答えぬ嘆きなりけり

窮余の策として、帝は降霊術師に「霊を呼び戻すための香」を焚きながら愛する人に訴えるべく頼んだ。説話のこの点で、成範の暗示的な記述には不安げな調子がある。「九重《ここのえ》の錦の帳の向こう側で夜のともし火がかすかに輝き、帝が眠らぬままに夜は徐々に更けていった。外では嵐が激しくなったが、部屋は静かだった。帝は、霊を呼び戻す香に効力があるのか疑ったが、そのとき本人か否か夢か幻か定かならぬ李夫人の影を見たように思った。そして一瞬にしてそれは消えた。彼はじつに長く待ったけれども、〔それほどに望まれた幻影の〕出現は束の間のものだった。帳をへだてて帝は少しも言葉を交わすことができなかった。この出来事は、逆に彼の心を打ち砕く苦悩の始まりとなった」(32)。物語は、こうして失敗をもって終わる。ほとんど見えぬままに幻影は消え、時が癒したかも知れぬ苦しみを蘇らせた。死者を生き返らせてなにになるというのか。この物語の翻訳者フランソワ・ラシヨーは、「ふさわしからぬ存在に夢中になることの危険」を強調する。それは人の心を破壊する。ときには帝国全体をさえ。

第二の物語は、まさしく帝国の没落の原因となった女、日本では楊貴妃の名で知られる楊《やん》夫人(七一九―七五六)、唐の玄宗皇帝の「貴妃」の物語である。帝は本分を忘れるほどに彼女を愛するあまり、夷狄《いてき》が国を襲い、一人の将軍が氾濫を起こすがままにし、敗走する軍とともに首都を逃げ出さざるをえなくなったが、軍は楊貴妃の死を要求した。彼女はこの潰走に責任があっただろうか。兵士たちは馬嵬《ばかい》という場所で停止し、それ以上進むことを拒否し、激昂して皆殺しにすると脅した。それで帝は、日夜ともに過ごした彼女に死を要求することを余儀なくされたが、彼女が運命に従うのを見た。死ぬ前に彼女は彼のために舞いを舞った。それは、羽のある女性が、幻惑された皇帝の眼前を飛びながら遠い時代の人間たちに伝えたという神話的舞踊である。この舞踊の後、彼女は死刑執行人の前に出、絞殺された。帝は死ぬほど悲しんだ。伝説によれば、帝はある僧に、楊貴妃の慰霊と、あの世の彼女が彼にメッセージを届け、かつて夜半に天の川の下で二人が交わした誓いを思い出させてくれるように頼んだ。「私たちは、天にあっては比翼の鳥、地にあっては連理の枝のようになりたい」。この伴侶の「満月」のような美しさはよく知られていたので、ある執拗な噂によれば、彼女が帝の寵姫になったときから、中国の四大美女に数えられるこの女性に似せて、素焼き粘土による白い丸顔の墓像が造られ始めたという。しかし、こうした像は、じつのところ当時の美の理想に対応していたにすぎない、楊貴妃が完璧に対応していたところの理想に。唐時代の墓からも、その豊満さゆえに考古学者によって「太った婦人」と呼ばれるところの、彼女に似た婦人像が掘り出される。

当時の粋人たちにとって、楊貴妃は観音様[33]を体現しており、月光のようなその白い肌は、月が西から昇って天国への道を指し示すように、おそらく崇拝を喚び起こしたのだ。……彼女を主題とする無数の作品のなかで、白居易（七七二―八四六）によって作られた心揺さぶる愛の詩、『長恨歌』が、日本人の想像界にもっとも強い影響を及ぼした。この詩は、あらかじめ死を運命づけられた欲望の一例として、多くのかたちで採り上げられた。「七月七日の長生殿、誰もいない真夜中に親しく語り合ったときの言葉だった。天にあっては比翼の鳥となり、地にあっては連理の枝となりたいものだ、と。天地は悠久といえども、いつかは尽きることもある。だがこの悲しみは綿々と続いて尽きることはないだろう」[34]。白居易がこの鎮魂歌を楊貴妃の死後三十年も経たないうちに作ったとき、彼はおそらく情熱の不吉な結果を描こうとした。つねにあまりにはかないものである欲望には、人をその死にいたるまで苛む苦しみが伴うのだと。いささか意気阻喪させるこの教訓から、多くの仏教徒は人間が恋に落ちるのを思いとどまらせるために役立つ格言を引き出している。そのいくつかは、今日の日本にまだ残っている。「月に群雲《むらくも》、花に風」、「煩悩苦悩」、「万事は夢」、「心の鬼が身を攻める」あるいはこんな素晴らしい格言もある。「飛んで火に入る夏の虫」。十二世紀、京都からほど遠い場所に建てた庵に隠遁した鴨長明（一一五五―一二一六）もまた、恋のはかなさを強調した。「恋に一途に身を委ねてなにになるというのか。「同じ心を持った人でも、幾世代も一緒にいられるだろうか。楊貴妃はともに天に舞う二羽の鳥となることをむなしく願い、李夫人は香の煙のうちに束の間現れただけだ……」[35]。

彼らの悲劇的な運命は、つねに「むなしい夢[36]」、つまり危険な幻想の例として想起されてきたが、それでも李夫人と楊貴妃は日本では決して非難されることはなかった。彼女たちについて語る際、紫式部[37]のような多くの歌人は、苦しみも欲望も不可分のものであるから、それらから逃れようとするのは無駄なことであると、いささか運命論的な調子で暗示している。夢のような美女を、人は非現実界にいたるまで追い求めずにはいられない。「彼女たちが生きていると、われわれは彼女たちに屈服する。死んでしまったら、われわれはもう生きてはいけない」（白居易[38]）。蝶になる毛虫の隠喩を用いて、恋が悲しみと分かちがたいことを強調する作家たちもいる。もしいつまでも幸せに満ち足りて生きなければならないとすれば、「どこに物の情趣があるというのだろう」、と兼好法師は問う。「この世の価値をなすのは、その定めなさである」（『徒然草』第七段[39]）。こうした省察をさらに進めて、ラフカディオ・ハーンは、人間の救いはおそらくわれわれの悩む無限の能力に強く依存しているとまで言っている。毛虫と蚕は、「自分の望むものはなんでも得て」いて、衣、食、住の世話をされ、そして繭《まゆ》に保護されるが、それほど羨むべき運命だろうか。「神の愛を必要とするというわれわれの主張は、つまるところ蚕のように扱われたい、神々の助けによって苦労なく生きたいという願望を思わず告白しているのではないだろうか」。とはいえ、もし神々がわれわれの望み通りにわれわれを扱ったとしたら、……それはこの世の終わりである。「この退化の初期の段階は、われわれが自分自身を救うことができないという無能力によって表されるだろう。次には高度の感覚器官の働きを失い始めるだろう。ついにはわれわれはたんに形も定かならぬ袋みたいなものになってしまうだろう[40]」。感覚し思考する生命はみな闘争と苦痛とによってしか存在しえない、とラフカディオ・ハーンは結論する。九世紀前に和泉式部も、恋人に抱かれて過ごした白夜の魅力を称揚していたのだった。

白露も夢もこの世もまぼろしもたとへていへば久しかり
けり
（和泉式部『後拾遺和歌集』）

【註】

（1）“D'ou viennent les mirages?”, de Marianne Simon-Oikawa, *Le Frisson esthétique*, n°7, p.32-33. http://www.frissonesthetique.com/revue/no7/index.html.

（2）二〇一〇年七月二十七日、京都で行なわれたディエゴ・ペレッキアとの対談。

（3）『羽衣』、René Sieffert 訳（*nô et kyogen, printemps-été, théâtre du Moyen-Age*, POF, 1957, pp.90-100), Arthur Waley（*The nô Plays of Japan, an Anthology*, Dover Publications Inc, 1922, pp.178-185）et Royall Tyler（*Japanese nô Dramas*, Penguin classics, 1992, pp.96-107).

（4）René Sieffert, *op. cit.*, p.90.

（5）Edwin A. Cranston, *A Waka Anthology, Grasses of Remembrance*, Stanford University Press, 2006, p.533.

（6）逆に、古典的な舞踊には、たとえば、爪先立ち《ポワント》も両脚を開いての跳躍もない。身体の平衡の中心はつねに地面近くにあり、摺り足で動く。家はほとんどつねに一階建てであった。さらに椅子も机も高い寝台もない。人は同じ床の上で食べ、眠り、働くのである。

（7）「風土記」は、女帝元明の命により七一三年に作成された、日本の各地方の風俗、歴史、地誌を記した報告書である。これらの「風土記」のうち、五つだけが現存する。豊後《ぶんご》、肥前《びぜん》、播《はり》磨《ま》、常陸《ひたち》、そして出雲《いずも》のそれである。

（8）『羽衣』訳、René Sieffert, Arthur Waley et Royall Tyler.

（9）René Sieffert, *op. cit.*, p.100.

（10）このタイトルは、「親切な行為に感謝した、鶴の恩返し」と訳せよう。

（11）“Ame No Miso-Ori Me (The Heavenly Weaving Maiden) : The Cosmic Weaver in Early Shinto Myth and Ritual”, *History of Religions. An International Journal for Comparative Historical Studies Chicago*, Allan L. Miller III、1984, vol. 24, no1, pp.27-48. また同じ著者の、“Of Weavers and Birds: Structure and Symbol in Japanese Myth and Folktale”, *History of Religions*, vol. 26, no3, The University of Chicago Press, 1987, pp.309-327. を参照。

（12）*Le Kojiki*, traduit par Maryse et Masami Shibata, Maisonneuve & Larose, 1969, p.83.

（13）*Idem.*

（14）“La mythologie japonaise. Essai d'interpretation structural (premier article)”, *Revue de l'histoire des religions*, tome 160 No1, 1961, p.64.

（15）「このとき、この仕事を伝統的に守る二家、服部《はとり》家と近江《おうみ》家によって特別に織られた二種の衣服が大神に捧げられる」。Yoshida Atsuhiko, *op. cit.*, p.64.

（16）Joshua Mostow, *Pictures of Heart*, p.40.

（17）二〇一〇年十月五日に賀茂神社で行なわれた神職乾光孝との対談。

（18）以下の翻訳による。神職の乾光孝の訳。「神霊に仕えるための仮の寝室を飾った葵、あの素晴らしい日の出を私は決して忘れはしない」。および Steven D. Carter（*Chats with the Master: Selections from “Kensai Zodan”*, Monumenta Nipponica, vol. 56, n°3, Automne Sophia University, 2001, pp.295-347）。しき

たりによれば、五月になると賀茂の斎院は、これらの花で覆われた「神の寝所」のなかで葵で作られた枕で眠ることになっていた。

(19) Robert N. Huey, *The Making of* Shinkokinshu, Harvard University Asia Center, 2002.

(20) D'après les traductions de René Sieffert (*De cent poètes un poème*, pp.72-73) et de Joshua Mostow (*op. cit.*, p.403).

(21) 日記『明月記』のなかで、定家は病人のもとを何度も訪れた（一一九九年五月から一二〇〇年十二月二十八日までおよそ二十回）と語り、不安で苦しかったと書いている。彼の日記からは、彼が彼女に恋していたかどうかは判然としない。歴史家の石田吉貞（『新古今世界と中世文学』）は、定家と皇女との恋愛関係はたんなる噂にすぎないと主張する。藤原春男（『新古今とその前後』三八四―三八六頁）によれば、そのように高位の人物に夢中になることは社会的に考えられなかったという。とはいえ石田は、定家が式子の死を知って苦しみのあまり二カ月半も日記をつけることができなかったと主張する。『明月記』は、実際、皇女の最期と死後の月日に対応する期間（一二〇〇年十二月から一二〇一年三月）、奇妙にも沈黙したままである。定家は、しかし、愛していた父親の死については事細かく記述している。死は、きわめて身近な友人の死も含めて、タブーではなかったのだ。Robert N. Huey, *op. cit.*, pp.86-87.

(22) 能の上演目録の一部には、死者、恋（あるいは怒り）に憑かれた人間を呼びさまし、恋する（あるいは憎む）人を待ち続ける作品がある。「夢幻能」と呼ばれる作品は、二幕からなる。第一幕では、普通の人間に「変装した」死者がひとりの証人、だいたいは僧に自分の生涯を物語り、ついに「しかしあなたは誰なのですか」と訊かれるにいたる。正体を暴かれて、死者は身を隠す。第二幕に再登場するとき、死者はその真の姿――遠い時代の本来の姿――で現れ、心理劇に似た振付によって生涯の主要な逸話を再演し、癒される。僧の助けによって、苦しめられていた魂は解放される。しかしときとして、『定家』におけるように、その苦しみが和らぐにはあまりに激し過ぎる場合がある。

(23) 泥眼は、「女性の幽霊的分身の面である。女性の面のなかでは、美のしるしとみなされるまぶたの襞を持たない唯一のものである。この面は、恋人や男に関係する問題を抱え、その苦しみのために、まぶたの襞を失った女の悲痛さを表す」（金剛流能楽師、宇高竜成、ＭＣＪＰ、二〇〇七年十一月）。泥眼の面は『定家』や『葵の上』などに用いられる。

(24) さしも草は、それからもぐさが作られるヨモギで、ゆっくりと強く燃えることで知られている。円錐型の香に似たかたちで、もぐさは伝統的な灸療法のために今日でも用いられる。皮膚の上に経絡に沿って置かれたもぐさは、ゆっくりと燃え、関節の痛みなどを和らげるために熱を発する。この歌には、「さしも」（この点で、こんなにも、これほど強く）と「さしも草」（火をつける草）とによる言葉遊びがある。

(25)『詩華和歌集』二二四。

(26)「秋《あき》」という語は、動詞の「飽《あ》きる」つまり「あきあきする」に似ている。秋を詠んだ歌は、それゆえ終わりつつある関係に伴う強い憂愁に彩られている。

(27) 女流歌人額田王《ぬかたのおおきみ》が秋を主題として素晴らしい歌を詠んでか

ら、この季節が優位に立つ。「心がその愛をすべて与える秋」（「心づくしの秋」、『古今和歌集』巻第四上に収められたよみ人知らずの素晴らしい表現）が、この時代以降、恋人たちの特権的季節になった。四季に対応する四章に分類された歌の集成、『古今和歌集』は、ちなみに秋に素晴らしい部分を割いているが、ここには一四五歌が収められている。春は一三四歌、夏は三四歌、冬は二九歌である。

（28）『源氏物語』において、内裏で光源氏は楓の葉で飾った帽子を被って舞うが、この夢幻的場面——炎をいただいた美しい若者——は、観衆を感動させて涙を誘う。

（29）『百人一首』において、謎めいた猿丸に帰せられたこの歌は、『古今和歌集』（巻第四、二一五）によみ人知らずの歌として見出されるが、付けられた註の言うところでは、これは八九三年に是貞《これさだ》親王の家で行なわれた歌合せのときに詠まれた。

（30）Lafcadio Hearn, "Vers à soie", traduit par Marc Logé, *Le Japon*, Mercure de France, 1993, p.493.

（31）「反魂香」についてのさらなる情報は、以下の拙著を参照。*Les Objets du désir au Japon*, Drugstore, 2009.

（32）François Lachaud, "Dans la fumée des morts. Avatars japonais d'une anecdote chinoise", *Bulletin de l'École Française d'Extrême-Orient*. tomes 90-91, 2003, pp.145-172.

（33）楊貴妃の死後、帝は観音の特徴をした彼女の像を造らせ、それが一二五五年に僧湛海によって京都の泉涌寺《せんにゅうじ》に運ばれたという。実際、泉涌寺には「楊貴妃観音」を祀るお堂がある。

（34）Cf. A. S. Klin, http://www.taleofgenji.org/sorrow.html.

（35）Kamo no Chômei, *Notes de ma cabane de moine*, traduit par Jacqueline Pigeot, Le Bruit du temps, 2010.

（36）「私の心はなんと千々に乱れていることだろう。生身の美女を見ただけでも、この世が夢のなかの現実でしかないことを忘れさせてくれる。こうしたことはすべて心のむなしい夢でしかない」（『太平記』、一三六八年から一三七九年のあいだに作られた軍記物語）。François Lachaud, *op. cit.*, p.160.

（37）紫式部は、その『日記』と特に『源氏物語』においては最初から、楊貴妃と『長恨歌』とについて盛んに言及している。第一章「桐壺」だけでなく、「総角」、「幻」、「夕顔」にも数多く見出せる。

（38）白居易の詩「李夫人」。François Lachaud, *op. cit.*, p.157.

（39）Urabe Kenko, *Les Heures osives*, Gallimard, 1968.

（40）Lafcadio Hearn, *op. cit.*, pp. 495-496.

松井冬子「終極にある異体の散在」(2007年)

第五章

結婚と不純

「お願いですから、私を見ないでください」

豊玉姫、鮫の王女……「その昔、女は怪物であると言われた」

「その昔、女は怪物であると言われた」(1)。日本の民話は、女を蛇、鮫、あるいは死者のような、人間からほど遠い存在に擬する奇妙な話に満ちている。出産のとき、女は人目を避けて離れた場所に引っ込まなければならない。というのもそのとき身体が血に染まりながらも神々しい無気味な存在になるからだ。「聖（ハレ）と穢猥（ケガレ）との対立する二極が結びつく」、と隠遁の場所に関する論文のなかでミュリエル・ラディクは述べている。「なぜなら、禁じられたもの（タタリ）の領域でタブーであるものは、聖なるものの領域に触れるからだ」(2)と。八世紀からある慣行によれば、産褥にある女性は、〈産屋《うぶや》〉、〈仮屋《かりや》〉、あるいは〈小屋〉と呼ばれる、踏み固められた地面の藁ぶき屋根の離れた建物に引っ込む。最初の陣痛を感じるとすぐに女はそこに閉じこもるのである。夫が一緒に来て地面に藁束を置き、そして退出する。小屋は、しばしば編んだ縄〈しめ縄〉で囲まれるが、それは人の立ち入らぬ聖なる空間を限定する。主だった住居から離れた部屋で出産する義務は、村によっては明治時代（一八六八—一九一二）末まで続くが、しばしば多くの禁忌が伴っている。仏教の影響で女性は穢れているとみなされ(3)、出産後七、二十一、三十、あるいは五十日間、夫にも家族の誰にも会うことが許されないのである。

　こうした出産小屋に関する最古の伝説は、『古事記』（七一二年）のなかに見出せる。それは、日本で豊玉姫の名で知られる、メリュジーヌの物語である。豊玉姫は、深い海の下の「魚の鱗《うろこ》のように造られた」宮殿に海神の父親と住んでいた。ある日、天からやって来た立派な男の神が彼女の前に現れる。「その美しい男に魅入られた彼女は、彼と愛の眼差しを交わした」、と『古事記』(4)は要約しているが、これは「性交した」と訳すことができる。このあと豊玉姫は、自分の意にかなった若者を見つけたと言うために父親に会いに行った。「門の前に立派な方がおります」。海神は、訪問者に会うために出て彼を熱烈に歓迎し、たくさんの贈り物をし、ご馳走して、素晴らしい結婚をさせた。美しい若者の名は、日子火火出見《ヒコホホデミ》命《ミコト》というが、しばしばより親しみを込めて火遠理《ホオリ》と呼ばれる。

三年間というもの彼は美しい妻とともに水底で幸せに暮らしたが、ある日、大きなため息をついて、自分が来なければならなかった理由を思い出した。というのも、じつのところ、ホオリは下心なしに来たわけではなかったからである。彼が海神の娘を誘惑したのは、失われた釣り針と潮の満ち干を起こす聖なる珠《タマ》とを彼女から手に入れるためだったからである。豊玉姫は彼が夜になるとため息をつくのを聞いた。彼女は彼が故国に思いを馳せているのだろうと考えた。それで彼女は、ホオリがこの目的のために自分と結婚したという事実をなんら気にせずに、忠実にも彼が釣り針を見つけて故国に帰るのを助けた。彼女は父親に二つの貴重な、眼のように輝く珠《たま》を彼に差し出すように頼みさえした。これらは「潮の乾《ひ》る珠」（乾珠《かんじゅ》）と「潮の満ちる珠」（満珠《まんじゅ》）と呼ばれ、水位を司り[5]、人間が王になることを可能にするものだった。そうして彼女のお蔭で若者が地上の覇権を確立し、自分の宮殿を建てると、彼女は希望に胸を膨らませて彼のところにやって来た。「私は妊娠しており、出産の時も間近です」、と彼女は彼に告げた。「思うに、天の神の御子を海中で産むわけにもまいりませんから、私は出てまいりました」。

産屋に入る前に、姫は彼にこう頼んだ。「すべて他国の者は子を産むときになれば、その本国の形になって産むのです。それで私ももとの身になって産もうと思います。お願いですから、私を見ないでください」。そして彼女は彼を信じて産屋に閉じこもった。「しかし人も知るとおり、なにかを見てはならないと言われれば、それを見てしまうものだ」[6]、と「見るなのタブー」の歴史家たちは語っている。警戒されたにもかかわらず、いやまさにそれゆえに、ホオリは不思議に思って、出産の最中を覗き見ると、妻が「丈の長い鮫の姿で這いまわっていた」。彼は恐れ慄《おのの》いて逃げ出した。「そこで豊玉姫は恥ずかしく思った」。子供を出産したあと、彼女は言った。「私はつねに海の道を通って行き来しようと思っておりましたが、私の姿を見られたのは、とても恥ずかしいことです」。それ以来、人間は水のなかに入ると窒息して死ぬようになった。豊玉姫が地と水の境界を塞いでしまったからだ。そうして彼女は永久に姿を消した。その子供は、天津《アマツ》日《ヒ》高《コ》日《ヒ》子《コ》波限《ナギサ》建《タケ》鵜《ウ》葺草《ガヤ》葺不合《フキアエズ》命《ノミコト》と名づけられた。若い王は、以来独りで暮らした。彼は彼女のお蔭ですべてを手に入れたが、結局いかに自分が彼女に愛着を持っているか気づいた。ある日、深い海の底から彼女がいつも彼を愛しく思ってくれていることを知って、彼はこんな歌を詠んだ。

奥《おき》つ鳥　鴨着く島に　我が寝《いね》し　妹《いも》は忘れじ　世のこと
ごとに

（水鳥の鴨が降り着く島で契りを結んだ私の妻が忘れら

れない、世の終わりまでも）

しかし遅すぎた。その過ちによって人間は海の王国から追放された。そこではぬるぬるした鰭《ひれ》を持った女たちが、愛と後悔の涙にくれているのだ。

蛇の眼……あるがままのあなたを愛します？

西洋の民話のなかには、ひとりの少女がヒキガエルを抱擁すると、それが真の姿を取り戻して王子に変身するという話がある。日本の民話では、話は反対である。人間と結婚するために、毛や鱗で覆われていたり羽を持っていたりする動物が、素晴らしい乙女や青年の姿をとるが、ある日正体が知れて泣く泣く自分の世界に帰らざるをえなくなるのである。こうした愛の物語は、特に「異類婚姻譚」と名づけられるジャンルを構成するが、こうした話が至高の結合、人間と自然の結合を語るがゆえに「神婚」（神との結婚）のカテゴリーに分類する研究者もいる。美しい場所——靄に覆われた山々、緑したたる渓谷、滝、あるいは川——を信仰の場所とするこの国では、動物そのものが聖なる存在である。しかし、あらゆる超自然的存在と同様、動物たちはほとんど把握しえない他者性の姿を持つ。人間が動物をその本来の姿で見ると、恐れ、驚いて、逃げ出す。動物は、それで自分の愛する人と別れることを余儀なくされ、悲しみに沈んでもとの世界に戻る。物語はいつもこのように、愛するものたちが、「何事もなかったかのように[7]」、それ以来乗り越えることのできない境界によって互いに引き離されながら生き続けるというかたちで終わる。いかなる人間も、自然の循環のリズムと調和的に融合することを妨げるこの距離を排することは決してできないだろう。恋する蛇に関する素晴らしい伝説のひとつが、この失敗にもとづいている。一九三〇年、民俗学者の柳田国男は、この伝説を「蛇の玉[8]」と名づけている。

それは、『日本の昔話』のなかで、こんなふうに語られている。「昔々」ひとりの男が山のなかに住んでいた。妻は亡くなり、彼の心は癒えずにいた。ある日、美しい若い女が、「どこからともなくやって来て」、宿を乞うた。彼は寂しかったので、喜んで女をもてなしたが、翌日になっても女は立ち去る様子をみせなかった。所在なくぶらぶらしているのである。結局二人は夫婦になり、そしてほどなく彼女は身重になった。お産が近づくと、彼女は小屋に閉じこもるので自分が出て来るまで覗《のぞ》かないでくれと頼んだ。男は初めはこの言いつけを尊重したが、何日か経つと壁の向こうでなにが起きているか心配になって、節穴からこっそり覗いた。なにを見たか。ぞっとするような大蛇が、生まれたばかりの子を抱いていたのである。彼は恐怖の叫びを上げそうになった。「いや、いや、こらえよう。どんなに恐ろしいものだとしても、私はあれと結婚しているのだから、あれの意志を尊重しなくてはならない。見るべきではなかったのだ。私はなんということをしたのだろう！」そして後悔しながら部屋に戻り黙っていた。七日経って女はかわいい赤ん坊を抱いて小屋から出てきた。彼女は涙にくれながら言った。「私はあなたといつまでも添い遂げるつもりでおりましたのに、今日限りお暇を告げなければなりません。なぜあなたは私との約束を破って小屋のなかを覗いたのですか。あなたは私の本当の姿を見てしまいました。このような恥ずかしいことのあとでは、もうここに留まって人間の姿をとり続けることはできません。私は山の沼に帰ります。私たちの子をしっかり育ててください(9)」。

男が必死に懇願するのもむなしく、彼女は立ち去った。しかし出発の前に彼女は彼にひとつの玉を渡して、言った。「子供が泣いたら、この玉をしゃぶらせてください」。こう言うや否や、彼女は大蛇の姿になって沼へと這って行った。子供は玉をしゃぶりながら成長した。泣くたびに、それを口に持っていけば良かったのだ。それをしゃぶり続けたので、ついには使い果たしてしまった。玉がないので子供が泣きやまず、それで男は泣く息子を背負って沼に行き、叫んだ。「私の子の母親よ、お前はどこにいるのだ」。大蛇はよどんだ水から姿を現して、「なにがお望みですか」と尋ねた。そして夫が彼らの子供をなだめられないのを見てとり、悲しげに言った。「私はすでにあなたに私の眼をひとつ上げましたが、いまもうひとつ上げなければなりません。両眼がなくては、私はもうなにも見ることができないでしょう。昼と夜との区別すらつかないでしょう。ですから鐘楼《しょうろう》を建てて、朝夕鐘を鳴らすようお願いします」。彼は彼女が眼球をみずからくり抜くのを見てぞっとした。彼女はその眼を赤ん坊の手に持たせると、顔を血まみれにして黒い水に身を沈め渦のなかに姿を消した。子供は母の眼球をしゃぶりながら成長したが、この時から岩手の峰寺の鐘が毎日朝夕六時に鳴るので、蛇の母は昼夜の区別を知り、感謝している夫の心臓の鼓動を聞くことができた。

この話から引き出される教訓があるとすれば、それは以下のようなものだろう。見ること、すなわち語のあらゆる意味において「所有する」ことを欲する者たちがいる。可視的世界の限界のために、彼らの愛は物質的なものを超えて昇ることができない。そしてまた、「魂」を結ぶ真の愛の名のもとに(10)、自分の眼を犠牲として差し出す者がいる。「タマ」、「魂」という語は、また「球」、「真珠」を意味し、そして、愛する人を助けるためにみずからくり抜く女もいる、眼球のような丸いものすべてを指す。

海《わた》の底沈《しず》く白玉風吹きて海は荒るとも採《と》らずはやまじ

(海の底に沈んでいる真珠は、風が吹いて海がどんなに荒れても採らないではおかないぞ)(『万葉集』一三一七)

駕籠真太郎、無題(2010年前後)

玉取姫、見出された魂の王女

日本でよく知られた犠牲の物語がある。玉取姫、「魂を取る王女」の伝説である。もっとも彼女は王女ではなく、名前を持っていなかった。卑しい身分で名前を持つ名誉にはあずからなかったのである。彼女は真珠取り（アマ、文字通りには「海の女」）で、階層的には無名の非人に含まれていた。日本で海女《あま》は、つねに強い好奇心混じりの恐怖心を呼び起こしてきた。伝統的に（そして戦後にいたるまで）、海女は腰に赤い布を巻いただけで、深さ十メートルから十三メートル潜り、アワビ、カキ、エビ、ときにはタコも採取する。こうした海の怪物のような不気味な存在とつきあっているので、彼女たちは世界の境界に蠢《うごめ》くあらゆる存在にまつわる疑念を一身に集める。ある意味で海女は、彼女たちがその腕に抱えて海面に運んでくる足や鰓《えら》のある生き物とほとんど異なるところはなかった。それゆえ彼女たちは、中央の権力によって周辺でさまよう存在へと格下げされた、非人、「異類異形」、「異人」に属していたのである。

玉取姫の伝説が日の目を見た時代、天皇が皇位につくことを許す典礼は、三つの権利《レガリア》の相続に基づいていた。剣、鏡、勾玉(11)である。徐々に強くなる仏教の影響のもと、勾玉は海底の宮殿に住む龍王に結びつけられるにいたった。実際、龍がその足のあいだに「願いをかなえる宝玉」、〈如意珠《によいじゅ》〉を持つという伝説が存在した。のちにこの宝玉は、ブッダの遺骨、舎利《サリラ》に結びつけられたが、これは「真珠に似た」透明な玉の形をしており、指導的流派が争って手に入れようとした。我《われ》がちにこうした聖遺物を一番に所有しようとしたのである。天皇と権力を分かち持つ摂政《せっしょう》と引退した帝（院）は、正統性を主張して彼ら自身の宝玉をふりかざした。

玉取姫の伝説は、摂政の藤原家が独占していた権力の事後的《ア・ポステリオリ》な正当化の形式として言挙げされたこうした歴史的文脈のもとで生まれた。見聞記（支配階級によって広められた神話と伝説）に関する研究(12)のなかでアイリーン・H・リンの要約している物語がある。「権力の最上層に達した大織冠《だいしょつかん》藤原鎌足は、その即位を記念して興福寺に大金堂を造ろうとした。自分の権力をいっそう強化するために、娘を太宗に嫁がせて唐との威光ある同盟を結んだ。娘に持たせた持参金は豪奢なものだった。唐の宮廷に送られた宝物のなかに値段のつけられない宝玉〈如意珠〉があった。だが残念ながら、船が大陸をめざして深崎の浦を航海しているとき、龍王がその貴重な宝玉を奪い取った。鎌足はそれで自分の財産を取り戻そうとただちにこの地域に出かけた」。現地に着いて彼は事の困難さがわかった。龍王の宮殿は深い海の底にあった。しかもそれは鮫、蛸、海の怪物たちの大群に守られていたのだ。どうしたらいいのか。誰もそんなに深く潜ることはできなかった。ひとりの海女を除いては。そこに暮らしていた真珠取りのなかから、鎌足は一番深く海に潜るという評判のひとりを選んだ。彼女は若く、美しかった。彼は彼女を誘惑することにした。恋する女だけが死に直面する勇気を持つはずだ。海女は、そんな身分の高い男がなぜ自分に興味を持つのか自問すらしなかった。この奇跡的な出現の魅惑に負けて、海女は眼を輝かせながら鎌足と結ばれた。

伝説によれば、彼女は一子をもうけた。それで彼らは三人で幸せに暮らしていたが、ある日、海女は夫がため息をつくのを聞いた。彼女は彼に尋ねた。あなたの心を慰めるために私になにができるでしょうか。鎌足が盗まれた宝玉を探しているると説明したとき、海女は彼が自分を愛していたのではないことにおそらく気づいた。おそらくがっかりしただろう。が、それでもかまわない。彼女は彼を愛していたのだ。勇気をふるって彼女は海に向かった。もし溺れたら水から引き上げてくれるように腰に綱を付けてもらい、腰布を巻いただけで刀を持って、海底の珠を奪い取った。龍と怪物たちの一群が彼女を追った。その爪と歯から誰も逃れられないはずだが、しかし海女はこれらの生き物が死体との接触に耐えられないことをよく知っていた。それで、怒り狂った一群に後を追われて海面へと上がりながら、彼女は自分の胸を深く切り裂き、その開いた傷口に珠を差し入れて、死んでいった。鎌足の家来たちは綱が引っぱられるのを感じた。それは不吉な合図だった。若い女の死体を引き上げると、その胸にはめ込まれた珠が見つかった。珠は、もぎ取られた眼のように、濡れて血にまみれ、輝いていた。

宝玉は、取り戻されたが、唐の宮廷には送られなかった。それは興福寺金堂の仏像の両眉の間にはめ込まれ、それゆえこの像の第三の眼、魂を見通す眼の位置を象徴的に占めた。政治の祭壇に捧げられた愛の眼。「こうして鎌足は自分の権力を正当化した」、とアイリーン・H・リンは結論する。彼は、豊玉姫その人が夫、火遠理《ホオリ》に差し出した二つの〈珠〉と同じように貴重な宝玉の所有者ではなかったか。こうして玉取姫の伝説が生まれた。「国家」に捧げられた犠牲の典型として。愛の犠牲の物語は、ほとんど同じ論理で進む。男が金持ちの権力者になるためには、誰かが自分の命を与えることを受け入れなければならない。それが、いまなお続く、非人の宿命である。福島の発電所のなかで誰が働いているのだろうか。匿名のまま死ぬことを運命づけられ、そして死後に感謝のしるしとして仰々しい称号を与えられるであろう不浄の存在でなくして、誰が清算者というのだろうか。

玉取姫、同性愛ヴァージョン……愛の切腹

忠実な同盟を結ぶために男と寝るという慣習は、白河天皇（一〇五三―一一二九）の代に遡る。その時代まで貴族はパートナーとしてきわめて若い少年、小姓、あるいは年少の楽師しか持たなかったが、唯一の楽しみのために、楽しみを変奏するために、彼らと一緒にいることを好んだ。「白河が初めて同性愛を政治的戦略として位置づけました」、と男性間の愛の物語についての著者、松永尚三《なおみ》は主張する。(13)「この時代、宮廷を分かつ政敵たちのあいだで侍が徐々に重要な役割を演じるようになりました。白河は、僧としてすでに剃髪し、公式には譲位していましたが、しかし計画的に皇位には子供をつけて、上皇（院）として権力をふるい続けようとしました。身彼がいなければ敵を引き寄せることはなかったのですが。身を守るために、当時として驚くべきことに、御所に武士たちを入れて北側の箇所に詰めさせました。〈北面《ほくめん》〉という表現は、この時代に遡るわけです」。それは「内気な顔」とも訳せるだろう、こうした若者たちが、年長者に勝ち誇った微笑みとともに話しかけられ汗ばみ当惑してその誘いに屈することに思いを致すならば。〈やおい〉（男性同性愛）漫画においては、〈攻め〉と呼ばれる捕食者が、心臓を高鳴らせた〈受け〉と呼ばれる少年とのこの愛の決闘の伝統を継承している。「これまでは寝ようと誘われる少年は十歳から十三歳まででした」、と松永尚三は明確に述べている。「僧たちは、いっそう性を曖昧にするように化粧し装った、少女のような〈稚《ち》児《ご》〉を愛していました。十一世紀末から、天皇の例にならって、権力者たちは武術を習得した〈若衆《わかしゅ》〉と呼ばれる十三歳から十八歳までの青少年を誘惑します。武士たちのいる場所に女が出入りすることは禁じられていました。男は、逆に、自由に徘徊し、愛と性と思惑の混じった怪しげな関係を結んだのです」。

当時の左大臣、藤原頼長（一一二〇―一一五六）は、その日記のなかで自分のこうした往き来をすべて克明に記している。彼はみずからその際立った少年趣味を利用し、同盟を結ぼうと望む若い武士とつきあって、敵の息子たちと愛を交わすまでにいたる。こうして彼は、源氏の流れを汲む侍集団の棟梁、

義高の愛を得たが、他方で凄まじい対立があった。彼らの関係は、『愚管抄《ぐかんしょう》』(14)のなかで、あまりに省略的にではあるが、「君臣体《くんしんたい》」と記されている。これらの並べられた三語、「君主と臣下との体の結合」は、第二次世界大戦中、兵士をその主人と結ぶ「死にいたるまでの」忠誠の絆の同義語になるだろう。枕で交わされた同盟の約束は、血で記されたそれよりも当時いっそう堅固であるように見える。だからこそおそらく同性愛は、これまで貴族にとっては夢幻的な寸劇（そして僧にとっては覚醒への接近法）の地位でしかなかったのが、服従と献身の義務に格上げされた、騎士道的な理想的愛のかたちになるのだろう。「主君との関係は、日本においては結局エロティックな意味を帯びるにいたった」、と歴史家のゲイリー・ルップは、その著書『男色《メイル・カラー》』のなかで述べている。「しかしそれは侍が究極の犠牲にいたるまで主人を愛するように強いる名誉の掟を採用したからではない。反対である。それはまさに侍が彼らの同盟をつねに条件的なものの上に置くことを好んだがゆえである。彼らにとっては生き延びることが絶対的忠誠よりもずっと重要だった。十五世紀末と十六世紀の大乱の間、家来は自分の主人を、歴史家が〈下剋上〉（下位の者が上位の者を打倒する）と名づけた、きわめて劇的な方法で裏切った。十六世紀のイエズス会宣教師たちは、武士たちを、好機が到来したら背中に刀を突き立てようと日々過ごしている〈反逆者〉として記述している(15)」。

一一五九年、軍事政権が国の統治権を掌握し、権威と服従の崇拝を確立したとき、従属関係の厳密な枠内に限定しつつ愛の犠牲の徳を称揚した。「勇気、忠誠および相互的誠実にもとづく、〈熱い〉情熱的絆をめぐる諸関係を構造化する必要がありました」。〈男色《なんしょく》〉の名のもとに、ギリシア的友愛に似た通過儀礼《イニシエイション》のシステムが、武術を手ほどきしてくれ、そして成人になるまで性的パートナーとして用いてくれる年長者の熱意に従うべく少年たちに強いたのである。松永尚三はこう結論する。「武士が権力を握ると、同性愛が出世を確かなものにするもっとも効果的な手段になりました。それまでは昇進し権力に近づくための歩《ふ》として女を用いていました。貴族たちはなんとか権力者を自分の娘と寝るように仕向けたのです。十三世紀から武士たちは直接的行動に移りました。自分自身の身体、自分自身の感情を権力ゲームのなかに持ち込んだのです。自分が征服したいと思った者とみずから愛のいとなみをした白河に倣《なら》って」。

愛する、誘惑する、改心させる、操る、従わせる、魅了する。日本人は、つねに感情的関係を司るこの不純な部分を決してないがしろにしてはこなかった。おそらくだからこそ主君のために働くとき、同じ派閥の別の人間と関係を結ぶことが禁じられたのだろう。ひとりの武士と別の武士のあいだで

（あるいは下女と召使いのあいだでさえ）交わされるどんな手紙も、解雇、ときには死という厳しい処罰を受けるのだ。愛は混乱の誘因である。愛は武器である。愛は、みずからの義務も家臣の身分もなんら考慮せずに、相手のために死ぬところまで押しやる。受け入れられる唯一の愛は、目下の者を目上の者に結びつけるものでなければならない。そしてこの昇華された愛が、〈義理〉と〈人情〉の対立を演出するあらゆる種類の物語を誕生させる強烈なプロパガンダの対象となる。

こうした物語を飾る犠牲は、道徳の代わりをする。死にいたる愛の物語のなかに、明治時代以来禁じられた作品に属するものがある。それは、『男結び細川火だるま』と題された「同性愛の」歌舞伎作品である。松永尚三はそれをこう要約する。「ある日、ひとりの侍が、敵対する派閥、細川家に属する若く美しい侍とすれ違い、忘れられないほど思いを募らせ、辞職してしまう。下男に身をやつして細川家に雇ってもらい、最低の身分で、侍たちに仕える。そのなかに愛する相手もいる。何週間も働き、待ったあとに、ついに出会いが成立する。情景はきわめて美しい。彼がアヤメの咲きそろった庭を掃き清めていると、彼の思い人が頭上の縁側に出てくる。その人を見て、震えながら、彼は一輪の花を差し出して言う。そなたはこのアヤメのようだ、清らかな水のようだ」。

歌を詠むこの下男に魅かれた侍は夢中になり、禁じられているにもかかわらず、両者を隔てる溝にもかかわらず、彼と親密な関係を結ぶ。ああしかし、ある嫉妬深い男が彼らを密告する。当初、死を宣告されるが、愛する者たちは無罪放免になる。というのも細川殿が彼らの若さを憐れむからだ。追放されはしたが、幸いなことに、彼らは派閥を離れて一緒に暮らす。彼らがあとにした領地で火事が発生する日まで。彼らを密告した男は、敵の派閥に雇われた裏切り者だった。彼は細川家の蔵に火を放ち財産を滅ぼすように金を支払われていた。そのときくだんの主人公が、細川家の殿様が代々受け継いできた至宝を求めて炎のなかに身を投げる。衣服が燃える。皮膚が黒ずみ、破れはじける。彼にはこの燃えさかる火のなかでなお宝物を摑む力があったが、出口を見つけられず、ひざまずいて体を丸める。どうやって宝物を救ったらいいのか。彼は刀を抜いて、自分の腹を切り開き、臓腑のなかに宝物を突っ込んで、血の海にうずくまる。細川家の者たちが火事を消したとき、半分焼かれた若者の死体のなかから、なお光り輝く無傷の宝物を取り戻す。「それは玉取姫と同じ物語です」、と松永尚三は強調する。「美少年たちによるものですが」。

巫女と恋の神……いかにして蛇を箱に入れるか

『万葉集』には恋の祝祭、七夕まつりに因《ちな》んだ一二〇あまりの歌が収められている。そのうちもっとも古いのは七二三年に遡る。この年、歌人山上憶良は、たいそう子供たちを（そしてもちろんその母親たちも）愛して、天の恋人たちの伝説に何首かの歌を捧げた。「天の川相向き立ちて我《あ》が恋ひし君来ますなり紐《ひも》解き設《ま》けな」（天の川、この川に向かい立って私の恋い焦がれてきたあの方がいよいよおいでになるようだ。さあ衣の紐を解いてお待ちしましょう）（『万葉集』一五一八）[16]。「紐解く」という表現は、恋の歌において大いなる幸福の同義語である。それは、空に向かって咲き広がる花と同時に、再会して愛のいとなみをするために下着の紐を解く恋人たちを意味する。別れる前に恋人たちは互いに下着の紐を結んで、他の誰にもそれを解かせないという約束をする習わしがあった。そして彼らが再会しようとするとき、紐は自然に解け、再会の思いにこらえきれず打ち震えるという迷信もある。この迷信は消えたが、日本人はときに多くの人々と自分たちをつなぐ「縁」を象徴するために結び目を作る習慣を守ってきた。少年と少女が恋に落ちると、多くの人は今日でもなお、彼らが出会うべくすべてが運命づけられていたと考える。縁があったのではないかと。彼らはおそらく前世で出会っていたと主張する者さえいる。昔の諺に、一つの恋物語を実現するには二つの命が必要だというのがある。

「縁」の信仰はとても強いので、好意的な神のはからいを得るために、未婚の男女は結び目を作るという心打つ奉納の形式を実践する。この行為、〈結び〉は、魔術的結婚相談所の役を果たす〈縁結び神社〉と呼ばれる聖域のなかで特に行なわれる。訪問者は、草、木の枝、髪の毛、紙といった自分の好きなものをそこで結ぶことができる。樹はその細枝に掛けられた白い蝶のような何百もの小さな結びの重みでときとして文字通り押しつぶされそうになる。それは象徴的に、神への捧げものとして自己の分担を決め、神が自分の心の物語を助けてくれるようにすることである。『万葉集』において、恋人たちは自分の愛する人を忘れないために下着に結び目を作って時を過ごす。妻は夫が早く帰宅するように夫の衣類に密かに結び目を作る。よそに「縁」を結びに行かないように！　九州では近年まで、求婚者は自分が結婚したい女性に緩く結んだ二本の縄を差し出す。彼女がこの結婚の要求を受け入れるなら、彼女は結び目を固く締めて縄を返さなくてはならない。拒否するなら、結び目は緩いままにされる。関係を終わらせるのに縄ははっきりしたメッセージともなる。「筑紫の美しい乙女のために、私は香取《かとり》の少女が私に結んでくれた紐を解く[17]」、と別の女のためにひとりの女と「離れる」軽薄な色事師は言う。

　魂も決定的に飛び立つことのないように結ばれなくてはならない。その昔、〈たま〉は、感情、恋、あるいは嫉妬の結果として体を離れることがあった。「恋人たちは、一晩中一緒にいられるように体を離れてついに自由になった魂のお蔭で夢のなかで実際に出会うことができると考えていた。この信仰には、しかしある不安が伴っていた。もし魂が戻ろうとしなかったなら？　平安時代の貴族は、この彷徨える魂を地平線をかすめる陽光による長くほっそりした朝の影にたとえ、蜘蛛の巣のように壊れやすい、ほとんど繊維のようになった魂と考えた。彼らは体がその魂の不在によって衰弱するかもしれないと考えたが、だからこそあらゆる種類の〈結び〉で体と〈たま〉の結合を回復しようとしたのである[18]」。それゆえ恋においては慎重に、霊感を受けすぎた夢の無秩序のうちにその生き生きとした精神を失わないようにしなければならない。十世紀に書かれた『伊勢物語』の主人公は心配する。彼はある女とこっそりとつき合うが、ある日彼女は彼にこう言う。「今夜、夢であなたを見ました」。彼は応える。「それは私の魂に違いない。私はそんなにもそなたのことを思って魂が私から出て行ってしまったのだ。もし夜更けにまた見えたなら、それを結んでほしい[19]」。用いられた表現、「魂《たま》結び」は、奇妙な信仰を暗示している。当時特別な紐、〈玉の緒〉が存在したが、これは個人の生霊を閉じ込めるとみなされた箱（通常は櫛箱）を閉めるのに使われた。この箱を失ったり、あるいは紐を解いて箱を開けたままにすると、死をもたらすことがあった。この主題に関するもっともわかりやすい伝説は、偶然にも、恋の神そのものを舞台に上げる。

　遥か昔、神々の時代に、目が覚めるように美しい若者がいた。その名を大国主といい、多くの女性が一目惚れしてしまうほどのカリスマ、力、風采をそなえていた。恋の神だったのだ。その征服した国は数知れず、彼は「どんな岬にも」、「どんな浜辺にも」姿を見せた。日本がおよそ大小六千九百の島々からなることを知れば、彼が果たしえた誘惑の程度が知れよう。女たちは彼を八千矛《やちほこ》[20]の神と呼んだが、それは彼を絶えず諸国と乙女たちの攻撃へと駆り立てる止むに止まれぬ欲望、激しい征服欲にうずく女たらしを暗示してのことである。彼には世界を所有することが必要だったのだ。ある日、一連の悲嘆にくれる愛人たちの系列の一番目である最初の妻と別れようとするとき、彼は彼女に、見る角度によって色とりどりに変わる羽毛の鳥として欲望を詠んだ歌を贈った。「ぬばたまの　黒き御衣《みけし》を　まつぶさに　取り装《よそ》ひ　奥《おき》つ鳥　胸《むな》見る時、羽《は》たたぎも　これは宣《ふさ》はず、邊《へ》つ浪　そに脱き棄《う》て、そに鳥の　青き御衣《みけし》を　真つぶさに　取り装ひ　奥つ鳥　胸見る時　羽たたぎも　こも宣《ふさ》はず、邊つ浪　そに脱き棄て　山縣に　蒔《ま》きし　あたねつき　染《そめ》木が汁に　染衣《しめごろも》を　まつぶさに　取り装ひ　奥つ鳥　胸見る時、羽たたぎも　此《こ》しよろし。いとこやの　妹の命、群《むら》鳥の　吾が群れ往《い》なば、引け鳥の　吾が引け往なば、泣かじとは　汝《な》は言ふとも、山《やま》跡《と》の　一本《ひともと》すすき　項傾《うなじかぶ》し　汝が泣かさまく　朝雨の　さ霧に立たむぞ。若草の　嬬《つま》の命《みこと》」（黒い衣服にすっかり身を包んで、水鳥のように胸を見るとき、羽敲《はたた》きも似合わしくない、波打ち寄せる浜に脱ぎ棄て、カワセミの青い衣服にすっかり身を包んで、水鳥のように胸を見るとき、羽敲きもこれに似合わしくない。波打ち寄せる浜に脱ぎ棄て、山畑《やまはた》に蒔いた茜《あかね》草《ぐさ》から取った染料の汁で染めた衣服にすっかり身を包んで、水鳥のように胸を見るとき、羽敲きもこれはよろしい。睦《むつま》しのわが妻よ、鳥の群れのように私が群れて行ったら、引いて行く鳥のように私が引いて行ったら、泣かないとあなたが言っても、山地に立つ一本薄《すすき》のように、うなだれて泣いて、朝の霧が立つようだろう。若草のようなわが妻よ）[21]。このように予告したあと、彼は彼女と最後の一夜を明かし、そして妻の「淡雪《あわゆき》のような」胸と「白妙《しろたえ》のような真白な腕」を愛撫したあと、自分の使命を果たすべく出発した。

七二〇年に編纂された『日本書紀』には、数えきれない妻たちのなかに皇室に属する者がいたと語られている。それは、倭迹迹日百襲姫命《ヤマトトトヒモモソヒメノミコト》、一般に短く倭迹迹日姫《ヤマトトトヒビメ》の名で呼ばれる巫女である。この姫は洞察力のある知性を具えていた。彼女は未来を見通すことができたが、くだんの神に出会ったとき、その能力をもってしても彼が誰か理解できなかった。彼は彼女が自分に触れてわかるように気遣って闇の底から夜にだけ彼女に逢いに来た。最初のうちこの神秘的な訪れに魅了されていたヤマトトトヒビメは、ついに彼を心底見たく思い、懇願した。「あなたはいつも昼においでにならないので、あなたの真のお姿を見ることができません。どうか早くに発たないでください。朝になったらうるわしいお姿が見られるでしょうから」[22]。すると神は自分の「形」を見せる約束をした。「明日の朝、あなたの櫛箱に入っていよう」、と彼は言った。「そこであなたを待っていよう。だが、怖がらないように。私の姿に驚いてはいけない」。ヤマトトトヒビメは変に思った。朝の最初の光が差すのをじりじりしながら待って、息を止めて、櫛箱を開け、そして恐怖の叫び声を上げた。なかに「衣紐《したひも》」ほどの長さと太さのとても美しい小蛇が入っていた。辱められ、怒った神は、人の形をとって、厳しい非難の口調で言った。「お前は我慢すると約束したのに、私に恥をかかせた。今度は私がお前を恥ずかしい目にあわせよう」。もう二度と会うまいと決めて彼は御諸《みもろ》山に登った。彼女は後悔して涙にくれながら彼のあとを追ったが、夫を呼び戻すことができないことを知り、箸を摑むと陰部を衝いて死んでしまった。

『日本書紀』によれば、彼女は大市《おおち》に葬られ、そして当時の人々はその墓を「箸墓」と名づけたという。この墓は、夜は神々が造り、昼は人々が石を手から手へと渡しながら造った。もちろん、これは伝説である。というのも巨石の墓というものは、何トンもの重さの岩で造られたからである。[23] シモーヌ・モークレールは、その論考「現実的女性性と神々の身体」[24]においてこの伝説を分析し、『日本書紀』のこの逸話の主人公に与えられた名前が大物主《おおものぬし》（文字通りには「物の主人」）であることを強調する。「もの」、「物自体」は、また「たま」、「力」、国の「魂」を意味する、と彼女は言う。恋の神の真の形が「蛇（へび／へみ）」の形であるのは驚くべきことではない。というのも日本語でこの語は、文字通りには「火《へ》の霊《み》」を意味するからだ。太陽も神々もまともに見つめることはできない。見たら灰になってしまう。だからヤマトトトヒビメが櫛箱を開けたとき、浦島太郎が恋人から貰った箱を開けて崩れ落ちたのとまったく同様に、彼女は死の定めを受けたのだ。シモーヌ・モークレールは続ける。「櫛箱、〈御櫛笥《みくしげ》〉（クシは〈櫛〉ばかりでなく、また〈神的〉、〈神秘的〉、〈魔術的能力を持った〉をも意味することを想起しよう）が、大地の主たる蛇を収めるのは驚くべきことではない。（中略）〈御櫛笥〉は、創造の錬金術の行なわれる女性の子宮に見合った、人の〈巧緻な〉分身である」。それは、丹念に紐で結んでしっかり閉めておかなければならない、愛がいつまでも続くように、女と男を、体と心をつなぐ聖なるもうひとつの紐を守るために。

我妹子《わぎもこ》が結《ゆ》ひてし紐を解かめやも絶えば絶ゆとも直《ただ》に逢ふまでに

（愛しいあの子が結んでくれた紐だから、これを解いたりするものか。切れるなら切れてもよい。じかに逢えるまで解いたりするものか）

（『万葉集』一七八九）[25]

イザナギとイザナミ……「我をな見給ひそ」

〈異類婚姻譚〉のたぐいが現れたのは、〈異類〉（見知らぬ、異常な、非人間の）という概念が日本で広まった時代に遡る。六世紀に登場した大和政権は、国を統治するにいたった。しかし、その後長く統治を続けるために、政権は中央の秩序と周辺の無秩序とをはっきりと対立させる世界観に依拠した。それゆえ天皇の権力獲得に伴って、天皇の正統性を〈内部〉の国と〈外部〉の国とのあいだの神話的起源の対立に基づかせる『古事記』（七一二年）と『日本書紀』（七二〇年）の編纂がなされた。〈異類〉の物語のもとにある主な伝説のひとつが、こうした神話の鍵となるエピソードを構成する。それはイザナギ、「誘《いざな》う男」と、その妻イザナミ、「誘《いざな》う女」の物語である。日本の創世記において、誘惑の最初の身振りをし直したあと、彼ら――愛の技術の開拓者――は交わり、そしてこの交わりから、島々、植物、人間、動物など、地上に存在するあらゆるものが生じたと言われている。最後にイザナミは火を産み落とすが、その性器がひどく焼けただれて死んでしまう。彼女を埋葬したあと、夫のイザナギは孤独に耐えられず、地下の根と腐敗の国、〈黄泉《よみ》〉、「永遠の夜の国」に降りて行き、最愛の人を探して連れ帰ろうとした。闇のなかで彼女は彼に警告した。「我をな見給ひそ（絶対に私を見ないでください）」[26]。

　この唯一の条件のもとでイザナミは地上に戻りえた。だから彼女は「愛しい我が夫」に自分を見ないように懇願したのだ。しかしながらイザナギはこらえることができなかった。最愛の人をどうしても見たいと思い、たいまつに火をともしてかざすと、彼女はすでに全身蛆に覆われていた。『古事記』は言う、「蛆が湧いてごろごろと鳴っており……腹には黒い雷《いかずち》がおり、陰《ほと》にはさかんな雷がいた」[27]と。死骸の状態にあってさえ、イザナミは産み続けていたのだ。八くさの雷神が「生まれて彼女にとりついていた」。腐敗から生じた有毒な存在である。だがイザナギはこの光景に驚きたじろいて、全力で走り「逃げ帰った」が、妻の怒号が響いた。「吾に辱《はじ》見せつ（よくも私に恥をかかせてくれたわね）」。怒り狂ったイザナミは黄泉醜女《よもつしこめ》（地獄の魔女）たちにあとを追わせるが、ついにみずからそのおぞましい姿で裏切り者を追いかけ始めると、もう彼には地獄の門を閉める以外に方法はなかった。

　彼は死者の国と生者の国のあいだを大きな岩で塞いだ。伝説によれば、そのときイザナミは夫に対して恐ろしい復讐を誓った。「私はあなたが治める国の住民を一日に千人縊《くび》り殺してしまいます」。これに対してイザナギは応えた。「私は一日に千五百人生まれさせよう」。最初の男女の二神は、巨岩によって分かたれ、こうして生と死の循環を創り出すことになった。この巨岩は、「道反《ちかへし》の大神《おおかみ》」（道を引き返させる偉大な神）、あるいはまた「塞《さ》へます黄泉戸《よみど》の大神」（黄泉の戸を塞ぐ偉大な神）の名で呼ばれる。それは死者の国の醜く穢い洞窟の入口を塞ぐ。そして日本中で村の入口や十字路に石が置かれているのが見られるのもそのためである。それらは、しばしば道祖神《さえのかみ》の三文字が刻まれた、象徴的な門である。それらは魔の通行を阻害する。[28] ひとつの面にヴァギナが、別の面にペニスが刻まれている石もあるが、それは生と死が同じ現実の裏面でしかないことを示すためである。手を取り合ったり抱き合ったりしている二人の人間が刻まれた石もある。女性が子供を授かるためにそれに触れるのである。愛の聖なる火を守るこうした境界石は、死のない生はないこと、また永遠は季節のはかない移り行きから生じることを意味する。それらは異次元への門を開き、生者の物質的世界と死者、神々、霊の不可視の世界とをつなぐ役割を果たすのである。

　手短に〈神道〉の名のもとに示されるこうした神話が生まれた時代、日本には〈賤民〉と呼ばれる奴隷階級が存在した。彼らには自由な人々、〈良民〉と結婚することは許されていなかった。こうした奴隷は、九世紀以来、徐々に周辺化されたあらゆる種類の別の人々とともにまとめられた。すなわち墓掘人、畜産業者、食肉業者、皮革業者、猟師、漁師、そして乞食、浮浪者、辻芸人あるいは河辺で身を売る歌い女などからなる〈浮かれ人〉である。「河床近くに住む人たちは〈河原者〉と呼ばれた」、とジャン＝フランソワ・サブールはその非人に関する著作のなかで述べている。「丘陵の坂に暮らす人たちは〈坂の者〉、穢れを避けるために母屋から離れて建てられた〈産所〉と呼ばれる出産小屋に寝泊まりする人たちは、それゆえ〈産所の者〉と呼ばれた」[29]。中世（一一八六―一五七三）には、「吐き気を催させる」事物に結びついたある種の職業に対する禁忌が強まり、〈穢多《えた》〉あるいは〈非人〉の名で指示される最下層民が、貧民の新しいカテゴリーを形成した。なかに染物業者、竹細工師、あるいはまた逆説的にも〈神楽〉（聖なる舞楽）の舞子、死者と交信しうる霊能者や巫女、〈鳥居〉の建立のために穴を掘る役目の人々や寺院の警護者、要するにその活動が聖なるものに関係するあらゆる種類の人々が含まれていた。彼らがこうむった呪詛は、女神イザナミからまっすぐ来ているのではないだろうか。

「愛しい」夫から闇のなかにとどまることを運命づけられ追放されたこの女のイメージによって、清い世界に秩序がゆきわたるように非人間たちが犠牲に供された。こんな事実もある。いま〈部落民〉と呼ばれる人々を特徴づけるものとジャン＝フランソワ・サブールがみなす数多くの侮蔑語のなかに、「裏側にいる人々」[30]を指す〈裏日本〉とか、野蛮の領域に属するがゆえの〈狐持ち〉といった表現がある。ちなみに、非人間のいる村では、彼らは神、犬あるいは熊に憑かれていると人は言う。なぜならこうした動物は、地獄、木の根、墓のそばにある穴ぐらに住んでいるからだ。彼らの家は、良民の「白」の家と対照的に「黒」と言われる。白は〈良い方《かた》〉である。[31]不釣り合いな結婚をした場合、生まれた子供は非人間とみなされる。その子供は、「灰色」、「まだら」あるいはまた「半黒」と呼ばれる。これは、前と後ろを対立させる根強い二元論の上に成り立つ文化の呪われた子である。表面のなめらかな仮面の裏で、欲望が叫び、身をよじっている。

蛇と織女……恋のおだまきの物語

　蛇との結婚譚のなかに、〈蛇婿《へびむこ》入り〉と名づけられた恋の物語の類が存在する。もっとも有名な物語のひとつ、「針で留められた蛇」は、蛇と、紐、糸、綱、日本で各人をそのアルター・エゴに結びつける恋の絆（〈縁結び〉）の隠喩《メタファー》になっているあらゆる細紐との類似性にもとづく話である。「昔、山に綺麗な娘が住んでいた。美しい若者が娘のところに通い始めた。それに気づいた母親は娘に問いただした。毎晩、お前の部屋から声が聞こえてくるけど、誰かを入れているのかい。何日か前から若者が毎晩私に逢いに来ますが、名前もどこに住んでいるのかも言いません、と娘は答えた。それならその男の服の襟に針を通しなさい、と母親は言った。娘は母親の指示に従った。翌日、若者の服の襟に娘が縫いつけた糸は、障子の穴を通って、遠く、ずっと遠くまで伸びた。糸は山の洞窟に消えた。洞窟の入口には、人が内部に入るのを妨げる鉄柵があった。苦しげなうめき声が聞こえた。娘は言った。私です。私が来ました！　すると洞窟からこう答える声がした。ああ、君か。来るだろうと思っていた。今日、私はひどい傷を負っているので君に逢うことはできない。いまはなにも言わずに家に帰ってほしい。もう生涯君に逢うことはないだろう。お終いだ。私たちはもう一緒になれない。娘は悲しみ、懇願した。なにも怖くはありません。なにがあったか私に話してください、そしてお顔を私に見せてください。すると男は、どんなことがあっても怖がらないように言って、自分の顔を見せた。娘が襟に刺した針が両眉のあいだに突き刺さっていて、顔は血まみれだった。大蛇は言った。こんなありさまだけど、君を恨みはしない。だけど君が抱いている子供の面倒をよく見てほしい。この子は大きなことをやり遂げるだろう。こう言って、彼は息をひきとった[32]」。

〈蛇婿入り〉の物語の大半が、闇に始まり、死に終わる。いったん正体が暴かれると、大蛇は、致命的な刺し傷の犠牲になって死ぬか、その愛人が子供を産み落としてから彼女を殺すかする。こうした物語においては、生は死からしか生じえないように見える。そこではしばしばとぐろを巻いた蛇の描写があるが、それは循環する時のイメージである。そのくねくねとした輪が「身をよじる」[33]。「その尾で鍋のなかの豆をかき回す」[34]。またときにはとぐろ巻きの「綱のように」[35]なって眠る。その形そのものが、天の糸繰り人が回す糸巻きや、その回転軸に従って地球を分割する錘《つむ》の形をしている。機織りの語彙はすべて、生と死を与えながらとぐろを巻くこの蛇のイメージと結びつく。そこに一致を見るべきだろうか。蛇は日本では蚕と同じカテゴリーに分類される。それは〈ムシ〉[36]に属する。そこには昆虫、幼虫、ミミズ、ある種の軟体動物、そして爬虫類、ときには魚さえ、要するに陸生と水生の冷血動物が含まれる[37]。「ムシは日本の民間動物分類学のもっとも巧緻なカテゴリーを構成する」、と文化人類学者のエリク・ローランは述べ、それらの共通点を挙げる。ムシは穢れた場所（便所、ごみ箱、よどんだ水、死骸）にいて、うごめき、神秘的変身に続いて、あるいは地下か水中に隠れて長い期間過ごしたあと、現れる。「悪霊」同様、災いにある程度責任があるとされ、それらを村の外、それらが属する野蛮な地帯へと追い出そうとする数多くの〈虫送り〉の祭礼の対象となる。こうした地帯は、また聖なるものの地帯でもある。「祭礼は、ときに〈虫神《ムシガミ》送り〉とも呼ばれるが、ムシは同時に村落共同体の穢れを担った贖罪の犠牲をあらわす」、とエリク・ローランは明言する。

　蛇、〈長虫《ながむし》〉は、同時に不純にして聖なるこれらの存在のなかで特権的位置を占める。その主題に関係する最古の伝説のひとつは、八世紀に遡る。龍の娘、豊玉姫には玉依姫《たまよりひめ》という妹がいたが、ほっそりして、おそらく別の魅力の美しさがあった。『古事記』によれば、ある日、「比類なく美しい」顔をした立派な風采の男が、彼女の部屋を訪れた。「しばらくすると娘は妊娠していることに気づいた」[38]。驚く両親に彼女は、「美しい若者」が毎晩自分のそばにやって来ますが名前を明かしてくれません、と語った。どうしたらいいでしょう。両親は娘にこうするように助言した。「お前の寝床のそばに赤土を撒き、おだまきの糸を針に通して、男の服の下の部分に刺しなさい」。彼女はそうした。

　翌朝、玉依姫はおだまきを寝床の前に広がった赤土の上に見つけたが、そこに三周りしか残されていないのを見てびっくりした。それはほとんど完全にほどかれていた。夜の恋人はそんなに遠くから来たのだろうか。さらに奇妙なことには、糸は鍵穴を通っていた、まるで訪問者が彼女のもとを離れる際にこのごく小さな穴から出て行ったかのように。驚いた玉依姫は、麻糸をたどり始め、この赤い線に従って歩きに歩き、ついに山の頂にたどり着いた。糸はこの山の「聖域で止まっていた」。それでこの山は、おだまきが彼女の寝床の足元で最初に形を成していた「三つの」「輪」にちなんで、三《み》輪《わ》山《やま》と呼ばれた。

蛇はつまり神だった。さらに言うなら、豊穣の神だったのである。玉依姫は聖なる存在、〈若宮〉（幼児の神）を生み、そして蛇の夫がやって来た聖域で死に、みずから女神になり、のちに「美、出産、恋の絆の女神」と呼ばれた。

議論を敷衍しよう。「おだまき」（綜麻《へそ》）の糸は、伝統的に日本の母親たちが子供の出産後に保持してきた「へその緒」と同じ名を持つ。実際、病院では若い親に新生児の名前の付いた小箱を渡す習慣があるが、そのなかにハート形あるいは螺旋形の乾いたへその緒を入れるのである。母親が死ぬと、子供は母親をこうした小箱とともに埋葬する、母親があの世でも自分たちと接触できるように。

この習慣がいつまで遡るのかを知るのは難しいが、玉依姫の伝説は、古代にこのへその緒が天への通過の道と考えられていたような重要性をすでに帯びていたことを示しているようだ。この蛇形の緒によって、神的なものが子宮に宿りに来た。そしてこの緒によって、死者の魂は、山のなかで、聖なる先祖、諸霊、不可視の神々、そして影に潜む〈モノ〉たちを糾合する、広大な〈カミ〉の共同体につながりえた。日本の蛇の神話についての研究[39]の著者、シモーヌ・モークレールにとって、この動物は、まさにイザナミの身体と同様、生と同時に死を担う女の身体の両面性をとりわけ体現する。

生の担い手としての蛇は、実際、稲妻、男根的な山の頂、水田を潤す長雨にしばしばたとえられる。それは、あるときは物を呑みこむことのできるヴァギナの管状の形態を、あるときは伸び、広がり、立ち上がるペニスの筒状の様子をとらないだろうか。しかもそれは〈くちなわ〉（口＝縄）と呼ばれる。しかし蛇はまた死の担い手でもある。その脱皮は、相次ぐ断末魔の苦しみのなかで、皮から皮へと幾度もの再生を経させる。蛇は毒を含み持つ。その接吻は、稲妻のように、死をもたらす。「再生がその都度死とひきかえにしかなされえないという自然の表象のただなかで、蛇の毒が必然であるというこの根本的な観念のもと、女は象徴的に蛇と結びつく。避けられない死が生の条件そのものである」、とシモーヌ・モークレールは言う。

生のプロセスのただなかに見出される両価性の象徴として蛇は、誕生のためには死が、春のためには冬が、そして良い収穫に不可欠な種を得るためには腐敗が必要であるという観念を具現する。同様に女は、出血し、苦しみに身をよじりながら、べたべたした赤子を、次いで蛇の無気味な抜け殻にも似た胎盤を生み落とす。

スサノオとクシイナダ……蛇に呑みこまれた女

日本には『古事記』（紀元七一二年）上巻[40]で語られる古い伝説があるが、それは、アンドロメダを解放するペルセウスの物語やドラゴンに立ち向かう聖ゲオルギウスの物語にとてもよく似ている。天から追放されたあと、雷の神、スサノオは、出雲の国のある川のほとりにやって来る。そこで彼は、涙にくれる夫婦に出会う。彼らはひとりの娘を連れていたが、娘は蒼ざめているためにいっそう美しく見える。「あなたがたは誰ですか。なぜ泣いているのですか」。男は答える。「私はアシナヅチ（足を撫でる者）[41]、妻はテナヅチ（手を撫でる者）[42]、娘の名はクシイナダヒメ（櫛を使う姫）といいます。もともと私には八人の美しい娘がいましたが、八岐大蛇《やまたのおろち》が毎年やって来ては一人を喰らい、そしていままたその時になりました。それで私たちは泣いているのです」。絶望した両親が語るところによれば、毎年蛇の怪物が村でいちばん美しい女を引き渡すように要求する。彼らはすでに娘たちをあらかた失い、そしていま最後の番が来たのだという。スサノオは、間もなくむさぼり喰われるはずの娘を見て恋に落ちる。「私を娘さんと結婚させてくれるなら、助けてあげましょう」、と彼は申し出る。両親はとても喜んで申し出を受け入れ、そしてこの神の指示に従って供犠の場に八つの酒桶《さかおけ》を用意する。そのあと娘のクシイナダは岩に固定される。それは少なくともつねに演劇に見られる神話のヴァージョンである。一七一八年に近松門左衛門によって書かれた戯曲『日本振袖始《にほんふりそではじめ》』[43]では、美しいヒロインは、涙を流し、全身を震わせながら、天命を待つ。彼女は〈振袖〉と呼ばれる、「風を通す」ために裾の広がった長い袖の衣装を身に着けている。十五世紀に高級武士の家族に登場した〈振袖〉は、子供、少年少女用の衣服で、その波打つ袖のために鳥やしなやかな翅《はね》をもった昆虫のように見せるのである。[44]江戸時代の伝説によれば、最初の〈振袖〉は、スサノオその人によって引き裂かれたという。その愛する人が激しい不安から冷や汗をかいて気分が悪くなったとき、彼は彼女の袖を大きく裁って風を通し、元気づける。「気を失ってはいけない」、と彼は失神しそうな娘を励まして言う。そして彼女に自分の短刀を渡す。「この武器をうまく隠し持ちなさい。蛇に呑みこまれても死んではいけない。呼吸をし続けて闘うのです」。彼が別れを告げるとすぐに、恐るべき蛇が偽りの美女の姿で現れる。満月の下、幽霊のように、青い月光に照らされ無気味な死体のように舞台に登場する女は、その正体を表す三角形の模様の衣服を身にまとっている。それは冷たい皮膚のうろこである。女は浮かぶように移動するが、そのうねうねとした長い髪が黒蛇のようである。供犠の場に近づくと、酒の陶然とさせる匂いがする。この匂いがいやおうなく女を惹きつける。女はぬるぬるした動物の動きで酒桶に身をかがめ、そしてそれを数分で空にするが、自制心を失って髪が乱れ逆立つ。衣服が裏返り、冷たい金属色の裏面があらわになって、酔いのためにその本性たる大蛇が姿を現す。大蛇《おろち》は、次いで乱暴に姫に飛びかかり、彼女が手に武器を隠し持っていることに気づかずに一呑みにしてしまう。酒のために弱って、ふらつく。そのときスサノオが襲いかかり、彼の頭上でシューシューと音を出すその八つの首と懸命に闘う。彼が奮戦すると、大蛇のなかで挫けていた姫は勇気を取り戻す。「あの方が私のために闘っている」。彼女は振袖から短刀を取り出す。それで胃を切り裂く。そして外でスサノオが口からシューシューと音をだす首を切り落とすと、クシイナダは死んだ怪物の外への脱出口を切り開く。

この物語は、日本で単純にして普遍的な証明に基づく結婚の伝統の端緒になる。つまり、若い娘が結婚するためには、まず家族の繭から出なければならない。なぜなら、龍=蛇の腹は、その羊水のなかでぬくぬくといつまでも保護しようとする母胎のイメージにほかならないからだ。シモーヌ・モークレールは、その研究「蛇と女性性」[45]において、八世紀と十世紀の間、〈はは〉(「神の蛇」)と呼ばれた蛇は、また〈母〉とも読めることを強調する。古代、蛇はまた〈いざくち〉(「雷」、「稲妻」)、〈みずち〉(「蛇=雷」、水の神)、〈のづち〉(「蛇=雷」、地の神)、〈やまつち〉(「蛇=雷」、山の神)あるいは〈おろち〉(「大蛇」)と呼ばれたが、最後の音節〈ち〉は、「血」、「乳」あるいは「乳房」を意味しえた。近代語の〈へび〉(あるいは〈へみ〉)は、それ自体またきわめて多義的である。シモーヌ・モークレールは、それを〈へ〉、〈ほ〉に関連づける。これらは「火」を意味し、〈へへ〉、〈ほほ〉あるいは〈ぼぼ〉といった古い単語へと差し向ける。これらは、十五世紀と十八世紀の間、「陰門」を指示するために用いられた。こうした意味の集合において、性的分泌物が混ざり合い、生命のきらめきをもたらす。〈へび〉という語は、それゆえ生殖の聖なる行為へと差し向ける語すべてと同じ語族に属する。つまり、〈ほと〉(「腟」、「膣」)、〈ほず〉(「生命の火を含む男女の性液」)、〈へそ〉(「臍」)、〈ほど〉(「噴火口」、「炉」、「おき火」、「火をつける炉のくぼみ」)、〈ほそ〉

（「萼《がく》」）……。シモーヌ・モークレールにとって、事は明らかである。蛇は女のように生命を与えるのだ。しかも彼女はその属に特有の名前、〈むし〉を、古代の動詞〈むす〉（産す）に結びつける。儀礼において、この魔術的＝秘教的動詞は、絶えず再生することのできる植物を指示する。切られても、再び生えてくるのだ。しかも脱皮ごとに大きくなる動物のように二倍も強くなって生えてくる。〈むす〉という動詞は、日本でとても重要なので、〈むすび〉、すなわち「生命をもたらす魔術的結び」という語ができたのである。

スサノオとクシイナダ姫の結びつきは、日本の歴史に現れる神と人間との最初の結婚である。それはまた最初の〈異類婚〉であり、スサノオは、この例外的な出来事を祝うために、日本文学に記録された最初の歌、五詩節、三十一音節（五－七－五－七－七）の歌を作った。

八雲立つ　出雲八重垣。妻隠《つまご》みに　八重垣作る。その八重垣を。

（八つの雲が立ち昇る。新妻と住むための八重の垣を作る。ああ、その八重の垣よ！）(46)

『古事記』の物語るところによれば、八重垣（八重の障壁）は彼らの愛を守るためのものだった。怪物を退治したあと、スサノオは妻とともに暮らす住まいを造りたいと思った。「スサノオの命は宮を造ることのできる場所を出雲の国に求めた。彼はのちに須賀と呼ばれる地に到ると、私はここに来て心もちがすがすがしい（文字通りには、私の心は清い）と言った。そして宮を造っているときに、雲が立ち昇った」。それで彼は〈八重垣〉の二重の意味（「防護壁」と「八重の垣」）に掛けて、この歌を作った。「八つの雲が立ち昇る、出雲の防護壁のもと。妻とともに住むために、八重垣を作る。ああ、八重垣を！」。

八は無限を表す数字であるから、この歌はスサノオが不滅であることを望んだ結婚を守るための一種の魔術的表現として読まなければならないだろう。「この歌は、あらゆる結婚の強力な守護者としてのスサノオに捧げられる崇拝におそらく関係がある」、とジャン・エルベールは主張し、こう付け加える。「出雲では、二つの神社がこの八重垣が設けられた場所そのものに建てられたという栄誉を要求している」と。ひとつは、愛の神大国主を祀る、出雲大社《おおやしろ》という。もうひとつは、スサノオとクシイナダのカップルを祀る、八重垣神社である。ともに本州の島根県に位置するが、これら二つの神社は何世紀ものあいだ信者を惹きつける技術で競合している。ジャン＝ミシェル・ビュテルは、二〇〇一年に「結びの神」(47)の研究を著したが、百十人の人に、「良い配偶者を得られる場所を知っていますか」と尋ねたところ、九十パーセント以上の人が自発的に出雲大社の名を挙げたという。出雲大社は、出雲大社《たいしゃ》の名でいっそうよく知られているが、好伴侶を見つけたり愛の絆を強めるために〈結び〉の祈りと捧げ物を上げにやって来る。毎年二百万人近い訪問者を惹きつけている。「出雲の神の持つ帳面に載っていないこと」（〈出雲の帳外〉）は、束の間の関係（〈仮の契り〉）しか持てないことを運命づけられている。十月は「神無月」（神のいない月）と呼ばれる。というのも、冬の始め、神々は出雲に赴き、各人に来たるべき妻や未来の夫をあてがうという根強い信仰があるからだ。日本のいたるところで、もちろん出雲は別として、十月は「神無月」と呼ばれるが、出雲では「神在月《かみありづき》」という。こうして、地面が凍る前に種を蒔《ま》かなければならないように、神々は冬の雲が立ち昇る前に正しい夫婦の絆を確かなものにし、春になってこの絆が芽を出し、幾世代も続くようにするのである。

一八九五年頃、ラフカディオ・ハーンは、スサノオによって祝別されたこの地域を訪れるために長い旅行をする。しかし出雲の神社では、彼には八重垣神社(48)のほうが好ましく思われる。それは、より秘められた、より素朴な、水田と古代の森の迷宮を横切らなければたどり着けない、まことに不便な神社なのだが。彼は言う。「佐草（八重垣神社(48)がある）への道はとても狭く、ほぼ三十センチごとに大きな平たい石が敷かれて歩けるようになっている。石のあいだを歩くことはできず、敷石の課すリズムにはすぐ飽きてしまうが、あらゆる方向に走って異常な迷路を形作る五十ほどの畦道のなかで正しく道を指示する長所はある(49)」。平たい敷石のリズムに合わせながら長く歩くと、距離と時間の感覚が失われるが、樹々が結びで覆われた神社の舗装された入口にたどり着く。娘たちがここにやって来て自分の長い髪の房を切り取り、それをちょっとした風にも揺らぐ小さな白い紙束に結びつけるのだ。未婚の男女は、自分たちの祈りが届くように二本の枝を結び、そして願いがかなえられた者たちは、感謝のしるしの小さな旗を地面に立てに再びやって来る(50)。ラフカディオ・ハーンは述べている。「それらはとても数えられない。まるで雪のようだ」。中庭には聖なる樹、永遠の結びつきの象徴たる二本の幹の貴重な椿が立つ。それは玉椿（「魂の椿」あるいは「宝玉の椿」）と呼ばれ、その葉は大切に集められて、「連理玉椿愛敬ご祈禱御守り」（結婚の玉椿の愛の炎を維持するための厳かな祈りのお守り）と呼ばれるお守りに入れられる。

八重垣神社でもっとも聖なるものとみなされる場所は、しかし建物のなかではなく、訪問者にここでなされる崇拝の真の意味、すなわち自然美の崇拝を思い起こさせるように、外にある。それをよりよく味わうためには、「神秘的な暗部」、奥の院と呼ばれる森のなかに入って行かなければならない。「この古代の樹林は、とても深いので、まずもってその濃い影に目を慣らさなければならないが、巨木の杉と松から成る」。しかしさらに竹林を通って行くと、そこでは音が海の底にかき消えていくようだ。竹林を進みながらラフカディオ・ハーンは、地面をみごとに覆っている、「緑の、厚い、柔らかくなめらかな」苔にまず気づく。そして彼は目を見張る。竹が天に届くほどの落書きに覆われているのだ。祈りの森である。「竹のなめらかな樹皮に彫られたこうした恋人の名前ほど植物世界において感動的なものはない。それぞれの文字は、どんなに軽く刻まれていても、幹が育つにつれて、大きく広がり、黒ずんでいく。決して消えることはない」。竹の節ごとに名前、「一般に〈呼び名〉、つまり娘の愛称」が刻まれている、とラフカディオ・ハーンは言う。「少女の名と少年の名前は、決して並んで書かれることはない。というのも日本の恋人たちは内気だからだ」。愛する人と結ばれようと望むなら、少年は自分の歳を軽くほのめかして自分の存在を知らせることに満足する。「高田ときと縁結び願います。十八歳の男」。また自分の本名を書いて、願いを神々に届けてくれるように、愛する人の名を竹にささやく者もいる。

【註】

（1）Françoise Bihan-Faou et Chiwaki Shinoda, "Les scandales mouillées", *L'Œil du serpent,contes folkloriques japonais*, Gallimard, coll. "*Folio*",1992, p.27.

（2）Mureille Hladik, *Cabanes, ermitages et pavilions de thé au Japon. Lieux de réclusion, d'isolement ou de méditation*, 2001, pp.39-50.

（3）Hitomi Tonomura, "Birth-giving and Avoidance Taboo: Women's Body versus the Body versus the Historiography of Ubuya", *Nichibunken Japan Review*, International Research Center for Japanese Studies, 2007.

（4）*Le Kojiki*, traduit par Maryse et Masumi Shibata, Maisonneuve & Larose, 1969, pp.122-127.

（5）これらは〈潮《しお》満《み》つ珠《たま》〉と〈潮《しお》乾《ひ》る珠《たま》〉とも呼ばれる。あるいはまた〈如意《にょい》宝珠《ほうじゅ》〉とも。〈じゅ〉は〈珠《たま》〉の別の読みである。二つの語は同じ漢字で書かれるが、それらは「玉」、「球」、「真珠」、さらには「宝飾品」、あるいは魂は光球の形をしているという信仰があるので、「魂」をも意味する。

（6）Françoise Bihan et Chiwaki Shinoda, "L'épouse du serpent qui devient elle-même serpent", *op. cit*, p.46.

（7）http://quietescope.free.fr/?p=67.

（8）Kunio Yanagita, *Les Yeux précieux du serpent*, traduit par Geneviève Sieffert, Le Serpent à plumes, coll. "Motifs", 1999.

（9）François Bihan-Faou et Chiwaki Shinoda, "L'oeil du serpent", *L'Œil du serpent,contes folkloriques japonais*, Gallimard, col. "Folio", 1992, pp.9-12.

（10）自分を裏切った男に愛を告白するとき、豊玉姫は彼にこう言う。「白玉のようなあなたのお姿は貴いことです」。見ないという約束を彼が破ったことを認めているわけではない。彼女は夫を外観を超越する眼で眺めている。*Le Kojiki, op. cit.*, p.126.

（11）天照《あまてらす》によって伝えられた宝玉の首飾りは、〈やさかにの勾玉〉と呼ばれた。

（12）Irene H. Lin, "The Ideology of Imagination: The Tale of Shuten Doji as a Kenmon Discourse", *Chaiers d'Extrême-Asie*, vol. 13, 2002, pp.379-410.

（13）松永尚三『愛する男たちの伝説』文芸社、二〇〇六年。ジュネーヴで二〇一〇年三月十六日に行なわれた対談。

（14）Delmer M. Brown et Ichirô Ishida, *Future and the Past: Translation and Study of the* "Gukanshô", *an Interpretative History of Japan Written in 1219*, University of California Press, 1979.

（15）Gary P. Leuup, *Male Colors: The Construction of Homosexuality in Tokugawa Japan*, University of California Press, 1995, p.49.

（16）Lafcadio Hearn, *Le Roman de la Voie lactée*, Mercure de France, 1933, p.336 の訳による。

（17）*Religions, croyances et traditions populaires au Japon*, sous la direction de Hartmut O. Rotermund, éd. Maison-neuve & Larose, 2000.

（18）Agnès Giard, *Dictionnaire de l'amour et du Plaisir au Japon*, Drugstore, 2009, pp.200-204.

（19）*Contes d'Ise*, traduit par Gaston Renondeau, Gallimard, Nrf, coll. "Connaissance de l'Orient", 1969.

（20）彼は全部で五つの名前を持つ。*Le Kojiki*, traduit par Maryse et Masumi Shibata, Maisonneuve & Larose, 1969, p.89.

（21）*Le Kojiki, op. cit.*, pp.97-98.

（22）W. G. Aston, *Nihongi: Chronicles of Japan from the Earliest Times to A. D.697*, Cosimo Inc., 2008, pp.158-159.

（23）手から手へと渡される石というこの奇妙なイメージは、死者の骨を骨壺に入れる前に箸から箸へと渡すという仏教の習慣におそらく通じるものである。

（24）Simone Mauclaire, "Serpent et féminité, métaphores du corps réel des dieux", *L'Homme*, 1991, tome 31, n° 117, pp.66-95.

（25）*Religions, croyances et traditions populaires au Japon*, sous la direction de Harmut O. Rotermund, éd. Maisonneuve & Larose, 2000.

（26）*Le Kojiki*, traduit par Maryse et Masumi Shibata, Maisonneuve & Larose, 1969,p.72.

（27）Agnès Giard, *Dictionnaire de l'amour et du Plaisir au Japon*, Drugstore, 2009, p.21.

（28）Jean Herbert, *Les Dieux natioaux du Japon*, Albin Michel, 1965, pp.72-73.

（29）Jean-François Sabouret, *L'Autre Japon, les burakumin*, La Découverte, 1983, p.48.

（30）*Idem*, p.109.

（31）*Idem*, p.108.

（32）Bihan-Faou et Shinoda, "Le serpent épinglé", *L'Œil du*

serpent, pp.41-42.

（33）*Idem*, "Le serpent samouraï", p.44.

（34）*Idem*, "Le serpent galant et les pois grillés", p.39.

（35）*Idem*, p.40.

（36）「自然科学の有名な教科書『本草学』でさえ、私の見るところでは、ムシそれ自体についても、その分類についても、なんら研究していない。日本の研究者たちは、ムシのグループが〈民族的カテゴリー〉を構成しうるとは考えてこなかったようだ。つまり彼らは、グループとしてのムシに固有の日本的特殊性を見てこなかった（あるいは見ようとはしなかった）し、それが秘める奇妙な文化的同質性をとらえてもこなかったのである」（Érick Laurent, "sacrés *mushi* ! Des rites consacrés aux insects", *Ateliers*, n° 30 (avril 2006), pp.166-191. *Ateliers du LESC* [en ligne], n° 30, 2006.

（37）百科事典『和名類聚抄』（九三一－九三八）は、その第十九章をこの曖昧な類型学にあて、一方に海の動物（魚および龍や亀のかっこうをした甲殻類）を、他方に昆虫、陸生軟体動物、ミミズ、毒蛇を置いている。

（38）*Le Kojiki*, traduit par Maryse et Masumi Shibata, Maisonneuve & Larose, 1969, p.155.

（39）Simone Mauclaire, "Serpent et féminité, métaphors du corps réel des dieux", *L'Homme*, 1991, tome 31, no 117, pp.66-95.

（40）これから語られる物語は、Jean Herbert (*Les Dieux nationaux du Japon*) および Maryse et Masumi Shibata (*Le Kojiki*) の翻訳にもとづく。

（41）アシ：足。ナズはナデル（撫でる）から。

（42）テ：手。ナズ：撫でる。

（43）『日本振袖始』は、初めに文楽のために書かれて大阪で一七一八年二月に上演され、同月に歌舞伎に採用されて京都で演じられた。

（44）〈振袖〉についてさらに知るためには、『歴博』（二〇〇六年七月二十日、百三十七号）所収の歴史家澤田和人の論文参照。

（45）Simone Mauclaire, *Serpent et féminité, métaphores du corps réel des dieux*, pp.66-95.

（46）Jean Herbert, *op. cit.*, p.123.

（47）Jean-Michel Butel, *Réguler la coutume par la coutume. Règles matrimoniales et divinité marieuse du Grand sanctuaire d'Izumo*, *Extrême-Occident*, vol. 23, n° 23, 2001, p.27-52.

（48）八重垣神社、もと佐草神社は、松江に近く、スサノオとクシナダの墓がある。島根県松江市佐草町二二七。ＪＲ松江駅からバスで二十五分。八重垣神社停留所で下車。

（49）Lafcadio Hearn, *Glimpses of Unfamiliar Japan*.

（50）縁結びのための千一個の手段のなかで、ラフカディオ・ハーンは、紙の小舟に硬貨を乗せて鏡の池に送りだすというものについて書いている。小舟が沈む際、もしイモリが近づいてその鼻先で触れたなら、それは吉兆である。イモリがいなくなって、このしきたりは消滅した。しかし恋人たちは相変わらず水に占いの紙を浮かべて、その紙が沈み始める時間に応じて、自分たちの恋の持続時間を計ろうとする。日本には、泉、池、イモリ、竹が、人間よりも心の秘められた道をよく知るという考えに基づく、あらゆる種類の似たような小儀礼が存在する。

第六章

裏の感情

「影のない心など存在しない」

女狐のすすり泣き……「わが住む森に帰らん」

　イザナミとイザナギの神話のような諸神話の影響のもとに定着した価値体系においては、ある種の人物を追放し異常性と影の側に締め出して、支配的な集団の価値を確固たるものにすることが重要だった。しかし、奇妙なことに、「異界」に排斥された者たちは、社会全体を感化した。実際、日本には、信太《しのだ》の森に住む女狐に関する〈葛《くず》の葉〉というとりわけ意味深長な伝説が存在する。物語は九世紀に遡るが、まさにこの時代に天皇は征服戦争を終えて、人間によって征服された地帯と「禁じられた」地帯、すなわち森、山、海とに分割された領土を神権を持つ君主として統治し始めたのだった。森は、そこに住むあらゆる生き物ともども、無気味な場所になった。物語はこんなふうに始まる。安倍保名《あべのやすな》という男が、ある日、和泉近くの信太の森のなかを歩いていると、一匹の狐が恐慌をきたして彼のほうへ駆け寄ってきた。狐は猟師たちに追われていたのである。その気持ちを察して安倍が自分の上着を開くと、しなやかな動物は体をまるめてそこに入り猟師たちの目を逃れ、そして猟師たちはすぐに遠くへ行ってしまった。救われた狐は、彼に感謝の眼差しを投げると、森へと戻った。何日か経って、安部保名はすばらしい若い女と出会い、そして結婚した。彼女は妊娠し、男の子を生んだが、この子は成長するにつれて際立った知性を示すようになった。しかしある日、母親と白菊に見入っているとき、少年は母親の着物の下から柔らかな毛のしっぽが出ているのに気づき、びっくりして泣きだす。女は、安倍が救った狐だったのだ。正体が露見して、彼女は出て行かざるをえなかった。

　伝説によれば、住んでいた森に戻る前に、恥ずかしい思いをした女狐は、引き戸の上に、悲しみにみちた有名な詩句「恋しくば」で始まる別れの歌を書いた。書体は乱れていた。というのも彼女は涙にくれ、しかもすでに変身が始まって、その小さな手ではもう物を摑むことができなかったからだ。書くために筆を口にくわえ、次のような歌を綴った。これは和泉の葛葉稲荷神社で見られるだろう。「恋しくば尋ねきてみよ和泉なる信太の森のうらみ葛の葉」[1]。物語のいくつかのヴァージョンによれば、彼女の息子は安倍晴明[2]（九二一－一〇〇五）の名を得て、天皇の内裏に仕える有名な〈陰陽師《おんみょうじ》〉になり、多くの奇跡を起こし、彼の母から動物の言葉を理解する才能を授かったという。それゆえ最下層の女の息子が、太陽の女神の息子を守る栄誉を得たわけである。二人の人間は、つまるところ、人間という種の外のカテゴリーにともども属していたのではないだろうか。

伝説は〈葛の葉〉という名を持つが、この植物〈葛〉*Pueraria montana* は、とても大きな葉を持ち、一種の共感呪術によってちょっとした風にもすぐ裏を見せる特徴がある。強い風が吹くと、葉は裏返ってその内側を示す。この裏返る（返る）傾向は、日本の詩歌のなかでしばしば愛する人の帰還（帰る）の観念と結びつけられる。しかしこの葉は、無意識から生じる、より不吉なイメージをも喚起する。強風が突然に葉の眺めをすっかり裏返してしまうと、その裏側（裏見）は、たとえば、つらい思いの淵をあらわにする。「うらみ」は、「怨恨」、「遺恨」と訳せるのだ。世界の裏側は、逃げ去り隠れざるをえなかった存在が蝟集《いしゅう》するが、その苦しみと恥の涙にひそかな怨恨が伴う非人間たちの世界でもある。長いあいだほうっておいた女の怒りを買うのを恐れて、男たちは戻って来ると決まって約束する。日本の古典的な歌には、淡く鈍い色の裏側を見せるこうした葉に関する誓いがよく見られる。

わするなよ別路に生ふる葛の葉の秋風ふかばいまかへり
来む

（私を忘れないでくれ。秋風が私の旅立ちの道の葛の葉を裏返すなら、私は君のもとに帰ってこよう）

（『拾遺和歌集』巻第六）[3]

「わざと」であるかのように、葛――世界中にもっともはびこる四十種のうちに含まれる植物――は、森のはずれに、荒地に、道端に、要するに、日本で非人間たちの暮らす、あらゆる混乱地帯に繁殖する。そこは「彼方と接触する最初の地帯」である、と象徴的建築の専門家ミュリエル・ラディクは言う[4]。日常性の外にある、こうした〈野蛮な〉場所は、また神々、死者、霊、要するに〈カミ〉に属する名前を与えられたあらゆる〈存在〉の領域に結びついた〈聖なる〉場所でもある。権威によって定められたイデオロギー的な体制において、疫病や災害はそういう場所からやって来る。しかしまたそこから見えざる力をとりなす役割のあらゆる仲介者たち、すなわち陰陽師、山伏、托鉢僧、渡り巫女、海部《あまべ》（日本のトルバドゥール）もやって来る。逆説的にも、こうした除け者が社会のなかで鍵となる役割をつねに果たしてきたのである。「排除の犠牲者ですべての権利を奪われているにもかかわらず、こうした除け者たちは強力な集団を結成するにいたる」、と「見聞」記についての研究のなかでアイリーン・H・リンは述べている。「というのも、定められたイデオロギーは恐怖に基づいていたからだ。無気味な力に満ちた無人の空間に住みついた帝政の信奉者たちは、こうした外部の影響から唯一日本人を守ることのできる天皇の権力を強めようとした。その結果、禁じられた地帯にいるすべての者たち、象徴的に不浄と無秩序によって特徴づけられる者たちが、半ば聖なる存在になった。権力がその領土に対して覇権を強めれば強めるほど、いっそうこうした存在を識別し、異なった生き物にしなければならなくなった。〈他者〉に関する物語や伝説が、こうして真に増殖するのを見ることになったわけである」(5)。まずもって蛇や鳥に擬せられた除け者たちは、徐々に角を持った悪魔(鬼)、女=狐、いたずらな狸といった奇異なかたちを取り、〈もののけ〉(変身するもの)の名のもとに集められた。〈葛の葉〉の伝説は、しかもそれを悲しくも美しい旋律にのせて歌うこうした人たちの影響で広まり、能、歌舞伎、文楽、地唄《じうた》などの歌の形式でいたるところに浸透するにいたった。

徳川時代のもっとも有名なもののひとつに、〈狐会《こんかい》〉(狐のすすり泣き)と題するものがある。

痛はしや母上は、花の姿に引きかへて、
萎るる露の床の内、
知恵の鏡もかき曇る、法師にまみえ給ひつつ。
母を招けば後見返りて、さらばといはぬばかりにて、
泣くより外のことぞなき。
野越え山こえ里打ち過ぎて、
来るは誰ゆゑぞさまゆゑ、誰ゆゑ来るは、
来るは誰ゆゑぞさま故。

君は帰るか恨めしや。
いのうやれ、わいが住む森に帰らん、
勇みに勇みて帰らん、わが思ふわが思ふ、心の内は白菊。
岩隠れ蔦《つたがく》隠れ、篠の細道かき分け行けば、
虫の声々面白や。
降りてそむるやれ、降りそむる降りそむる、
今朝だにも今朝だにも、處は後もなかりけり。
西は田の畦《あぜ》危ないさ。谷峯しどろに越えゆく。
あの山越えてこの山越えて、こがれ焦るる憂き思ひ。

(ああ、なんと悲しいことか! 母よ
花のように美しかったのに、突然変わり
涙の床に横たわり、うち萎れて

その心の鏡の輝きは失われ
祈禱師のそばにいましたね
私が呼ぶと、逃げ出し、振りむきながらも
別れの言葉も、なにも言わず
もうただ泣くしかありません
野原や山や町を横切って
誰のために来たのですか？
あなたのために！
誰のために来たのですか？
誰のために？　あなたのために！

家に帰るのですか？
耐えられません。私の住んでいた
森の家に帰らなければなりません
私の淋しい気持ちは誰もわかりません
木蔦のなかに隠れた白菊
私は竹の細道で地面を掻く
きれいな声で虫が鳴く
そして雨が降り始める
雨が降り始める
今朝も今朝も
生家の跡は残っていません
田んぼのそばに人がいます、危険です
雨の降りそそぐ山と谷
私は走る、走る
山を越え
愛と、後悔と、そしてああ、悲しみを越えて(6)

母狐はもうどこにも避難する場所がない。自分を狩る人間たちから涙に暮れながら、ひたすら逃げ続ける。彼女の息子は、絶望して彼女を捜すが無駄に終わる。人間たちが埒外、野蛮へと放擲《ほうてき》したものと、どうしたら再び一緒になれるのか。自分の父ならば母を捨てないだろう。男ならば女が泣くようなことは望むまい。「女狐の伝説においては、母性とおぞましさは同義語である」、とマルゲリータ・ロングは、犠牲の観念に触れながら述べている。イザナミと同じく、女狐は、排除に基づいてその「純粋性」を打ち立てる男性世界から追放される。影のなかにいるように強いられた日本の女は、非人間と同じ運命をたどる。彼女を「奥さん」（奥の女）と呼ばないだろうか？　伝統的な家のなかで女は、後ろに、日の光が届かない、窓のない部屋に追いやられる。妻の待つ暗い部屋に入った夫は、まるで幽霊か死者のような欲望の対象へと進む。谷崎潤一郎は、その『陰影礼賛』（一九三三年）において、暗闇のなかに潜み、黒い歯を光らせた、首を斬られた人形のような女たちが発する強烈な魅力を強調している。
「私は母の顔と手の外、足だけはぼんやりと覚えているが、
胴体については記憶がない」。

伊藤晴雨（生没年1882〜1961年）によるデッサン

八重垣姫と狐火……「この狐火のように私は燃える」

十六世紀に激しく戦っていた対立する陣営のリーダーに、武田信玄（一五二一―一五七三）と上杉謙信（一五三〇―一五七八）という二人の有名な武将がいた。これら二人の人物が芳しからぬ評判の秘教の神を信仰していることが広く知られていた。すなわち、飯縄権現《いづなごんげん》、五穀豊穣の女神たる稲荷の密かな化身、白狐に乗った〈天狗〉（翼のある魔神）である。荼《だ》吉尼天《きにてん》（稲荷のもうひとつの残忍な化身）と不動明王（炎に包まれた怒りの王）の信仰と組み合わさって、飯縄信仰は「狐の霊」の力を我が物にしようとする黒魔術の儀式、〈狐使い〉と結びついていた。この信仰は、十三世紀頃に宮廷に、またとりわけ空を飛んだり狐に乗る天狗のように力強くなることを夢見る武士のあいだに広まった。仏教徒のなかには、こうした信仰を悪魔崇拝とみなして天狗を不吉な存在とし、もっとも穢れた周辺に非人や女性を含む信奉者を得た「異教的」な僧(7)を形容すべくこの語を用いる者もいた。飯縄信仰は戦闘術と結びついて、十六世紀には、対立する陣営、特に武田と上杉の陣営の最強の武士たちにおいてきわめて重要なものとなった。江戸時代に二人の強力なリーダーを対立させた葛藤が狐の物語になった。近松門左衛門（一六五三―一七二四）によって書かれ、一七六六年に大阪で最初に上演された〈文楽〉（人形劇）作品において、これら二人の人物の物語は、『本朝二十四孝』のタイトルのもとに完全に改変された。こんな具合である。(8)

武田信玄は〈諏訪法性《すわほっしょう》〉（諏訪の不変の本質）と呼ばれる魔法の兜を所有していたが、彼はそれを諏訪明神の夢のなかで受け取ったと称していた。この兜を持つ者は誰でも無敵になるはずであった。八百八狐《はっぴゃくやぎつね》が、衛兵として仕えるために現れるからだ。魔術を我が物にしようと謙信は兜を借り受け、それを宝物として保持し、返すことを拒否したのである。多くの戦闘と無駄な死の後、二人は講和を余儀なくされて相まみえたが、協定に調印するために、自分の子供たちに婚約させた。上杉謙信の娘、八重垣姫が、武田の息子、勝頼と結婚すると何年も前からあらかじめ決められたわけである。成長した八重垣姫は、約束された若者に恋するようになっていた。

子供の時からそうなる運命ではなかったか。勝頼もまた、若い娘を一度も見ることなしに密かに夢中になっていた。結婚年齢に達した二人の恋人は、ついに逢って結婚することができる瞬間をじりじりと待っていた。その日が近づいていた。

ああ、ところが将軍が暗殺され、この波乱の政治状況のなかで贖罪の山羊狩りを求められた武田一族は、供犠の犠牲者の首を差し出すことを余儀なくされた。中央の権力は勝頼の死を要求していた。彼がやったことという表向きだった。彼の顔によく似たもっとも忠実な者のひとりが、身代わりになって切腹し、首を斬られた。自決は、取り決められた結婚の前日に行なわれた。勝頼は公式には地上から消えたので、そのとき彼の父親は一石二鳥の企てを決意した。魔法の兜を取り戻すために敵陣営の城に息子をスパイとして送り込んでならないことがあろうか。勝頼は上杉謙信の屋敷に雇われ、そこで美濃作《みのさく》という名の庭師になった。すると起こるべきことが、いやおうなく起きた。八重垣が庭師を見たのである。彼女は一年間というもの部屋に籠って、お経を唱え、弔いの鐘を鳴らせた。心は癒えなかった。八重垣にはもう婚約者の肖像を涙を浮かべて祈りながら眺めるしかなかった。彼はもういない、でもそれがなんだというのだろう。彼女は諦める気持ちにはなれなかった。この「立派な若者」の像を眺めれば眺めるほど、いっそう彼女は恋に燃えた。「女として私の身を彼に添わせられたらなんと光栄なことだろう」、と彼女は抱擁を夢見ながら言った。

彼の命日、十一月二十日に、八重垣は魂を呼び戻す魔法の香木（十種香）を焚き、故人の像の前で、彼が黄泉の国から戻って一度だけでも話すことができたら、自分はいつまでも忠実でいることを誓った。「私は美しい月や花を見るために姫として生まれてとても幸せでした。いまあなたの像のそばで十種香が、あなたの思い出とともに立ち昇っています」。泣きながら彼女は首を振った。「私はあなたの肖像を仏壇に置くために作らせたのではありません。とても立派な若者を見れば見るほど、いっそう私は彼を愛し、彼と添いたいと思うのです、勝頼様……」。こう祈っていたとき、彼女の視界に庭師の姿が入った。

あまりにもよく似ていたので、彼女は驚きの声を上げそうになる。では魔法の香が効いたのだ！「心臓がどきどきした」。狂気に捕らわれそうになりながら彼女は立ち上がり、座り直し、数珠を取って念じ、そして叫ぶ。「どんなにあなたを待っていたことでしょう！」。勝頼は否定する。「私は美濃作という名の庭師です」。彼女は信じようとしない。「あなたです、勝頼様、私にはわかります」。彼は再び否定する。彼女は抗議する。

私たちは同じ翼で一緒に空を飛ぶ二羽の鳥です。
愛しい人よ、本当のことを言ってください。
否定されるのなら、私を殺してください。お願いですから殺してください。

どうして抗うことができよう。勝頼は彼女を腕に抱き、狂おしい愛撫のような激しさに姫の冠がチリンチリンと鳴り始めるほどにきつく抱き締める。二人の心臓は一緒に動悸を打つ。しかし彼らの一族は敵対しているので、一方が他方のために犠牲にならなければならない。それが悲劇の定めである。次の段「狐火」は、とても人気があり、この芝居の待ち望まれる見せ場をなしている。それは夢幻的なオペラの様相を帯びた物語の崇高な大団円である。八重垣の父親が、庭師の正体を見抜いて、彼を抹殺しようとする。父親は彼に手紙を渡して、それを凍結した諏訪湖の対岸の代官所に届けに行くようにと命令し、そして殺し屋たちにその跡を追わせる。すると八重垣は、孝行の義務に背いて、父親を裏切る決意をする。彼女は魔法の兜を奪い、燃え立つような深紅の衣装をまとい、「虚空を飛び、闇に浮かぶ狐火のように」恋に身を焦がして、八百八狐が彼を助けに来るように祈り始める。狐の白い毛皮に飾られた兜のまわりに、どこからともなく魔法のように狐火が渦巻きながら現れる。ドロドロドロドロと、神秘的な音が響く。いくつもの火で青白く取り囲まれた姫は、やがてそれらの火に憑りつかれる。彼女はもう自分を失っている。狐の霊が八重垣に降り、突風が彼女を地上からさらう……。

彼女は、聖なる動物の毛皮のように突然白くなった衣装をまとって飛び始める。湖上で彼女の影は狐の影になっている。彼女は、ただ恋人を救うことしか考えず、凍結した湖面上を滑るように急行する。殺し屋たちが見つける前に、早く彼を探し出さなければならない。命を救わなければならない。いずれにせよ、彼女はもう自分の命は失ってしまっている。兜を奪い取ることは、自殺の一形式だったのだ。八重垣姫は、一族を裏切ったために、死ななければならないだろう。彼女は義務よりも恋を採ったが、これは許されざる選択だった。彼女はいまや賤民、謀反人、犯罪者の忌むべき世界に属している。殺し屋たちを見つけると、彼女は激情に駆られて衣装の袖を翻しながら彼らに立ち向かう。彼女は、顔をなめる蒼白い「狐火」の舌に照らされ、空中を舞いながら、攻撃を繰り返して彼らを撃退し、ついに勝利する。こうして、自由に、野生的になり、以来影の世界で生きることを運命づけられる女の姿で舞台は終わる。大衆がハッピーエンドを望んだので、のちに八重垣と勝頼は結婚することができたと言われている。しかし多くの日本人にとって、この作品は、超自然的な舞いのうちに「渦巻く炎のなかで」八重垣が超自然的存在に変身して消えるという以外の結末は持たないのである。

山本タカト
「夜鏡（二）」
（2009年）

時姫の選択……父か、それとも恋人か

日本では老人たちが十六歳の少女の不幸を震え声でむせび歌う姿がよく見られる。彼らは一人称で彼女について語る。つまり文字通り、彼らが彼女なのである。「泣いて甘えるあなたがいたら、耐えて行けます辛くとも。酔って淋しさ忘れるように、呑みほしましょうか、呑みほしましょうか、こころ酒」。歌のタイトルは「こころ酒」(9)で、正しく歌うには、〈演歌〉の先生が説明するように、全霊を込めなければならない。各フレーズに「しゃくりあげる表現」が必要で、「しっとり」、「女性らしく」歌い上げなければならないというのである。他方で、守られたいがために自分の弱さと未熟さを口実とする悲嘆に暮れる娘の「甘える」気持ちの表現を際立たせるように求められる。この憐れみをそそう甘ったるさを強調するためには、子供のようにやさしく微笑んで「親しみ」の気持ちを表さなければならない、と先生は言う。すがるような傷つきやすさを強く印象づけるためには、ほとんどあえぐような息遣いになることもためらってはいけない、と。歌が感情移入の空間になり、それを聞く者が自分に差し向けられた感情を摑むためには、それゆえ、一連の〈形《かた》〉のように、あらゆる種類の女性的態度を繰り広げなければならない。

日本では、女であることは姿勢の問題である。武術においても訓練はまず動きから始まり、完成されるまで繰り返される。〈茶の湯〉を習うのも同じことである。一連の行為の厳格な規律に身体を従わせるのだ。模倣によって〈形《かた》〉のコード化された身振りを身につけると、まるで精神はどんな器であれその形に適合しうる液体であるかのように、人は好きなように女に、柔道家に、茶人に「なる」。西洋では、自己同一性は生まれつきの所与である。日本では、自己同一性は変動し、分裂し、身体によって導かれる多数の流れに分岐する。「愛敬」があり、「淋しい」、「素直」で「優しい」娘であるためには、どんな化粧、どんな扮装の助けもなしに、痩せ細った脚でふらふら歩く皺だらけの役者が花の化身に「なる」ほどに、自分の身体、声、呼吸を完璧に制御することを学ばなければならない。「心」を表現する日本人のこの驚くべき能力は、能と文楽の作品にもっとも力強く現れる。「世阿弥は、

能において悪霊を演じるときには優しい気持ちを、老人を演じるときには若さを保つように勧める。昼間に演じるときには、夜闇の幽霊に取り囲まれなければならないし、夜のとばりが降りたら、逆に、周りの闇のなかに消えゆく昼の最後の輝きを見出さなければならない。この反対物の共存においてこそ、計測可能な事物が計測不能の、無限の深い共鳴をわれわれのうちに呼び起こすことができるのである(10)」。

文楽では反対物の共存は、二項対立のうちにきわめて劇的なかたちで表現される。舞台上で人形遣い〈人形ごとに三人〉は、姿が見えないように努める。人形の左手を操る〈左遣い〉と足を操る〈足遣い〉は、黒衣装に身体と顔を隠す。人形の右手と顔を操る〈主遣《おもづか》い〉は、不可解で冷ややかな表情を見せる。人形の背後に隠れた〈主遣い〉は、どこかあらぬところに眼を据えて、自分の身体から切り離された部分のように動く人形の顔をどちらに傾けさせるか決してわからせない。「人形は、すぐにその存在が忘れられるような、この影の断片の集合的魂である(11)」、とポール・クローデルは述べ、文楽人形をその背後に人間集団、「見えない霊感者の一団」を従えた生き物にたとえている。

舞台右手の演壇上では二人の人間が、その純然たる情動的存在を人形の身振りに合わせる。ひとりは三味線《しゃみせん》弾きで、心の激しい調子を奏でる。「彼には語る権利はない」、とポール・クローデルは言う。「ただうなり声と叫び声、そして胸から直接に来る言葉にならない動物的な音声だけが許されている(12)」。もうひとりは語り手で、皆に向かって娘の細い澄んだ声や武士の低い声で語り、昔の本物の合唱隊のような震え声、うなり声、嘆き声を用いる。彼は〈太夫《たゆう》〉と呼ばれる。彼は出来事を物語り、対話を朗唱するが、精力を使うあまり心臓発作を起こさないように各段ごとに太夫を交代させなければならないほどである。弦によってかろうじて痙攣的に存在しうるような一群の内的な声に憑りつかれた太夫は、溢れる感情の波に流されて、体を動かし、揺すり、笑い、泣き、叫び、ささやく。舞台上では人形がその動きを彼の声の流れに連動させる。人形は宙づりで沈黙したまま、その顔から輝き出るように見える自律的な生命を帯び、三人の違った人物に操られて手足を動かす。舞台右手では涙と汗にまみれた二人の男が、この浮遊する振り付けから抽《ひ》き出された美に、ヒステリックなまでの感情の音声の壁を重ね合わせる。

人形を動かすには、それゆえ少なくとも五人の人物が必要で、彼らの動きが、つぶやかれた言葉、身震い、三味線の爪弾き、首の傾きの形式のもとに集中する。そこではあらゆる事物が共存する。人形は、感情の一つひとつに濃密な型を与える、切り離され、分解され、細分化された行為の寄せ集めからなる。しかも人形にさらなる存在感を帯びさせるには、それに生命を貸し与える者が、愛と苦さの経験を積んだ年配者であることが必要である。なぜなら、人を鍛え、演者に「花」を咲かせることを可能にするのは、不幸である、と言われるからだ。文楽では主な人形遣いと太夫は、それゆえ少なくとも四十歳である。[13]しばしば六十歳、七十歳、あるいはそれ以上のときもある。お姫様や武士を演じるのは老人たちである。恋心の高まりを演じる老人は、恋人たちをひそやかに抱き合わせ、そして彼らを痛ましくも甘美な最後の道行きへと導く。「それが人形劇の強みです。あなたがどんなに歳取っていても、あなたの人形はとても若く見えます」、と主遣いの三世桐竹勘十郎は言う。「血肉を持った役者であれば、観客は娘を模倣する皺だらけの顔の扮装した姿に困惑するかもしれません。でも文楽では人形は決して歳を取らないのです[14]」。

三世桐竹勘十郎にとって、本質的な仕事は人形の背後に身を隠すことである。「あなたが美しいお姫様を演じるとき、観客があなたを見ていると思ってはいけません」、と彼は言う。「透明になって、心を右手に移し、その動きを人形に伝えなければなりません」。彼の言うには、人形は主遣いの人工的な心であって、人形のなかでもお姫様がもっとも自己犠牲を求める。というのもその役割自体が姿を隠すことにあるからだ。どんなに幸福が約束されようとも、彼女たちはほとんど必ず自己を犠牲にする。なかでも代表的なのが時姫である。彼女は、一七八一年三月、豊臣家と徳川家との戦いを語る『鎌倉三代記』と題する作品に初めて登場する。[15]時姫は敵陣営に属する若者に恋している。その名を三浦之助という。彼女は彼に愛を誓っているが、いまは両家が対立し、不幸にも引き裂かれ、〈人情〉と〈義理〉とのあいだ、最愛の人と父親とのあいだで選択を迫られている。父親は彼女に三浦之助の母親を暗殺するように命じている。しかし時姫はこの老女を殺そうとはせずにいたわる。美しい赤い衣装に優雅に身を包んだ姫は、手桶を携え、箒を取り、下女のように飯炊きをする。「江戸時代の民衆にとって、この光景にはなにか魅きつけられるものがあります」、と歌舞伎の専門家、狩野晃一は言う。[16]「大名《だいみょう》の娘が家事をするのを見ることは復讐の一形式だったのです」。

自分の義母に対するように献身的に世話をしていた時姫は、突然ひとりの武士が庭に倒れ込むのを見る。三浦之助である！　何度も生命の危険を冒しながら、敵陣を突破して母親に会いに来たのだ。「母上！、母上！」、と彼は気絶する前に叫ぶ。時姫は新鮮な水を彼に口移しに飲ませる。彼はこの濡れた口づけで息をふきかえす。彼は彼女を見る。ここでなにをしているのだ、敵なのに。時姫は懇願する。「私と一夜をともにしてください。私はあなたの妻になりたいのです」。

三浦之助は受け入れる……彼女が父親を殺すという条件で。彼は心から愛しているのだろうか。「お前の父親を殺し、そして自害しなさい」、と彼は巧みにもちかける。「私は戦いに戻り、きっと死ぬだろうが、あの世でお前に再会して二人は結ばれよう」。この愛と死の契約を受け入れた時姫は、父親を暗殺しようとするが失敗し、みずから命を絶つことになる。お姫様はたいてい恋人と一夜を過ごす心づもりのようだ。こうした作品においては、彼女たちの誠実さをたやすく利用して彼女たちを気の毒な道具として演出することができるように思われる。江戸時代には、しかし、民衆はこうした背徳的な娘をヒロインにする。確かに、彼女たちは未熟で愚かしく破滅的かもしれない。しかし彼女たちは愛するのだ。それこそが彼女たちを弄ぶ男たちよりも彼女たちを、言葉のあらゆる意味において、はるかに優れた存在にするのである。

雪姫と鼠………「雪の果ては涅槃」

歌舞伎には多くのお姫様が登場する。彼女たちは〈赤姫〉と呼ばれる。というのも、赤は生命の色であるばかりでなく、彼女たちの着る、ちょっとした仕草で優雅な虫に飾られた花束のようになる、年頃の娘に典型的な振袖の着物の色でもあるからだ。額《ひたい》の上で羽ばたくように見える、軸先に固定された蝶で飾られ、チンチンと鳴るアルミニウムの四列の花で作られた花飾りを付けたお姫様もいる。「日本語で蝶は、〈華麗〉を意味します」、と〈床山《とこやま》〉（芝居の鬘《かつら》の専門家）の仕事をする高橋は言う。「お姫様の冠は、フラッシュのようにピカピカと、あるいは湖面にきらめく陽光のようにキラキラと、輝かなければなりません」[17]。お姫様にあっては、すべてが輝かしいものを連想させる。若さ、心のときめき、初めての悩ましい思い……。彼女たちは愛するべく運命づけられている。三姫というものが存在する。とても心揺さぶられる物語で歌舞伎のもっとも難しい三つの役とみなされ、たいてい最上の女形によって演じられる。八重垣姫、雪姫、そして時姫のことである[18]。「すべてのお姫様は互いに似ていますが、雪姫は違います」、と高橋は言う。「彼女の場合、髷《まげ》をうなじの下のほうに付けなければなりません。というのも彼女はとても不幸なので、いつも頭を下げているからです。それは調和の問題です。彼女の髷が下のほうにあるのは、うなじが曲げられて彼女が泣いたり死にそうになるときでも、髪型が美しく見えるようにするためです」。

雪姫の運命は、最終的に雪片の運命とさほど異なるものではない。落ちるや否や涙のように融け、あるいはすべてが失われる白い風景の一部になる。すべてを覆いつくす雪を前にしたときに感じる虚無感を指す諺がある。「雪の果ては涅槃《ねはん》」という。「それは、広漠たる雪の彼方には天の虚無しか見えないような、地平線まで雪に覆われた風景に対する芸術的・詩的暗示である」、とラフカディオ・ハーンは述べている[19]。室町時代（一三三六―一五七三）の物語である。雪姫は実在した画家、雪舟の孫娘である。雪舟（一四二〇―一五〇六）は、墨のぼかしで抽象に近いところまで進める〈墨絵〉の巨匠である。彼は、靄《もや》のかかった山々の遠景や雪に埋もれた地平線を描き、虚無に面した窓のように空間を開いた。彼がなぜ孫娘を「雪姫」と名づけたかわかろうというものである。雪は天地の境を消す。雪はあらゆるものを、音すら、埋める。原初の一者への回帰を象徴するこの名前を貰った美しい雪姫は、清らかなことしかできないように見える。彼女は祖父の並外れた才能を受け継ぎ、祖父と同じように驚くほど夢幻的な風景を線描した。霧や荒地のなかに落葉した樹々が現れ、もはや善悪も生死も区別がつかない、そんな風景を。

その才能が敵を生むことになった。大膳という名の武士が権力を奪取していた。彼は金閣寺に将軍の母親を人質に取っていた。この男の頭には女と栄光のことしかなかった。彼は、絵を描くと対象が生命を獲得し魂を与えられて二次元の狭い枠から出てしまうほどの天賦の才を雪姫が受け継いでいることを知った。

美しい芸術家とその夫を捕まえると、彼は自分の気違いじみた独裁者の夢を守るべく金閣寺の天井に龍を描くように彼女に命じた。しかし、とても傷つき、とても清らかで、彼の前で震えている雪姫を見ると、大膳は彼女を我が物にしたがり始めた。「私の愛人になってくれ」、と彼は言った。「私のそばにいて、われわれの部屋の天井に龍を描いてくれ」。雪姫は拒否した。彼女は足利家に、そしてとりわけ夫に忠実だった。龍を描くことも簒奪者（国崩し）と寝ることも問題にならなかった。「どうしてくれよう」。大膳は夫を井戸に吊るすように命じた。恐ろしさで蒼白になった雪姫は刀を取って彼を殺そうとするが、たちまち取り押さえられてしまう。怒り狂って大膳はどなった。「夫を処刑せよ！　彼女は樹に縛りつけよ」。甲冑を着けた男たちが二人を引き離した。雪姫は、むせび泣きながら、最愛の人と眼差しを交わすことしかできなかった。彼女はおどしに負けなかった。負けなかったのは、愛ゆえである。が、いまやすべてを失った。花びらが絶え間なく降りかかる桜の樹に縛られた雪姫は、絶望に身を任せた。足もとに花びらが積み重なり地面を白く柔らかく覆ったが、彼女のうちには死にたいという気持ちが湧きあがってきた。

しかし生きなければならない。そのとき足先で花びらのなかに鼠の姿を描いていた雪姫は、絵が生命を得るほどに集中した。彼女が花びらのなかに素描した鼠は、眼前で動き出し、縛めを食いちぎって彼女を解放した。[20]作品の主要場面を構成するこの奇跡を演じるために、歌舞伎役者は「人形になる」と称される奇妙なテクニックに訴えた。雪姫が鼠を描くとき、その身振りが奇妙にもいっそう硬直するのである。鼠が生命を得ると、夢幻的な転倒の効果によって、雪姫は生気のない人形に変容し、そして世界は夢に転じる。

人形遣いのような装いをした二人の役者が、ガラスの瞳のように凝固した眼の姫を両側から挟んで、やさしく彼女を腕で支えるかのようにする。雪姫は自分では動かず、二人の男に操られて地面を滑り、花びらの雪の下で踊らされるように見える。彼女の夫は死んだ（と彼女は思っている）。彼女の心臓はもう打っていない。自分に触れるのが冷たい雪片なのか香り高い花なのかもわからずに、彼女は生気のないからだが二つの世界のあいだを漂うように踊る。彼女の顔は動かず、傾き、夢に沈んでいる。「眼を閉じると、なにかが落ちるのが見えます。それは色も音もない雪を思わせます。私は立ち止まります」[21]、と夏目漱石（一八六七―一九一六）は、遠い時代に企てたらしい自殺の話をしながら言う。「どんな性質のものであれ、何かはっきりした苦しみが原因で自殺することはできません」、と彼は言う。「人が自殺するのは、絶え間なく繰り返すことを余儀なくされた無益でくだらない努力の積み重ねから来る味気無さに耐えられないときです。（中略）なんとか私は生き延びました。そう、なんとか、と私は言います。なんと不思議な表現を人間は発明したものでしょう！

　要するに、現在が語るのが難しいのと同じく、過去は書くのが難しい、特に精神のうちで起きた出来事に触れるときには。現実に過ぎ去るものは、捉えるのが難しい。すでに過ぎ去ってしまったものは、いまや別の形式のもとに逃げ去ります」。

【註】

（1）Kiyoshi Nozaki, Kitsune: *Japan's Fox of Mystery, Romance, and Humor*, Tokyo, The Hokuseido Press, 1961, pp.110-11. 所収の英訳。“If you love me, darling, come and see me. / You will find me yonder in the great wood / Of Shinoda of Izumi Province where the leaves / Of arrowroots always rustle in pensive mood.” Kitsune: *Japan's Fox of Mystery, Romance, and Humor*, Tôkyô, The Hokuseidô Press, 1961, pp.110-111.

（2）彼は童子と呼ばれ、次いで安倍晴明と名づけられた。彼とその母親の物語は、日本文学においていろいろなかたちで採り上げられてきた。『葛の葉』、能作品。『簠簋抄《はきしょう》』、江戸時代始めに刊行された天文学書。『安倍晴明物語』、一六六二年に刊行された小説化された伝記。『信太妻釣り狐（付けたり）安倍晴明出生』、一六七四年に書かれた古浄瑠璃作品。『信太の森 女占方《うらかた》』、一七一三年に紀海音《きのかいおん》によって書かれた浄瑠璃作品。『芦屋道満大内鏡』、竹田出雲の全五段の文楽作品。初め大阪で一七三四年に上演され、その数カ月後に歌舞伎に採用された。

（3）Edwin A. Craston, *A Waka Anthology, Grasses of Remembrance*, Stnaford University Press, 2006, p.380.

（4）Murielle Hladik, *Cabanes, emitages et pavillons de thé au Japon*, Édition du Bergier, 2001, pp.39-50.

（5）Irene H.Lin, “The Ideology of Imagination: The Tale of Shuten Doji as a Kenmon Discourse”, *Chaiers d'Extrême-Asie*, vol. 13, 2002, pp.379-410.

（6）Margherita Long, *This Perversion Called Love: Reading Tanizaki, Feminist Theory, and Freud*, Stanford University

Press, 2009, pp.78-79.

(7) 一遍上人（一二三五－一二八九）。阿弥陀信仰の僧。弟子を友のように、女性を潜在的な仏陀のように扱い、「天狗」と呼ばれた。

(8) Paul M. Griffit, *Kabuki Plays on Stage: Brilliance and Bravado, 1967-1766*, University of Hawaii Press, 2002, pp.328-357. の英訳による。

(9) Christine R.Yano, *Tears of longing, Nostalgia and the Nation in Japanese Popular Song*, Cambridge, Harvard University Press, 2002, pp.66-69.

(10) Serge Salat et Françoise Labbé, *Créateurs du Japon, le pont flottant des songes*, Hermann, 1986, p.42.

(11) Paul Claudel, "Le Bunraku", *Connaissance de l'Est*, p.192.

(12) *Idem*, p.194.

(13) 「人形遣いになるには、まず師匠を十年間観察し、次いで足を十年間、そして右手を十年間引き受けなければなりません。三十年の習得期間が終わって、やっと首を扱うことができますが、それは主遣いに託すことになる四十年の始まりにすぎません」。ＮＨＫの上野智男による文楽番組に基づく。

(14) http://www.performingarts.jp/E/art_interview/0806/3.html.

(15) 文楽のために近松半二によって書かれた『鎌倉三代記』は、最初一七八一年三月に江戸の肥前座で上演され、その後歌舞伎に採用されて、一七九四年十一月に大阪の角座（角の芝居）で上演された。全十段の作品だが、いまは第七段「絹川村閑居」だけが上演される。

(16) 二〇一〇年三月十六日にジュネーヴで行なわれた狩野晃一との対談。

(17) 二〇一〇年八月九日、東京での高橋との対談。

(18) 三姫とは、八重垣姫（『本朝二十四孝』）、雪姫（『祇園祭礼信仰記』）、そして時姫（『鎌倉三代記』）である。

(19) Lafcadio Hearn, "Au Japon Spectral", traduit par Marc Logé, *Le Japon*, Mercure de France, 1993, p.514.

(20) 『祇園祭礼信仰記』は、最初一七五七年大阪の人形劇（「浄瑠璃」）のために、次いで一七五八年京都の歌舞伎のために書かれた。この作品は、（ＳＭの愛好者にとても好まれて、と狩野晃一は言う）いまは『金閣寺』と題された桜の場面しか上演されない。

(21) Natsume Soseki, "La civilization japonaise modern", 1911, *Cent ans de pensée japonaise*, Philippe Picquier, 1996, p.133.

第七章

道行き

「日本における愛の起源、それは道行きである」

小町と深草……「私は煩悩の犬」

「日本における愛の起源、それは〈道行き〉です」。叙事詩と哀歌を専門とする琵琶奏者、友吉鶴心《ともよしかくしん》は、愛は心の不可侵の所与ではないと主張する。それは、男を女のもとへ運び、ときとして男がその目的に決して達しないように思われるほどに長引く運動である。途中で道に迷うこともある。あるいは死ぬことも。「民衆文化のなかに初め三つのタイプの歌が存在しました」、と友吉は説明する。田植えの歌（田舎の歌）、綱引き歌（海の歌）、そして歩くための歌（生まれる歌）である。「歩調のリズムをとるための歌のなかには、悲しみに満ちた、夢幻的な香りのするものがありました。歩行は夢想を呼び起こすからです。歩きながら人は、布を織るときにも似て、あらゆることを考えます。花や山や、また恋しい人のことを。多くの愛の歌が、男が女のところへ行くという事実を表現しています。彼は歩き、彼女は待ちます。それが、通い婚の時代の愛、平安時代の結婚というものでした」[1]。〈通い結婚〉とは、文字通り行ったり来たりする結婚のことで、名を明かさないように夜に成立する交わりを意味する。

貴族はまず恋歌を作り、それを美しい紙に入念に書きつけ、しばしば小枝などを添えた。女性からの返歌がその内容によって男の気を惹き、少しでも誘うような口調であれば、男は夜になって女のもとを訪れるが、女とは御簾《みす》で隔てられていた。文通（文通い）や訪問を繰り返すことで、二人の仲はより親密なものになりえた。男は女の本当の書字、〈文面《ふみづら》〉を見たがった（しばしば信用の置ける婦人が代わりに歌を作り、それを書くことを引き受けたのだ）[2]。そして彼女の手でしたためられた歌によって親密さが増すと、男は「御簾を上げる」ことを要求しえた。最初の抱擁の翌朝、男が「翌日の歌」（後《のち》の朝《あした》）を送れば、女は幸せに思った。それは恋人がまた逢いに来ることを意味していたからだ。比較的似たような習慣が、明治時代中頃まで田舎にはあったという証言がなされている。月の出た夜、村の独身男たちが徒党を組んで未婚の娘たちの眠る家々へ向かい、暗さに乗じて彼女たちの褥《しとね》に押し入り、そして夜明け前に黙って立ち去るのである。こうした慣行は、〈夜這い〉の名のもとに、男たちが眠れる美女の体へと「這う」可能性を示す企てであった。男は前進する。女は待つ。誰もが息をひそめる。そして千年以上前から神秘的な結婚を司る月の下で、彼らは夢でしか起こりえないような出来事を成立させる。愛は存在しない。愛が存在するのはただ男を幻影へと駆り立てる運動、眠りのなかに、あるいは不可能な約束へと逃げこむ顔のわからぬ人へ駆り立てる運動においてだけである。「私が欲しいのなら、私に月をください」、とかぐや姫は求婚者たちに求める。「私の心をお望みなら、私のもとに百晩続けて通ってください」、と小町は恋人に求める。

　女流歌人小町の物語は、『卒塔婆小町』や『通い小町』の名のもとに演劇化され不朽のものになっているが、おそらくは伝説に属する。彼女については実際になにもわかっていない。「彼女は九世紀の宮廷で歓迎され幸せな時を過ごした」、と翻訳者のノエル・ペリは言う。「彼女は、その歌もさることながら、またその美しさによって有名だった。彼女の作品で残されているものはほんのわずかだが、それを読むと、彼女が愛され、愛し、定めなさと諦めを知り、そして自分の容色が衰え、熱がさめ、自分のことが忘れられ始めるのを見るほどに十分に生きたことはほとんど疑いえない。彼女は、身分の慎ましいその生まれにはほとんど関わりがなかったようだが、確かなことはわからない。彼女は、出羽地方の郡司、小野良真《よしざね》の娘である」[3]。しかしこれすら確実なものではない。神秘に包まれた出自の小野小町は、彼女の残した恋の歌同様の漂う靄《もや》につねに包まれてきたように見える。当時の男たちにとって、〈六歌仙〉に選ばれたこの女性が、じつに見事に手紙に返事しうるがゆえに完璧な存在だったことは疑いを入れない。彼女の名前は美人と同義語になっているが、それもみずからの有限性を痛切に意識したメランコリックな美人として、である。ほめそやされ、妬まれ、多くの讃美者に追われながら、小町はそれでもやはり恋に悩んでいたように思われる。「心からうきたる舟にのりそめてひと日も浪にぬれぬ日ぞなき」（自分の心から、浮いた舟、恋の憂き舟に乗り始めて、以来一日とて波ならぬ涙に濡れない日はないことよ）（『後撰和歌集』七七九）[4]。悔恨に満ちた彼女の歌から、仏教的解説者たちは、小町がおそらく皆に忘れられて惨めに死ぬにいたったと考えた。それで彼らは、この世の事物の定めなさについての教訓的反省という口実のもとに女流歌人を醜い容貌の年老いた乞食の姿で描くあらゆる種類の話を流布させた[5]。また小町を腐敗する死体の様子で表す者もいたが、それは彼らが彼女にあてがった運命の悲惨さを異常な恐怖でもって強調するためであった[6]。また、過ちから恋のためにひとりの男が死んだと主張し、深草少将の伝説を創った者たちもいる。不吉な伝説で、彼の思い出に捧げられたいくつかの神社には、日本人たちが、男女の仲を裂き、ライヴァルを殺すために願をかけに来るほどである。

　こうした暗い物語のうち、ただひとつ書き物が残されている。それは、いまでは失われた古い作品、『歌論議《うたろんぎ》』の断片である。ノエル・ペリは、こんなふうに訳している。「その昔、ひとりの男がつれない女を愛していた。彼は女に思いのたけを打ち明けた。女は、男を試そうと、彼がいつも彼女に話しにやって来る場所に牛車の榻《しじ》(7)を置いて、こう言った。あなたがこの榻に横になって百夜過ごしたとき、私はあなたがおっしゃることを聞きましょう。それはたやすいことだ、と男は答えた。そして雨が降ろうと、風が吹こうと、暗かろうと、彼はやって来て榻の上に寝た。彼は榻に自分が過ごした夜の数を刻んだ。こうして九十九番目の夜になった。彼はこう言いながら立ち去った。今宵も私がここに寝れば、明日にはお前はもう私を拒否できなくなるだろう！　そして彼は思った。ああ早く夜が来ないものか！　しかしそのとき彼の父親が急に亡くなり、このため彼は家に留まらなければならなかった。すると女の家から彼にこんな歌が送られてきた。暁の榻の夜がき百夜《ももよ》がき君が来ぬ夜はわれぞ数かく」。ノエル・ペリは結論する。「冷やかしは残酷だった。拒絶された恋する男は、懇願しても無駄なこと、すべてが終わったことを悟った。彼らは二度と会うことはなかった」。女の皮肉な歌は、じつのところ、役割を転倒した、よく知られた歌のパロディーになっている。

　暁の鴫《しぎ》の羽がき百羽《ももは》がき君が来ぬ夜はわれぞ数かく

　（鴫は明け方に幾度も羽ばたきをするが、あなたが来ない夜は、私があなたの来なかった夜の数を数えよう）

（『古今和歌集』七六一(8)）

　この歌では、ほったらかしにされた女が愚痴を言い、待ちあぐみ、独りぼっちの夜の数をもう数えることもできない。鴫でさえ百回も羽ばたきするが、恋する人と同じほどには絶望的な訴えを繰り返しはしない。おそらく小町は、彼女を深く愛したように思えるただひとりの男を通して男たちに復讐したのではあるまいか。十四世紀末、観阿弥（一三三三—一三八四）が深草伝説を能に採り入れたとき、彼は百晩も続けて長い道を女のもとに通うことを強いられた男の悲痛な心の叫びを表現した。

『卒塔婆小町』のなかで、男は言う。「小町という名の女の美しさは圧倒的だった！　ここかしこ、あらゆるところから、空を曇らせる夏の雨のように恋文が数限りなく降り注いだ。偽りにも一度たりとも彼女は返事をしなかった。彼女は生きた、百歳になった、そしてそれが彼女への報いなのだ。ああ、どんなに彼女を愛していることか！　私は彼女を愛している！」(9)。死を経てさえ彼女から離れることができず、その幽霊が野をさまよい、後悔のように小町につきまとう。情熱混じりの癒しがたい怒りに駆られて、彼はまた『通い小町』にも登場し、同じ物語を語り、同じ物語をまた一夜ごとに生き直す。多くの男たちと同様、彼はそれと知らずに夢中になった。多くの男たちと同様、彼は彼女に手紙を送り続けた。返事はなかった。それも道理。どうして言い寄る男たちに等しく身を任せることができただろうか。小町はおそらくなにか真実のもの、永続的なものに憧れていたのだろう。たぶん彼女はこうした明日なき恋に飽きたのではないか。ともかくも身を隠す決心をして、京都の西洞院通り角にある住まいを密かに離れ、言い寄る男たちの手紙を焼くために携えて随心院に避難した。彼女は心の平安を求めていた。しかし、くだんの少将は他の男たちよりも執拗で、彼女の跡を探し出し、彼女のもとにこっそりと手紙を届けさせた。彼は彼女に「逢う」ことを望んでいた。これに対して彼女は、百夜続けて随心院に通い、そこで見張りに立つことのできる人にしかお目にかかることはないと横柄に返事をした。

少将は、「深草」と呼ばれる都の郊外に住んでいた。直線距離でおよそ八キロメートルにわたる草原によって二人の住まいは隔てられていた。毎夜、初めは車で、次いで徒歩で、誰にも知られぬように大きな帽子で顔を隠して、深草の少将は、小町を徐々に説得すべく、この土地を横切ってひたすら往き来した。随心院では、彼女が約束を忘れないように彼は毎夜来る度に恋する人の住まいの前に榧《かや》の実を置いた、と主張する書き物もある。小町は、初めのうち、こうした「香りのするぎざぎざの榧の実」、「手の形をした葉の榧の実」(10)に大した意味を認めようとはしなかった。しかし徐々に木の実は彼女の心のなかで開き始める。深草の少将は挑戦を受けて立ったのだ。毎夜、雷雨が空を引き裂くときでも、彼は彼女の住まいの前に姿を見せた。七十八夜、七十九夜、八十夜……。言い寄る男の誰もこれほど粘り強く彼女のところに通い続けた者はたえてなかった。八十八夜、八十九夜、九十夜……。小町は信じ始めた。この男は彼女を決して捨てないだろう。同じ証拠を残して、九十七夜、九十八夜、九十九夜……。「あと花橘《はなたちばな》の一枝《ひとえだ》があれば」、と彼女は不安な気持ちで考える。あと一夜でドラマは起こる……。

百夜目に深草の少将は時間を無駄にした。彼は美しく装おうとした。ついに自分に身を任せる女を魅惑しようとしたのだ。「内裏の帽子が必要だ」、と彼は考える。柳の枝で編んだ黒く塗られた古い笠（黒笠）に替えて、彼は気取ってとても美しいアクセサリーを求める。「花を摺りつけて染めた、しかも深紅のすみれで飾られた衣装。紫の藤袴。彼女が私を待っている」[11]。彼は急ぐ。興奮し、大急ぎで着替えをする。出発する。すでに九十九回辿った道に乗り出し、息を切らす……。ここで物語の筋はいくつかに分岐する。『通い小町』では、随心院の方角が〈方忌《かたい》み〉に当たると言われる。この夜、ひどいことに、少将には彼を待つ女のもとへ向かう権利がなかった。しかし、この作品はまた、彼が美しく装うために時間に遅れたことを示唆している。不吉な影の「紅の狩衣」を着て彼が出発したとき、夜になっていた。おそらく到着したのが遅すぎたのだ。彼が吹き荒れる冷たい雪に負けたのでなければ。物語のよく知られた筋では、随心院で彼は凍え死に、そしてその死体から悩める魂は幽霊のかたちをとって逃れた。小町は傷ついた。彼女の過ちから、自分のことを真に思ってくれる唯一の人が死んでしまった。なぜ彼女がみずからの後悔の重さに付きまとわれ苛まれるという演出を劇作家がしたのか、おそらくこのことから説明されよう。二人の最初の逢瀬になるはずのその夜に死んだ彼女の婚約者の幽霊……。

傷ついた小町は、深草の少将の生きた墓になった。みずからの身体を愛の記憶を持った墓碑（卒塔婆）となした彼女は、日本でもっとも有名な運命の女《ファム・ファタル》と同時に理想的カップル、達成されざる探求を永遠に続けるカップルの痛ましい化身となった。「道が愛の起源にあります」、と友吉鶴心は言う。「それは道行きと呼ばれます。歌舞伎の影響のもと、道行きは恋人たちが自殺しようとする場所まで辿る道を指示するにいたりました。それは死へと導く通過儀礼の旅です。おそらく仏教の影響のもとで愛と死を混同することになったのでしょう」。日本の神話において、最初の道行きを実現するのは、雷神である。スサノオは、天から追放され、神々の王国を去る。ちょうど隕石が、大地の引力と重力に抗しえず無限の虚空を過ぎるように。落下に似たこの道の果てで、彼は最愛の人に出会う[12]。

愛はシーソー運動である。それは空間と時間（間《ま》）に刻まれた道であり、一歩ごとに身体から離れる。それは苦痛の経験であり、寂然法師がある日、「私にとってすでに重過ぎる、皮膚にぴったり付いた妻」（『新古今和歌集』一九六四[13]）にたとえた「夜着」（さよ衣《ころも》）の支えきれない重さの経験である。「私の恨みは深い」、と深草の少将はこぼす。彼は、期待と彷徨の九十九夜が集積する広大な苦しみのような笠をかぶっている。彼は自分の愛を呪う。それでも、彼は彼女を愛している。『通い小町』は、二人の人物が触れ合う、能のなかでもきわめて稀な作品のひとつである。深草の少将は、「大きな衣服の重さと襞で、死を克服する」ように見える身振り、「過ぎ去った情熱を永遠に繰り返す[14]」身振りで小町に触れる。そして熱情に駆られて愛する人の袖を引きながら、彼は漏らす。「私は煩悩の犬である」と。彼をどんなに打っても無駄である。彼は離そうとしない。この身振りによって、深草の少将は永遠を待つ。彼は伝説のなかに入り、スサノオのように、きわまった欲望によって不死の存在となる。その愛は終わることはない。

小野小町の肖像（随心院蔵、年代不明）

曾根崎心中………「この世の名残……」

一七〇三年四月七日、大阪の大醤油商の忠右衛門の甥で手代の徳兵衛なる者が、有名な天満屋の女郎お初と同時に自害する。悲劇の理由は「月並みなお涙頂戴」である、とルネ・シフェールは言う。「忠右衛門は、甥を江戸に開く計画の支店の責任者にするつもりもあって、養女にしていた自分の妻の姪と結婚させようと考えたが、しかしお初は遠方の西の地方の客にまさに買われようとしていた[15]」。それは少なくとも〈心中〉に関する大阪の雑誌『心中大鏡』が一七〇四年に述べるところで、徐々に噂が広がってゆく。それも道理。悲劇からひと月も経たずして[16]、劇作家の近松門左衛門（一六五三―一七二五）が、徳兵衛とお初の物語を人形劇に移し替えたのだ。この作品は非常な成功を収め、真の心中ブームを引き起こす。三面記事的な出来事が初めて演出の特異な主題になる。『曾根崎心中』は、新しいジャンル、主に商人と女郎との運命的な恋の物語によって構成される〈世話物〉の端緒となる[17]。当時の作品は、著名人、偉大な武士、あるいはおとぎ話のお姫様くらいしか、ほとんど舞台化しなかった。近松門左衛門は、虐待される妻、不倫する夫、淫売屋に売られる娘、あるいは主人に利用される使用人について好んで語る。彼はとりわけ不可能な恋を語ることを好み、（それまでは些末なやり方でしか演劇で扱われなかった）三面記事的な出来事を採り上げ、女郎に昔日のヒロインの抒情的偉大さを付与する。

恋風の。身に蜆《しじみ》川。流れては　そのうつせ貝うつつなき。色の闇路《やみじ》を照らせとて。夜ごとにともす燈火《ともしび》は。四季の蛍よ　雨夜《あまよ》の星か。心心《こころごころ》の訳《わけ》の道　知るも迷へば知らぬも通ひ[18]。

十八になるかならぬかの青春の初めの時期、天満屋の女郎、お初は熱い涙を流し、その悲しみが他の女郎の気を惹いて彼女をむなしく慰めようとする。「蓮の葉のようなこの浮世で」、彼女のしなやかな藤のからだは、身を引き裂く悲しみにたわむ。彼女は徳兵衛を恋している。徳兵衛は、「柳の髪」を持ち、「桃の花を味わう」ために作られたような口をして、何カ月も前から彼女に優しい約束を口にしている恋人である。しかし徳兵衛の主人は、彼女の恋する人を結婚させ、彼を江戸に送って商売を始めさせようとする。徳兵衛は同意しようとしない。それで主人は密かに若者の母親と契約を交わし、二貫目の銀を握らせる。徳兵衛は憤慨する。彼は銀を取り戻しに行き、母に全額を返すように言い、それを主人に返還しようとするが、そのとき知人の油屋の九平次が彼にそれを貸してくれと哀願する。月末に返すと約束し、信用してくれと証文に判を押して請け合う。徳兵衛は、無邪気にも彼に二貫目を貸す。月末になっても、九平次は返金しようとしない。証文は有効ではない、と彼は取り合わない。「俺の判は、お前が俺に銀を渡す前に、ある日失くしてしまったと言っただろう……」。しかも徳兵衛は、ひどいことに、判を盗んだと非難される。この騙りに満足するどころか、九平次は天満屋に駆け込んで、盗んだ銀でお初を買おうとする。こんな不正に対してどうしたらいいのか。すべてが失われたようだ。

　徳兵衛は、混乱し、髪を振り乱して、すべてが失われたことを知らせるために恋人のもとへ赴く。「逃げて、一緒に死にましょう(19)」、と彼女は言う。夜になり、皆が寝静まった天満屋の梯子の釣行燈の火だけが明るい。お初は、「白無垢の死出の衣に恋路の闇のような黒小袖を打掛ける」。彼女は徳兵衛と一緒に天満屋から逃げ、抱き合いながら、哀れにも気高く、星々とその映る影を見ながら梅田の橋を渡る。二人は、永遠の愛の象徴たる連理の樹がある曾根崎の天神の森へと向かう。心中に最高の場所ではないだろうか。この作品の第三場は〈道行き〉、死への行程で、そこで恋人たちは、自分たちが最後に見る事物の光景を通して、自分たちの強い思い、つまり死への恐れ、生の未練、情熱などを数え上げる。夜闇につまずき、泣き、手を取り合い、彼らはわずかずつ前に進む。宙づりにされた人形の足で、この永遠の逃走のうちに固定されたように、見えない路の地面を、その場で踏み続ける。

> この世の名残《なごり》。夜も名残。死にに行く身を譬《たと》ふれば。あだしが原の道の霜。ひと足づつに消えて行く。夢の夢こそあはれなれ。あれ数ふれば暁《あかつき》の。七つの時が六つなりて　残る一つが今生《こんじょう》の。鐘の響きの聞き納め。寂滅為楽《じゃくめついらく》と響くなり。鐘斗かは。草も木も。空も名残と見上ぐれば。雲心なき水の音　北斗は冴えて影映る　星の妹背《いもせ》の天の川。梅田の橋を鵲《かささぎ》の　橋と契りていつまでも。われとそなたは女夫星《めおとぼし》。必ず添ふと縋《すが》り寄り。二人が中に降る涙　川の水嵩《みかさ》も増さるべし(20)。

　いまや恋人たちは死へと向かう。その『日本文化における時間と空間』のなかで加藤周一は、こうした道行き、とりわけ各イメージを一種のスナップショット、非時間的な一コマにしてしまう曾根崎の道行きの異常な美しさを強調する。(21) 霜が「ひと足づつに消えて行」き、鐘の響きが「聞き納め」になり、水面に天の川の「影映る」。刻一刻と恋人たちはその最後の瞬間を味わい、そして絶望的に抱き合う。「われとそなたは女《め》夫星《おとぼし》。必ず添ふと縋《すが》り寄り」。「足下の霜、鐘の響き、星の瞬く夜空……。一つひとつの経験は、彼らが生きる最後の時間経過において、完全に等価である」、と加藤周一は語る。「道行きの修辞的な振舞いは、たんに申し分なく抒情的であるばかりでなく、太棹《ふとざお》（もっとも太い三味線）の明晰な撥《ばち》さばきと相俟って、等価の〈今〉の連鎖としての時間の概念を提示する(22)」。

日本の時間は、線上に記されず、出発点から到達点へと進むのではない。時間は、先立ち後続するあらゆる人間的経験と同じような人間的経験のかたちのもとでしか存在しない。経験は時間の輪のように廻り、新たな生はその都度、誕生の苦しみから断末魔の苦しみへとほとんど一挙に進む循環的運動を繰り返す。二つの苦しみのあいだに、恋がある。二つの苦しみのあいだに、忘却に沈む純粋美の全瞬間がある。「日本人にとって、世界は想像力が創り出すようなものである。世界は、われわれ自身、われわれの悲しみ、われわれの喜び、われわれの夢、われわれの狂気と区別されない」、とセルジュ・サラとフランソワーズ・ラベ（『日本のクリエイターたち――夢の浮橋』）は言う。「空間は、われわれの頭上の空にしか、その刺すような美のなかにしか存在しない。時間は、もう二度とないような強度でわれわれが生きる瞬間のなかにしか存在しない(23)」。

恋も、同様に、内なる声に折り返されたこの宇宙においてはっきりと同定可能な、客観的現実としては見られなかった。恋は、通りがかりの瞬間、広がり、精神にみなぎる感情、過ぎ去りまたやって来るすべての振動に反響する鐘の振動でしかない。この主観的世界観を特徴づける語が、恋の語彙のなかにある。〈思う〉という動詞である。八世紀以来、「私はあなたを愛しています」と言うために用いられた動詞の「思う」は、ほんのわずかながら、まず『万葉集』に姿を見せる。それは、「誰かのために思いを持つ」を意味し、自分が接することのできない相手への内奥の動きを指す。それは密かな働きである。行為への移行を意味する動詞の〈乞う〉（愛する、求める）に徐々に取って代わって、〈思う〉はついには十世紀の恋人たちや女流歌人たちの主要な動詞になる。女流歌人たちは、その歌において、もはや憂いの湖畔にあるような精神状態で「恋する人を思う」ことしかしない。「『万葉集』における恋の特徴は、それが積極的であり、具体的で肉体的な関係を含むということだった」、と加藤周一は言う。

「しかし『古今集』では、〈乞う〉という動詞が、瞑想の行為を意味する〈もの思う〉という動詞に取って代わられるのが見られる。（中略）『古今集』の恋の歌におけるその使用は、作者の側での目標への関心というよりも、むしろ作者の自分自身の状態についての反省を意味する」[24]。

『曾根崎心中』では、人間的状態について犠牲者の恋人たちが自問しながら、抗いがたく曾根崎の森の連理の樹へと向かう。「来世でもう一度会えますように」、と彼らは願をかけ、「未来へ」向かってお祈りをする。生は、絶え間なく同じドラマが演じられる舞台の一場でしかない。お初と徳兵衛は最後の愛の契りをかわす。「定めなき世は稲妻か、それかあらぬか」、と娘は考える。彼女には自分がいままで本当に生きてきたとは思えない。不意にすべてがずっと遠くに行ってしまったようだ。たぶん彼女は夢見ていたのだ……。そして彼女は意識を取り戻し、嘆く。「今宵は人の死ぬ夜かや」。黎明が近づく。時が来た。脇差を抜きながら、徳兵衛はためらう。「さすがに長い年月腕に抱いて寝てきた愛しい肌に刃《やいば》が当てられるかと自問する」。三度切りそこねたあと諦めて切っ先を恋人の喉笛に当て、ぐっと通す。「断末魔の四苦八苦。あはれと言ふも余りあり」、と太夫は悲痛な声で謡う。そのあと徳兵衛は自分の喉に刃を突き立てる。えぐりにえぐる。「柄《つか》も折れよ、刃も砕けとゑ《え》ぐり、くりくり目もくるめき、苦しむ息も暁《あかつき》の知死期《ちしご》につれて絶え果てたり」。近松門左衛門は、「曾根崎の森の下風の音」に告げられて、死んだ恋人たちの周りに群衆が集まり、祈り始めた、と付け加えている。大阪の草むした長い道の果てにあるお初天神の神社は、恋の成就を願う多くの中高生や独身者を惹きつけている。

鷺娘……白鳥の死

一七六二年に初演された『鷺娘』は、仏教の剣樹地獄に堕ちた鷺の心を演じる歌舞伎踊りである。身をずたずたに引き裂かれながら、恋に死んだ女たちが余儀なくされる責め苦を新たに受けるために鷺は蘇る。彼女たちは、死後も平和を見出すことができずに、おのが心を千々に乱れさせ続け、自分の生を地獄と化すドラマを夜毎に演じ直す。この種の物語のための〈自業自得〉という格言がある。「地獄、それは自分だ」。〈自得〉とは「自分にもたらす」、〈自業〉とは「自分自身の思考と行為」を意味する。

日本の仏教観では、人が死ぬと、その魂は「死後」の世界に行くために生者の世界を離れ、善い生を送ったか悪い生を送ったかによって、〈人間〉、〈畜生〉、〈餓鬼〉、あるいは〈阿修羅〉に生まれ変わる。汚れなく死ねば神のかたちをとって〈天〉に行くが、それは稀である。生者は欲望に苛まれて生から離れられない。苦しみの奈落に堕ちて、いつまでも数々の苦悶を生き直すべく余儀なくされる者もいる。彼らは地獄に行くが、そこにはいずれ劣らず恐ろしい幾つかの場所があり[25]、それぞれの場所が、情念に導かれた否定的行為に対応している。血の池地獄には、産褥で死んだ女と人殺しが溺れている。焦熱地獄では嫉妬に狂った人間が燃え、八寒地獄では薄情者が凍えている。また刀葉林地獄では、男が自分を好きではない女を追い回し、見捨てられた恋人たちがむなしく引っ掻き合い引き裂き合っている。人間の姿で、あるいは、より詩的には、白鳥とか蝶の姿で、何度も何度もおぞましい苦しみのうちに死ぬべく運命づけられている。その羽は、かみそりのように切れる網につかまる。刃の逆立った樹に突き刺さる。彼らの血と涙は流れるが、ほとんど死ねずに生き返ってはまた新たに死に瀕する。

解放を見出すには、苦しみを経なければならない。仏教の地獄は、復讐の神によって罪人に科せられる永遠の罰ではない。それは、責め苦を負う魂がその苦しみの思いの悪循環を打ち破ることができずに生まれ直すことが運命づけられている場所である。魂がその悲しい生の物語を病的に反復するこの過渡的な場所では、おそらく魂には漸進的な鎮静化の機会が与えられているのだろう。おそらくその存在のヴィデオテープを何度も何度もまわすことで、魂は悪い業から浄化されるだろう。見かけとは逆に、仏教の地獄は純化の一時的な空間、心的投影の白いスクリーンにほかならず、そしてこの非現実的な純粋性のほとんど空虚で無垢な舞台装置のなかに、鷺娘が登場する。真冬の凍った湖面に漂う霧氷から徐々に姿を見せる。[26] 渦を巻く雪片のなか、背後から結婚衣装に身を包んだ美女が立ち現れる。その羽のように垂れ下がった大きな襞の帯が、影のような不吉な黒色を見せる。ゆっくりと回りながら、彼女は若い娘の生を象徴的に「死ぬ」日に、頭を下げて新婦のものにほかならぬ綿帽子に顔を隠している。鐘が鳴る。女はふらふらと動きながら、その透明の絹の傘をくるくる回す。長唄が始まる。「……恋風が　吹けども傘に雪もつて　積もる思ひは泡雪と　消えて儚き恋路とや」。夜闇に紛れ、彼女は震える鳥の羽のような頼りなげな動きで袖を打ち振り、舞い続ける。「積もる思ひは泡雪」、と曲は謡う。白足袋をはいた鷺の足のつまさきから混乱したはかなげな姿がかたどられ、袖を打ち振って雪片を払いながら舞い、そのめくるめく旋回に観客を巻き込む。

　彼女は回り続けるが、その回転の一つひとつが、定かならぬ分解された捩《ねじ》れから不意に生じるように見える。この動きは、つねに人が意識する瞬間の少し前か後になされるように見え、そして瞬きする間に女がその最初の変身を実現するにいたる。その背後で（「見えない」とされる、黒服をまとって演技の介添えをする）二人の〈後見《こうけん》〉が紐を解くと、突然白い着物からその下に隠されていた恋する娘の別の衣装、柳の枝で飾られた真紅の着物が現れる。歌舞伎の伝統では衣装の取り替えは、舞台上、観客の眼前で、〈引き抜き〉という名称のもと魔法のように行なわれる。「視覚的に衣装の取り替えはとても重要です」、と衣装作家の桜井久美は言う。「大事なのは、物語ではなく、役者がその正体を現しながら変身する急速な瞬間です。あるときは怪物であり、あるときは女神という[27]」。

　歌舞伎のある種の作品では、前世に持っていた様々な顔を次々と捨て、その存在の核心に遡ろうと、あたかも脱皮するかのように役者が立て続けにいくつもの〈引き抜き〉を行なうことがある。『鷺娘』は、もともと変身の振り付け（変化《へんげ》舞踊《ぶよう》、文字通り、変形のダンス）を見せ場として考案されたが、それぞれ万雷の拍手で迎えられる四つの〈引き抜き〉を含む。「日本人は変身が好きなのです」、と地歌舞《じうたまい》の舞踊家サビーヌ・スタドラーは言う。[28]「だから舞踊が、意識の流れのなかの思念のように重なり合いながら流れる、情念と身分の継起《けいき》でしかないように思えるほどです。とりわけ〈舞い〉と呼ばれる舞踊、つまり能、歌舞伎、あるいは芸者の舞踊においては、誰が語り、誰がそこにいるのかが、よくわかりません。〈舞い〉は〈まわる〉という動詞から来ています。それは、人物ではなく感情を舞台に上げる舞踊＝詩です。たとえば、捨てられた苦しみを。そしてこの突き刺すように始まる苦しみは、精神状態のそれぞれに対応する多くの比喩によって記述されます。歌舞伎舞踊の特性は、ひとつの精神状態から別の精神状態への移行を連続的な衣装の取り替えによって模倣する身体の交替のシステムを開発したことにあります」。

　サビーヌ・スタドラーによれば、このほとんど超自然的な舞踊には四つの捩れの点が存在する。第一は骨盤に、第二は右肩に、第三は左肩に、第四は目と胸からなるかたまりに対応する。「こうした身体の様々な部分が、脊柱によって形成された髄核のまわりを独立して動きます。脊柱が軸です。脊柱は、下から上まで、うなじから仙骨まで、まっすぐなままですが、観客を完全に途方にくれさせる様々な角度にしたがって、残りのすべてが回ります。行為はどこにあるのか。それを言うのは不可能です。足が地面を一方向にかすかに滑る間に、身体の上部は、まるで空間も捩じられたかのように、別方向に移動します」。踊り手は左に、思い出のそばにいるのだろうか。あるいは右に、狂気に身を屈めるだろうか。その身体は様々な場所に、その思いはここと同時にあちらにもあって、鳥＝幽霊であり分裂した女なのだ。その無表情な顔の際立った奇妙な感覚。目はなにも見ていない。眼差しは無限に向かってさまよう。身体は、動きが終わるのか始まるのか判然としないまま、ゆっくりと回り、袖の最後のわずかな振りに時限爆弾の衝撃を与える間隙をもって、骨盤は一方向に、顔は別方向にそれる。恋を、喜びを、あだっぽい娘の熱っぽさを踊ったあと、鷺娘[29]は、冬の曇り空の下、後悔で心苛まれながら苦い涙にくれる。彼女が死ぬと、その髪が突然ほどけて流れるような黒髪になる。真っ赤な着物は、メスで肩甲骨に切り込みを入れたような銀色の羽に飾られた白い喪服に変わる。地獄が現出し、彼女を拷問にかける怪物たちに取り囲まれるが、それは彼女の内なる魔にほかならない。逃げても無駄である。彼女は、みずからの情念の虜となり、羽ばたき、気違いじみたヘリコプターの羽のように螺旋状に舞う。「憐れみたまえ、我が憂身《うきみ》」、と唄い手のひとりが懇願すると、闇に沈んだ舞台上では踊り手の蒼ざめた影が最後の旋回のあと身を屈める。彼女の身体は、最後のきらめく雪片の下にくずおれ、そして羽を持ち上げ最後に振るわせて、また休める。「それは催眠術的な舞踊です」、とサビーヌ・スタドラーは強調する。「というのも、それがいつ終わるのかけっしてわからないからです。出来事は気づいたときにはすでに起こっていて、すべてが魔法のように展開します。女はといえば、いつもすでにちょっとよそにいます。本質的に捕まえられないのです」。捕まえられず、消えゆき、断末魔の苦しみにあるような動きを見せながら、その消滅に終わりは来ないように見える。彼女は息をする。無へと滑り落ちる。再び息をする。運命的瞬間を知覚可能な限界まで押しやる、袖をかすかに動かし、そしてまた死に瀕しながら。今度も鷺娘は同じ凍った湖上に再びよみがえるのだろうか。それとも新たな出発をして、ついにやり直せるのだろうか。輪廻転生に従うこの世ではすべてが絶え間なく動く。

人間の感情を列挙しても始まらない。怒り、嫉妬、恋、羨望、悲しみ……、それらは、地下からいつまでも水を集める大河のように限りなく流れる。それが欲望である、と仏教徒は主張する。こうしたあらゆる移ろう変身つまりは諸情念の無限の源泉であると。これほど変わりやすいものはない。これほどはかないものはない。そこに一致を見るべきだろうか。〈変わる〉という動詞を書くのに十七通りある。それは日本語の語彙のなかでもっとも重要な語のひとつである。それは〈変《へん》〉とも読まれるが、これは「変化」、「奇異」、あるいは「混乱」を意味する。それは、〈変幻〉、〈変化〉、〈変態〉、〈変装〉、〈変異〉、〈変色〉、〈変成〉、〈変造〉等々、その全体を記述するにはほとんど一冊の本が必要なほどたくさんの言葉のもとになっている。つまるところ、この〈変〉の経験でないとしたら、恋とはなんだろうか。捕まえられないものの経験。

蝶の道行き……無の呼びかけ

ある日、芸術家の岡本太郎（一九一一―一九九六）は、日本のもっとも聖なる場所のひとつ、沖縄の斎場御嶽《せーふぁうたき》を訪れ、そこに鳥の声のするたんなる空き地しか見出せないことに驚く。「御嶽《うたき》――つまり神の降る聖所である。この神聖な地域は、礼拝所も建っていなければ、神体も偶像も何もない。森の中のちょっとした、何でもない空き地。そこに、うっかりすると見過ごしてしまう粗末な小さな四角の切石が置いてあるだけ。その何もないということの素晴らしさに私は驚嘆した。これは私にとって大きな発見であり、問題であった」。無の純粋性のうちに、愛の技法を含む日本のあらゆる芸術が志向する完璧な形がある。というのも無は、この動きの文化にあって、終局でもなければ万物の決定的否定でもないからだ。無はひとつの磁極、待ちの空間である。精神の不可視の空間のなかで事物を自由に展開させることで、形は完全になる。岡本太郎は主張する。「注意すべきは、一般にわれわれ日本人にとって、物質的で重さを持ったあらゆるものは、不潔さの、つまり穢れの印象を与えずにはいないことだ。（中略）本質上、聖域は無の純粋性から生じ、物体に、物質に付着することを避ける。（中略）無は、その存在を否定する瞬間から、まさにそれを知覚させようとするものではないか。石は、どんなに小さくとも、長いあいだ置いておくと、何とも言えぬ聖なる存在として現れる。そしてその存在は、人間の外なるものとしていかなる呼びかけもしない。（中略）石は人間を否定する。それは人間を超越する聖なるもの、それに惹きつけられるものをまた敢然と拒否する神秘的存在である」[30]。

義太夫節《ぎだゆうぶし》（人形劇の歌）[31]の目録のなかに、究極の愛の形のもとに無の魅力を喚起する、『蝶の道行き』と題するきわめて特殊な物語がある。男女が死後までも求め合い、はぐれ、一緒になり、またはぐれ、そうして無限に呑み込まれた魂の軌道を空中に描くのである。「これは主君のために命を捧げる若い侍の物語です」[32]、と〈女形〉の舞踊家、松永尚三は説明する。「彼の名は助国《すけくに》。恋人の小槇《こまき》は死んで結ばれようと自害します。舞踊は、春、あの世で始まります。蝶に変身した二人は、仲良く飛び交い、自分たちのドラマを生き直します。

そうして夏が終わります。蝶たちは死に、情熱的に愛しすぎる魂の苦しみのために地獄に堕ちます。舞台上ではこのとき踊り手は女性に典型的な振り付けの姿をとります。つまり、ひざまずいて髪で地面を掃くほどに弓なりにのけぞる〈海老ぞり〉をしますが、これは耐え難い苦しみを表します」(33)。女形だけが、危険な限界ぎりぎりまで後ろに身をたわめる。それは不可能なものの姿である。極端に弓形にそらした踊り手の体は、隠喩的に空無のイメージを思わせる円形を描く。連続するわれわれの存在において円は、われわれを生から他界へと、季節の巡りにしたがって世界から世界へと送る循環的運動を思わせる。すべては行き過ぎ、すべては回帰する。愛は、無の表面での軽やかにして優雅な舞踊《ダンス》にすぎない。

　最初の場面で若い二人が、魔法の蝶たちに見合った遠近法の微妙な効果をもって設えられた、巨大な花の幻想的舞台装置のなかに登場する。再会の喜びに燃えた二人は恋に夢中で、生者の世界と死者の世界とのあいだにある魔法の空間を仲良く飛び交う。演出の独創性は、彼らの〈道行き〉が自害の前ではなく後になされるということにある。三味線(34)をかき鳴らす音に合わせて、太夫《たゆう》が歌う。「世の中は　夢か現《うつつ》か　ありてなき　蝶となりしが現にて　蝶となりしが夢かとも」。生にほかならぬこの夢のなかで、すべては溶け、消え、また予見しえぬ変異にしたがって作り直される。それはほんのちょっとしたことで悪夢に転じうる。「それは混沌とした人間の心の絶えず移り変わる姿である」、と一九八六年のヴェネツィア・ビエンナーレの展覧会カタログのなかでイサム・ノグチ(35)は言う。生は、経験の連続、相対的であると同時に等価である束の間の印象のモザイクである。じつのところなにも重要なものはない、なぜならすべては痕跡、以前の出来事の思い出、未来の変化の予見でできているからだ。なにも重要ではない、純粋な感情の強さのほかは。かくして『日本のクリエイターたち――夢の浮橋』においてセルジュ・サラとフランソワ・ラベは、その切り離され断片化した表面が様々な大きさの部屋に組み立てられる日本建築を、「可視的世界と束の間の現象の彼方にある状態、〈空性《くうしょう》〉を守れ。形の不在は、そこではなにものも生と死を分かつことができず、またいずれも拘束なしに自由に進展するような無限とみなされうる」と言うお経にたとえる。同じ夢の生地でできた恋もまた、輝かしい美を与えてくれる、いわく言い難い空間のなかで進展する。それはその深さを他者の不在のうちに経験し、みずからの叫び、欲望の呼びかけ、魂の悲鳴を響かせるメランコリックなエコーのうちに永遠を測るのだ。

　女蝶男蝶と浮かれ来て　花に養ふ哀れさよ
　二世と誓ひし言の葉に　猶さへやらで

娑婆の昔を思ひ草

野辺のたがへし苗代に　堰き止められし恋仲も

末はままなる起き臥しに　かかよ精出せ　旦那殿

五粽亭広貞「梅旅路五十三駅 白井権八（三代目尾上菊五郎演じる）」（1848年）……本章第十一章より

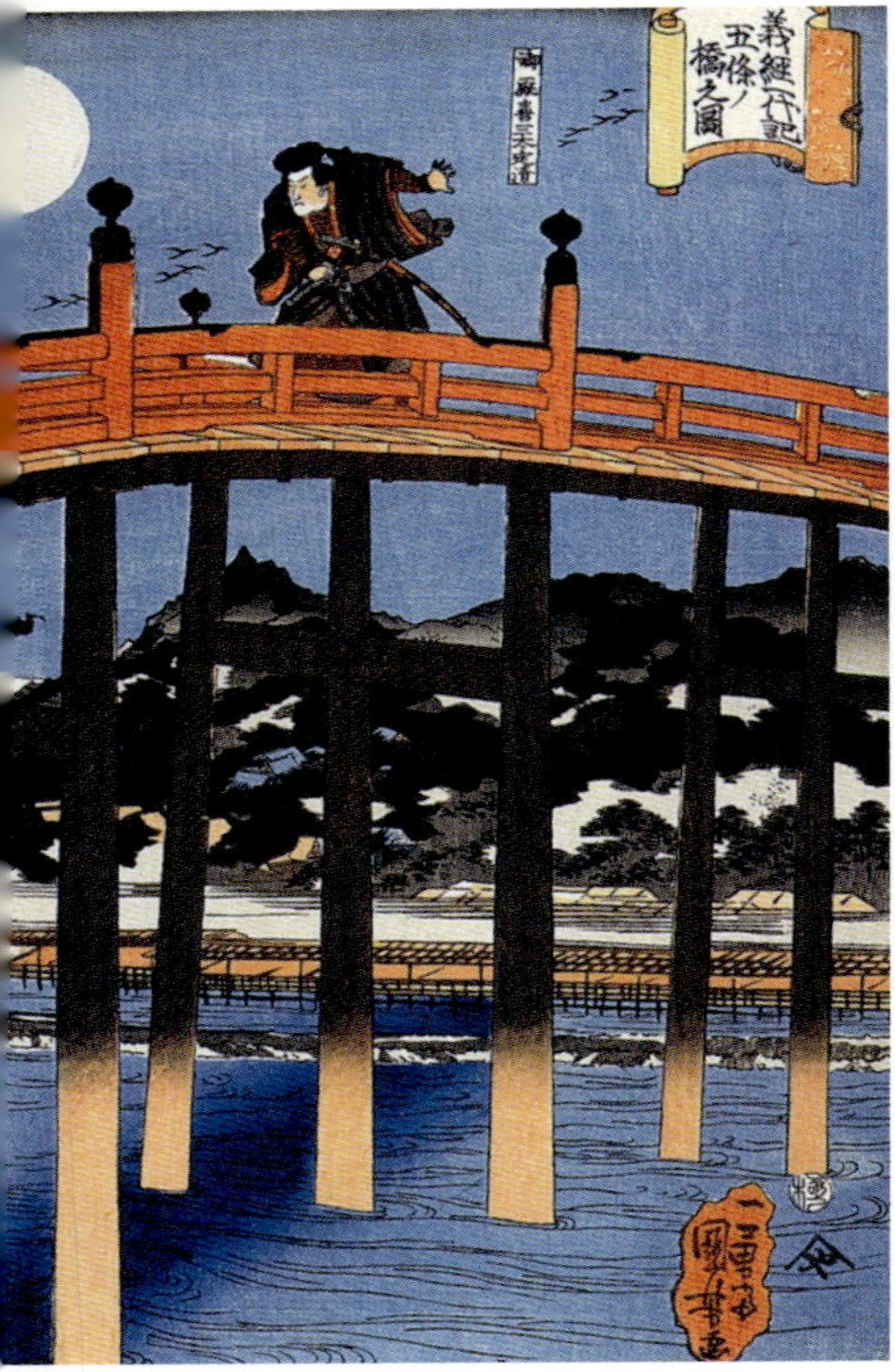

森口裕二「狐火 ~ A will-o'-the wisp ~」
（2006年）……第六章より

歌川国芳「義経一代記 五条ノ橋之図」（1839年頃）……第十五章より

月岡芳年「月百姿　やすらはて寝なましものを小夜ふけて かたふく迄の月を見しかな」（1886年）……第三章より

月岡芳年「新形三十六怪撰　清姫日高川に蛇体と成る図 」（1890年）……第九章より

小田富弥「夕涼み」（1935年）……第十七章より

山本タカト「敵対する力」（2002年）……第五章より

駕籠真太郎「輝け！　大東亜共栄圏」（1999年）……第十章より

松井冬子「喪の寄り道」（2010年）……第四章より

小島文美「輪廻・死人棘　Tanatopsis」（2007年）

柳の霊……「その魂は鶯に変わり……」

十八世紀、有名な女形の役者、中村富十郎は、こんな俳句を詠んだ。「いつまでも娘心の柳かな」。この樹がそれを眺める者の上に及ぼさずにはいない魔力を暗示してのことである。その長い枝は、思わせぶりに絡み合って、軽快なドレスの襞のように波打つ。それは〈枝垂《しだ》れ柳〉とも〈糸柳〉とも呼ばれる。春になると、その細枝が白い綿毛の小さな繭で覆われる〈猫柳〉は、平安時代の淑女たちがその額《ひたい》の上に空から落ちてきたように引いた偽りの眉にも似る。柳は天女を思わせる。この樹の愛撫するような動きにおいて、すべてが地に向かい、しなり、たわみ、そして〈たお柳〉という語が若い天女の美を思わせるにいたるほどに、甘くかすかに懇願しているように見える。〈たお柳〉と「しとやかな美女」を意味する〈たおやめ〉との類似性で戯れながら、俳人の芭蕉（一六四四―一六九四）は、ほとんど翻訳不可能な句を詠んでいる。魂（たま）の性質に意図的に疑問を投げかけて、「鶯をたまに眠るかたお柳」。鶯は綺麗な柳の魂を眠りに誘うのか。綺麗な柳は自分の魂にほかならぬ鶯のことを考えているのか。この句では、柳が自分が鳥だと夢見ているのか、それとも鶯が自分が柳だと夢見ているのか知ることはできない[36]。よく選ばれる翻訳は、こうである。「その魂は鶯に変わり、綺麗な柳は穏やかに眠る[37]」。

おそらく柳は、揺れながら、二つの意識の状態のあいだのためらいの、往還運動の観念を暗示するために、日本でつねに魔法の樹の両義的価値を持ってきた。榎《えのき》とともに、それは〈化け物〉（変身した存在、変異した存在）と呼ばれる魔法の樹の一部をなす。春のにわか雨に打たれながら、ひとつの思いから別の思いへと移る精神のように、それはあらゆる方向に身を揺する。ちなみに、平安時代の多くの歌が、その枝に付いた水滴を宝飾（玉《たま》）の首飾りに、つるつるして互いに交換可能な「魂《たま》の首飾り」にたとえている。恋はひとつの夢でしかないが、それは目覚めたときどの世界が真なのかときとしてもはやわからなくなるような当惑させる夢である。柳が最愛の人に変わる夢だろうか。それとも美が幻覚でしかない夢だろうか。もっとも有名な柳の物語は、ひとつの世界の霊を別の世界へと移すことのできる恋の力への信仰を明らかにする〈化け物〉の物語である。

一一二〇年代、子供が枝にブランコを掛けて遊べるような堂々たる柳の樹があった。その葉叢《はむら》は、村の子供たち全員にとって遊び場になったが、また夜に語らいに来る恋人たちにとってロマンティックな避難所にもなった。昼間は百姓たちがその優しい影の下で休息した。そして陽光を避けてそこに来た旅人は、西行法師(一一一八―一一九〇)が、ある日、陸《みち》奥《のく》を旅する途次に作った歌を詠んだ。「道の邊《べ》に清水流るる柳かげしばしとてこそ立ちとまりつれ」(『新古今和歌集』二六二)。この柳の影は、時間感覚をほとんど失わせるほどの心地よい充足感をもたらした。催眠的に揺れる長い葉ずれの音を聞いて、人はもはや自分自身ではなく樹と一体となって風と合体するような印象をときとして持つほどの心地よい思いに身を委ねた。こうした宙づりにされた奇妙な瞬間の夢から覚めると、傾いた太陽が家に帰る時間を告げた。人は充実感に満たされ、ため息をつきながら立ち上がり、その植物的生命のなにほどかを自分に分けてくれたことを樹に感謝した。

柳が誰をも幸せにするからこそ、当局がその木材で橋を造る決定をしたとき、村人のひとり、平太郎という名の若者が、道の柳を切るよりも適切な樹から取った木材を充てるほうがいいと言って抗議した際、村人の多くが安堵《あんど》したのである。皆がその考えを素晴らしいと感じた。それで平太郎はほっとして木材を納め、そして柳の美しいシルエットが村の入口に立つのがつねに見られるという思いで幸せに感じた。三日後、畑から戻った平太郎は、柳の前に若い娘が立っているのを見た。思わず彼は挨拶した。笑いながら彼女は挨拶を返し、そしていかにも共感にあふれたように柳の樹とその付近についていろいろな質問を彼にし始めた。平太郎は、その夜、眠れなかった。この未知の美少女の姿が頭に去来し、いったい彼女がどこからやって来たのか不思議に思った。翌日の夕方、彼女はふたたびそこで彼を待っていた。翌々日もまた続く日々も。平太郎は、樹に近づくたびに思い人をもう見られないのではと恐れながら心臓をどきどきさせていたが、ついにある夕べ、彼らの影を長い蔓《つる》のように伸ばす夕日の黄金の光を浴びながら、彼女に自分の妻になってくれと頼んだ。「私もそう望んでいます」と彼女は言った。「でも私がどこから来たかけっして訊かないでください」。肥後という名で彼女は彼の美しい妻になり、そして二人のあいだに可愛らしい男の子が生まれた。何年かが幸せに過ぎた。

一一三二年、彼らの息子が五歳になったとき、平太郎とその妻は、都で鳥羽上皇が巨大な観音寺を建立し、そこに「十一面千手観音」の輝くばかりの姿をした、少なくとも千一体の立像を納めることを決めたことを知った。日本の各地域が建築のために木材を提供して、この敬虔な事業に貢献するように命じられた。ああ、くだんの柳が、切り倒される樹のひとつとして選ばれた。平太郎がどんなに抗議しても、命令はいとも高いところから来ていた。

樵《きこり》が斧をふるう運命の日が来た。ちょうど夜明け前だった。柳の樹皮に斧が最初に触れるや否や、寝ていた平太郎は突然激しい痛みで目覚めた。身を起こして妻を見ると、血を流し、眼に涙をいっぱい浮かべて、不安気に彼を見つめた。「私はあなたが救い人よ、私は死にます」、と彼女は言った。「私はあなたが救ってくれた柳の霊です。あなたに、最愛のあなたと愛する息子に、お別れを言う時が来ました……。命が尽きます。さようなら」。彼女は彼の腕のなかにくずおれ、からだが透き通り、軽い衣装を残して蒸発した。平太郎は眠っている息子を起こして、言った。「お前のお母さんが行ってしまったよ。さあ、弔いに行こう」。子供を連れて柳を見に行くと、柳は切り倒されていた。不思議なことに、その幹は百人の男たちがかかっても動かせないほどの重さがあった。樵たちが必死に引いたり押したりしても、びくともしなかった。平太郎は彼らに言った。「皆さん、切られたこの樹には私の妻の霊が宿っています。私にやらせていただけるなら、たぶんお助けできるでしょう」。面食らった彼らの眼前で、彼は息子にならにかささやいた。それで子供はその小さな手で枝を摑んで、言った、「おいで」。するとすぐに樹は地面を滑って子供についていった。

伝説によれば、樹は子供に従って建設中の寺院の中庭まで来たが、その道すがら平太郎は手をたたきながら歌っていた。これは彼の〈道行き〉だったのだ。この物語に由来する歌がいまでも存在していて、労働者たちがなにか重たいものを引かなければならないときに歌う。「無残なるかな　もとは熊野の柳の露で　育て上げたるこのみどりごは　よいよいとな」。

女＝柳が建設に貢献した寺院は、歴史的に有名である。それは京都にある。世界でもっとも長い木造建築とみなされる三十三間堂である。千一体のクリスタルガラスの眼の立像が、何列も並び立ち、そのいずれも二十一対の腕の日輪を掲げているが、それはこの世の存在のみならず不可視の二十四の他界の存在を救うためで、そこでは植物的女性たちや生き物たちが愛されることを待ちながら暮らしているのである。

【註】

（1）二〇一〇年十二月二十日、京都で行なわれた友吉鶴心との対談。

（2）Markus Rüttermann, "So That We Can Study Letter-Writing, The Cncept of Epistolary, *Etiquette in Premodem*

Japan", *Japan Review*, 2006, n° 18, pp.57-128.

（3）Noël Péri, *Le Nô de Sotoba-Komachi*, 1913, pp.1-113.

（4）Koichi Kano et Armen Godel, *Visages cachés, sentiments mêlés*, p.31.

（5）『玉造《たまつくり》小町《こまち》壮衰書《そうすいしょ》』と題する小著が存在する。著者は空海とも三善清行とも言われるが、そこで著者はある日「ひとりの年老いた女乞食」に出会うことを物語る。「その美しさによってその昔内裏に迎えられ帝の寵愛を受けた。（中略）その後、不幸が彼女を襲った。寄る年波に彼女はひとり財産もなく取り残された。そしてついにはきわめて悲惨な状態に追い込まれた」。Noël Péri, *op. cit.*, p.2.

（6）Gail Chin, "The Gender of Buddhist Truth. The Female Corpse in a Group of Japanese Paintings", *Japanese Journal of Religious Studies*, 1998, 25/3-4.

（7）榻《しじ》：牛を外したあとに牛車の轅《ながえ》を支えるかなり大きな台。

（8）Noël Péri, *op. cit.*, p.4.

（9）『卒塔婆小町』の翻訳：Koichi Kano et Armen Godel（*op. cit.*, p.186）, Noël Péri（*op. cit.*, p.39）, Arthur Waley（The nô plays of Japan, Dover Publications inc., 1922, p.122）.

（10）Koichi Kano et Armen Godel, Kayoi Komachi, *op. cit.*, p.101.

（11）*Idem*, p.111.

（12）イザナギとイザナミは、スサノオの両親で性衝動の生みの親だが、兄と妹である。彼らが性交しようとするとき、それゆえ、すでに互いに知っているのだから、彼らが「愛の出会い」をすると真に考えることはできない。もっとも、文献によれば、彼らはちょっとしたパントマイムを通して出会いを装う。一本の柱の周りを廻って、彼らは初めて「出会う」ふりをする。神話では、それゆえ本当の意味で結婚のシステムの端緒を開くのはスサノオである。彼はよそからやって来てひとりの女に出会い、誘惑し、救い、そして（歌を作って）正式に結婚する。スサノオと〈道行き〉の起源についてのさらなる情報は以下を参照。Dragomir Costineau, *Origines et mythes du* kabuki, POF, 1996. Alain Walter, *Érotique du Japon Classique*, Gallimard Nrf, coll. "Connaissance de l'Orient", 1994.

（13）Koichi Kano et Armen Godel, Kayoi Komachi, *op. cit.*, p.104.

（14）Paul Claudel, *L'Oiseau noir dans le soleil levant*, Gallimard Nrf, 1942.

（15）Chikamatsu, *Les Tragedies bourgeoises*, traduit par René Sieffert, POF, p.53.

（16）近松門左衛門によって人形浄瑠璃のために作られた『曾根崎心中』は、竹本座で一七〇三年六月二十日夕に太夫の竹本義太夫と人形遣いたちによって上演されたが、そこに辰松八郎兵衛なる者が参加して、謡の部分に人形のための振り付けを加えた。

（17）「じつのところ歌舞伎は、すでに何十年も前から、同様の出来事を舞台に上げる習慣があった」、とルネ・シフエールは修正する。しかしそれはただ「無言劇か役者が即興的にせりふを言う短い寸劇」に関わることで、個々の売春宿を宣伝するための口実である。René Sieffert, *op. cit.*, p.54.

（18）*Les Trgedies bourgeoises*, *op. cit.*, p.71.

（19）人形劇において女の人形には足がない。お初の人形だけには足があるが、それは人形遣い自身によって彫られたもので、お初が徳兵衛に足をかけ、自分の打掛けの裾に隠し入れて、自分と一緒に死ぬ用意があるか足を使って訊く、まことに美しい場面のためである。

（20）Chikamatsu, *op. cit.*, p.77.

（21）日本語は諸時間をはっきりと区別しない。単純過去と前過去との差異がない。未来との前後関係もはっきり示さない。「雨が降る」という文は、「雨が降っている」とも「雨が降るだろう」ともとれる。「日本語の文法が反映しているのは、世界の時間的構造ではなく、出来事に対した話し手の反応である」、と哲学者の加藤周一は言う。このはなはだ主観的な言語においては、あらゆる出来事はそれに立ち会う人物の現在に還元される。現在の瞬間、それだけが問題である。Kato Shuiti, *Le Temps et l'espace dans la culture japonaise*, traduit par Christophe Sabouret, p.61.

（22）Kato Shûiti, *op. cit.*, p.56.

（23）Serge Salat et Françoise Labbé, *Créateurs du Japon, le pont flottant des songes*.

（24）Kato Shûiti, "Histoire de la literature japonaise", tome 1, traduit et cité dans *Le Temps et l'espace dans la culture japonaise*, p.76.

（25）もっとも有名な地獄絵巻のひとつ（『地獄草紙』）は、十二世紀のもので、奈良国立博物館にある。これは『起世経』所説の十六小地獄の記述に想を得たもので、「黒雲沙《こくうんしゃ》」、「糞屎泥《ふんしでい》」、「五叉《ごしゃ》」、「飢餓《きが》」、「燋渇《しょうかつ》」、「膿血《のうけつ》」、「一銅釜《いちどうふ》」、「多銅釜《たどうふ》」、「鉄磑《てつがい》」、「函量《かんりょう》」、「鶏《とり》」、「灰河《かいが》」、「斫截《しゃくせつ》」、「剣葉《けんよう》」、「狐狼《ころう》」、「寒氷《かんびょう》」である。『起世経』の十六小地獄のうち七つが、この幅二十六・五センチ、長さ四・五メートルの巻物にじつに写実的に表現されている。

（26）坂東玉三郎の演じる『鷺』。
http://www.youtube.com/watch?v=4q1MPwD7zCl&feature=related.
http://www.youtube.com/watch?v=kP4TdEMrNuo
http://www.youtube.com/watch?v=0607KFCCEdU&feature=related.

（27）二〇一〇年六月二十二日、東京で行なわれた桜井久美との対談。

（28）二〇一〇年八月八日、東京で行なわれたサビーヌ・スタドラーとの対談。

（29）「鷺」はまた能の作品にもなっている。Gaston Renondeau 訳、*Le Héron* (*Nô*, Tokio, Maison franco-japonaise, 1953, pp.251-267), および Donald Keene 訳、*The White Heron* (*Two Forms of Japanese Theatre*, Columbia University Press, 1965).

（30）Taro Okamoto, *L'Esthétique et le Sacré*, Seghers, 1976.

（31）義太夫は、竹本義太夫（一六五一―一七一四）によって創られた、三味線を伴った歌の一様式である。彼は劇作家近松門左衛門（一六五三―一七二五）と協同して、人形劇を変革した。

（32）『蝶の道行き』は、十八世紀のもっとも重要な作家のひとり、並木五瓶（一七四七―一八〇八）によって書かれた作品（『傾城《けいせい》倭荘子《やまとぞうし》』）にもとづく歌舞伎舞踊である。この作品は一七八四年に大阪の「中の芝居」で演じられた。一八一八年に人形劇に採用され、かくてこの義太夫を誕生させることになった。

（33）二〇一〇年四月二十七日、ジュネーヴで行なわれた松永尚三との対談。

（34）三味線は、文字通りには「三つの味の線」を意味する。それは三弦（伝統的には絹の弦）のリュートで、猫の皮を張った四角い胴と長い棹で組み立てられ、象牙の撥で演奏する。太夫の歌に伴って人形劇（〈文楽〉）で用いられるものは、〈津軽三味線〉、〈太棹〉、あるいは〈義太夫三味線〉という。歌舞伎で用いられる三味線は、むしろ〈細棹〉である。

（35）一九八六年のヴェネツィア・ビエンナーレの展覧会カタログからのセルジュ・サラとフランソワ・ラベによる引用。*Créateurs du Japon, le pont flottant des songes, op. cit.*, p.116.

（36）芭蕉は日本でとても有名な中国の次のような逸話を暗示している。ある日、荘子は自分が胡蝶になった夢を見た。しかし目覚めて、それが胡蝶の見た夢ではないかと自問した。

（37）Makoto Ueda, *Basho and his Interpreters: Selected Hokku With Commentary*, Stanford University Press, 1995, p.88.

菊池容斎『前賢故実』（1818〜1868年頃）より惟喬親王

第八章

虫と光沢

「人格横断的同一性の限りない拡張」

揚巻……妹よ、もっと近しい関係を結ぼう

聖なるもののもっとも意味のある原理のひとつは、〈結《むす》び〉の原理で、日本の研究者たちはそれをこう定義している。「誕生と生成の精髄。成就、結合、創造と調和の力」[1]。『日本の源泉』において著者ジャン・エルベールは、〈結び〉という語がすべてを、善と悪、天と地を包括すると主張する。〈娘《むすめ》〉と〈息子《むすこ》〉という語は、この語に由来する。神道の文献において、最初の神的カップルは、二柱の見えざる〈カミ〉——カムムスビとタカミムスビ——によって形成され、その創造の力（結びの御霊《みたま》）があらゆる現象を生じさせる。語源的には、〈ムスビ〉は二語から構成される。〈ムス—ビ〉。〈ムス〉は〈ウブス〉、「生む行為」から来ていて、「生産する」、「肥沃《ひよく》にする」、「発酵させる」を意味する。〈ビ（ヒ）〉は、「太陽、火、光、魂、神性」等を意味する。「ムスビは、したがって、目に見える次元では、生じさせ、芽生えさせる太陽を、目に見えない次元では、男と女、昼と夜、主体と客体といった相関的対立項を結びつけるダイナミックな力に関わる」[2]。〈ムスビ〉を、螺旋状に巻く二つないし三つの〈タマ〉[3]で構成される生の躍動《エラン・ヴィタル》にたとえて、ジャン・エルベールは、この螺旋運動が絶えざる回避の形式に基づくことを強調する。つまり、男性的エネルギーは増大し、膨張し、発散し、分岐するのに対し、女性的エネルギーは後退し、摂取し、吸引し、統合し、収縮し、萎れる……。一方の極が始まりも終わりもない渦のなかで他方の極を生動化する。生は変化への絶えざる適応の形にほかならない。愛そのものも、深い空の下で息つけぬまでに旋回することに満足するとき、人に幼年期の最初の快楽を思い出させる追跡レース、目くるめく欲望にほかならない。この〈結び〉の概念はとても根本的なものなので、愛の語彙そのものが影響を受けていることがわかる。草、結び目、茎、蔓《つる》、絆、「新芽」、綱、芽生え……。成長発展するものを結ぶことがつねに問題である。

愛の歴史のなかでもっとも有名な結びのひとつは〈揚巻《あげまき》〉という。一本の紐の両端を対称的に捩《ねじ》って、三回半捩ったメビウスの輪と同じ形の結び目を作る。昔の日本では結婚適齢期の若い娘は自分の髪をこのように輪の形に整え、いったん

自分と関係を結んだらもうほどけないことを示した。揚巻の紐の一本を引っ張っても、固く締まっているのではほとんどほどけない。昔から揚巻で無限を思わせる飾り房（豊作の象徴）の付いたお守りが作られている。しかし教養ある人士にとっては、揚巻は、とりわけ『源氏物語』の「総角《あげまき》」と題する第四十七巻、そこで匂宮《におうのみや》（源氏の孫）が、冬のある日、自分の妹に送る奇妙な歌を思い出させる。物語は曖昧で奇妙である。「時雨の降る日に女一の宮のもとへ匂宮がおいでになった。傍らにはあまり人もいず、妹宮は絵を見ておられた。几帳だけを隔ててお話しされた」(4)。匂宮という異名は、香料を創る彼の年来の趣味から来ている。陶然とさせる芳香に身を包んで、彼は好みの女性たちを誘惑し続ける。ここでは親密な雰囲気のなかで静かに妹に物語を読みつづけさせながら、匂宮の思いはさまよう……。彼は几帳を通して妹のいとも美しい姿を見てとる。「ここ何年ものあいだ、宮は妹に比べられるほどに上品で気高く、それでいて愛らしい者はいないと思ってこられた」。血がつながっているとはなんと残念なことだろう！　と、彼は考える。この穏やかならぬ思いに遊びつつ、匂宮が散らかった絵に目をやると、ロマンティックな場面が描かれている。そのうちのひとつは、妹に琴を教えている男の絵である。突然、自制できなくなり、匂宮はひとりごつ。「人の結ばむ（結ばれたい）」。二人を隔てる几帳に近づいて、彼は低い声で言う。「なぜあなたは私をよそよそしく扱われるのですか。昔は兄弟姉妹が几帳を隔てて話すことなどありませんでしたのに」。妹が当惑しているので、匂宮は言い募る。「若草のね見むものとは思はねどむすぼほれたるここちこそすれ」（若草の上に寝られたらなんと心地よいことだろう、あなたと結ばれたいと思いながら(5)）。沈黙が支配する。居心地が悪く、妹はもはや一言も発せず、女房たちも気おくれして身を縮める。「いったいなにをお考えになっているのだろうと誰もが思った」、と紫式部は皮肉な調子で書いている。実際、誰もが完全に当の暗示を把握していた。

匂宮が妹に送った歌は、じつは『伊勢物語』第四十九段に関係していた。「むかし、男、妹のいとをかしげなりけるを見をりて、うら若み寝よげに見ゆる若草を人の結ばむことをしぞ思ふ（若々しいので寝よさそうに見える若草を、ほかの男が結ぶかもしれないと気にかかります）、と聞えけり(6)」。これに対して女は、こう返した。「初草のなどめづらしき言の葉ぞうらなくものを思ひけるかな（初草のように、なぜそのような珍しいことをおっしゃるのでしょう、ただお兄様とのみ無心に思っておりましたのに）」。言外にほのめかされて話は終わる。『源氏物語』でも話はそこで終わる。一三〇〇頁以上を数えるこの小説のなかでたかだか二頁を占めるにすぎないとはいえ、急に終わるこの告白は物語のもっとも際立つエピソードのひとつである。日本では近親相姦的関係は古い伝統の一部をなしている。神道の創世記は、兄と妹の結婚に基づく。『古事記』では、「神々の時代」に〈ムスビ〉と名づけられた二柱の見えざる〈カミ〉が天地を分かつための作業に着手したとき、まず原初の混沌から「葦の芽」に似た草が生じたと言われている。次いで二柱の目に見える神、男と女、兄と妹のイザナギとイザナミが生まれた。これが宇宙の性別のある最初のカップルで、彼らの抱擁が物質的世界に存在するあらゆるものの起源となった。「愛は無秩序です」、と東京芸術大学で教鞭をとる友吉鶴心は言う。「日本的性にはつねに混沌の役割があります。というのも、夜になると、暗闇と混雑状態を利用して家族のメンバーがしばしば別の部屋に忍びこむからです。目覚めると、兄が自分の妹と寝ていたことを報告します。幽閉が混乱を助長します。出る権利のない廓《くるわ》や、界隈、地域、村の囲まれた空間から出ることはしばしばとても難しいのです」[7]。帝も自分が人質になっている内裏から好きなように出ることはできない、と彼は付け加える。遊女は家族が自分を売った売春街の境界を越えることはできない。ある種の身分になると、平安時代の婦人たちは自分が閉じ込められた空間からもはや出る権利を持たなかった。牛車は、彼女たちが人生を送る私室とほとんど同様に密閉されたブラックボックスだった。「〈廓〉は〈閉じ込め〉、〈境界〉、〈縁《ふち》〉を意味します」、と友吉鶴心は明言する。「奇妙なことに、仏教用語ではそれは反対に〈自由な空間〉、〈開け〉、〈空白〉を指す語です。まるで精神は閉じた狭い空間のなかでしかよりよく展開されえないかのようです」。

日本的空間におけるすべては、明確に限定された空間と周りの混沌とのこの対立に基づく。洞窟や森や山の入口に象徴的通路を開く〈鳥居〉は、諸世界間の境界線をはっきり印す。伊勢神宮では聖なる囲い（〈磐境《いわさか》〉）が不可視の障壁として地面に直角に立つ。「一本の縄で囲まれた一面の白砂利が眼前に広がる。中心には小屋があって、視界に入らぬ一本の柱を守る。この長方形の抽象的な面の周りに暗い森が限りなく広がる」[8]。きわめて古い神社では、聖なる場所は、囲いとなる〈しめ縄〉でつながれた四本の柱によって示される。ときとして柱は、能舞台におけるように、壇を支える。この祭壇の中心に、緑の葉の樹、〈榊《さかき》〉がある。ときにこの樹は、神が依りつく中心柱（〈依代《よりしろ》〉）に取って代わられる。この儀礼の場は〈神籬《ひもろぎ》〉と呼ばれるが、これはまた〈かみがき〉あるいは〈かむがき〉とも読まれうる[9]。〈神籬〉は、それを越えて入り込むことが禁じられている境界をしるす。そこに〈カミ〉が降り立って、周りにその存在が感じられる。「彼らは闇の世界、あの世に住む」、と磯崎新は語る。「彼らは暗がりのなかに立ち現れ、夜、遠くへと去る」（『間、日本の時空間』)。磯崎によれば、逆説的にも、神の現存は、囲いのなかではなく、周りに、風にそよぎ見えざる力に動かされる樹の葉に、樹の葉が〈神籬《ひもろぎ》〉の四角い土地に万華鏡のように落とす影に感じられる。「誰も乗り越えることのない障壁は、いかなるイメージも、いかなる記号も、空虚以外のなにものも閉じ込めてはいない」、とセルジュ・サラとフランソワーズ・ラベは語る。「日本の建築はすべて、この観念、この聖なる縄、この限りなく明確な記号、この夜の暗い力から隔てられながら夜が新たに凝結しに来る場所の周りに発展してきた[10]」。伊勢神宮では、こうした聖なる空間の両義的性質をさらに強調するかのように、いずれもが二重になっている。ひとつが神を守り、もうひとつが神を待つ。各神宮は二十年ごとに壊され再建造されるが、交換可能な役割を担って交互に隣接する区域を占める。一方に不在、他方に現存……。両者のあいだには、間隔、空白、縄、日よけ、夢の地帯、あるいは広縁があり、境界であると同時に通路でもあるこうした障壁は、〈結び〉[11]の永遠の弁証法に従うが、これを二つの文で要約することができるだろう。すなわち、分かつものはつねにつなぐものである。引きつけるものはつねに避けるものである。

　両次元をつなぐには、それゆえ両者間にひとつの空間、神を待つ空虚な空間を創らなければならない。男と女をつなぐには、彼らが何光年も離れた星々からやって来た、異なった本性の存在であるという考えをしなければならない。対立のゲームが同時に歩み寄りの巧妙な戦略的ゲームとなるように、そこから関係を結ぼうという関心が生まれる。関係は、日本では、あらゆる種類の形をとりうる。植物の世界に属するときは、愛する人のからだを思わせるしなやかな茎を暗示して、〈草〉と呼ばれる。また秘めた恋を暗示して、〈しのぶ〉(反った葉のシダ)と呼ばれる。〈しのぶ〉という語は、実際、「隠された」とも読めるので、この草は絹織物を飾るための型紙に用いられ、「隠さなければならない混乱した気持ち」と同義のテキスタイルのモチーフにその名を与えている。関係としての草は、また「忘却」の草たりうる。「やぶかんぞう」の水薬が傷ついた心の記憶を取り除くという伝説を暗示する場合、〈忘れ草〉と呼ばれる[12]。また「根」と「寝」とを同時に意味する〈ネ〉と呼ばれる地下の草もある。それは休息を喚起する。というのもそれは、「横になるのに快適な場所の様子をしている」という意の〈寝よげ〉という表現のうちに見出されるからだ。恋人たちが愛の告白をしたいときは、草に横になりたいと遠慮がちに言う。あるいは匂宮のように、「若草」が誘っている、と。とてもひんやりして柔らかく優しく迎えてくれるので、彼らはしっかりと「結ばれる」。〈ネ〉という語は、(琴の)「音《ね》」も意味しうるから、女が男に自分と「寝」に来るように誘うとき、この楽器を弾く姿で表されることがあるのも、そのためである。楽器の弦そのものが、二つの世界に張り渡され、男が自分を欲するように誘うのである。

林朝子「落日」（二〇一〇年）

源五兵衛とおまん……娘か、幽霊か、夢か、それとも若衆か

愛が幾層もの虚偽＝幻想の下に隠れて身を装えば装うほど、それはいっそう謎解きを求め、いっそう魅惑的なものになる。誘惑者の象徴たる『源氏物語』の主人公は、太陽女神に匹敵する名前を持つ。彼は光源氏、「輝かしい皇子」というが、彼を目にする者は、胸が締めつけられて彼が女でないことを残念に思わずにはいられない。まるでその顔が女性性のヴェールを通して抗いがたい魅力をたたえているかのようなのだ。この「性の混乱」への最初の言及は、源氏とその友人たちが恋のアヴァンチュールについて語る雨の夜になされる。「柔らかな白い衣《きぬ》の上に直衣《のうし》だけを無雑作に着て、紐なども結ばず、横になっているその姿が、灯芯の光に映えて、とても魅惑的で、まるで女として見たくなるほどだった」[13]。暗示の効果は、動詞の「見る」がまた「愛のいとなみをする」とも解されるがゆえにいっそう悩ましいものとなる。「見たくなるほどだった」、とルネ・シフェールは訳している。「抱きしめ、愛したくなるほどだった」、と著者の紫式部（九七三年頃―一〇一四ないし一〇二五年）はほのめかしているのだ。もう少し先で、源氏は暑さのために薄着で現れるが、義父は二人の間に衝立を置かせて、皇子が女であるかのように、それを通して話しかける[14]。第七章で源氏は愛人の女の兄に出会うが、彼が彼女によく似ていると思い、「そして心のなかで彼を女と想像すると面白いと考えたとき、いっそう彼に惹かれるのを感じて、会話も打ちとけた調子になった」[15]。この接近を通して今度は彼のほうが「とても魅力的」だと感じた皇子に曖昧な空想を投げかける。「彼を女として見てみたいものだと思った」[16]。互いの眼に映し合いながら、二人の男は二人の女のようにまみえ、そして「日が暮れて」名残り惜しく別れる。

第九章において、源氏の親友、頭中将《とうのちゅうじょう》は、「皇子が女だったら、その魂は死後も留まらずにはいられまい」[17]と夢想せずにはいられない。源氏の美しさに魅了されて彼はじっと見つめる。一方、喪に服している皇子は、霜枯れの庭を打ち眺めながら妻の死に涙している。「彼女が雨になったか、それとも雲になったか、どうして知ることができよう」、と彼はひとりごつ。葵が亡くなった。彼女は頭中将の妹だが、兄はこ

の思い出の苦しみにとらわれ、その眼差しを冬の庭に転じ、呼応するようにひとりごつ。「空の浮雲を目で探しても、その行方はわからないなぁ」。しかし彼が誰を探しているのか、わからない。死んだ妹なのか、夢の女なのか。

「女にて」（女のように）、「女にて見る」（女として見る）という表現は、境界を廃するがゆえに崇高なものとされる美の確かなしるしとして『源氏物語』のなかに何度も登場することになる。[18]「通常の美は限界を持つ（限りあり）が、至高の美は持たない（限りなし）[19]」、とロイヤル・タイラーは言う。それは子供、天皇、神々に特有の美である。彼らは男性でも女性でもない。彼らのからだは世界の分割を超越している。「平安時代の貴族は、第一の性にも第二の性にも興味がありませんでした。彼らは第三の性に興味を持っていたのです[20]」、と『源氏物語』の専門家、狩野晃一は主張する。おそらくだからこそ、「女のように」といった表現がしばしば近親相姦の幻想に結びつけられるのだろう。男のうちに女を探しながら、恋人たちはまた兄のうちに妹を、娘のうちに母を探し、愛する者の顔を際限なく調べて別の存在を求めるのだ。

「若菜　上」の章において、朱雀院は娘を源氏と結婚させたく思い、皇子が「女だったら」、あるいは「妹だったら」「もっと身近に」感じられるだろうとの一種奇妙な憂愁に沈む。彼は言う。源氏はまことに美しい、「だからすべての女が彼の魅力に屈しても驚きはしない。私が女だったら、同じ父の子であっても、ためらわずに彼の愛人になったことだろう。若いとき密かにそう思ったものだった[21]」。源氏の兄に当たる人としては、まことに奇妙な告白である。当時、明らかに、見た目が似ていることがいたく想像力を刺激した。「人の外観には、どんなに感じが悪くても、つねになにか計り知れぬ神秘があるものだ[22]」、と源氏は述懐する。彼は女の顔を、長いあいだ自分のものになってよく知っている女の顔でも、見つめずにはいられない。彼はどんなに微妙な表情でも魅了されたように観察する。というのもそうした表情は、肌の上に波のように絶えず重なり合って、先行した波が残した線を消すからだ。ときとしてきわめて遠いところからやって来るこうした波は、他の存在の幻の痕跡ではないのか。身近な人の？　あるいは先祖の？

顔を朧月《おぼろづき》にたとえる平安の歌人たちは、愛する人の背後に、その表情が形成する雲の背後の光のような、他者性の光にほかならぬ永遠の神秘の光のようななにか別のものが存在するとしばしば考える。というのも月は、じつのところ、大きな鏡でないとしたらなんだろうか。月は、それ自体では存在しない。月は、太陽が不在のときに、その光を反射するだけだ。不在の存在の、あるいはときに長く姿を見せぬ存在の光を反射する人間と同様に。最初の人間以来伝えられてきた、遺伝子あるいは炎の希望の乗り物でないとしたら、われわれはなんだろうか。「われわれの先祖は、じつはわれわれのカミではないだろうか」、とラフカディオ・ハーン（『知られざる日本、心理学的素描』一八九四）は問う。そしてわれわれの行動は、われわれに宿る死者の作品ではないかと。われわれの衝動と性向、能力と無力さ、ヒロイズムと小心さ、こういったものはすべて、われわれに生の神秘的な恵みを伝えてくれた無数の消え去った存在によって創られたのではないか。そしてこの〈なにか〉、われわれ一人ひとりにほかならぬ複雑な無限のきらめきたるこの〈自我〉を、〈私〉と訳すべきだろうか、それとも〈彼ら〉と訳すべきだろうか[23]。それゆえなにが諸世代と個人の不連続性を横切ってひとりの人物から別の人物へと伝えられるのだろうか[24]、と『源氏物語』の研究においてアラン・ウォルターも問うている。われわれの自我は同一性の無限の重なりからなるという感覚でなければそれはなんだろうか。ひとりの男の顔を通してひとりの女の顔を見る、あるいは見知らぬ人の微笑みを通して親しい死者の微笑みを見ること、それは、愛は存在しない、……個人そのものもまた、と認めることである。個人は、「人格横断的同一性の無限の拡大[25]」としてしか存在しない、とアラン・ウォルターは述べる。そして愛は残留物、繰り返される他の愛のかすかな反響にほかならないが、正確に繰り返されるわけではなく、それぞれの物語は異なった結末、それ固有の多彩なニュアンスを持つというわけである。

　個人についてのこうしたきわめて曖昧な考え方を代表する愛の物語のひとつが、井原西鶴（一六四二―一六九三）の『好色五人女』のなかに見いだされる。それは貞享《じょうきょう》三（一六八六）年、述べられている事柄の二十三年後に書かれた。世の流行歌《はやりうた》によって、一六六三年に自害した源五兵衛の物語が全国に広まっていた。源五兵衛は、（九州南端の）薩摩の首府、鹿児島の出身だが、都の人々はそこを野蛮な地方で男色の中心地と軽蔑的に見ていた[26]。「厳格に育てられた[27]」薩摩の侍たちは、女を見向きもせず、よく理解できない方言を話すので、他の地方の人々と意思疎通するためには能の言葉を用いねばならなかった。荒っぽい習俗で有名なこの地方において、こうした粗暴な侍と刀を交えるのは得策ではなかった。そのうえ彼らは自分の稚児に対して、ある種の男唄が伝えるように、とても嫉妬深かった。「俺の稚児に触りたいなら触れ。しかし触ったら、俺の刀が飾りのためにあるのではないことを知れ[28]」。

　伝説を信じるなら、それゆえ源五兵衛は、生粋の薩摩っ子として、九州ではよくあるようにきわめて男性的な、男色家の尊大な武士だった。ならば、おまんという名の商家の娘とともに自害したことをどう説明したらいいだろう。西鶴が解こうとした謎がそこにあった。[29]「源五兵衛は鹿児島出身である」、と『好色五人女』で語られている。「美男で、朝から夜まで男色に入れこんでいた。女相手の戯れなどまったく知らないまま、二十六歳になっていた」。[30]八十郎《はちじゅうろう》という名の若衆に夢中になって、お互いの命を捧げてもいいほどの情熱で源五兵衛は彼と関係していた。ああしかし、「美しすぎるがゆえに多くの男たちが死ぬ」[31]。八十郎は、「初咲きの一重桜《ひとえざくら》が半ばつぼみを開いて、その花が物言うような風情」にたとえられる美しさだった。ある雨の寂しく降る夜、二人が横笛の連奏をして、しっとりとした情趣ある音色を奏でていたところ、八十郎がもの憂げに楽器を置いた。「窓を通して入る夜風が梅の香りを運んで、若衆の振袖に移った。庭の呉竹がそよぐと、そこを塒《ねぐら》とする鳥が驚いて飛び交い、悲しい羽音をたてた」[32]。

同じ枕で甘い一夜を過ごしたその明方、愛人たちは眠りに落ちていたが、源五兵衛は、「今宵かぎりですのに、私になにか名残りの言葉はありませんか」と尋ねる声を夢うつつに聞いた。源五兵衛が驚いて若衆の手を取ると、彼はやや微笑んで、「人の命は定めがたいものです」とつぶやくや、脈が止まってしまった。葬儀後、源五兵衛は塚の前に泣き伏し、命を捨てようかと思い悩んだが、それまで少なくとも三年間は弔おうと考えた。彼は出家した。「毎日花を摘んで供え、香を絶やさなかった」。しかし一年経って、朝顔が咲き夕方には萎れるのを見ると、はかなく死んだ愛人の思い出にとらわれ、高野山に巡礼しようと思い立った。というのも、まさにそこから若衆を愛する習慣が始まったと言われているからである。

涙で色さめた墨染の衣《ころも》をまとい、初雪に備えて北側の窓を塞ぎ、また布を打つ砧《きぬた》の音もやかましい村々を横切っていると、鳥刺竿《とりざしざお》で鳥を捕まえようとしている十五歳ほどの美しい少年に出会った。「その肉体は女のように豊かだった」、と西鶴は言う。「この光景に見とれて、世にはこんな美少年もいるものだなあ、と源五兵衛は述懐した」。彼が少年を助けると、少年は彼の手を取って自邸に連れて行き、一夜を過ごした。「彼らは契りを結んで、心から愛し合った」。夜が明けると、「高野山からのご帰途には必ずお立ち寄りください」、と若衆は懇願した。僧はひそかに立ち去った。遠ざかる一歩ごとにため息が出た。もはや仏の道は二の次になって、できるだけ早く戻ることしか考えられずに大急ぎで帰途に着き、少年によって定められた「約束の場所」に息せき切ってたどり着いた。何カ月も経っていたが、最初の日のようだった。源五兵衛は明け方まで眠らずに再会の喜びに浸った。

声がして目が覚めた。「死んだ息子の部屋でなにをされているのか」。彼の父親だった。少年は二十日前に亡くなっていた。「臨終《いまわ》の際《きわ》まで、あのお坊様は、あのお坊様は！ と言い続けていました」。それでは源五兵衛は少年の愛らしい幽霊と契っていたわけだ。悲しみに打ちひしがれた彼は、「後の世の道ばかり願って」、辺鄙《へんぴ》な山陰に庵《いおり》を結び、移りゆく事どもに思いを馳せながらひたすら死を待った。その頃、鹿児島に、「十六夜《いざよい》の月も妬むような美しい生まれつき」のおまんという富裕な商家の娘がいた。「去年の春以来、源五兵衛に恋慕して」、数々の文《ふみ》に思いの丈《たけ》を綴って密かに送ったが、彼は女を愛さないので一度も返事をくれなかった。傷ついた女は、ひたすら彼のことだけを思って過ごし、すべての縁談を断った。

源五兵衛が出家していたことを知ると、彼女は髪を切って見事な若衆姿に変装し、根笹の霜を払いながら「恋の山」に分け入った。「頃は神無月」、とても寒い十月だった。「偽りの若衆」となった娘は、手足を凍えさせてようやく庵にたどり着き、自分に心を掛けてくれるようにねんごろに頼むと、源五兵衛は拒めなかった。「私をお見捨てなさいますな」、と真剣な声で娘は言った。「女であるとは知らぬが仏様も、お許しなさるだろう」、と西鶴は述べている。源五兵衛は愛人の正体を知らなかった。彼は無邪気にも、このなめらかな肌をした人以外の若衆にはもう二度と逢いに行くことはないとの誓紙をしたためた。彼は自分の手をおまんの枕に差し出して、そのからだに触ろうとしたが、腰のあたりを探ると緋縮《ひぢり》緬《めん》の腰巻に当たり、「それで相手の顔をよくよく見ると、柔和で女らしい顔つきになっていた」……。おまんがとても優しいので、僧は心変わりし、初めて女を愛する幸せに身を委ねた。その後、源五兵衛は僧衣を脱ぎ、愛する人と俗世間に戻った。彼は夫となり、莫大な財産を得たが、あまりに金持ちになって悔いを感じずにはいられなかった。「どうやって自分一代で使い果たしたらいいだろう」。最愛の人はその都度最後の人に違いないように思える。別れると、死のうと思う。が、波が砂を愛するのと同じくらい愛しうるかのように、人は生まれかわる。その都度違った愛を生き、それが最初のように思える。あるときは花のような若衆を、あるときは幽霊を、あるときは変装した娘を……境界を廃して。

弱法師、よろめく盲人
……「この美は私のうちにあり、私は美のうちにある」

　盲人は通常の人よりよく見える、と日本では言われている。しかも「内なる眼、内なる視覚」という表現があり、ある種の盲人や狂人を裨益するような上位の世界についての意識を指す。彼らは外観の向こう側を知覚する。自分の心で見る。能では、ときとしてこうした信条がきわめて具体的なやり方で実証される。盲人の仮面の視力が目の見える人間の視力に勝るのだ。大部分の能面の視野は、じつのところ舞台上で危険を冒す前にまず「盲目状態で舞う」練習をしなければならないほどに限られている。小さな瞳の穴があけられた仮面をつけると、目印になる二本の柱と若干の観客のほかは見分けがつかない。盲人の仮面には、逆に、閉じた瞼の蔭になってほとんど見えないけれども狭い裂け目があり、役者の足元が見えるようになっている。しかし一見（他の仮面と比べて）つけるのが容易なこの仮面は、盲人の役を完璧に体現しえた者、能の実践がもたらすこの種の第六感で見ることのできる役者にしか許されない。

「能を演じるとき――いや、演じるという言葉は適切ではない。〈能を舞う〉という――つねに眼差しは限りなく彼方に遣らなければならない」。金剛流の弟子の能役者ディエゴ・ペレッキアにとって、眼は使ってはならないものだ。「眼差しは無限へと失われなければならない。役者がなにかを〈見つめる〉と、面をつけていても、観客にはただちに役者の精神がひとつのものに固定されて魅力が失われることがわかる。別のところ、別の現実に移動したかのように、定かならぬ状態に身を保たなければならない。なにかが起きるためには、出会いの空間、開かれた、未完の空間を創らなければならない」。能のあらゆる作品は、われわれをまさにわれわれ自身に送り返す出会いの演出である。網膜の射程外にあるものをとらえること、そしてある者は「恩寵」と呼び、またある者は「覚醒」と呼ぶような出会いをすることができるだろうか。「日本の所作はすべて、扉を開けることに存する」、とディエゴ・ペレッキアは言う。「なにが起ころうとも、すべてに備えなければならない。出来事を受け入れる状態に身を置かなければならない。精神を〈むなしく〉して、つまり研ぎ澄まして、全面的受容の状態で世界に向かう。身体を開いて、すべての関節を受け入れの位置でわずかに広げる。能には〈左右〉と呼ばれるきわめて重要な身振りがあるが、これは観客を、世界を迎え入れるべく腕を広げることである。基本となるもうひとつの動きは、実際は能で最初に習うもので、〈仕掛け開き〉と呼ばれる。役者が一歩前に出て、驚くべき光景と想像しうるようなもの――たとえば、春の山が桜に覆われ花びらが舞い散っているというような――に向かって腕を上げ、次いで腕を下ろし、一歩さがる。すべての舞いのなかで、もっとも重要な動きである。それは次々に以下のように意味する。すなわち、私は遠くの美に気づく、美に近づく、美を理解する、美を受け入れる、美を自分のものにする、美を身にまとう、美を内在化する、そして一歩後ろにさがって象徴的に自分に戻る、いまやわれわれはひとつであることを意味する。この美は私のうちにあり、私は美のうちにある。それゆえ出会いがあったのだ」。

急変として体験される出会いのテーマに関するもっとも衝撃的な能作品は、『弱法師《よろぼし》』と名づけられているが、これは「ふらふらする」、「弱くなる」あるいは「平衡を失う」を意味する「よろよろ」という表現に関係する。この作品は、父親から家を追われ、悲しみのあまり盲目になった子供の物語である。貧しい僧衣を着て乞食や男娼をしながら流浪することになる。樹の根につまずきながらも杖をたよりに舞台によろめき出て、その受難者の顔を観客にさらして言う。「出入りの。月を見ざれば明暮の。夜の境をえぞ知らぬ。難波の海の底ひなく。深きおもひを。人や知る」（月が出ているのかいないのか、私は見ることができない。明るいのか暗いのか、夜の境目がわからない。難波の海は深い。私の苦悩を誰がわかろうか）。彼の世界は測り知れぬ苦しみの世界である。決定的な夜闇に沈みながら彼は手探りで諸国を放浪するが、その不幸は癒されることがない。ドラマの状況は、彼がなにかよくわからぬ重大な過ちを償うかのようで、曖昧なままである。彼は盲目になるようなどんな過ちを犯したのか。脚本はわずかに「不孝の罪」に触れるばかりである。

『能における稚児たち』の著者ケネス・L・リチャードによれば、主人公はからだを売るという罪を犯した。「この乞食は、みずから弱法師と名乗っているけれども本当の僧ではなく、しかもこの作品において救いを見出すことはできず、性病に苦しめられている男娼にほかならないが、天王寺にやって来て、障害者、病人、迷子を助けるために五九二年にこの寺を建立した聖徳太子を偲ぶ春の特別な日に施行を受ける。弱法師は同時にそのすべてなのだ。彼は性的奴隷としてからだを売ったために父親から追放されたのだと思われるが、脚本はこの点に関して明らかではない。彼は決して回復することのない性病に冒されている。それで彼は障害者なのだ」。ケネス・リチャードの言うところを信じるなら、『弱法師』という作品は、思いやりのない愛人に「誘惑され」、そして病気をうつされた子供の運命を描く作品の系列に属する。翻訳だが、若い盲人はこう訴える。「私は恋の流れに従いました。幸せな日々が過ぎました。山の水が谷を渡るように、幸せな吉野川のように。私の欲望は止むことがありません。なんと悲しい運命であることか!」。異なったヴァージョンがある。アルマン・ゴデルと狩野晃一による翻訳ではこうだ。「ああ、なんという不安! 悲嘆にくれる者にまだ悪い事態が起きるのか。肉体が生の騒がしさに委ねられた人間たち。(中略)だが心は崩れはしない。ああ、私はどんなに後悔していることか!」。

間違いなく弱法師は愛されていた。しかし誰から? アルマン・ゴデルによれば、答えは何行か先に見出せる。そこで若い盲人は、『平家物語』巻第二に語られている唐の伝説をほのめかしている。玄宗皇帝に仕える僧の一行《いちぎょう》は、皇帝の寵姫と不義の関係にあると疑われ、果羅《から》の国に流されたが、大犯罪者と同じ道を行かなければならなかった。「これは闇のなかに続く恐ろしい道であった。七日七夜の間、月の光も日の光も見えずに行く所である」。弱法師もまた闇に沈む。彼は、一行《いちぎょう》のように、許されぬ女性を愛したと不当にも非難されたのだろうか。おそらくは義母を? 中国には、義母がしつこく言い寄ったというそれだけの理由で、誹謗され、追放され、ひどい拷問を受ける子供の話が数えきれないほどある。日本では、奇妙な理由でこうした近親相姦めいた愛を闇のなかに葬らなければならなかったかのように、こうした話はしばしば「ぼかされる」。「もともと闇を持たぬ心など存在しないらしい」、と弱法師は嘆く。「とはいえ、一行《いちぎょう》が果羅に旅するとき、九曜の曼陀羅の光明が赫奕《かくやく》として行く末を照らしたという」。

弱法師も光を夢見つつ、病んだ脚でよろめきながら難波(現在の大阪)の天王寺の境内に到る。その若さが哀れを催させる。施しを受けようとひしめく浮浪者たちから離れて、彼は拝む。時は春、梅の花が咲き乱れ、風に散って舞う。弱法師はつぶやく。「如月《きさらぎ》の雪のように、我が袖に花が散りかかる」。かすかな香の花びらが彼の手のひらに落ちる。「ああ、花が匂うことよ」と彼は言うが、その姿がかつて不当にも我が子を捨て、いま慈善を施しに来た男の注意を引く。男は近づいて彼に施しをする。弱法師は袖を広げてそれを受け取るが、恍惚として樹の下で袖を広げたままである。こう歌われる。「花をさへ。受くる施行のいろいろに。受くる施行のいろいろに。匂ひ来にけり梅衣の。春なれや。難波の事か法ならぬ」。幸福のあまり盲人は花びらの雨の下で身を固くして不動のままである。彼にも極楽に行く権利があるのだ。貧しく、脚の悪い、病み、呪われた彼にも。東西の区別がつかず、極楽の方向を拝むこともできない彼にも。彼は極楽を見つけたのだ。

それまで苦しみしか表現しなかった彼の仮面が微妙に晴ればれとなる。大きな喜びのためのように瞼が閉じられたままである。彼は風にそよぐ樹の葉の下で空気を吸い、梅の花の白い指に顔を愛撫されて立っている。彼の過ちが現実であれ虚構であれ、その名が「なには（どうでもよい）」を意味する町、難波で、盲人は恩寵を受ける。そのとき彼の仮面は見えざる花々へと向けられ、そして拝んだあとに彼は顔を輝かして叫ぶ、「ああ、見える、見える！」。突然に消えたすべての苦しみがこの啓示への通過儀礼的な長い道のりでしかなかったかのように。弱法師はついに世界の美を見ることができる。盲人はいまや花々とともに、その香りの渦のなかにある。彼を笑いものにした男は、恥じて、夜を待って彼に尋ねる。そなたは誰か？　そして弱法師が自分の息子であることがわかると、彼は息子を家に連れ帰るのである。

玉手御前とオイディプス的犯罪……襞のなかの美

玉手御前《たまてごぜん》――恋人たちの殿堂《パンテオン》におけるもっとも非道徳的なヒロイン――は、蛋白石《オパール》にもたとえられるとても移り気な女性である。ヒステリックで、罪深く、残忍で、非道であるかと思えば、また聖人のようでもあるというように相貌を変えるので、ベテランの俳優だけがこのプリズム的女性の全カット面をどうにか示すことができるほどである。玉手御前の伝説は、きわめて古く、義母たちがひどい罪を犯す中国のオイディプス的物語からおそらく想を得ている。彼女たちは自分の夫の息子と恋に落ちる。さらにひどいことには、彼女たちは自分を高潔にも拒絶する不幸な者たちを辱め、ときに殺しさえして、仕返しをする。玉手御前はそういう女である。死にいたる恋。能の『弱法師』では、言い寄ってきたと非難して卑劣にも俊徳丸を追放する。生き延びるために、若者は物乞いをし、身を売り、性病にかかり、そして失明する。文楽作品の『摂州合邦辻《せっしゅうがっぽうがつじ》』(一七七三年)[33]では、玉手御前はさらにずっと残酷な姿を見せる。俊徳丸が癩病にかかるように毒を盛るのだ。彼は失明し、容貌も変わり果て、犬のように死にそうになる。奇妙にも、けたはずれの女性に対する日本人の愛着が、玉手御前に悲劇的ヒロインの資格を与えることになる。

『摂州合邦辻』では、彼女は舞台の前面を占め、最後の鐘が鳴るまで力強く立ち続ける。菅専助《すがせんすけ》(一七六七―一七九一)によって書かれたのは二幕の「近親相姦のドラマ」だが、しかしもはや一幕しか演じられない。謡の第一句から調子が与えられている。われわれはここで見せかけと謎めいた言葉の世界にいる。「恋の道は明るくなければならないけれども、玉手御前の心は黒い蛋白石のように黒い」。黒い蛋白石を見たことのある者には、じつのところ奇妙なたとえだ。というのもこの宝石は、闇のなかでしか黒く見えないからだ。日の光に当たると、それは北極光に似た火で輝き始め、驚くべき多彩な色の戯れを見せる。そして赤や青の光の花束を発するこの石のように、玉手御前の心は情熱の宝の光を放つ。それをまた「見る」ことができなければならない。日本ではそれが大事だ。盲人を愛の詩人に、人間の心の真の見者にするこの国では、眼差しを逃れるあらゆるものが、あからさまになるものよりもいっそう価値と美を有するのだ。

二〇〇八年末、パリの装飾美術館で開かれた日本のデザイン展「カンセイ（感性）」で、この世でほとんど目にする機会のない織物が展示された。もっぱら天皇にだけ用意される〈黄櫨染《こうろぜん》〉である。この織物は色を変える。光度が増すと栗色から虹の赤に変わるのである。この神話的布地は、京都の広隆寺に宝物として保存されている一点しか存在しない。製作の秘密は時代の闇に失われていた。奇跡が起きた。一九九〇年代初め、染色作家の奥田祐斎[34]が、三つの植物――〈黄《は》櫨《ぜ》〉、〈蘇芳《すおう》〉、〈紫根《しこん》〉――を混ぜ、酢と灰汁からなる媒染剤の助けを借りて、黄櫨染を復活させたのである。彼に関する公式サイトには、黄櫨染の歴史がこのように語られている。「貝紫がこの世でもっとも高貴な色とつねにみなされてきました。それは古代から王侯貴族の専有物になっています。日本では聖徳太子（五七四―六二二）の時代にまた最高位を象徴する色になりました。八一〇年、千二百年前、嵯峨天皇の治世に、この紫が突然黄櫨染に置き換えられます。以来、絶対禁制の色とみなされ、この色の着用は天皇にしか許されていません[35]」。

黄櫨染の特徴は、光が布地を透過すると日本の象徴たる真っ赤な太陽が現れることだ。この神秘的な「秘められた赤」は、太陽光で鮮やかな赤色になる宝石、蛋白石《オパール》にしばしばたとえられる。広隆寺の特別許可と國學院大學の協力を得て奥田祐斎によって再発明された「太陽の染色」は、それゆえ色の変化や、われわれの網膜とのかくれんぼ遊びに対してだけでなく、「見ることのできる」人々の眼にしかその美を現さない一見くすんだ物に対する、きわめて特殊な趣味を反映する。真の美は、つねに人間の射程のわずかに外に、ときとして魔法のように輝く衣服の襞に隠れて、その正体をあらわにするはずである。公式サイトはもったいぶってこう主張する、「美は絶えざる変化のうちにあると考えるのが、日本人の比類のない美的センスである」と。玉手御前の物語は、変移する色の布地と同じ価値を心の光沢に与える、このきわめて特殊な美学によって書かれている。玉手御前は、頑固で、衝動的で、極端で、自分が望むものを手に入れるためにはどんなひどいこともためらわずにやるような情熱的な女性である。彼女は自分の夫の息子を欲しがる。より正確には、そのからだも心も。だがこの男にはすでに妻がいるので、玉手御前は自分の競争相手を排除する唯一の手段しか考えられない。醜い病人にすれば自分だけのものになると考え、彼に毒を盛る。失敗だった。俊徳丸は妻とともに姿を消す。玉手御前は、途方に暮れ、激怒して両親のもとに戻り、真夜中に門を敲《たた》いて開けてくれるように頼む。彼女は俊徳丸を見つけ出したいのだ。彼女は非難を意に介さない。彼女には逃亡した不実者に泣き叫ぶことしか考えられない。しかしどこで?「私は俊徳に恋しました」、と彼女は声を上げる。「寝ても覚めても彼のことしか考えられません。私の心を憐れんでください。彼は恋に臆病です。彼と結婚させてください[36]」。

玉手御前の父親、合邦は、娘のあまりの非道に慄き、刀に手をかけて殺すと威嚇し、ついに刀を抜く。母親が割って入る。「娘よ、諦めなさい。そして尼になりなさい」。玉手御前は叫ぶ。「私が尼ですって、とんでもありません! どうしてつやつやとなめらかになるように毎日整えてきたこの髪を切ることがありましょう。どうせなら色町風に身なりを派手にしていたいわ」。恐れ慄く両親の前で、彼女は狂女のように手をよじらせる。

急転。俊徳丸が姿を現す。癩《らい》で鼻が崩れている。皮膚が膿でただれている。そのうつろな眼は、おぞましい乳白色の球体のようである。玉手御前は叫ぶ。「ああ、俊徳、あなたにお目にかかれるとはなんという不思議でしょう! あなたに再会したいというそれだけのために、私はひどい苦痛を耐えてきました。元気なお姿を見ることができて嬉しいです!」彼女は彼にすがりつく。彼は彼女を押し戻す。「母上、落ち着いてください。家族のなかで結婚することは許されません。それに私の恥ずかしい姿が見えませんか。この崩れたからだ、この醜い顔、このどんよりした眼が」。玉手は震え声で異議を唱える。「いえ、あなたの醜さをなんら不快になど感じません。なぜならその責任は私にあるのですから」。

恐ろしさに凍りつき、俊徳丸は自分が毒を盛られたことを悟る。あの夜、住吉大社で。あの夜、彼女は彼に鮑貝に酒をついですすめた……。「思い出してください」、恋する女はささやく。「私たちが盃をかわしたことを」。日本では伝統的に盃をかわす儀式が行なわれるのは結婚式の日であり、酒をすすめるのは、男女が床入りする前にかわす契約をつねに模倣している[37]。あの夜、混乱したなかで、玉手御前は恋する男に酒を、毒を盛った酒をすすめた。「あなたが飲んだあの盃は、あなたをけっして忘れないために心ならずも手にしたのです」。

彼女は泣きながら彼の足にすがる。そして両手で俊徳の肩をつかむ。「もしあなたが私の行く手をさえぎるなら、あなたを打ち殺します」。そして盲人の手を取って、彼女はその手を傲然と愛撫する。彼の妻は憤慨し、飛びかかって手を引き離そうとする。「彼は私のものよ!」。二人の女は、プロレスラーたちが最上の体勢を求めて地面を転がるように、取っ組み合う。笑劇のようなこの場面を描写するヒステリックな謡いが響く。「玉手の眼はすもものごとく、髪は風にそよぐ柳の枝のように千々に乱れる」。玉手の父親、合邦は、もうそれ以上我慢できず、彼女に刀を衝き刺す。作品はそこで終わるのだろうか。否、最後の展開が待っている。玉手は、からだを貫く刃を押さえ、息切れしながらつぶやく。「父上、刀を抜かないで。お話しします」。

告白が始まる。玉手御前は一度も俊徳に恋したことはないと主張する。そう見せかけていただけだ。彼に毒を盛るには口実が必要だった。しかしなぜ彼に毒を盛るのか。「彼の命を救うために」、と玉手は答える。俊徳の異母兄が彼の殺害を企てていた。「俊徳が醜い病人になれば、彼の兄はもう嫉妬することはないだろうと私は考えました」、と彼女は言う。合邦は驚く。「しかしお前の過ちで俊徳は死ぬことになるのか。彼は癩病だ!」玉手は微笑む。彼女の微笑みは、観音の微笑みのように、無限のやさしさに包まれている。「医者は、唯一の解毒剤は、寅の年、寅の月、寅の日、寅の刻に生まれた人の肝臓の血であると言いました」。彼女の声は弱まり、消えそうだ。合邦は飛び上がる。彼の娘、彼のかわいい娘は、確かにすべてを予見していたのだ。「お前は、寅の年、寅の月、寅の日、寅の刻の生まれだ(38)。お前が彼に毒を盛ったのは、次にはお前が彼を救うことができると知っていたからなのだな」。「その通りです」、と彼女はつぶやく。そして切開すべき正確な場所を父に示して、彼女は要求する。「鳩尾《みぞおち》を割いて、私の肝を取り出して。急いでその血を鮑貝に集めてください」。父はめまいがして尻込みする。彼女の柔らかなからだから臓を切り取るだと。彼にはできない。玉手は自分自身でやらなければならないと悟る。最後の力をふりしぼって彼女は小刀を取り、血まみれの指で弱々しく握るが、そのとき合邦は観念する。

彼は彼女を止める。「待て、わが子よ。お前もまだ生きている、この最後の瞬間を利用しよう」。彼女が死に瀕しているあいだに、俊徳と彼女の周りを取り囲む……彼らがあの世で結婚できるように。こうして道徳は救われる。民衆のあいだでは、逆に、誰もだまされない。玉手御前が死ぬとき、彼女はおそらく貞淑な女の顔をしているだろうが、しかし内側には恋する人の満ち足りた心がある。

鳴神上人と洗濯女……一目惚れ（青天の霹靂）

歌舞伎の愛の場面は〈濡れ場〉と呼ばれる。観客が感動して泣きながら見るからだ。日本では眼から出るものと両腿のあいだから出るものとの区別は存在しない。また身体《からだ》／精神の分離も存在しない。日本的論理においては、精神は〈形《かた》〉の問題であり、精神性は強度の身体的操作からしか生まれえない。そして愛は、感電死にいたるほどに高められた欲望からしか。演劇の歴史におけるもっとも有名な濡れ場の場面は、『雷神不動北山桜《なるかみふどうきたやまざくら》』[39]と題されたエロティックな作品の一部をなす。それは鳴神上人《なるかみしょうにん》の物語である。神秘的な霊力を求めて「山の道」（修験道《しゅげんどう》）に入る山の苦行者（山伏《やまぶし》）にならって、鳴神は自分の身体の限界を超えた。彼は食事もとらずに霧にかすむ峰々を越え、背骨が岩よりも固くなるまで冷たい滝の水に打たれながら祈り、そして長いあいだ孤独に生きたので、人嫌いの孤高さが第二の天性になった。啓示を受けて彼は自分自身から解き放たれ、星気体《アストラル》となって山上を飛び、地面に横たわる自分の抜け殻を鳥の眼で眺めた。彼は超人になった。いまや彼には「神になる」（ナルーカミ）ことしか残されていない。鳴神《なるかみ》という仰々しい名前に改め、自分の存在を聖なるものとみなす彼は、崇拝と寺院建立を求めて天皇に会見を要求する。天皇に拒否された鳴神は怒り狂う。鴨川を源流まで遡り、雲《くも》ケ畑《はた》の山のなかを歩き、いまでも特別に秘教的な信仰の場所であるところ（志明院《しみょういん》）で、雨を降らす龍神を捕まえる。恐ろしい旱魃が都を襲う。天皇は困惑して最上の祈禱師に依頼するが、効果はない。いかなる僧も鳴神が龍を封印している滝壺に近づけるような力を持たない。どうすればいいのか。

神話的時代、神々の時代において、最初の天皇、ニニギが地上に降り立ったとき、男根的な鼻をした男が道の分岐点に立っていた。その名を猿田彦といい、山伏の祖先である。その怒張した鼻（一四〇センチあった、と『日本書紀』は言う。「無数にいるカミのなかで、彼を正面から見ることのできる者はひとりもいなかった」[40]）に恐れをなして、天皇の随員たちはなす術《すべ》がなかった。どうしたらいいのか。そのとき天皇はひとりの女性を遣いとして送ろうと思いついた。ほかでもない、天宇受売女《あめのうずめ》である。自分の胸と性器を多数の神々の前でさらし、彼らの笑いを呼んで世界を救った、あの堂々たる女神である。彼女は美しかった。彼女は恐れを感じなかった。「お前は眼力が人に勝れた者である。行って尋ねなさい」。それで彼女は猿田彦に会いに出かけ、彼が固い一物をさらしているのを見て、自分の胸をむき出し、腰ひもを臍の下まで押しさげ、「嘲笑って」向かい立った。猿田彦は、この美女の魅力に抗えず、天皇の道案内の役目を申し出て、ウズメの夫になった。神社で彼らは夫と妻として結ばれている。民衆の祭りでは、違った名前で見出される。彼は天狗、そして彼女はおたふく、と言い、人類の幸福の面倒を見るのである。

天皇は、宮廷のもっとも美しい女性を鳴神のもとに送る決断をしたとき、『日本書紀』のことを考えていたのかもしれない。二つの物語がとにかくよく似ているのだ。手強い山伏を誘惑するために遠い山に出かけた女性は、雲《くも》の絶間《たえま》姫《ひめ》という[41]。急斜面をよじ登り、暗い森を横切って、彼女は苦行者が日々修行をしている絶壁のふもとについにたどり着いた。この場所には、いまでも大きな鳥居が建っているが、それを通過しようとすれば場所の清浄さを損なうようなあらゆるものを取り除かなければならない。修験道の信徒に確保されたこの場所で写真を撮ったり電話をかけたりすることは厳格に禁じられている。おそらくは不安にかられ、神秘的なエネルギーに満ちたこの場所の近くで、雲の絶間姫は水源へと導く道を上り、そして泣きながら衣服の袖を水の流れに浸し始めた。この聞きなれぬ洗濯の音に惹かれて、鳴神は暗く湿った洞窟から現れた。彼は身を屈めて女性のうつむいたうなじと肩の緩やかな曲線を見て、当惑しながらも威嚇的な口調で彼女が水のなかでなにをしているのか尋ねた。「私は亡くなった夫の衣服を洗っているのでございます」、と彼女は相変わらず涙にくれながら答えた。彼女は水に腿の半ばまで浸してしゃがんでいた。久米仙人《くめのせんにん》という有名な隠者が、老いることなく空を飛ぶ才能を獲得したが、ある日洗濯女の白い腿を目撃して空の高みから墜落したという伝説がある。「この水はこんなにも澄んでいますので、死者の魂を鎮め、極楽に行かせるために、私はここで彼の衣服を洗いたいのです」、と絶間姫は懇願した。「わざと」のように、彼女の着物の裾が流れに誘われて突然広がった。

この宮廷女の腿があまりに美しいので、鳴神は気を失って岩から墜ちた。すると絶間姫は、日本で救助する誰もがすることをした。澄んだ水を口に含んで、それを苦行者の口に移したのである。彼は唇に甘く触れるものを感じて意識を取り戻した。「なにをしたのか?」、女が自分を、雪のなかに何時間もいられる自分を、気絶させたことに驚いて、彼はどなった。「あなたをお救いしたのです」、と彼女は遠慮がちに答えると、急に大変な苦痛を装って身をよじった。「おなかが、ああおなかが痛い！」。鳴神は、面食らって、どうやって彼女を助けたものかわからなかった。「痙攣しています」、と彼女はしゃくりあげた。「お願いですから、あなたの手を入れて私のおなかをさすってください」。着物の襟を広げながら、彼女は苦痛に満ちた眼を向けた。鳴神は大きく広げられたところから手を滑らし、そしてびくっとした。そこにあるとは思っていなかった肉丘にぶつかったのである。「枕のようにふっくらしたこれはなんだ?」。「ではあなたは女性に乳房があることをご存知ないのですね。でも赤ん坊のあなたにお母さんが乳を飲ませたでしょうに」。この点で鳴神は母乳の味まで忘れてしまうほどに心を頑なにしていたのだ。この続きはよどみない。彼らは酒を飲み、愛のいとなみをした。歌舞伎の舞台上では、役者たちが盃（coupes）を交わすか、自分たちの口の跡を重ねて同じ盃で飲むとき、愛の交わりが成立したことを暗示的に意味する。この誘惑者のまったく「言いなり（coupe の下）」になって、鳴神はすっかり警戒心を失くし、生きる喜びと酔いに身を委ねて眠りこみ、ずっと遅くなって、逃げ出した龍の凄まじい音によってはじめて目を覚ました。絶間姫はひそかにしめ縄を切っていたのだ。その力の根源を絶ったかのようである。

　裏切られたことを知って、苦行者は怒りのあまり変身した。それでは女は自分の魔法を破りに来たのだ！　舞台では、黒《くろ》衣《こ》の助けを得て、役者は突然様相を変える。衣装の上半身の部分が一挙に裏返って（〈ぶっかえり〉）、赤い血の火焔の刺繡された裏地を見せるのである。鳴神は猛り狂った。その「炎のような」髪型が日本のすべての悪ガキたちによって真似されている[42]不動明王さながらに、彼の髪は逆立った。彼は槍を取ると、それを地面に突き刺し、脚を腕のように巻きつけ、そして柱のような自分の男根につかまる（遅過ぎるが）鬼の凄まじい姿勢で立ち上がった。怒りに恐ろしく顔をしかめ睨みつける不動明王のように、両眼を寄せた。不動明王とは、燃え上がる火焔に包まれた憤怒の仏教的尊格である。情念を鎮め、欲望を根元から絶つ存在である。鳴神は、しばらくのあいだ、どんな女も寄りつこうとはしないような姿勢で固まった。このポーズは〈見得《みえ》〉[43]と呼ばれる。それは感情の極点に位置するが、日本語の表現で「ポーズをとる」は、時間の流れを止めようとするかのように、「見得を切る」と言われる。鳴神はたしかに時間がそこで止まることを望んだのかもしれない。だが美女は逃げ去り、復讐の念に駆られた彼は、あばれ馬のように騒々しく跡を追った[44]……。

　物語の続きは、能の『一角仙人』[45]に語られているように、彼は彼女を見つけ出すにはいたらなかったということになっている。それも道理。純潔の誓いを破った鳴神は、その生命的実質をすべて失ったのだ。彼のからだから出た「白い泡」は、再生力のある雨水に変質し、そして旱魃のために緩慢な死に瀕していた世界は救われた。能の地謡はこう語る。「その時仙人は驚き騒ぎ、鋭い剣を取って逃亡者（女と龍）を追ったが、龍は甲冑を帯し、邪見の剣を振るって立ち向かった。だが仙人の神通力は尽きてしまった。次第に弱り、ついに倒れ伏した。龍は喜び、黒雲を起こした。雷と稲妻が天地に満ちた。大雨が地をたたき、水が溢れた。水の白い泡に、白波の波頭に乗って、白い喜びの奔流に運ばれて、龍は龍宮に帰って行った」[46]。日本の神話では、龍＝蛇は、天の水のように、涙のように、流れてほしいわれわれ自身の一部でしかない。人は永遠に生命の実質を自分のなかに留めおくことはできないし、同様に時間の流れを止めることもできない、と伝説は語っている。しかるべく諦めなければならない。鳴神は、その純潔の誓いを忘れ、おそらくその神通力を失ったが、しかし世界は救われた。四季の自然的循環を免れる世界、こわばった、中性的な、喜びもなく硬化した世界は、死んだ世界でしかない、と知恵は望むからだ。神になろうとしたこの男の名前そのものが、その象徴的失墜を予告していた。鳴神は、「神になる」ばかりでなく、また「雷」をも意味するのである。

「日本語には雷を指す二通りの仕方があります」、と日本美学の専門家、武田好史は語る。「〈かみなり〉と〈なるかみ〉です。〈かみ〉は〈聖なる存在〉を、〈なり〉は〈音〉を意味します。〈なる〉は〈鳴る、響く〉を意味します。雷は、それゆえ、鳴り響く神、自分の存在の音を聞かせる神です。雷は地に触れると種をまき肥沃にします[47]。〈存在の音〉を聞くということそれ自体が、人を違った存在にするとは言えないでしょうか。雷は垂直的です。その閃光が空を引き裂くとき、何秒間かカメラのフラッシュのように一種のスナップショットが生じます。われわれ、水平の流れに運ばれ漂っている人間は、時間を止め、大地に不動で立っていることを夢見ます。日本では、それで二千年前からあらゆる種類のものを立てて、その垂直性がわれわれを永遠の存在にしてくれることを願うのです。われわれは、抱き合った男女が彫られた〈道祖神〉と呼ばれる男根―女陰である石を立てます。オルガスムは、われわれにあっては、青天の霹靂《へきれき》（一目惚れ）です。時の流れを止める純粋な幸福の稲妻です。〈生け花〉の儀式では、われわれはまた花を立てます、その運命が落ちることでないかのように。われわれは柱を立てます。われわれの家は、強い性的含意のある儀式の対象となる一本の中心柱の周りに構築されます。われわれは傘を立てます、扇を立てます、可能ならばなんでも立てます。だからこそ鳴神の物語はわれわれにとってとても重要なのです。それは、あらゆる努力にもかかわらず、落ちることを約束された男を示しているからです」。何事も自然に反しては進まない。男根的な山の頂にいる修験道の苦行者たちでさえ、落ちることを受け入れなければならない。雷のように、愛によって。

秋の田の穂の上を照らすいなづまの光のまにも我や忘るる

（秋の田の穂の上を照らす稲妻のほんの一瞬の光の間にも私はあの人のことを忘れられようか）

（『古今和歌集』五四八）

【註】

（1）『神道基本用語集』（神社本庁、國學院大學研究開発機構日本文化研究所編、東京、一九五八年）による定義。Jean Herbert, *Aux sources du Japon*, Albin Michel, 1964, p.117 に引用。

（2）Jean Herbert, *op. cit.*, p.117.

（3）タマ：われわれの様々な魂を象徴する語。

（4）René Sieffert, *Le Dit du Genji*, de Murasaki Shikibu, POF, 1988, pp.401-402.

（5）René Sieffert, *op. cit.*, p.402 の訳による。

（6）Gaston Renondeau, *Contes d'Ise*, Gallimard, Unesco, coll. "Connaissance de l'Orient", 1969, p.83 の訳による。

（7）二〇一〇年一二月二十日に京都で行なわれた友吉鶴心との対談。

（8）Serge Salat et Françoise Labbé, *Créateurs du Japon, le pont flottant des songes*, Hermann, 1986, p.20.

（9）Jean Herbert, *op. cit.*, pp.158-159.

（10）Serge Salat et Françoise Labbé, *op. cit.*, p.20.

（11）「余白は、前と後、近さと遠さ、内と外といった反対物の一致が起こる場所である。日本的空間の一般的非連続性のただなかに余白は連続性を立て直す」（Isozaki Arata, *Ma, espace-temps du Japon*, catalogue d'exposition, musée des Arts décoratifs, Festival d'automne à Paris, 11 octobre-11 décembre 1978）。

（12）Edwin A. Cranston, *A Waka Anthology*, Vol. 2: *Grasses of Remembrance*, Stanford University Press, 2006, p.1038.

（13）「女にて、見たてまつらまほし」。第二章「帚木《ははきぎ》」。Murasaki Shikibu, *Le Dit du Genji*, traduit par René Sieffert, vol. 1, POF, 1988, p.25.

（14）*Idem*, pp.39-40.

（15）第七章「紅葉賀《もみじのが》」。*Le Dit du Genji*, *op. cit.*, p.153.「女にて見むは、をかしかりぬべく」。

（16）*Idem*, p.153.「女にて見ばやと、いろめきたる御心には思ほす」。

（17）第九章「葵《あおい》」。*Le Dit du Genji*, *op. cit.*, pp.194-195.「女にて」。

（18）第十章「賢木《さかき》」において、この表現は、藤壺の宮が源氏とのあいだに設けた我が子を見て、男の子を女の子のように想像する場面に見出される。また第十七章「絵合《えあわせ》」においても、朱雀院が「女として見たくなる」ほどの美しさだと表現されている。第四十七章「総角《あげまき》」では、匂宮が薫の「女だったら確かに抵抗できないほどの美しさと優雅さを兼ね備えた姿」を盗み見る。第三十九章「夕霧」では、夕霧の大将が、彼を称賛する女たちの前に立派な姿を現し、扇を広げ、「どんな女も真似できないような女らしい仕草で」優雅に顔を隠す。第五十三章「手習《てならい》」では、紀伊守が、匂宮の美しさが際立っているので、「女にて、なれ仕《つこ》うまつばらや」（女としてお仕えしたいものだ）、と思う。Royall Tyler, *The Disaster of the Third Princess*, ANU E Press, The Australian National University, 2009, pp.209-229.

（19）Royall Tyler, *op. cit.*, p.214.

（20）二〇一〇年三月十六日、ジュネーヴで行なわれた狩野晃一との対談。

（21）第三十四章「若菜　上」。René Sieffert 訳（*Le Dit du Genji*, vol. 2, p.14）と Royall Tyler（*op. cit.*, p.215）訳に基づく。

（22）第二十二章「玉鬘《たまかずら》」。René Sieffert, *op. cit.*, p.472.

（23）Lafcadio Hearn, *Le Japon inconnu, esquisses psychologiques*, traduit par Mme Léon Raynal, Albin Michel, 1904, pp.79-80.

（24）Alain Walter, "La médiation dans l'amour classique japonais", vol. 2, automne 1997, pp.29-52.

（25）*idem*, p.48.

（26）江戸時代、「薩摩風の愛」は「同性愛」を意味した。

（27）Saikaku, *Cinq amoureuses*, traduit par Georges Bonmarchand, Gallimard Nrf, coll. "Connaissance de l'Orient", 1959.

（28）「わしな　どんどに　さわらばさわれ　こしのさんじゃく　だてじゃない　よさこい」（狩野晃一訳）。

（29）近松門左衛門もまた謎を解こうとした。彼は一七〇四年に、下級武士の源五兵衛と富裕な商人の娘おまんの恋に関する十七世紀の俗謡に想を得て、『薩摩歌』という作品を書いた。彼はきわめて自由にこの唄から、奇妙な変装の場面とパロディー風の姦通場面のあるハッピーエンドの喜劇を作り上げた。結末は常軌を逸している。首を繋ぎ直すことのできる外科医が、恐ろしい傷で大量に出血して死に瀕している恋人たちの命を救い、そして劇は年始を祝って楽しげに終わるのだ。Cf: Chikamatsu, *Les Tragedies bourgeoises*, traduit par René Sieffert, tome 1, POF, 1991, pp.85-152.

（30）Saikaku, *Cinq amoureuses, op. cit.*, p.161.

（31）「男色の愛人たちはすべて切腹にて死す」、*Saikaku, Contes d'amour des samourais*, traduit par Ken Sato, Cartouche, 2008, p.21.

（32）Saikaku, *Cinq amoureuses, op. cit.*, p.164.

（33）菅専助《すがせんすけ》と若竹笛躬《わかたけふえみ》によって文楽のために書かれた『摂州合邦《せっしゅうがっぽう》辻《がつじ》』は、一七七三年に大阪で初演され、次いで歌舞伎に採用されて一八三五年に京都で初演された。一九三七年にはその非道徳的内容のために目録からはずされた。

（34）〈黄櫨染〉についてのインターネット・サイト：http://yumeyusai.jp.

（35）黄櫨染で織られたいわゆる〈束帯〉（天皇の公式の衣装）は、当時「皇室の儀式の最初の服装」として採用され、もっぱら公式の機会に着用された。皇子が特にこの服装を着用するのは、天皇になるときである。それは皇室の最高の儀式である。この即位がなされるとき、京都の広隆寺の一室に大切に保管されている聖徳太子の像に聖なる束帯が掛けられる。これまでほんのわずかな人にしかその存在は知られていない。衆知の貝紫と違って、黄櫨染は秘密の染色とみなされていた。

（36）この作品はC. Andrew Gerstleによる英訳がある。*Early Modern Japanese Literature: An Anthology, 1600-1900*, dirigé par Haruo Shirane, Columbia University Press, 2002, pp.435-448.

（37）高級娼妓は、夫婦の契りを真似てつねに客と盃をかわす。ほんの束の間の関係にも誓いをかわすというロマンティックな外観を与えるためである。

（38）嫉妬に狂った女は、神社の北東の柱か、神社近辺にあって悪の力の通路になる樹の幹に、敵に見立てた人形を打ちつける。日本では北東の方向から闇の力がやって来る。この不吉な軸に位置するあらゆる出入口は、〈鬼門〉、あるいは〈丑寅（牛虎《うしとら》）〉と呼ばれるが、それはおそらく鬼が虎皮の腰布、獣の牙、牛の角をつけているからだ。

（39）『鳴神』は、一六八四年三月に中村座で『門松四天王』と題して初演されたものを嚆矢とするが、これは役者の市川団十郎（〈荒事〉様式の創始者）によって書かれた。団十郎の家系に所属するこの作品は、一七四二年に『雷神不動北山桜』と改変、改称されることになる。これは、明治時代のスター九代目市川団十郎が、不道徳的で卑猥であるとの理由で演じるのを拒否したときに目録からはずされたが、一九一〇年五月に明治座で二代目市川左団次によって鳴神は忘却から救われることになる。

（40）Jean Herbert, *Les Dieux nationaux du Japon*, pp.180-181.

（41）〈雲の絶間〉は、日本でとても好まれている。というのも、それを通して陽光が回折し、目に見えるものとなるからだ。それゆえ「玉座にある」太陽神は、地上のすべてと結ぶこうした関係の形式で顕示されるように思われる。

（42）この髪型は、『ドラゴンボール』シリーズのなかで、主人公や彼と同じパワーを与えられた何人かの人物がより上位の段階へと変容するときに見出される。黒髪がブロンドになり、炎のかたちをとって、両眼は青くなり（一説にブッダはブロンドで青い眼をしていたという）、そして身長が伸びて力強くなる。

（43）問題の〈見得〉は、〈柱巻きの見得〉と呼ばれる（柱はまた槍ともなる）。

（44）この狂乱の動きを表すために用いられる〈形《かた》〉は、〈飛六方《とびろっぽう》〉と言われる。〈幕切れ〉をはなばなしく際立たせ、通常やんやと喝采される。

（45）『一角仙人』、金春禅鳳《こんぱるぜんぽう》（一四五四―一五三二）作。

（46）Arthur Waley, *The nô plays of Japan*, Dover Publications inc., 1922, pp.245-246.

（47）「雷は一般に〈稲妻《いなずま》〉、〈稲光《いなびかり》〉、〈稲交尾《いなつるび》〉などと多くの名で呼ばれるが、それらはその有益な作用を強調している。関東では雷が田んぼに落ちると、その場所の周りに青竹を植え、しめ縄で囲って、この場所が天の火によって浄められたことを示す。火雷神は、この雷の神の仏教名である」(Jean Herbert, *Dieux et sectes populaires du Japon*, Albin Michel, 1967). さらに知るには、Agnès Giard, *Les Objets du desir*, Drugstore, 2009, pp.264-265.

森口裕二「赤い月」(二〇〇八年)

第九章

嫉妬のドラマ

「私の心は憎しみでいっぱい、怒りの炎に呑みこまれそう」

鉄輪

表意文字の〈女〉を三度用いると〈姦《かん》〉という字になるが、これは「騒がしい」、「偽りの」、「悪い」、「淫蕩な」、「邪《よこしま》な」の同義語になる。それはまた「姦淫」、「強姦」、「姦通」といった語を書くためにも用いられる。換言すれば、多数の女を一緒にすると、それは終わりの始まりということだ。日本のフェミニストたちがこの〈漢字〉――女性に対していささか失礼な――の廃止を要求しているにもかかわらず、誰もそれを辞書から削除しようとはしない。それも道理。この漢字は、太古に遡るもので、じつのところそんな昔の中国の心性しか反映していないにもかかわらず、なお現実性をとどめているからだ。一夫多妻制が米国の影響のもとで禁止されたのはやっと一九四五年になってからで、日本の社会は深く一夫多妻制的なままである。だから自分たちを養ってくれたり勉学費を払ってくれたりするお金持ちの男の二号や三号だと断言する若い女に出会うというようなことも起きるわけで、彼女たちは正式な妻を知っていて、一緒に食事に行ったり買い物をしたりさえするのだ。こうした日本人女性に嫉妬を感じないのかと訊くと、彼女たちはこう答える。「もちろん感じません。彼の奥さんは私のお姉さん、他の女性はお友達だと思っています。私たちはお互いにちゃんと紹介されました。一緒に過ごすこともよくあります。とても仲がいいのです」。額面的には、平和が保たれている。じつのところは……。

ある種の迷信によれば、女の髪は、とても長いあいだ抑えられていた嫉妬の結果、蛇に形を変える。一八八〇年頃、ラフカディオ・ハーンはこう語っている。「昔の日本では、金持ちの男が正式な妻と同じ屋根の下で内縁関係の女（妾《めかけ》あるいは愛妾《あいしょう》）を養うということがしばしばあった。きわめて厳しい家父長制の規則によって妾と奥様が昼間は仲良く一緒に過ごさなければならないとしても、彼女たちの憎しみは夜になると髪の変化によってあらわになる。三つ編みにした黒髪がほどけ、互いにむさぼり喰おうとシューシューと音を出す。眠っている女たちの鏡さえもぶつかり合う。というのも、古い諺《ことわざ》にあるように、〈鏡は女の魂〉だからだ」。ラフカディオ・ハーンがさらに述べているところによれば、ある月夜に加藤左衛門尉繁氏《しげうじ》という男が妻の髪と妾の髪が闘って絡まり合っているのを見たという。「加藤左衛門は、自分の過ちによって生じたこの苦い密かな憎しみに痛切な苦しみを覚えた。彼は頭をまるめ、高野山の僧になり、そこで〈苅萱《かるかや》〉の名で生涯を送った」(『日本の巡礼』)。

この種の物語は日本にはたくさんある。もっとも有名な物語のひとつが『鉄輪《かなわ》』である。九世紀初頭の血なまぐさい事件を起源とする。嵯峨天皇の御代、『平家物語』の外典「剣の巻」を信じるとすれば、ある男が別の女を愛したために離婚することになった。離縁された妻は、この苦しさに耐えられず、呪いの業で有名な貴船神社に毎晩通おうと決意した。「この高地で犠牲者は自分を苦しめた者に対してなんら咎めを受けずに呪いをかけることができた」、とアルマン・ゴデルと狩野晃一は、能の『鉄輪』の序文で言う。「このためには続けて七夜を七回、つねに丑の刻(午前二時)に通って、そこで神に祈願し、様々な呪術的行為をしなければならなかった。不吉な呪文、トランス状態、そして藁人形への釘打ちが、こうしたきわめて特殊な時間に実践される儀式の一部をなしていた」。伝説によれば、この女は憎しみでいっぱいの心で通ったので、貴船に導く道はその不吉な存在にまだ満たされたままであるという。彼女は復讐が遂げられるように神に祈願するために続けて四十九夜通った。彼女の怒りは途方もないものであったに違いない。というのも、能作品が真実を語っているとすれば、この女が怒り狂って通った道は、およそ十四キロにわたる石ころだらけの急勾配だったからだ。京都五条の住まいを出発して、彼女はあまり人の訪れない賀茂川の岸に沿って広がる糺《ただす》の森にまず赴き、次いで無気味な市原野《いちはらの》を横切り、そして京都北部の鞍馬山を越えて、目的地、森の奥にひっそりと佇む小さな神社に達したのである。

生い茂る樹々によっていっそう濃くなった闇のなかで彼女は呪詛を吐き、自分のたったひとつの願い――咎《とが》ある二人の死――がかなえられるように祈った。血が大量に流れるためには霊の力を必要とした。この女にせめたてられた神は、教えに従えば彼女の望みがかなえられることを告げた。「三十七日間、彼女は宇治川でからだを清め、そして都の住まいに戻った。髪を解き、それを五つの房に分け、角《つの》のように立てた。顔を朱で染め、赤い衣服をまとった。鉄輪《かなわ》を頭にいただき、その三つの脚に蠟燭を付けて火をともした。最後に先端に火のついた松の枝を口にくわえた」。血にまみれたような顔、深紅の衣装、そして炎の冠で、彼女は殺害を実現すべく出発した。道で彼女とすれ違って恐怖のあまり死ぬ者もいた。神は彼女が鬼に変わると約束していた。恐るべき変身が実際に起きた。口は耳まで裂けて骸骨が笑ったような表情になり、頭蓋骨の形が変わって角が額《ひたい》のところに来た。敵の家に着いたとき、彼女には超人的な力が与えられていた。まず夫を殺し、次いで女を殺した。さらに血を求めて家族全員を一人ひとり殺しに行き、また不運にも悪い場所、悪い時にたまたま居合わせた者を皆殺しにした。「ある日、午後四時頃、申《さる》の刻にこれが起きた。また、この運命の時、そしてこの破局に続く何年ものあいだ、都にひと気が絶えたという。人々はあえて外に出ようとはしなかったからである」。

歌川国芳「お岩小平ぼうこん」（一八三六年）

六条I……死ぬほど嫉妬深かった女

「夜ひとり居り」という最悪の事態がある。夜、もうひとりではないという感覚がある。情念の効果で自分が二つに分かれる女がいる。より正確には、恋あるいは嫉妬に憑りつかれた精神の暗い領域が、自分とそっくりな身体のかたちをとって物質化し、深く秘めた思いを自分の代わりに実現しようとする。恋敵をやっつけに行き、暴力を振るって死に至らしめる者もいる。また恋する人に遠くまで逢いに行く者もいる。この神出鬼没の現象は〈離魂病《りこんびょう》〉の名で呼ばれる。「逐語的な意味は、〈幽霊–病〉とでもなろうか」、とラフカディオ・ハーンは説明する。「それは精神科医が〈同一性解離障害〉と呼ぶものに近い心的障害である。和英辞典では、〈離魂病〉の訳は〈ヒポコンデリー（心気症）〉である」(1)。女性だけがこの奇妙な病気に襲われる。「分身や幽霊の存在を信じる原始的信仰は、おそらく世界中のどんな地域にもあるのだろう。しかし極東の信仰が特殊なのは、分身は恋愛によって引き起こされるもので、しかもその患いにかかるのは女性だけである、と考えられている点である」。もうひとつ特殊な点がある。女たちは、しばしばそれとは気づかずに分身化するのだ。彼女たちには自分のそっくりさんが見えない。不吉な双子としてその姿が眼の隅で束の間とらえられるような〈ドッペルゲンガー〉と違って、〈離魂病〉は、その犠牲者が存在に気づかない病気である。幽霊的分身、〈生霊《いきりょう》〉(2)は、ほとんどの時間、見えずにいる。それが嫉妬の相手を殴ったり蹴ったりしても、その女は打たれたことを感じず、気分が悪くなったり、めまいや失神を伴う一種漠然たる苦痛を感じるのだ。みずから分身化した女は、悪い夢と感じられるような思い出に奇妙にも悩まされる。自分が誰かを殺す恐ろしい悪夢を見たという印象を持つのだ。

日本でもっとも有名な幽霊病のケースは、『源氏物語』(3)の「六条の御息所《みやすどころ》」である。この不吉な話は、春の終わりを示す陰鬱な時に、こんなふうに始まる。「物憂く一日中雨が降っていた。静かな夜、内裏にはほとんど人がいなかった」(4)。源氏の部屋は常ならぬ沈黙が支配していた。いつまでも降り続く陰気な雨が屋根を打っていた。無聊をかこつ源氏とその親友、頭中将《とうのちゅうじょう》は、何通かの手紙を取り出して、恋愛について語り始めた。なんとたくさんあったことだろう！　源氏はあらゆる種類の女と大事な文通を交わしていたが、頭中将は源氏の妻（葵上）の兄であるとはいえ、その秘密の多くを共有していた。「見たいのは、腹立ちまぎれに書かれた激しい手紙、承諾をほのめかしている手紙、日暮れに書かれた手紙なんだ(5)」。源氏と同じように、つまらない恋愛には見向きもしない若者は、心の秘儀を探求し、多くの女を通してひとつの詩的達成のかたちを求めていた。彼は理想の詩神《ミューズ》を探していたが、見つけられなかった。稀な真珠はどこに隠れているのか。熱烈であると同時に慎み深く、嫉妬深いと同時に知的な、そんな恋人はありうるだろうか。多くの女は残念ながら自分の相手のアヴァンチュールに目をつぶろうなどとはしないものだ。自分の恋人が再び来てくれるようにわざと疑いをかきたてる女もいる。また狭量さゆえに我慢ならない女もいる……。二人の友人がこの会話に加わった。ひとりは左馬頭《ひだりのうまのかみ》で、この雨夜の郷愁的雰囲気に誘われて、自分の驚くべきアヴァンチュールのひとつを語り始めた。「私が青二才で、しかももっと低い地位にあったときのことでした。決して美人とはいえない娘と仲良くなりました。私はひとりごちました。当面のあいだは結構だとしても、彼女と結婚するなどありえまい。私にはもっと高い野心があったのです。暇なときには熱心でとても良い相手でしたが、そうでないときはひどいやきもち焼きでした(6)」。

馬頭《うまのかみ》はちょっと間を置いてまた話し始める。「この女は、私が自分で気がつく前に私に必要なものを用意して私を喜ばせようとしました。私のどんな欲求でもかなえようと心をつくしました。私の面倒をすべて見てくれました。私の気を惹くために、最後の露の一滴まで何事も投げやりにはしませんでした。……しかしああ、彼女の嫉妬がすべてを台無しにしてしまいました。私の限界を超えたのです。そこで私は彼女を脅かして少なくと数日間は平安な状態になろうと考えました。この女はこんなに熱心に私に気に入られようとしているのだから、ちょっと脅かせば効き目があるだろう。少なくともしばらくは息がつけるだろう」。どんなに高くつくとしても、そこで馬頭は彼女を捨てる振りをした。直ちに反撃が来た。女はヒステリーを起こした。叫び声の非難の嵐に持ちこたえて、彼はひどく冷たい態度をとり、こう言い放った。「嫉妬のあまり、お前は本当に私を失おうとしている。私と一緒にいたいなら、いい加減にしてくれ」。女は激怒して彼を責め立て、そして狂ったように彼の小指をつかむと強く嚙んだ。馬頭は耐えられないほどの痛みを感じたが、かろうじて叫び声を上げるのを抑えた。「ひどいことをするものだ」、と彼は部屋を出ながら言った。「これで私たちの仲も終わった。さようなら」。
　傷ついた小指を注意深く曲げて立ち去った彼は、詫び状を待ったが、なにも来なかった。なんの知らせもなく日々が過ぎた。霙《みぞれ》の降るある晩、寒さに震えながら、彼女の家から遠からぬところにいた彼は、彼女の柔らかく熱いからだを懐かしく思い始めた。彼女はなにを考えているのだろう、どんな様子をしているのだろう。肩にかかる雪を払い落とすと、彼は彼女の家に向かい、彼女は目に涙を浮かべて迎えてくれるだろうと考えながら来訪を告げた。待っていてくれると確信していたのだ。彼女は不在だと言われた。一言も残さずに？なにも。それで彼は不安になって、彼女は訣別するために嫉妬を装ったのではないかと疑い、絶望しつつも彼女に豪華な贈り物を送った。家に戻った女は丁寧に答えた。彼女はあやまらず、自分に誠実であるように彼に求めた。「あなたが行ないを改めるなら、私たちは元に戻れるでしょう」。自尊心を傷つけられた馬頭は、譲歩はしないと言った。自由を捨てるなど問題にならない、と。彼は女が頑なに譲らない態度をとっていると思った。彼女は脅すように自分の条件を出し続けた。しばらく経ったあと、彼女はからだが弱って死んでしまった。「そのとき初めて私は私の戯れの残酷さに気づきました」、と馬頭は結論する。「彼女の献身は真の妻にふさわしいものでした。どんなに欠点があっても、私がつねに求めていた女だったのです。私は何事においても彼女を信用していました。どんなことも話しました。つまらない話も重大な事柄も彼女はいつもしっかり受け止めました。それに彼女は手が器用で、織物なんかではあの天の織女に匹敵するほどでした」。

これやこの、慣れしばかりに耐へもする
さびしさこそはせつなけれ、みづからは
それともしらず、ことように、たまさかに
ながる涙は、人恋ふる涙のそれにもはやあらず……
「羊の歌」Ⅳ（中原中也、一九〇七―一九三七）

六条II……それほど嫉妬深くなく死んだ女

聞いている者たちはため息をついた。外では相変わらず砂利の上に降る雨が陰鬱な音を立てていた。この音がさらに打明話を促した。今度は頭中将が話し始めた。「知り合ったことをごく内密にしなければならなかった女性がいました。とても美しい女でした。私はたちまち恋に落ちて、昼も夜も彼女のことが頭から離れませんでした。長いあいだ放っておいたときでも、私をすっかり信頼して扱ってくれました」。長い不在もかまわないだろうと軽く考えて、頭中将は時々しか彼女に逢いに行かなかった。彼女はいつも彼をいそいそと受け入れて、なんの質問もしなかった。「彼女が落ち着いているので私もなおざりにしたのです」、と彼は認める。彼はもっと信頼にこたえようと決心したけれども、手紙も書かず、長いあいだ逢いにも行かないうちに、彼女はひとりで子供を生んだ。悲嘆にくれた女は、そのとき「撫子《なでしこ》」（わが心の子供）と呼ばれる花を摘んで、それを彼に送った。話がここまで来たとき、頭中将は泣き始めた。目に涙が溢れた。「撫子には伝言が添えられていなかったのかい」、と源氏は尋ねた。「いや、特に変わったことはなにも。彼女はこう書いていました。山がつの垣は荒るともをりをりにあはれはかけよ撫子の露（山の家の垣は破れたとしても、そこに生い育つ撫子のことは時々思いやってください）」。それで頭中将は彼女のもとへ駆けつけた。「いつもながら彼女はなにも責めはしませんでした」、と彼は言う。「しかしとても悲しそうに見えました。涙をこらえていました。私はこおろぎの哀れな鳴き声さながらの様相を帯びたこの家の荒廃ぶりを目にしました。極貧のなかにあって、彼女は昔話の不幸せなお姫さまのようでした。私は君を愛していると言いました。それから私は彼女を置いてまた立ち去りました。何週間か経って戻ってみると、彼女はいなくなっていました。子供もです。もうなにも残されていませんでした。彼女がまだこの世にいるとしても、みじめな生活をし、私たちの夜の思い出が彼女の胸を焦がしているに違いありません。なぜ彼女はもっと嫉妬深いところを見せて私を引き止めなかったのでしょう。彼女を永久に自分のものにしていたかもしれないのに」。頭中将は暗い眼をして話を終えた。

友人がいたく後悔するこの女の思い出話は、源氏を深い夢想へと誘った。さらに幾つかの話をしたあと、友人たちは立ち去った。何ヵ月か過ぎた。源氏は十八歳になっていた。その美しさは、人が彼を光源氏（光り輝く皇子）と呼ぶほどだった。その頃、彼は六条の御息所《みやすどころ》のもとに密かに通っていた。彼女は七つ歳上で、天皇の弟の未亡人だった。もし夫が早くに死ななければ皇后になっていたかもしれなかった。彼女の高慢な心は、この若い愛人の美しさを堪能したが、彼女は情事が明るみに出ることを恐れていた。醜聞を避けるために源氏は夜間密かに彼女のもとに赴いた。貧しい身なりで誰にも見られないように内裏を出て、御者も護衛もなしに普通の牛車で移動するのが慣わしだった。ある夕べ、勤めを終えたとき、彼は病気の年老いた乳母を訪ねてみようと思い立った。乳母は五条に住んでいたが、小さな家がたくさん建ち並ぶなかを源氏は長いあいだ探してようやく彼女の家を見つけた。とはいえ、庭に入ることはできなかった。門が閉まっていたのである。開けてくれるのを待ちながら、隣接する脇道を眺めた。彼の眼差しは一軒の荒廃した住まいに惹きつけられた。簾《すだれ》の背後から若い女たちが彼を観察していた。家の前の垣につる草が茂って、その葉のあいだに光り輝く白い花、夕顔が咲いていた。ではこんなうら寂れた場所にもこのように美しいものが存在するのか、と源氏は思った。貧しさなどなんだろう。「帝王は翡翠の宮殿を保つがよい。茅屋《ぼうおく》にも二人は寝られるものを」。花々が、自分の夢に微笑んでいる人の唇のように、彼に向かって花弁をほころばせていた。彼は召使いのひとりに花を摘ませた。家のなかからひとりの少女が出て来て、彼が花をのせるように香を焚き染めた扇を差し出した。そこには女手で優雅に歌が書かれていた。ではこんな袋小路にも誰か洗練された人が住んでいるのか。これが奇妙なアヴァンチュールの始まりだった。

歌にいたく興味を覚えた源氏は、返歌を送り、そして乳母の息子の惟光《これみつ》に隣家のことを教えてくれるように頼んだ。この貧しい住まいに身を隠している女性は、名目上は地方の国守の妻だった。不思議な事情で彼女はここに、茅屋のなかにとどまっていた。源氏が最後に振り返ると、簾の向こう側に蛍のように輝く蠟燭の火が見えた。この出会いの魅力に心奪われながら、彼は六条のもとに赴き、そこで一夜を過ごした……。幾日も過ぎた。惟光がやって来た。「もう少し調査をしてみましたが、この女性が誰なのかよくわかりません。とても美人ですが、不幸そうに見えます。何人かの侍女たちはひそかに泣いていました。あなたの義兄の頭中将が彼女の家に出入りしていたらしいです」。とても不審に思った源氏は、このお伽話のヒロインの正体を知ろうと決意した。頭中将が失ったと思ったあの女なのだろうか。わからぬままに源氏は出会いを実現した。最初のひそかな出会いに続いて二度目の、そして三度目の出会いが……。源氏は魅力に屈した。女は彼を受け入れ、同じ奇妙なかくれんぼ遊びをした。お互いに自分の名前を隠して、闇のなかでの抱擁の魅惑に身を委ねたのである。彼はいつも自分の顔を隠そうとした、怪談に出てくる夜の恋人のように。彼女は、夢のように軽やかな様子を保ちながら、この仮住まいからいなくなるのではないかと危ぶまれた。源氏は彼女が姿を消すことを恐れた。そのときが来れば、彼女は痕跡を残さずに行ってしまうだろうと彼は確信していた。こうした不安に彼があまりにも苛《さいな》まれたので、六条の愛人はついに疑い始めた。彼は誰のことを思っているのだろう。源氏は、頭中将の逃げた恋人のことを思い、自分もまた夢の女を失うのではないかという考えに震えた。同じではないのか。

　彼は彼女を連れ出し、自分だけが知っている安全な場所、二条の院に移そうとついに決心した。女は、悪い予感がして、つぶやいた。「さきの世の契り知らるる身のうさに行く末かねて頼みがたさよ（私はこの世で大変な悲しみを知ってしまったので、来世にはささやかな希望しか持てません）」……。沈みかけている月が二人の道中を照らしていた。二人は夜明けの霧のかかった庭に入り、関係を結んでから初めてまともに互いの顔を見た。一日の終りに、源氏はふと豪奢な部屋で自分を待っているに違いない女のことを考えた。内裏でも彼の長い不在を心配しているに違いない。彼はこうした考えを打ち消した。この驚くべき誘拐のあと、若い女と彼が考えるのは並んで休むことだけだった。一日経った。影が部屋のなかに長く伸びた。夜になって女はまた胸が締めつけられるような思いがし始めた。なにを恐れていたのだろう。源氏は六条がいたるところで自分を探しているに違いないと考えた。彼女の嫉妬は見境がないから。だが心配しても始まるまい。自分の気まぐれにこんなにも素直に身を委ねている女がそばにいて幸せではないか。彼女は無防備に見えた。彼は彼女に腕を廻し、そばで眠った。真夜中に不意に目を覚ますと、背が高く威厳のある女の影が立っているのを見た。彼女は二人の上に身を屈め、恋敵の髪を摑んで悪態をついた。「道で拾ってきたこのみすぼらしい娘は誰なの」灯りは消えていた。源氏は刀を抜いた。恋人は恐怖のあまり頭から爪先まで震えていた。誰も助けに来てくれない。彼は人を探しに外に出た。蠟燭を！　だが戻ったとき、遅すぎた。恋人の枕元に無気味な同じ影が現れ、そして冷たい死骸を残して消えた。「戻って来い、生き返れ！」若い女の目はどんよりしていた。夕顔は秘密を持ったまま死んだ。彼は彼女のからだを茣蓙《ござ》で包んで持ち上げた。それは鳥よりも軽いように感じられた……。

六条Ⅲ……嫉妬し続けて人殺しになった女

哀れな小さな亡骸をひそかに山寺に送り出したあと、源氏は病に伏した。恐ろしい感覚が彼を苛《さいな》んだ。頭が鉛のように重かった。からだは火にかけられたようだった。続く何日間も熱のために伏していたので、天皇みずからが悪霊を源氏から遠ざけるために浄めの儀式を執り行なうように命じた。愛する人の死後四十九日目に、十分に回復した彼は追悼の法要に出席した。彼は死者のため、「愛していた名もなき人」のために祈り文を書かせた。儀式の行なわれた翌晩に、源氏は再び復讐する幽霊を見て気分が悪くなった。また熱が出た。この威嚇するような様子の悪鬼が抑えきれぬ怒りで自分に憑りついているように思われて、彼は比叡の山に入り、霊的な癒しの力で有名な聖《ひじり》の庵を訪ねることになった。強力な呪い《まじない》を幾日間か続けると、源氏は元気を取り戻した。とはいえ彼の試練はまだまだ終わっていなかった。都に戻ると、彼は妻の葵上《あおいのうえ》のもとに赴いた。彼女は三条にある左大臣の父親の屋敷に住んでいた。源氏は彼女の夫ではあったが、彼女は彼に冷たく当たっていた。というのも、彼女は彼より四つ年上で、しかもないがしろにされている皇女のように極端な高慢さがあったからだ。頑なで、背筋をまっすぐに伸ばし、見下すような態度で、彼女は彼をほとんど見ようとせず、沈黙の非難で彼を圧倒した。彼は浮気な男ではなかったか。彼女は彼が自分を、こんな身分の女を欺いていることに我慢ならなかった。だから源氏が訪れても、いつもながら彼女はわざとのように姿を現さなかった。父親の度重なる懇願に負けて、彼女はやっと姿を見せたが、絵のなかのお姫様のように高貴で非の打ちどころなく毅然とした様子で座っていた。源氏はこの氷をむなしく割ろうとした。「なぜあなたはそんなにも冷たく、そんなにも尊大なのですか。あなたはますますよそよそしくなっていますね。親しい関係を保つことはできないでしょうか。奇妙なことですよね、私が重病だったのに、あなたが私の健康のことを尋ねようとさえしないのは」。「確かに」と葵上は答えた。「あなたがどうなってしまうか人が心配してくれないときは。つらいことですね」。彼は抗議した。「あなたが口を開くときは、こんなにも薄情だ。悪気もない言葉を侮辱であるかのようにねじ曲げてしまう。ますます近づきがたくなっている。私がいつかあなたに理解されることはあるのでしょうか」。彼女がもう口をきこうとはしないので、彼は寝室に入ったが、彼女はあとにつづかなかった。

何年も経った。二人の嫉妬深い女が怒りに満ちて源氏につきまとっていた。ひとりは葵で、彼を許すことを頑なに拒否していた。もうひとりは六条で、自分がただひとりの愛人ではないことに屈辱を感じ、ついには情事を漏らしてきわめて乱暴な扱いの犠牲者たることに不平をかこった。内裏にこうした関係が伝わると、醜聞を耳にした老いた天皇は源氏を呼んでその乱れた行ないをとがめるにいたった。「女たちの恨みを買ってはいけない」と天皇は言った。とはいえ、源氏の憤りは、事が明るみに出たときの彼の妻たる女性のそれに比べられるものではなかった。彼の妻は彼を泥沼に引きずりこんでいた。しかし葵はなにも言わなかった。健康面でもっと気がかりなことがあったからだ。しばらく前から奇妙な不快感で起きられなかった。彼女は妊娠していて気分が悪かったのだ。この時期、宮廷にとってきわめて重要な出来事があった。賀茂神社の斎院が引退して、皇女のひとりがあとを継ぐことになり、天皇みずから任命の儀式にまつわる一連の行事にこの上ない華やかさが添えられるようとりはからった。禊《みそぎ》の日に、聖なる処女は宮廷のきわめて美しい若者たちに付き添われなければならなかったが、そのなかで源氏が良い場所を占めていた。この華々しい行列を見ようと、人々は前もって沿道に牛車を並べていた。おびただしい群衆で都が埋めつくされた。葵上は、侍女たちが熱心に勧めるので、ついにそこに出かける決心をし、急いで乗り物を用意させた。彼女がその場に着いたとき、かろうじてひとつ空所が残されていた。

通りの両側に乗り物がひしめき合い、着飾った女性たちでいっぱいだったが、その多くが源氏の通る姿を見ることを夢見ていた。彼女たちは葵上が最前列で行列が見られるようにうやうやしく自分の乗り物を下げさせた。しかし雑踏のなかで二台の古風な籠細工の乗り物が譲ることを頑なに拒否し、その御者たちが横柄に葵上の御者を睨みつけたので一悶着が起きた。二台の乗り物の一方のなかでは六条御息所が息をひそめ、人に知られることを恐れて介入しようとはしなかった。彼女はひそかにこの祭礼を見に来ていたのだ。ところがいまや敵が上位の席の権利を叫んでいた。雑踏のなかで他の供回りたちが口論に加わった。葵上の従者の数が多かったので、六条の車は小さな車が雑多に入り混じった後列に乱暴に押し戻された。六条は、人々の冷笑を浴び、公衆の面前で侮辱されながら、行列をまったく見ることができなかった。敵の後ろ側に追いやられた彼女は、騎馬の者たちが葵上の前で立ち止まり、敬意をこめて挨拶を送る光景をただ眺めるばかりであった。遅すぎた。家に帰りたかったのだ。しかし諍《いさか》いのさなかに彼女の車の道はふさがれてしまっていた。人ごみのなかで身動きがとれず、最愛の皇子の妻である女の前で辱められて、六条は自分の心が氷の塊のようになるのを感じた。彼女は源氏を見ることさえできなかった。彼女はつぶやいた。

影をのみみたらし川のつれなきに身のうきほどぞいとど
知らるる
（私にはあの人がみたらし川に落ちる影のようにしか見えなかったが、それでもついにこの上なくみじめな時が来てしまったのがわかった）

この日から六条御息所は地獄に堕ちた魂のように復讐の思いを反芻し始め、ほとんど耐え難い怒りに燃えた。ひどく苦しんだ。全身で源氏の存在を求めながら、彼に会うのは怖かった。彼女は彼から離れようと思ったが、皆の笑い種《ぐさ》になることを恐れ、出発を絶えず延ばし、心は引き裂かれ、あちらへこちらへと運ばれた。葵上は奇妙にも同じ苦しみを味わっているように見えた。不吉な霊に憑りつかれたかのように、時おり衰弱に見舞われ、吐き、息ができなくなるほど泣きじゃくり、あるいは気を失った。彼女の病気の噂が広まった。六条御息所は、それでびっくりした。自分が誰かに危害を加えようとは思ってもみなかったからである。彼女の心は苦しんで激しく流される小舟のようだった。出発か？　なんのために？　留まるか？　それでどうなるというのか？　それは、妻がやがて出産することになる男を恋するという狂気だった。それは彼女を精神錯乱に陥らせた。とても激しい感情に揺さぶられていたので、彼女の心の健康を心配して源氏が彼女のもとを訪れたとき、叫び声を上げないようにしなければならなかった。いろいろな映像が付きまとった。まことに恐ろしいことに、ときとして殺人の欲望のような思い出が到来した。まどろむや否や、自分が激しい憎しみに駆られてひとりの女を打擲《ちょうちゃく》しているのを見た。こうした夢はなにを意味しているのだろう。ある日、身を苛むような疑惑のさなかに、彼女は思い出した。「どこか豪華な部屋のなかにいるらしいが、そこに女が寝ていて、これが葵上なのだとわかっている。女の腕をつかむと、目覚めていたときには無縁だったような恐ろしい怒りを爆発させて、力を失った人のからだを引っ張り、突き飛ばしていた」。ではやはり責められるべきは彼女だろうか。彼女の霊がからだを離れて、かくも残忍な蛮行に打ちこむことなど本当にありうるのだろうか。こんなに有害な魂は浄めなければならなかった。六条は伊勢の斎宮とともにずっと遠くに身を引く決意をした。源氏を忘れなければならない。自分を生ける死者さながらにするこの情念を殺さなければならない。

だが遅すぎた。骨の髄まで悪に侵されて、六条はその最後の心的攻撃を葵の部屋の方向に送った。能作品の『葵上』では、彼女の顔そのものが嘲笑う女＝骸骨の顔に、恐ろしい言葉を吐く悪夢の実体になる。

われ世にありしいにしへは
雲上の花の宴
春の朝《あした》の御遊《ぎょいう》に慣れ
仙洞のもみじの秋の世は
月に戯れ色香に染み
花やかなりし身なれども
衰へぬれば朝顔の
日影待つ間《ま》のありさまなり
ただいつとなきわが心
ものうき野べの早蕨《さわらび》の
萌《も》え出で初《そ》めし思ひの露
かかる恨みを晴らさんとて
これまで現はれ出でたるなり
今は打たではかなひ候ふまじ
今の恨みはありし報ひ
瞋恚《しんに》の炎《ほむら》は
身を焦がす
思ひ知らずや
思ひ知れ

（私も人々にもてはやされていた昔は、宮中の花見の宴につらなり、春の朝の音楽の催しにはいつも参列した。また仙洞〔上皇の御所〕の紅葉をめでる秋の夜は、月に興じ、ときに異性との交際を楽しんだものだ。そのように花やかな身の上だったが、歳をとって衰えが見えてきたので、朝顔の花が朝咲いて日の光にあうともう萎むように、破局が間近い身の上となった。ただいつからということもなく、私の心はものうい悩みにとざされた。そのうちに芽生えてきたのが恨みの思いの露涙。その恨みを晴らそうと、ここまでやって来たのだ。もう打ちすえてやらなくては我慢できない。いま私の恨みを受けるのは、お前が以前にした行ないの報いだ。怒りの炎はお前を焦がす。思い知るがいい[7]）。

葵上はいまや回復不能の状態になっていた。僧侶たちも、もう無駄な呪文を唱えるのをやめた。源氏は瀕死の人の枕元に呼ばれた。彼が寝床のまわりの几帳を上げると、腹は大きくなっていたが、いっそう美しく見える彼女は、ぼんやりした眼で彼を受け入れた。涙にくれながら彼は彼女の手を取り、慰めの言葉をつぶやいた。だが彼女は突然眼差しを彼に向け、官能的な調子でしゃがれ声で言った。「あなたを待ちつづけて、私のからだは欲望で燃え尽きてしまったわ(8)」。

この声、この顔は、葵のものではなかった。六条のものだ。茫然として源氏は叫んだ。「君が誰だか知っている!」。この言葉に、病人は自分の病気がおさまったかのように穏やかに微笑み、そして不思議に美しい子供、男の子を生んだ。一方、僧侶たちは香の煙のなかで汗だくになって数珠を振り、必死に祈った。この誕生が宮廷を喜ばせた。蘇生について語る者もいた。葵上は、憔悴していたとはいえ、結局助かったように思われた。そこから遠いところで、六条は強い香りのなかで目覚めた。身に覚えのない感覚だった。彼女の心は、歪み、ばらばらになってしまったようだった。そして自分の恋敵が出産したことを聞いて、この知らせに打ちのめされた。葵上は生きのびたのではなかった。彼女の状態は突然悪化した。息の詰まる発作に襲われ、苦しさのあまり叫び始め、そして息を止めた。命の火が消え去り、動かなくなった。三日後、事態は明白になった。それは昏睡状態ではなかった。彼女は死んだのだ。源氏は、男には禁じられた神聖な場所の境界で、その後六条御息所に一度だけ会ったが、それはお別れを言うためだった。人殺しの女もまた、その晩死ななかったのだろうか。

あかざりし袖の中にや入りにけむわが魂のなき心地する
（いくら語り合っても満ち足りることなくお別れをしてしまったあなたの袖の中に入ってしまったのでしょうか、私の魂がなくなったような気がします）
（『古今和歌集』九九二）

お雪と死女の手……あらゆる悪はからだにとりつく

文政十二（一八二九）年四月、大名の若妻が自分の最期の時が近づいているのを感じて、別れを言うために夫を呼んだ。彼女は三年間寝たきりであった。長患いで徐々にからだが弱っていた。ひからびた鳥がらのようだった。大名は彼女の上に身を屈め、まるで古い卵の殻を撫でるように、その頬をやさしく撫でた。彼女はとても衰弱している様子だった。「愛しい妻よ、そなたは長いあいだ患った」、と彼は言った。「そなたの魂が、矢のように暗黒空間を横切って、あの世で光り輝くように、あらゆる経を上げさせよう」。危篤の人は、虫のようにか細い声で、この世で思い残すことはもう一つしかありませんと答えた。「お雪を呼んでください」、と彼女はつぶやいた。そして雪が寝床の前に姿を見せると、大名の妻は、目を見開いて、うやうやしくひざまずいた美しい娘を見つめた。十九歳になるかならぬかの娘は、大名の愛妾だった。「お雪、私はもう死にます。あなたはすぐ私の代わりになるでしょう。殿さまを大切にしてください。殿さまの愛情を他の誰にもかけさせてはなりません。私があなたに言いたいのはそれだけです」。雪は困惑した。彼女のおずおずした抗議にも耳をかさずに瀕死の妻は付け加えた。「さあ、これが私の最後のお願いです。桜の花が見えるように、お雪、私を背負って」。生暖かい最初の春風の吹く庭には、じっさい桜が開花していた。そのからだが同じ柔らかな素材でできているかのように花びらのなかでかつて踊っていた女に、この最後の幸福を拒否するなどどうしてできよう。大名の同意の身振りで、雪が瀕死の妻に肩を差し出すと、妻は敷布の下から痩せ細った腕を出して、ほとんど超人的な努力でしがみついた。雪は骸骨が背中に寄りかかっているように感じた。彼女は手を女主人の肉の落ちた腿にまわし、蜘蛛の死骸を持ち上げているような不気味な印象とともに立ち上がった……。

まさにこのとき、瀕死の妻は骨ばった二本の腕を着物の襟から差し入れ、獰猛に雪の乳房を鷲摑みにした。「私の最後の願いはかなえられた」と彼女は嘲笑い、そしてこの悪意ある笑いのうちに最後の力が尽きて、こと切れた。恐怖で打ち震えていた召使いたちも、駆け寄って二人の女を引き離そうとした。奇妙にも、彼らが雪の背中にぶらさがった死女を持ち上げようとしてもかなわなかった。彼女の手が不思議なことに娘の乳房に密着し、獰猛なすべての指で食い込んでいるように見えた。死骸の指を摑んだ召使いが全力で引っ張った。雪の胸をもぎ取っているかのようだった。雪は恐怖と苦痛で気を失った。医者に来てもらったが、その試みも無駄に終わった。手を引きはがすことは不可能に思われた、とラフカディオ・ハーンは語っている（『天の川縁起』）。「彼女たちはしっかり絡み合っていたので、少しでも引き離そうとするだけで血が流れた。指が乳房を摑んでいるのではない。死女の手のひらの肉が、不可解なことに娘の乳房の肉につながっていたのである」。それで都のもっとも腕の立つオランダ人の外科医が診断のために呼ばれた。彼は、いままでこんな恐ろしい症例は見たことがないと告白した。彼にはまったく理解できなかった。生身にメスを入れるのは危険すぎるので、死体を切断し、手を手首のところで切ることで満足した。手はたちまち黒ずみ、長いあいだ死んでいる人間のミイラ化した手のようになった。雪はいまや胸の上に二つの人間の断片を乗せていたが、それらは恐ろしい瘤《こぶ》のように彼女に接合していて、死女の手であるとはいえ、夜毎にうごめき始め、際限なく娘を苦しめた。この苦界において、いかなる行為も結果なしにはすまない、と日本人は言う。必ず代価を払うことになるというわけである。

「悪事身に留《と》まる」（あらゆる悪はからだにとりつく）。彼女の肉そのもののなかで、毎晩丑の刻（朝の二時）に死女の手が動き始め、指を痙攣的に握って、お雪の胸を締め付けた。「苦しみは寅の刻（朝の四時）まで続いた」、とラフカディオ・ハーンは述べている。「雪は髪を切り、托鉢僧になった。位牌を作ってもらい、その上に死んだ女主人の戒名を刻んだ。（中略）そして毎日、位牌の前にひざまずいて、故人の許しを謙虚に乞い、嫉妬深い心が休息を得られるようにお祈りした。しかし、そうした悲しい出来事を許した悪い業《ごう》が、ただちに晴れるわけではなかった。毎晩丑の刻に、手は彼女を苦しめることをやめなかった。そしてこれは十七年間続いたのである。雪がこの話をした何人かの証言によると、これは弘化三（一八四六）年に起きたという」。以来、お雪がどうなったのか誰も知らない。手が、ついには彼女から剝がれたのかどうか、誰も知らない。

累と与右衛門……「もうお前の顔がわからない」

累《かさね》の伝説は、呪いの、おそらく最悪の呪いの伝説である。ひとりの男にその愛する女を殺させる呪いである。男はもう女が誰だかわからなかったので。女は、死者の霊にとりつかれて、とても美しい顔が忌まわしい仮面に変貌し、目はひきつり、怪物のような醜悪な姿で突然夜闇から現れるので。絵師の北斎が累の肖像を描いて、ぞっとするような作品を作り上げるが、それはエドモン・ド・ゴンクールがその著書『北斎』のなかで長い気味の悪い記述を当てているとおりである。「夫に殺害された醜女、累は、水頭症の胎児のような額《ひたい》をし、もじゃもじゃの髪の下で片目を閉じ、もう一方の目を煮えた魚の目のように大きく開き、鼻の骨もあらわに、耳まで裂けた歯茎のない口で、骸骨のような二本の腕を火の土地の住民の愚かしい踊りの動きに合わせて頭のほうに上げている。夜、燈火のもとで眺められた、ぞっとする幽霊である」。これは実際、恋する娘のからだに死骸の仮面がとりつくという恐るべきヴィジョンである。女を抱こうとした男への恐るべき罰である……。

「累の伝説は、きわめて古く、その起源は仏教説話にある」、とサミュエル・レイターはその歌舞伎論の序説で述べている（『闇と欲望』）。「一六九二年、浄土宗の僧、祐天上人は、東京の北、羽生村（現在の茨城県）で幽霊を退治した」。もとの話によれば、与右衛門《よえもん》という名の百姓がその片目の息子、助《すけ》の顔が不快なので殺した。助の左の眼窩が気味の悪い紅斑で埋め尽くされていたのだ。与右衛門の妻が女の子、累を生むと、この子の顔に同じ腫物があった。ある日、この子が鎌で豆を刈っていると、与右衛門は今度は彼女の口に砂利を詰め、動かなくなるまで川に顔を沈めて殺した。彼はまた新しい妻（五番目の）を貰ったが、妻は娘を生み、菊と名づけられた。与右衛門が大いに安堵したことには、菊にはどんな奇形のしるしもなかった。彼女は成長するにつれてますます美しくさえなり、与右衛門はとてもかわいがった。菊が錯乱の発作に襲われる日まで。燈火のもとで食事をしていると、菊が父親に憎しみの眼差しを向け、なにか言い始めたのだ。祐天上人が悪霊に憑りつかれた女の枕元にやって来たとき、彼女はもう生きた人間の様子をしていなかった。左の白目が腫れあがった眼窩のなかで揺れ動いていた。からだが痙攣していた。しかし悪夢のような長い一夜を徹して唱えられた呪文のおかげで、彼はついに彼女を救い出した。

あの世から可愛い女に憑りつきに来た、この片目の醜い嫌われ者の伝説は、数え切れぬほどの演劇的脚色がなされてゐる。劇作家たちは、そこから愛の物語を作り出した。鎌は殺人の道具になった。与右衛門は若い魅力的な侍に変貌した。さらに事件に興趣を添えるために、物語は一八二〇年代にはやりの演目、『伽羅先代萩《めいぼくせんだいはぎ》』に組み込まれさえした。当時、人が苦しんで死ぬと、その怒れる魂を鎮め、幽霊の姿で戻って来ないように、〈施餓鬼《せがき》〉と呼ばれる仏教の供養が執り行なわれた。しかし、この供養は、しばしば不十分なものだった。古い信仰によれば、死者の魂は、その苦しみに責任のある生者のまわりを回り続けていた。人が断続的な熱に冒されると、その症状は、からだを侵して熱くし、寒さで身震いさせ、吐き気を催させる〈餓鬼〉(「飢えた霊」)の存在に帰せられた。民衆の信仰では、また餓鬼の背中には幾つかの病──真菌症、乾癬、あるいは下痢──が乗っていた。霊がうろつくのをやめるように、病人にその過ちを償い経を唱えるように勧めることさえあった。こうした霊が、嫉妬に駆られたり満たされなかったりする女であることも稀ではなかった。

「心の鬼が身を責める」。悔恨の情にも似て、こうした幽霊はたいていの場合人間の目には見えず、悪臭や害虫のかたちでしか現れなかった。

十九世紀末、ラフカディオ・ハーンが日本に落ち着いて、その手帳に記したところによると、〈餓鬼〉の信仰がいたるところで見られるので、蠅に悩まされ、その吻管《ふんかん》にいらだたされた職人たちは、「今日の蠅は餓鬼のようだね!」と叫ぶという。インドと中国から来た「飢えた霊」は、日本では七世紀あるいは八世紀から姿を見せる。奈良時代、死後の魂の流転を表す画家たちは、異常なリアリズムを展開する。彼らが「地獄絵」を飾る拷問の数々は、希望の余地をほとんど残さない。永遠にも等しい輪廻を宣告された死者たちは、一つの世界からもう一つの世界へと移りながら、自分の過ちを償い、新たな試練としての存在を耐え忍ぶ。最悪の罪人には、骨や死骸や泣き叫ぶ犠牲者たちで溢れた〈地獄道〉が待っている。それは存在の全領域中の最終的なもっとも恐ろしい領域である。まさにその上に〈餓鬼道〉、限りない飢餓によって膨らんだ腹をした、飢えた死者たちの世界がある。〈餓鬼道〉の上に〈畜生道〉、動物の世界がある。次に〈修羅道〉、永遠の闘争と戦闘の地帯が、そして最後に〈人間道〉、人間の領域、苦しみが予想されるこれら六つの世界のなかでもっとももましな領域が来る。〈六道〉の仮借ないシステムにおいて、〈餓鬼〉の境遇は地獄の一段階として設定され、きわめて倒錯的な、つまり残酷さの領域のなかできわめて洗練されたかたちをとる。これらの「飢えた霊」は、死後直ちに異常な欲望にとりつかれた見えざる存在、あるいは不吉な存在のかたちでわれわれの世界に転生することもあるのだ。「『正法《しょうぼう》念処経《ねんじょきょう》』によれば、〈餓鬼〉の三十六種の大半は、腐敗、病気、死の現象と結びついている」、とラフカディオ・ハーンは説明し、その恐るべき何種類かを列挙している。〈食血《じきけつ》餓鬼〉（血を飲む）、〈食肉《じきにく》餓鬼〉（肉を食べる）、〈食蛇《じきだ》餓鬼〉（蛇を食べる）、〈食糞《じきふん》餓鬼〉（糞尿を食べる）、〈疾行《しっこう》餓鬼〉（屍を食べる）、〈住不浄巷陌《じゅうふじょうこうはく》餓鬼〉（ごみ箱をあさって傷んだものを食べる）。〈食鬘《じきまん》餓鬼〉というのすらあって、これは仏堂などに備えられる装飾の鬘《かつら》を永遠に食べるべく宣告されている。ほかにも踊り子や優美な娘の姿をした〈欲食《よくじき》餓鬼〉がおり、どんな性的抱擁も決して満足させることのできない執拗なリビドーに苛まれている。それは、人間の心《プシケー》のきわめて暗い層から生じた、無意識の幽霊、抑圧と罪の呪われた子である。累の物語は、この観点からすれば、特に意味深い。それは、恐るべき身体的疾患の遺伝によって非言語的に伝えられる物語である。こうして物語は始まる。江戸時代、強力な武家の殿様が、吉原の高級娼婦に心奪われて、自分の仕事もまた婚約者のうたかたもないがしろにし始めた。この高級娼婦は高尾太夫といい、この世界でもっとも高くつく女性に属していた。遊蕩を責められ、大名は一族に釈明するように求められた。高尾との関係を絶つよう強く命じられさえした。しかし彼はあまりに夢中で恋する人以外のことに注意を払うことができなかった。家来のひとり、谷蔵《たにぞう》はそれで高尾をひそかに殺して秩序を取り戻そうと決意した。何年後かに彼は主人への勤めを捨て、新しい人生を始めるために与右衛門と名乗った。ある日、美しい娘に出会った彼は恋に落ち、そして彼女が高尾の妹であることを知らずに結婚した。彼女は累《かさね》という名で、無邪気な顔をしていた。彼女はとても純心で明るいので、その顔が奇妙な病気にむしばまれ始めたときにも彼は愛することをやめなかった。累は醜くなり始めた。水泡性の紅斑が顔を覆って、眼が眼窩からほとんど出そうになった。口が裂けた。唇の皮膚がうろこ状になり、歯茎がむき出しになった。頭が薄くなった。

すべての鏡を隠し、彼女が美しいままだと請け合って、与右衛門は彼女を眼差しから守った。累が顔を水に映して見る日まで。その映像に衝撃を受け、彼女は自殺しようと川にやって来たが、そのとき奇妙な場面を目撃した。川岸で与右衛門が娼家の女を買い戻す交渉をしていたのである。娼婦と一緒にいる夫を見て、累は心臓が怒りで煮えたぎるのを覚えた。では彼は彼女を私の替わりにしようとしているのか？　恐ろしい取り違えだった。というのも、この女は、じつは不幸な運命の犠牲者、うたかただったのである。与右衛門に彼女と結婚する気持ちはまったくなかった。嫉妬に怒り狂った妻が突然現れ、ぎらぎらした片目で自分を睨みつけるのを見たとき、与右衛門は最初それが誰だかわからなかった。累とはとても見えなかった。このとき彼女の顔は、あらゆる手段で復讐しようと、その狼瘡が異常なまでに膨れあがり怒り狂った死者の顔だった。彼女は鎌をふりかざした。与右衛門は攻撃をかろうじてかわすと、この出現に恐れをなして反撃し、愛する妻を心ならずも殺してしまった。物語によれば、累は死後も彼を訪れることをやめなかった。彼女とその姉は、彼女たちの殺害者の枕元に毎晩やって来て、その耳もとで非難の言葉をつぶやき、掛布団のなかに白いからだを滑りこませ、地獄の亡者の目で彼を見つめるのだった。〈餓鬼〉の復讐には終わりがない、と人は言う。それは、人が自我の底に閉じ込めついには他人に感染させずにはいない、言い知れぬトラウマか真っ黒な秘密から生じる病気のように、世代から世代へと伝えられる。「悪には悪の報い」。

お岩……「怒髪」

「怒」という語の語源論を信じるなら、女の心をもてあそぶと、愛の物語は否応なく悪い終わりを迎えることになる。「怒」という語は、じつのところ三つの表意文字からなる。女、心、そして「さらに」、「また」を意味する〈又〉である。わかりやすいかたちでは、怒りは髪にも結びつけられる。激怒を示すのに、実際、日本人は〈怒髪《どはつ》〉と言う。

　怒れる女の物語のなかでも、お岩のそれは、人がこの女の名前に「さん」という接尾辞を決して付け落とすことがないほどの恐怖を呼び起こす。お岩さん、不幸な嫉妬の犠牲者の物語は、日本で有名な数々の恐怖譚に素材を提供する。お岩は〈幽霊《ゆうれい》〉、文字通りには「幽（暗闇）」の「霊」、隠秘世界からやって来る暗い姿で、歴史的に戦慄を呼び起こすことを狙いとする〈怪談〉の対象となっている。

　一八二五年に四代目鶴屋南北（一七五五―一八二九）によって書かれた歌舞伎作品『東海道四谷怪談』は、三十回ほど映画化されている。元通りの話とはもはや言い難い作品もあるが、それらはすべて共通点を示している。〈髪梳《かみす》き〉と呼ばれる場面で、女がその長い黒髪に櫛を入れると、髪の毛が頭から抜け落ちるのに遅ればせながら気づくのである。

　すべては釣り人から始まった。彼らはグロテスクなかたちにもつれた腐った手足の自殺した恋人たちを網に引っ掛けたと主張した。当時、嫉妬した夫が妻とその恋人を殺し、二人を川に捨てる前に戸板の両面に背中合わせに釘付けしたとも言われた。こうしたぞっとする話に四代目鶴屋南北は幽霊話の素材を得た。日本人が血も「凍る」恐怖の物語を語る季節、夏のことである。

　『東海道四谷怪談』の初演――一八二五年七月――は、センセーションを巻き起こした。特に〈髪梳き〉の場面が。だが初めから語ることにしよう。それは伊右衛門《いえもん》という名の〈浪人〉（主君なき侍）の物語である。彼は美男である。江戸に妻のお岩と暮らしている。彼女は輝くように美しく、優しく仕える夫と生を受けたばかりの子供を愛していた。

　伊右衛門は逆に暗い思いにとらわれている。彼には赤ん坊が耐え難い。妻が煩わしい。彼は出世を夢見るが、家族を養うためになんとかやりくりして暮らさざるをえない。きわめて裕福な娘、お梅が彼に恋する。お岩と結婚していなければ、伊右衛門は間違いなく彼女と結婚するはずだ。お梅はお岩に薬を届けさせる。それは、容貌が元に戻らぬほどに「顔を変える」強力な毒である。お岩はそれを飲み、苦痛に気を失い、そしてなにが起きたかわからないままに半ば昏睡状態から覚める。

彼女は、腫れ上がり、亀裂の入った、ほとんど見るに耐えない自分の顔の状態に気づかない。生ける屍の仮面。伊右衛門は按摩の宅悦に頼む。「かまわないから、妻を誘惑するか犯すかしてほしい。このおぞましい女と離縁する良い口実ができるだろう」。宅悦はお岩に鏡を差し出してその顔を見せる。彼女はもの思いに沈み、そして落ち着きを失わずに怪物の映像を見つめ、言う。「ぞっとするような髪に……。髪を直さなければなりません。歯も染め直さなければ。私への心遣いにお礼を言うためにお梅に会いに行かなければなりません(9)」。

歯を黒くする材料を手にしたお岩は、二十世紀初頭まで日本人の既婚女性のすべてがしていた〈歯黒《はぐろ》〉と呼ばれる液を歯に塗る。彼女は、常軌を逸した状態のまま、唇に染料を塗る。その口は、黒い穴、屍の仮面上の化膿した闇の口のようである。そしてべっこうの櫛を彼女はその長い黒髪に入れる。たしかに怪物だ、しかし少しは見られるようになる……。そう彼女は考える。

孤独な声が舞台裏から響く。彼女は、三味線の哀れっぽい曲に合わせて、なにか恋に関することを歌う（〈独吟〉）。女の最初の心の高ぶり。自分を幸せにしてくれるだろう人を思うときの、震えるような、肉体の優しい呼びかけへの目覚め。強烈に皮肉な曲に合わせて、お岩が髪を梳くと、突然髪の毛の半分が抜け落ちるように見える。髪の房全部が崩れ落ち、頭の皮膚がむき出しになると、部屋中に叫び声が響き渡る。

そのとき初めてお岩は災いの大きさに気づく。彼女はその美しさを失った。逆上した彼女が刀を取って戸に駆け寄ると、彼女を抑えようとする宅悦にぶつかり、偶然に刃で彼の喉が切られる。開いた傷口から血が流れる。「伊右衛門、私を裏切ったのね！　呪ってやる！」残った髪、その〈怒髪〉が、乱れ拡がる。「怒髪天を衝く」という表現は、「怒り狂う」を意味する。お岩は怒り狂ってこと切れる。

お岩を殺したと責めて伊右衛門は男を殺し、そしてこの殺害を心中のように偽装する。彼は二人の死骸を戸の両面に背中合わせに釘付けし、二人が恋人同士であるように見せかける。やっと自由の身になって、お梅と結婚しようとする。彼にはすばらしい出世である。結婚式の前日の夜、行燈の灯りが奇妙に揺れ始めるので、彼が行燈を見ると、それはお岩の目で彼を見つめ、歯のあいだから「裏切り者」と声を発する。伊右衛門は刀を抜き、行燈を切り落とす。

翌日、自分の見たことを疲れのせいにして、伊右衛門は事件のことはすっかり忘れてしまっていた。彼は結婚したばかりのお梅の魅力を利用することしか頭にない。彼は婚姻の褥《しとね》の上でうなだれて待つ新妻のもとへ行く。蚊帳を持ち上げると、新妻の美しい顔ではなく、彼自身が容貌を変えたお岩の幽霊を目にする。お岩は彼を見つめ、「裏切り者」と叫ぶ。恐怖からとっさに彼は蚊帳越しに許嫁に切りつける。落ちた首はお梅の首で、物凄い笑いが響く。

幻覚にとらわれたまま伊右衛門は義父母を殺害する。幽霊に追われて彼は自分の加担者たちを殺戮する。彼の行くところ幽霊は嘲笑いながら付きまとう。道ですれ違う人々がお岩の醜い顔をしている。逃げ込む廃屋は、半ばむき出しの頭の幽霊に憑りつかれている。行燈が彼を見据えて、「裏切り者」とつぶやく。伊右衛門は呪われている。もっとも残忍な罪を犯したのだから死まで呪われ続ける。愛に満ちた女を欺くというひどいことをした。女の髪を失わせたのだ。

「髪《はつ》」という語は、また「かみ」とも読める。それは、樹々の葉や山々の頂で震える「存在」（カミ）に結びつく。雷雨に見舞われたように、憑りつかれた存在は、電気で乱れ逆立った髪でつねに表される。女の髪に触れるのは、彼女のもっとも聖なるものを侵すことになる。その聖なる美を。その存在の核心を。

お岩の呪いは、この死者の魂のためにあらかじめ祈ることなしにその役を演じようとする者すべてに振りかかる。お岩はいまなお強力な死者であり続け、その墓は女の髪を抜け落ちさせる力を持つという。

清姫と安珍……道成寺にて、情念の火

燃え上がるほどに男を欲しがることは可能だろうか。清姫の伝説は、愛と死のドラマ、日本では両手で髪をつかむ性的狂気を思い起こさせる強烈なエロティシズムのドラマである。実際、この伝説を図解するために挿絵画家たちの大半は、この半狂乱の身振りを採り上げる。『百物語』（一八六五年）において浮世絵師の芳年は、心の混乱を反映する渦巻く川辺に苦しむ女を立たせるが、彼女は変身の痙攣に襲われて髪の毛をぎゅっとつかんでいる。蛇に変身するのだ。この物語には数えきれないほどの異本があるが、いずれも同じ苦しみ、一方的な恋に苛まれる心の苦しみについて語る。自分自身の情念の火に焼かれるのだ。

　異本一。一般に「道成寺《どうじょうじ》」と呼ばれる民話について書かれたもっとも古い記録は、一〇四〇年に遡る。それは『日本法《にほんほっ》華《け》験記《げんき》』に姿を見せる。また『今昔物語集』巻十四第三話[10]にも見出せる。熊野巡礼の二人の僧が、若い寡婦の住まいに一夜泊まらざるをえなくなった。夜になると、女は若いほうの僧の寝床に忍び込み、心臓の鼓動が聞こえるほどにからだをぴったりくっつけた。彼女は一目見たときから彼に夢中になっていたのだ。誘惑に抗して若者は丁重に発とうとしたが、女が必死に頼むので彼はついに巡礼が達成されたら彼女に会いに戻ると約束した。それはもちろん嘘の約束だった。僧が戻って来ないので、寡婦は自分が騙されたと悟った。それで彼女は部屋に閉じこもり、悲しみと怒りのあまり死んでしまったが、突然恐ろしい蛇の姿になって蘇り、欲望と憎しみの対象を追い始めた。追い詰められた不幸な若者は、命からがら道成寺[11]に逃げこんだ。どうやって彼を悪魔の攻撃から守れるだろうか。そのとき僧たちは彼を鐘のなかに隠すことを思いついた。鐘はとても重たいので、蛇がいかに超自然的であるとはいえ持ち上げられず、せいぜい頭をぶつけるしかないはずだと。だが彼らは蛇が鐘に巻きつくとは予想していなかった。囚われの獲物の周りにとぐろを巻いた寡婦は、欲望に燃え上がり、その熱で金属が赤く変じ、ついにはその欲望の対象を灰と化してしまった。「心の駒に手綱を許すな」。

　異本二。民話のかたちで一般化した道成寺の伝説は、わずかに変容した。今日では、一九二八年に柳田国男によって創刊された民俗学雑誌『旅と伝説』[12]に公表されたモデルに従って物語られている。「その昔、庄司という宿屋の娘が日高川のほとりに住んでいた」。名を清姫といい、ひとりの若い巡礼僧に夢中になった。彼は、毎年熊野へ向かう途上、宿をとった。安珍という名で、夢見る娘にとって狂おしいまでの熱愛の対象になった。美しい清姫には、安珍が自分の願いに耳をかさないなどとは思いもよらなかった。彼女は彼に思いのたけを打ち明けた。「お戻りになるとき、私に逢いに来てください。ご一緒に一夜を明かしましょう」。気の弱さと臆病から彼は戻ることを約束して旅を続けた。しかし彼には信仰があった。安珍は自分の一生を仏に捧げることしか望まず、結婚など思いもよらなかった。熊野の寺からの帰途、それゆえ彼は注意深く宿屋を避けて、そこからほど遠からぬ道成寺に避難先を求めた。そのことを知った清姫は怒り狂い、彼の跡を追った。日高川でまず立ち止まり、そこで彼女は蛇に変身して急流を渡った。動転した安珍は鐘のなかに身を隠したが、蛇はそれに巻きつき、その燃えるからだで溶かした。彼は恋する女と同時に焼け死んだ。激しく官能的な怒りに駆られて清姫はみずからを犠牲にした。体温を極端に高めることで、自分を拒んだ男とついには合体したわけである。

異本三。この自殺熱の物語にはもうひとつ異本がある。十四世紀、観阿弥（一三三三―一三八四）が『道成寺』と題する作品の題材としたが、それはネガティヴなオーラに包まれているので、上演の前には必ず道成寺に身を清めに行かなければならない唯一無二の作品である。それを演じる能役者は、演じる名誉を昇進のひとつのかたちとみなすように才能を発揮しなければならない。山場となる蛇の舞いは、役者にはほとんど耐え難い、不気味で奇妙な光景を呈する。長いあいだ動かずに、獲物を狙うガラガラ蛇のように、呼吸を止め、そして突然、激しい囃子《はやし》とともに痙攣する。役者と演奏者とが身振りを同時にするのがほとんど魔法のように見える。この永遠にも思われるあいだ、それゆえ演者は不意に動き、また神経が耐えられる境界を越えて引き伸ばされる全面的な不動性の時間が来る。発作的な〈乱拍子〉、ぎくしゃくした、壊れたような足取りは、ときに突き刺すような笛の音に際立たせられるが、重苦しい沈黙が続き、それが突然荒々しい暴力の爆発に変わる。拍子が加速し、鼓が鳴り、大声が発せられ、演者は突然に鐘の下に足をそろえて跳び入り、観客に衝撃を与える。このきわめて緊迫した舞いの効果は、白熱した金属のそれにも似る。

この不吉な舞いの謂われがある。道成寺の近くの村に、両親の自慢のすばらしい娘が住んでいる。ある日、両親は彼女を観音様のお参りに連れて行く。そこで彼女はひとりの僧と眼差しを交わす。彼がとても美しいので、彼女は心奪われる。心臓が高鳴る。彼、安珍は挨拶した。娘は彼を誘惑するために毎日通うが、彼は彼女の言い寄りをかたくなに拒む。絶望と悲しみのあまり、恋する女は大蛇に変身し、その欲望の対象を追うが、彼は恐れ戦いて寺の鐘のなかに逃げこむ。対するに彼女は鐘に七重に巻きつき、それを灼熱させ、それを二人のからだの墓として使い、ついに合体する。以来、いかなる女性もこの聖域に入ることが許可されない。四百年が経過する。物語は新たに展開する。落成式の日、花子という名の白拍子《しらびょうし》が寺にやって来る。彼女の職業は、諸国を巡って人々を楽しませることである。彼女は道成寺に新しい鐘が完成したとの知らせを聞いていた。好奇心から、それを見に来る。「私の罪の償いに鐘供養に参ります。お入れください」[13]、と彼女は言う。いかなる女もこの場所に入ることは許されていない。花子がどんなに願っても、鐘に近づくのは問題外である。何度も懇願したあと、若い女は聖なる舞いを舞うために中庭に入る許可を求める。嘆願に心動かされて守衛は許可する。彼女の舞いは、神的な優雅さを帯びて、男たちを魅了し、すぐには彼らは危険に気づかない。花子は知らぬ間に聖なる対象に近づく。気づいた彼らは彼女を追い払おうとするが、彼女は大声を上げながら鐘の下に身を投げ、そこで炎を吐く蛇に変身する。怒りに燃え上がった彼女は火で鐘を破壊し、みずからの猛火で焼き尽くされる。だから花子は清姫であったわけで、同じ禁じられた欲望に苛まれ、同じ絶望に襲われ、破壊的な精神、同じ虚無的復讐心のかたちで生き直そうとする。鐘が安珍の代わりになるだろう。

近代能楽集を書いた三島を含む多くの劇作家と作曲家に想を与えた清姫伝説は、また歌舞伎に伴う嘆き節の恋の歌を数多く誕生させることになる。一七五三年には、女形の中村富十郎が、人殺しの蛇＝女の姿をとって、『京鹿子娘道成寺《きょうがのこむすめどうじょうじ》』と題する、一連の衝撃的な舞いをするヒロインを演じ、悲嘆にくれる若い心の動揺を表現する。「恋の手習い」の名で知られる長唄の最後の歌詞は、相手に捨てられる苦しみを強調する。

恋の手習い　つい見習いて
誰れに見しょとて　紅鉄漿《べにかね》附きょぞ
みんな主への　心中立て
おお嬉し　おお嬉し
末はこうじゃにな　そうなる迄は
とんと言わずに　済まそうぞえと
誓紙さえ偽りか　嘘か誠か
どうもならぬほど　逢いに来た

ふっつり悋気《りんき》せまいぞと
たしなんで見ても　情けなや
女子《おなご》には　何がなる

殿御殿御の　気が知れぬ　気が知れぬ
悪性な悪性な　気が知れぬ
恨み恨みて　かこち泣き
露を含みし　桜花
さわらば落ちん　風情なり

清姫は、じつのところ、日本では悪人ではなく犠牲者とみなされてきた。ちなみに彼女の葬儀はつねに道成寺で行なわれる。寺はもう鐘を所有していない（おそらく新たに幽霊が取りにやって来るのを恐れて）が、彼女を記念して何万人も集まる儀式が執り行なわれ、誰もが清姫の苦しみに大いに同情するのである。それゆえ夏の最後の日曜日には興奮した男女が蛇の行列に加わりに来るが、蛇はくねり、恋に燃え、心臓は灰と化す。髪は乱れ、からだは日高川の流れに浸る。涙ながらに。

【註】

（1）Lafcadio Hearn, "Les poésies-fantômes", dans *Le Roman de la Voie lactée*, traduit par Marc Logé, *Le Japon*, Mercure de France, 1933, pp.368-371.

（2）この種の幽霊は〈生霊《いきりょう》〉と呼ばれ、〈死霊《しりょう》〉に対立する。というのも、それは生きている人、一般に女性のからだから怒りや情念ゆえに発出して分身化するからである。眠っているあいだに彼女の魂は恋敵を襲いに行って殺害する。生霊は制御がきかない。からだを離れて影のかたちをとる。憎しみの対象の周りを這うところは、「邪眼」にも、息を止めなくては脱出できない悪夢にも似ている。

（3）『源氏物語』は、強力な藤原氏の娘、中宮彰子に仕えた内裏の女房、紫式部によって十世紀に書かれた。

（4）Murasaki Shikibu, *le Dit du Genji*, traduit par René Sieffert, POF, 1988,p.21.

（5）Kikou Yamata, *Le Roman de Genji*, de Mourasaki Shikibu, Plon, 1928, pp.26-27.

（6）Arman Godel, *La Maison Kizuki et autres rencontres théâtrales*, Metis Presses, coll. "Le métier à tisser", 2010, p.250.

（7）Armen Godel, *La Maison Kizuki et autrs rencontres theatrales*, Metis Presses,coll. "Le métier à tisser", 2010, pp. 271-272.

（8）*Le Dit du Genji*, traduit par René Sieffert, POF, 1988, p.188; Armen Godel, *op. cit.*, p.272; *Le Roman de Genji*, traduit par Kikou Yamata, Plon, 1928, p.286.

（9）日本の民俗学者は、民間の怪物を以下のように区別している。〈幽霊〉：生者のところに帰って来る死者。〈妖怪〉：目や口のある器物、人間の頭を持つ昆虫、顔無しとか片目とか、不気味な様子の人間。〈化け物、お化け〉：狐、狸、化け猫、さらには樹や植物（〈木霊《こだま》〉）、あるいは人間や乗り物や家などのかたちに変身することのできる道具（〈付喪神《つくもがみ》〉）。

（10）「紀伊国の道成寺の僧が蓮を真似る蛇について語ること」という題で。

（11）道成寺は和歌山県（昔の紀州）日高川にある古い僧院である。

（12）一九二八年、民俗学者の柳田国男は『旅と伝説』という雑誌を発刊し、一九四四年まで刊行されたが、ここには彼の弟子と数多くの情熱的な民俗学研究者とが参加した。日本の民俗学的資料からすべての民話と伝説をそこで公刊することが課題だった。

（13）René Sieffert, *Nô et Kyougen, printemps-été*, POF, 1979, p.393.

第十章

忠実な妻たち

「主人のために死んでも、少しも後悔しません」

お園と三勝……「死の餞別」

日露戦争（一九〇四―一九〇五）中、愛国歌に盛んに登場する言葉は、「屍《かばね》」、「骸《むくろ》」、「水漬《みづ》く屍《かばね》」、「死ぬ」、「身を捨てる／捨つる」、「死力を尽くす」、「一身塵と軽んじる」、そして「海底の藻屑となる」である。[1] プロパガンダは勝利の観念に基づいていない。どうやら死、哀れな最期が、イデオローグたちの眼にはより感激的な目標であるようだ。しかも、この戦争の間、日本は「旧ヨーロッパ」に対する新興勢力として現れるが、戦いにおける「意志的な死」[2]の栄光が人気を博する。装備で上回るロシア軍の攻撃に、日本の隊長は、自分の肉体を武器として用いることを課せられた「決死隊」を投じる。乃木希典《まれすけ》大将は、その責任の傷を一生負うことになる。[3] これは「肉弾」と呼ばれるが、第二次世界大戦の「特攻隊」（神風）の前触れとなるこうした不幸な人々は、数えきれないほどの歌、詩、新聞が勇敢のロマンティックな象徴として採り上げる。「切りても花は香に匂う。死にても人は名ぞ残る」。倒れ、あるいは自分の最期へと身を投げる兵士のイメージは、とはいえつねに桜の花のイメージと結びついて、美的でなければならない。[4] 愛国歌は、「真っ赤な嵐」を突き抜け肉体が「血の霧」に変わる、「鉄より固い」肉弾を歌い上げる。

「祖国のための死」の観念は、しかしながらニッポンの心性にはきわめて異質である。歴史家のシャラリン・オーバウはこう述べている。「一八七三年、明治政府が徴兵制度を設けたとき、それは〈生血《せいけつ》〉、すなわち各人が天皇に対して持つ負債について語ることで正当化された。反応はきわめて否定的だった。〈人血税〉に反対するデモが全国で数多く勃発した。しかし、大衆的プロパガンダの何十年かの後、三〇年代になると、血を天皇のために与える人間は英雄であるという考え方がついには習俗になった」[5]。日本のプロパガンダの歴史についての研究のなかで、シャラリン・オーバウはこう強調する。日本人を納得させるには何十年ものイデオロギー的宣伝を要した。愛のために身を捧げるという観念は素晴らしくとも、「国家」というような抽象的概念のために身を捧げるなど考えられない。日本が満州、次には中国を侵略した、三〇年代のナショナリズムのもっとも強い時でさえ、愛国熱を刺激し鼓舞するのは、愛の物語である。

一九三一年、大阪の第三十七歩兵隊の井上清一中尉の妻、井上千代子は、夫が前線に出る前日に短刀で命を絶つ。「私の御主人様　私嬉しくて嬉しくて胸が一ぱいで御座います。……明日の御出征に先立ち嬉しくこの世を去ります。……御国の御為に思ふ存分の働きを遊ばして下さい」[6]。当時のメディアはこの事件に飛びつく。千代子は〈昭和の烈婦〉になる。二本の映画が彼女の自決を採り上げる。一本の映画のタイトルは、『死の餞別』である。彼女の例に倣って、他の女性たちも戦争に協力するために自決し、あるいは自決しようとする。彼女たちが自決するのは、夫が死に直面した際あらゆる心配から解放され、恐れずに戦いに出られるようにするためである。彼らはどうして生き残ろうとするだろうか。誰も家に待っていない。もう彼らには失うものはなにもない。

こうした愛の犠牲の伝統は江戸時代に遡る。歌舞伎や人形浄瑠璃の作品が、たとえ夫が妻を愛していなくとも、夫に仕えるのに何事も辞さない妻のイメージを広める。妻が犠牲を払えば払うほど、大衆は喝采する。夫が妻を欺けば欺くほど、ますます妻は夫に献身し、この関係から望むべくもない犠牲者を演じようと決意するまでになる。貞淑な妻の象徴的存在は、お園という。彼女が実在したかどうか知るのは難しい。彼女の物語を織りなす様々な事柄のなかで、周知の話はこうだ。一六九五年十二月七日、裕福な酒屋の息子、半七とその愛人、遊女の三勝《さんかつ》が、大阪千日寺墓所で自害した。巷の物議をかもしたこの〈心中〉は、七十七年後に人形劇になった[7]。なぜ彼らは自殺したのか。誰もが知りたがった。事件後長く経ってからドラマを再構成するのは難しいので、劇作家の近松門左衛門は、三角関係の物語として次のように想像した。

半七は妻を愛していない。お園が若く美しく純粋で優しくても甲斐なく、彼の心は別の女に向かっている。彼は何年も前から三勝という名の遊女を愛している。彼は夫婦の住まいを捨て、自分の子を宿した三勝と同棲を続けており、両親は困り果てている。ついに相続権を剝奪され、不義の息子となる。半七は意に介さない。ただ望むのは、自分の選んだ女と一緒に暮らすことだけだ。お園はといえば、両親が彼女の離婚を望むので、食を絶つ。「お前の夫はお前を裏切り、ごろつきのように振舞っています。遊女と暮らして子供をもうけ、しかも喧嘩の最中に誰かを殺したと疑われています。別れなさい。別の人と人生をやり直すのです」。ああしかし、お園は、女は男に仕える存在でしかないという儒教的倫理にどっぷり浸かっている。半七が自分の夫であるという基本を捨てようとしない。どんな手段によっても忠実に夫を助けなければならない、と。「彼が幸せになるにはなにをしたらいいだろう」、と彼女は考える。「自害するほかはない」。

お園が独り言を言う場面は、〈口説き〉と呼ばれる。〈口説き〉は、女がそこにいない男に思いのたけを打ち明ける、舞い、謡い、演じるあらゆる箇所を指す。「半七さん、許して」、と彼女は片づけしながら言う。「私がいなくなれば、すべて厄介ごとが終わるでしょう」。物憂げにお園は衣装を折りたみ、行燈に火を灯す、まるで自分自身の葬式の蠟燭に火を灯すように。「お父様もあなたをお許しなさるでしょう。私の過ちから追い出されることになったこの家にも戻られましょう。あなたの娘のお通《つう》と一緒に。そして娘の母、三勝と暮らすことがおできになるでしょう」(8)。お園の身振りは、緩慢で、最期の身振りのようである。彼女は茶道具を並べ、愛しい夫を思い起こさせる茶碗を撫で、ひとつの道具から別の道具へと移り、それらを通して最後の旅、「家の道行き」を行なう。「私はもう死んでいなければいけなかったのに、わがままでした。私のことが好きではなく、あなたが同じ褥に入らずとも、私はただあなたのおそばに居たかっただけ。それであなたを不幸にしてしまいました。愛しい半七さん、心の底からお詫びいたします」。夜のとばりが落ち、薄暗がりのなかで、お園は小刀を取り、その切っ先を自分の胸に向ける……。

彼女がまさに突こうとするとき、ひとりの少女が泣きながら部屋に入って来る。お園は叫び声を上げる。それはお通である！　少女の着物の胸に折りはさまれた別れの手紙をお園は取り出す。半七は自分の人生に決着をつける決心をした。彼は許しを乞い、彼女に子供を託す。「あの世でお前と夫婦となるだろう。さようなら」、と彼は言う。演劇の場面では、そのとき舞台が大きな弧を描いて廻り、夜闇をついて墓場へと向かう恋人たちの姿を見せる。半七は相手の手を引いている。三勝は泣いている。最後の眼差しを背後に投げて、彼女は顔隠しの端を嚙んで嗚咽をこらえる。お園と三勝の役を演じるのは、たいがい同じ役者である。場面転換の際、〈女形〉は、妻の地味な灰色の衣装から遊女の燃えるような真紅の衣装に着替え、おとなしい髷《まげ》を花で飾られた鬘《かつら》に取り替えて、観客の面前で変身する。同じ役者ではある、が同じ女ではない。同じ犠牲者だが、同じ心ではない。永遠に女性的なるものだが、対立する二形式のもとでの。同じ帰趨へと運命づけられた、母親と娼婦……。

一七七二年にこの作品が上演されると、観客が押し寄せて、百五十日間、つまり中断なしに六ヵ月間のロングランとなり、当時の売り上げ記録を大幅に塗り替え、浪漫的悲劇を娯楽の筆頭に押し上げる。二重の自害は、〈心中もの〉の名のもとに正式なジャンルとなる。しかし、好戦的イデオロギーの有害な論理を極端なかたちで反映するこうした出し物においては、心中は三重の自害をしばしば隠している。幕藩体制のもとで、日本人はほとんど犠牲を選択する以外にない。社会的秩序の要求（義理）と個人的期待（人情）とのあいだで彼らは二元論のうちに生きる。欲望か義務か。愛か結婚か。死だけがこうしたジレンマを解決する。妻たちは、愛される代わりに、自己犠牲を幻想にまで高めて少なくとも称讃されることを望むのである。

海行かば　水《み》漬《づ》く屍《かばね》
山行かば　草生《む》す屍《かばね》
大君《おほきみ》の　辺《へ》にこそ死なめ
かへり見は　せじ

（『万葉集』[9]）

妻の不貞を疑った盲人

一八九〇年、出雲地方の二つの学校に教員として雇われたラフカディオ・ハーンは、その「教員日記」[10]のなかで、難破の際にヨーロッパ人は両親よりもむしろ妻を助けることを教えられた生徒たちの衝撃的反応を報告している。彼らはそのことを「不道徳」でまことに「当惑させる」事態とみなす。優先順位は、儒教の影響下にあるこの国では明らかに同じではない。「日本の女性は男性によって女中と考えられている」と、西洋の女性が「主人のように敬われている」ことに驚いた十六歳の生徒は主張し、こう付け加えている。「ヨーロッパ人におけるこうした尊敬の理由が私たちには理解できません」。葬式に関する別の文章[11]において、ラフカディオ・ハーンは、「美しく感動的な慣習」を採り上げ、こんなふうに記述している。「夫が亡くなり、未亡人が再婚しないことになると、二つの位牌が立てられ」、そこに故人とその妻の〈戒名〉が刻まれる。妻の戒名の最初の文字は朱で書かれ、「故人の思い出に忠実であることの誓い」を表す、とラフカディオ・ハーンは説明する。おまけに、未亡人は生者のあいだで自分の名前を失い、両親も友達も、あたかも彼女が死去したかのように、彼女をもはやこの死後の名前でしか呼ばなくなる。「こうしてその戒名で呼ばれることは、夫の思い出に対すると同時に妻の堅実さに対する敬意である。この同じ誓いは、情熱的な夫によって発せられることもあるが、その位牌の朱文字が証言する。とはいえ、寡夫は、未亡人のようには、戒名の名前は持たない」。明治時代（一八六八―一九一二）の日本では、かなり変貌しながらも、妻はその夫よりもまだ劣った存在である。未亡人で、再婚しないなら、彼女が象徴的に夫に墓まで忠実に従うのが良い趣味ということになる。

日本にはいまも性の不平等が残る。ある種の高級食器専門店には女性用の箸が男性用の箸よりもずっと短く、また椀でも同様のところがある。女性たちはあまり食べず、自分のからだに見合ったサイズの道具で食事をする、とある両家の娘が私に説明する。「お箸の長さを計るには、肘の内側の窪みにそれを置いて、手首を越えないようにしなければなりません。だから私のお箸は男の人のよりずっと短いのです。それは釣り合いの問題です」。釣り合いの問題、そうかもしれない、しかし食卓の周りの女性の位置を大きさの順序で示すことにはなんら無邪気なところはない。明治時代、女性の位置が下位に追いやられるという事実は、モダニズムの称揚者たちを大いに当惑させる。人口の半分を支配下に置いたまま、どうやって強国を建設しようというのか。「十九世紀後半からの新日本建設の偉大な運動の際、何人かの思想家や政治家は、日本人女性の教育を近代国家の設立の条件の一つにする」、とジャン＝ミシェル・ビュテルは、〈近代的愛〉に関する研究のなかで述べている。「問題は、〈良妻賢母〉としてひ弱で従属的であるとみなされる存在を変えることである」[12]。ところで違う目標を立てる理論家たちもいる。変革すべきは、女性のイメージではなく、男女関係であると。「女性の貧しさの責任を日本人男性に負わせることをためらわずに、彼らは男女関係の新しいタイプ、真に近代的な関係が見出されるように戦う。彼らはこの関係を、新しい概念、彼らにはたやすく翻訳しえない西洋的概念、つまり愛（love）という概念の上に打ち立てようとする」。

こうした考えを推し進めるために、巌本善治《いわもとよしはる》（一八六三―一九四二）のような人は、女性誌を発行して、当時にあってはほとんど不快ともいえる考えを広める。もし誰かと結婚するなら、愛によって結婚せよ、というのである。もちろん、当時の日本に夫婦愛が存在しないと言えば間違いになろう。しかし、文化的には、それはきわめて副次的ななにかである、「婚姻関係」の概念そのものが情熱という「夢の夢」を初めから排除しているかのように。歌謡や演劇において、死ぬほど愛するのは娼婦のためであって、妻のためではない。詩歌では、近づきえぬ女性のために死ぬほど苦しむことがある。一緒に子を作る女性のためではない。夫婦の外部に、世界は感情のほとばしりの広大な地平を開く。夫婦の内部では、ヒエラルキー的秩序関係が女性を彼女が「ご主人様」と呼ぶ男性に従属させる。「男尊女卑」という当時の格言がこうした精神状態をよく反映しているが、それに対して何十人もの思想家が情熱的に、日本が彼らの称賛する「文明化された」国々と同等になるように戦いを挑む。あちらでは、女が先に通り、男が戸を開けるのだ！　この西洋的礼節のコードを両性間の平等の確かな記号として採り上げて、日本の改革者たちは女性解放のために身を投じ、当局の注意深い監視のもとで愛についての議論を重ねる。「夫婦関係を基礎づけるものが、国家的な賭けとみなされている」、とジャン＝ミシェル・ビュテルは指摘する。しかし明治政府はつまるところ、すべてのこうした理論的考察に終止符を打って、「夫婦愛」の概念をごみ箱に捨て去る民法を発布することになる。出生率を上げることが問題なのだ。女性は、それゆえ封建時代と同じありよう、すなわち子宮に、あるいは、徳川時代にはやった表現を用いるなら、「借り腹」に戻るのだ。

　日本で夫婦関係が議論の中心になっている何年かのあいだ、多くの演劇作品がむつみ合う夫婦を舞台に乗せる。もっとも有名なのが、『壺坂観音霊験記《つぼさかかんのんれいげんき》』と題するもので、ちょっとした革命的効果を生む。一八八七年に大阪の彦六座で上演された、劇作家加古千賀によるこの作品は、不貞の物語として始まる。妻のお里が毎晩夜明け前に起きて夫婦の床をそっと抜け出すのに気づいた夫の沢市は、彼女を疑う。彼女は音を立てずに姿を消し、なにか一仕事したあとに帰って来るように思える。沢市は最初のうち黙っている。それから我慢できずに、彼は彼女に白状するように迫る。「お前は私を欺いているのではないかい？　それはわかったから、良かったら本当のことを言っておくれ」。お里は、むっとして抗議する。「ああ、あなたってなんてひどいのでしょう。どうして私にあなたを欺くことができましょう。どうしてそんなことを一瞬でも考えられるのでしょう。あなたは私の家族、私にはあなた以外に誰もいません。あなたは私の兄です。あなたの眼がはしかで見えなくなった日のことを私はどんなに恨んだことでしょう。でも私はあなたと一緒にどんな試練も火も水も飢えもくぐって行くつもりです。あなたは、この世でもあの世でもいつだって私の夫です！」(13)。

　真実はこうである。お里は、この三年間というもの夜明けに壺坂寺に赴き、夫が視力を取り戻すように観音様にお祈りしていたのだ。沢市は泣く。涙が光を失った眼から流れる。「一緒に観音様を拝みに行こう」、と彼は言う。二人は寺に向かう道を登って、峡谷を越え、滝の前を過ぎ、やっと頂上にたどり着き、願いをかなえる像の前に立つ。そこで沢市はしばらくひとりにしてくれるように頼む。「私から遠く離れないで」、と妻は言う。「断崖の縁にいるのですから」。彼女に対して沢市はここまで来て死ぬ望みしか持っていなかったのだ。彼は彼女を愛している。とても愛しているので、彼女が自分の人生をこれ以上無駄にすることに耐えられない。自分は役立たずの盲人、重荷であり、愛する妻を解放しようと虚空に身を投げようとする。悪い予感にとらわれて像のところに戻るが、誰もいない。「どこなの、沢市、沢市！」断崖の縁に身を屈めると、蒼ざめた月光のもと、血まみれの死体が見える。すると彼女は彼と一緒になるために飛び降りる。谷底で夜霧が晴れて眩い光が放たれる。この不思議な輝きから超自然的存在の合唱隊のように天からの音楽が聞こえてくる。観音様が美少女の姿をして現れる。その声は黄金の鐘の音とともに響き渡る。「沢市、そなたの妻の信仰が、そなたの過去の過ちからそなたを救い出した。私はそなたに長い生を与える。汝が御仏の栄光をどこでも称えるように。お里！　沢市！　私はそなたたちを生へと呼び戻す」。そして夜明けの最初の光のもと、愛する二人は夜から抜け出て目覚める。「沢市！　あなたの眼が！　見えるの？」「見える！　見える！　ああ、妻よ、お前が見えて幸せだ」。愛し合う夫婦の姿に、太夫はこう結論する。「同情に満ちた観音はわれわれの眼を開く。闇から出て、光へと向かおう。そして楽しもう」。

歌川国芳「百勇伝　英雄双六」（江戸後期）

ヤマトタケルとオトタチバナ姫の香

……「誰か私を思い出してくれるだろうか」

日本の歴史における最初の偉大な伝説的英雄、ヤマトタケル(14)は、自分の双子の兄を厠で殺害するという、きわめてひどいやり方で自分の経歴を開始した。父親の「景行天皇がある日彼を呼んで、お前の兄はどうして食事に出て来ないのかと尋ねた。天皇の食卓に定期的に着くことは、忠誠の証《あかし》だった」、とアイヴァン・モリス(『高貴なる敗北―日本史の悲劇の英雄たち』)は述べている。「そして天皇は若者に兄を教え諭すように命じた」。『古事記』は事件をこんなふうに語っている。「五日経っても兄はやはり姿を見せなかった。それで天皇は、どうしてお前の兄はいつまでも現れないのか。私の言葉を伝えていないのか、と訊いた。皇子は、もう教え諭《さと》しました、と答えた。どのように教え諭したのか、という問いに答えて、朝彼が厠《かわや》に入るのを待って、つかまえて手足を折り、菰《こも》に包んで投げ捨てました、と言う。息子の〈猛々しく荒々しい〉性質を恐れ、こうした暴力をもっとふさわしいところに導くべく、天皇は皇子を九州平定に送り出した」。

歴史家たちによって「謎の世紀」と呼ばれたこの紀元四世紀、日本は列島全体の支配を確立するためのヤマト族の努力に特徴づけられる混乱の時代にあったが、周知のようにこれは成功した。「ヤマト」は「日本」と同義語になった。そしてこの一族の英雄が、すべての来たるべき勇士の祖型になった。タケル、「勇敢な」、「大胆な」、「荒々しい」……。きわめて荒々しい、と言うべきだろう。十五歳か十六歳かそこらで、少年は使命をしっかりと果たすために西の遠い地方に出発した。ヤマト朝廷にたてつく毛深くていわゆる野蛮なクマソ族を鎮圧するために。彼はこの仕事を特別に研ぎ澄まされた裏切りの感覚で遂行した。自分の美しさを利用し、彼は娘のように装って敵陣に入った。「処女《おとめ》のように」髪を肩まで梳き下ろしていた。彼は衣装に身を包んで、彼を食事に招待したクマソ兄弟を挑発し、酒を飲ませてぼうっとさせ、そして懐から剣を出し、ひとりの胸を刺し貫き、もうひとりをうしろから刺して残酷にも「尻から」刃を貫いた。不幸な男は自分の命を奪うのが誰かを知ろうとし、自分たちが置かれている場違いな立場にもかかわらず、襲撃者に栄えある洗礼名を提案した。彼は言った。「あなたの勇気により、あなたはわれわれに打ち勝ったのです。それゆえ私はあなたにヤマトタケルの皇子の名を差し上げましょう」。かくも高貴に彼に「日本の勇者」の名を与えた者に感謝するために、ヤマトタケルは彼を「熟した瓜のように裂き殺した」。

　邪悪で粗暴で狡猾で淫蕩な若き皇子は、たしかに高貴な騎士からはほど遠かったが、しかし大いなる喪が彼を奇妙にも夢想家的《ロマンチック》かつ感動的に見せたので、不幸もまた良しと信じなければならない。彼は伴侶、オトタチバナ姫を失った。『古事記』は、彼女がいつどのようにヤマトタケルと結婚したのか語っていない。彼女がどんな様子をしていたのかもわからない。ただ、この女性がきわめて勇敢であったに違いないとは推測される。というのも、彼女は我らが英雄《ヒーロー》の遠征に同行しているからだ。結局『古事記』が語るのは、クマソに対する華々しい勝利の後、皇子は褒美を望んで都に戻ったことである。放蕩息子を抱きしめる暇《いとま》もあらばこそ、天皇は、蝦夷《えみし》の住む東の反逆地域を征服に行くように彼に命じた。この遠征中、ヤマトタケルはまず最初に相模《さがみ》の国の造《みやつこ》に立ち向かったが、この男は皇子の踏み入れた野に火を放った。皇子は火を払って、敵を殺し、そしてあとには焼けた黒い地面しか残さず、上総《かずさ》に向かった。物語のまさにこの瞬間に、彼の生涯が転換した。

走水《はしりみず》（現在の東京湾）を渡るとき、ヤマトタケルは水の神の怒りを買い、神は「波を立てて船を取り囲ませた」。当時の信仰によれば、もっとも大事なものを舷から投げ落として捧げることが望まれた。嵐が船を揺さぶり、一波ごとに転覆させそうになったとき、オトタチバナ姫[15]は荒れ狂う海に身を投げる決心をした。彼女の名、その存在そのものも、まるでこの女性がまさに姿を消す瞬間にしか現れることができなかったかのように、これまで『古事記』のなかで一度も言及されていない。「私が皇子に代わって海に入りましょう」、と彼女は宣言した。「皇子は命ぜられた使命を果たされ、お戻りになって天皇にご報告遊ばせ」。こう言った後、彼女は死別の歌を作り、そして波の上に多くの敷物を敷いて自分の身を供物のように乗せて海に沈むと、海は奇跡のように鎮まった。オトタチバナ姫が水に沈むか沈まぬうちに波風が凪いだ。ヤマトタケルは無事に海を渡った。

『古事記』は、「七日の後に、その后《きさき》の櫛が海辺に上がった。彼はその櫛を取って、墓を作って収めた」、と付け加えている。それから癒しがたい苦しみに襲われた彼は、敵地に入っても泣くことをやめなかった。その悲しみから新たな霊感源を引き出して、ヤマトタケルは、樹々や風景や愛を称える、素朴ではあるが心に訴える幾つもの歌を作り始めた。「一本松よ、もしお前が人だったら、太刀を佩《は》かせようものを、着物を着せようものを、一本松よ。わが兄よ」。この時代、歌人が松と一体化し、松に友情のこもった申し出をするなど、きわめて稀なことだった。皇子は、樹の孤独、その「待つ」孤独を分かち合うほどに自分が見捨てられたように感じたのだろう。おそらく自分が咎められるべきだと感じたのだろうか。死ぬ前にオトタチバナ姫は彼に別れの歌を書いていた。「高い山の立つ相模の国の野原で、燃え立つ火のなかに立って、私のことをお尋ねになったわが君」。奇妙な愛の告白だ。相模の国を平定する前に、ヤマトタケルはじつは別の女性、ミヤズ姫と恋に落ち、自分の婚約者にしていた。ミヤズ姫は、おそらくもっと若くもっと美しかった。オトタチバナ姫は、皇子がそれから自分にもうなんの注意も払わないことがわかっていたのだろうか。彼女が自殺したのは、みずからの愛の深さを彼に証すためだったのか。より高貴に別れを告げるため、それとも苦しみに決着をつけるためだったのだろうか。

オトタチバナ姫がこんなにも自分を愛していたことに遅まきながら気づいたヤマトタケルは、自分自身の郷愁的な影のようになった。「彼はまったく違った存在、女の犠牲に深く心動かされる男になった」、とアイヴァン・モリスは主張する。自責の念に苛まれ、重い後悔を引きずりながら、以来彼は幸福に見放された存在の眼でもって空を眺め始めた。ある日、碓氷《うすい》坂に登って、オトタチバナ姫の犠牲に負う広大な地を長いあいだ眺めながら、打ちひしがれて、彼はつぶやいた。「吾嬬《あずま》はや！　吾嬬はや！」――「わが妻よ！　わが妻よ！」。この伝説の記憶が根強く残っているので、この地は吾妻《あずま》の名で呼ばれるのである。オトタチバナ姫は、古典的詩歌において、思い出によって永遠になった美女の同義語になった。彼女の香は、八世紀以来、歌人が「五月になると、昔の人を偲ばせる芳香」について取沙汰するような暗示力で、失われた愛しい人の記憶を蘇らせる。オトタチバナ姫はとこしえに花咲き続ける。一九二八年、作家のエミール・オヴラクは、彼女に捧げられた祭壇のなかで、彼女の「櫛が、自分の愛する夫に対すると同様に日本に対しても命を与えた人の香を何世紀にもわたって保持しつつ、匂い立っている」、と主張しさえしている。

　誰かまた花たちばなに思ひ出でむわれも昔の人となりなば

（誰か花橘の香をかいで私を思い出してくれるだろうか、私も過去の人になってしまったならば）

（俊成、『新古今和歌集』二三八）

佐用姫、石になった女

　石に変身した女にまつわる日本の伝説は数多くあるが、もっとも有名なのは松浦佐用姫のそれである。千五百年以上前、宣化天皇の御代、日本と朝鮮とのあいだに紛争が起きた。『日本書紀』によれば、武将の大伴《おおともの》狭手彦《さでひこ》が西暦五三六年と五六二年の二度にわたって軍事遠征の任に着いたが、それは大和朝廷が保護領にしていた（朝鮮半島南端にある）任那王国の救援のためだった。『肥前風土記』[16]と『万葉集』（歌番号八六八―八七五および八八三）とが語る伝説によれば、九州に立ち寄った際、狭手彦は松浦地方の地元の美女に夢中になって、彼女と幾夜かを過ごした。佐用《さよ》という名の女だった。文献ではきわめて丁重に、彼女は「松浦県《まつうらがた》の佐用姫」と呼ばれ、狭手彦の妻として紹介されさえしているが、それはおそらく当時にあっては同じ女と続けて幾夜も過ごすことが結婚に匹敵したからである。とはいえ、滞在は短いものだった。朝鮮に向かわなければならなかった。狭手彦は船団の先頭に立って海に出た。彼を見送って別れた後、村人たちは浜辺に残った。遠ざかる船団をよく見ようと高台に立つ者もいた。佐用姫は、駆け出した。「夫」を見失うまいと、彼女は山の斜面をよじ登り、息をきらして頂上に着いた。そこで沖に向かい、彼方の水平線のほうに身を乗り出し、船団を目にとらえながら、身にまとっていた領巾《ひれ》を取って、「傍《かたわら》にあって、涙を流さない人はいなかった」ほどの悲しみをこめて打ち振り始めた。「それゆえ、この山は領巾《ひれ》振嶺《ふりみね》と呼ばれるようになった」[17]。

　最後の船が視界から消えるまで何時間も打ち振って、佐用姫はこの別れの身振りを熱心に続け、最愛の人が自分のもとへ帰って来るように祈った。しかし、この身振りは、たんに悲痛な挨拶の価値を持っているだけではなかった。それは呪術に関係していたのである。古代の日本では、誰かが航海に出るとき、彼を守り導くように布を〈カミ〉に捧げる。「彼女が領巾を打ち振ったのは、布の力が海を浄めるようにである」、と大河内はるみは（当該地域に関するサイトで）[18]説明する。「夫が危険な航海を生き延びるように波を鎮めなければならなかった。領巾を打ち振る長い身振りが終わると、彼女には泣くことしかできず、そして泣き続けて彼女は石になった」。『万葉集』は、船団が見えなくなったとき佐用姫になにが起きたのか語っていない。詠み人知らずの歌を引くだけである。「海原《うなはら》の沖行く船を帰れとか領巾《ひれ》振らしけむ松浦佐用姫」[19]。そのあと、起源の定かならぬ伝承によれば、佐用姫は石になったと言われている。この石は実在する。松浦から数キロメートルの唐津の町にある佐用姫神社には、人間の大きさの〈望夫《ぼうふ》〉と呼ばれる石が納められている。これには若い女の魂が込められ、そしてその石と化した心臓が彼女の悲しみをやわらげるために祈るという感動的な信仰の対象になっている。訪問者は、石の前に身をかがめ、硬貨を投げ、二度柏手を打ち、そして頭を下げて、岬の上で泣きながら領巾《ひれ》を打ち振り風になびかせている美女のイメージに心を集中する。この伝説を図解するもっとも美しい版画が表しているのは、広大な海辺に身を乗り出して船が消えるのを見ている、しわくちゃの着物を着た若い女の悲壮な姿にほかならない。

人間の理論的な視覚的射程は四、五キロメートルだが、高みに上がれば上がるほど遠くを見ることができる。佐用姫がよじ登った山の高さは、標高二八四メートルだから、彼女は遠ざかる船を六十キロメートルの距離まで見分けることができた。船が湾から姿を消すと、狭手彦を見失った佐用姫は、胸を締めつけられ、心重く、石に変身して、永遠に彼を待つ姿に固定された。一八七八年、イギリスの雑誌（*The Folklore Record*）が、この物語を「貞女（"The loving wife"）」と題して公表し、これに場違いな教訓を付け加えた。「その祈りと思いの強さゆえに、彼女は像の形で石化し、夫が不在の際の真面目な妻のあるべき姿、あらゆる男に冷たい姿の真のモニュメントとなった。だからこそ佐用姫は、日本では忠実で優しく献身的な女性に与えられる聖なる名前なのだ」[20]。佐用姫の変身がこんな意味をもともと持っていたとは、まずありそうにない。しかも日本で石は一度も「冷たい」ものとはみなされてこなかった。しかし、イギリスの雑誌がこの話にページを割いた時代、ピューリタニズムの影響で、佐用姫が貞操の鑑《かがみ》に変えられた可能性が強い。時代の空気のなかにあったのだ。元気な赤ちゃん、つまり将来の兵士を作るには、優しく強い女性が必要だった。明治政府は、愛の犠牲の模範例を必要としており、その理論家《イデオローグ》たちは、古典文学のヒロインをたちまちプロパガンダの道具に再生利用した。十九世紀末、それゆえ佐用姫は愛の殉教者の殿堂に入ったが、発音するにやさしいその佐用《さよ》という名前は、いみじくも「ぼんやりした世界」、「眺められた世界」、「波に沈む世界」を意味していた。人間の脆さの悲壮な象徴、佐用は、像に変容したのである。

百合若、日本のユリシーズ……「私をずっと私の名で呼んでください」

『オデュッセイア』に想を得た、『百合草若』と題する愛の物語が存在する。それは、原形に還元されたユリシーズとペネロペの物語、つまり離ればなれになった夫婦と、いかなる求婚者とも結婚するのを拒否して待つ妻の物語である。ユリシーズの長い航海の多くの出来事から、日本人が取り出したのはただ、昼間に抱いた思いを夜毎に失いながらもなお希望を抱き続ける妻のイメージだけだった。「ユリシーズ伝説の日本文化への移植は、おそらくヨーロッパ文明からのもっとも劇的な借用と思われる」、とドラゴミール・コスティネアヌ（『歌舞伎の起源と神話』）は強調する。「その採用の正確な日付は定かではない。ヨーロッパ人の到来――一五四二年五月二日――以前のかなり古い時代になされたと思われるが、証明するのは難しい。ビザンティン帝国からの物資の輸入が、八世紀以来（コンスタンティノポリスからアンティオキア、パルミラ、バグダッド、サマルカンド、長安を経由して、七一〇年から七八四年までの日本の帝都平城京に至る長いルート）で行なわれたのをたどることは確かに可能だが、これはガラスのボール、金で象嵌されたガラスのコップ、あるいは八つの金の花弁形切り込み模様の入ったコップといった品物に関するものである。（中略）同じような道を通って『オデュッセイア』も日本まで運ばれたと考えられるかもしれない」。

ドラゴミールがさらに言うには、金関丈夫によれば、当の伝説は仏教と同時に日本中に広まった経典《スートラ》を通してインドからもたらされた。「借用の古いことが、民間伝承に広く伝播したことを説明してくれるだろう」、とドラゴミールは述べ、百合草若の名前そのもののうちにユリシーズの音声的転写を見る。実際、日本人はUlysseを「ユリシーズ」と、Ulixe（ラテン名）を「ウリクセス」あるいは「ウリクセ」と発音する。「聞きなれぬ名前の人物を組み込むに当たって、日本人はそれを植物の名前として解釈した」のかもしれない、とドラゴミールは言う。ユリシーズ／ウリクセは、確かに「百合」という語と「草」という語を喚起したはずだ。ユリシーズは、それゆえ「百合草若」、次いでより快い響きの「百合若」と名前を改められた。こうしてこの名前は記憶に留められたのである。

この伝説についての知られたもっとも古い文献──『百合若大臣』──は、室町時代末期(一五四〇―一五六〇)のものである。もちろん数え切れぬ異本が存在するが、それらはすべて同じ構造に基づく。ある日、弓の名手で、その高さ三メートルに及ぶ鉄製の弓を持ち上げることのできる勇敢な男が、大勝利のあと部下に裏切られる。孤島に置き去りにされた彼は、妻が彼を探しに鷹を放つ日までどうにか生き延びる。日本語の「鷹《たか》」には、おそらく『オデュッセイア』の驚くべき翻案がある。ドラゴミール・コスティネアヌによれば、英雄に妻を見出させたこの「鷹《たか》」のうちにイタカの町を読まなければならない。こうして彼は妻を見出したからだ。しかしともかく物語を読むことにしよう。

その昔、九州の豊後(現在の大分県)の国司で百合若という武者がいた。驚くべき力の武者で、誰も持ち上げられないような重い鉄の弓を難なく引き絞ることができた。彼の妻、春日姫《かすがひめ》は、輝くほどの美しさだった。二人は幸せに暮らしていた。蒙古軍が国境を侵し、日本の神々が百合若を討伐軍の大将に選ぶ日まで。何千人もの部隊の先頭に立ち、百合若は妻を置いて、敵を追い払うために新羅に向かわなければならなかった。「落ち込まないように、しっかり気を引き締めて」、と彼は妻に言った。戦いは激しかった。九州の北にある島、対馬の沿岸近くで百合若はその巨大な弓を引き、何百本もの矢を数で上回る敵船へ向けて放ち、そして一本の矢で敵の大将を討ち取り、蒙古を敗走させた。数時間後、途方に暮れた敵船団は船首を廻し、水平線の彼方に消えた。

日本側の損害は甚大だった。負傷者や瀕死の者たちのなかにあって、百合若は疲れ切り、この勝利をほとんど味わえなかった。いまは生存者を帰国させなければならなかった。だが彼はあまりに疲れ果てていたので、どこかに立ち寄る必要を感じた。北風の吹く一キロメートル四方ほどの小島、玄海《げんかい》島《じま》に接岸した百合若は、部下たちに呼びかけた。「休息を取ろう」。彼らは上陸し、酒を飲んだ。それから甲冑と兜を脱いだ百合若は深い眠りに落ちた。あまりに深く、一度も目を覚まさず、百合若は三日三晩眠り続けた。意識が戻り、目を開けると、百合若はすぐになにか異変を感じた。静まり返っていた。太陽は、すでに海の上で輝き、広大な海原のなかの孤島を照らしていた。見渡すかぎり波のほかなにもなかった。百合若は部下たちを呼んだ。誰も応える者はなかった。彼はひとりだった。彼の甲冑、兜、大事な弓、すべてがなくなっていた。置き去りにされたのだ。

広大な空間のなかのほんの一握りの土地で、どうして生き延びることができよう。百合若は飢えで死んでしまうはずだ。

しかしそう考えるのは、彼の怒りを勘定に入れないことだ。毎朝、不毛の砂の上に立ち、彼は海に向かって叫んだ。「私は帰るぞ、春日姫！　待っていてくれ」。そして樹の根元にほら貝で穴をうがち、そこに雨水を集め、手で魚を取って、彼はただひとつの思いだけで生き延びようとした。妻に再会すること。大男はもはや狂気にぎらつく眼をした骸骨のようでしかなかった。一方、彼を裏切った連中ははなばなしく帰国した。百合若の二人の部下、別府兄弟に率いられた乗組員たちは、勝利の果実を手に入れることしか考えていなかった。公式に百合若は戦死したことになっていた。別府太郎と次郎は、春日姫にその夫の話を伝えながら、あからさまにこんなことを言いに来た。「あなたのお心はありえないことだと告げるでしょう。しかしながら、まことに恐ろしい知らせをお伝えしなければなりません。あなたの夫君、われらが主人は、戦いのさなか殺されました。お救いできなかった者どもをどうかお許しください」。

百合若の勝利を自分たちの功績にした兄弟は、彼の代わりに国司に任ぜられた。しかし彼らは、（何年も前から渇望していた）この権力を奪取し、また彼の邸宅と勲章を我が物にすることだけには満足しなかった。彼らには地位以上のものが必要だった。もっとも大切なもの、つまり彼の妻を含む彼の財産が欲しかったのだ。別府太郎は春日姫を所有したいという激しい欲望を感じた。直ちに彼女には選択の余地のないことを知らせた。彼に身を捧げるか、あるいは……。この攻撃的な言い寄りに対して、不幸な女はまず一時の猶予を得るために服喪中であるとの口実をもうけ、そして故人の霊に捧げる写経をやり終えたら太郎のものになると約束した。来る日も来る日も彼女は長い巻物に祈りの言葉を丹念に写した。毎晩、彼女は文字のまだ新鮮な墨を水で薄めて写経を消していた。

夫は死んでいないとの望みにすがり、食欲も失せて、春日姫は奇跡を待っていた。百合若の可愛がっていた鷹のなかで緑丸もまた餌をとることを拒んでいた、まるで主人を苛む強迫観念がからだを穿たなければならないかのように。二年経った。いつまでも写経を続け、常軌を逸した希望に生きる二年が。春日は、すっかり痩せ、もはや彼女自身の影でしかなかった。別府太郎は、粗暴で一徹な黒い影のごとく、彼女の周りをうろついた。もうそれ以上写経の真似を続けることは不可能だった。それで春日は、最後の希望として、鷹を放った。緑丸は、震える文字で書かれた愛の言葉を脚にくくりつけられ、空高く飛び立った。

伝説によれば、緑丸は、本能に導かれ、玄海島まで広大な空間を渡り、そこで身を休めた。百合若と鷹は互いに見つめあった。なんという奇妙な再会だろう！　夢中で百合若は手紙をはずし、それを読んだ。仰天して彼は手をよじった。妻に自分が生きていること、彼女が持ちこたえなければならない、死んではならないことを、どうやって伝えたらいいだろうか。彼は木の葉を集めた。彼はとげで手のひらを引っ掻き、血で自分の名前を書き、鷹を妻のもとへ大急ぎで戻らせた。翌日、春日はびっくりして目を見張った。九州から戻った鷹が目の前にいて、脚になにかが結びつけられていた。彼女は葉を広げた。自分の目が信じられなかった。「百合若!」。血の名前……。彼女はその文字に見覚えがあった。

ここで物語は曖昧になる。いくつかの異本によれば、夫婦はこの密かな文通の一年間を過ごしたが、鷹は遠距離の飛行のためについに疲弊して死んでしまう。ある日、島に到達する力を失い、海に沈んだのだという。別の異本によれば、春日は、百合若が自分の血で返事を書かずに済むように硯を鷹の脚にくくりつけたという。だが硯は重過ぎた。鷹は勇敢にも飛び立ち、何百キロメートルか渡ったが、その翼が石よりも重くなり、徐々に降下してついに波頭をかすめるにいたった。筋肉が痙攣し、鷹はもはや苦痛しか感じなかった。硯はあまりに重かった。最後の羽ばたきで鷹は海に着水し、そして沈み、水に呑みこまれた。百合若は空しく鷹を待った。空にはなにも見えなかった。春日は泣いた。もう知らせは来なかった。緑丸は死に、愛する二人の仲は絶たれた。

春日姫は茫然となった。殺人か自殺か。もとより、彼女は別府兄弟の暴力にこれ以上長く耐えるよりも夫と再び一緒になることを望んでいた……。百合若が、ひとりの漁師に救われて、ついに故国に帰還したとき、もはや復讐のことしかその念頭になかった。従僕に身をやつし、かつて自分のものであった城塞の使用人のひとりとなった。誰も彼とは気づかなかった。この色黒の痩せこけた男がもとの国司であったことを誰が見抜けただろうか。彼は妻を愛した場所を再び見出した。彼女が呼吸した空気を吸いこんだ。憎しみにみちて彼はその時を待った。新年のこの上ない機会を。大祭が催された。別府兄弟は城内で行なわれる弓始めの儀式を主催し、多くの人々がその光景と、また英雄たちの大切にする弓矢を見物しに来た。

百合若は皆の前に進み出る。その姿がとてもみすぼらしいので群衆のあいだで笑いが起こるが、彼は横柄な態度で弓矢を取り、的を外す。別府兄弟は興が湧く。彼らは自分たちの射手とこんなにも不器用に競おうとする男をばかにする。「もう一度試してみよ」、と彼らは言う。「だが、今度も的を外せば、お前の命はないぞ」。「こんな子供用の弓を引くことをどうしてお望みなのか」。百合若は進み出て、鉄の弓を指さす。「これこそ私の丈に合う弓だ」。皆の前で鉄の弓を持ち上げると、観衆は恐怖に凍りつく。百合若が帰っていた!

彼は弓を引き絞り、彼を見てなす術もなく震え慄く次郎に向かって最初の矢を射る。二本目の矢を太郎に向かって放ち、一直線に射抜く。人々は彼を取り囲み、もてはやす。彼は意に介さない。不動のまま、弓を手に、矢で射抜かれた二人の裏切り者の死体を前にして、彼はむなしさを覚える。そのとき群衆のなかにいるひとりの女が彼の注意をひく。春日姫は、何カ月ものあいだ皆に顔を隠していたヴェールを脱いで、夫のほうへ進み出る。

彼らの物語は、ちょっとした巡礼を生じさせている。玄海島には、北風を防ぐ港の窪みに身をすくめて現在およそ七百人が暮らしている。住民は、愛し合う男女間の絆の象徴たる「小さな鷹」を祀る神社（小鷹《こだか》神社）で緑丸の記憶を敬う。海によって、あるいは死によってさえ、離ればなれになっていても、鳥が結びつけてくれる。この鷹に、渦潮《うずしお》によって夫と引き離されながら再会するために空の道を選んだ女のイメージを見てとる者もいる。「あなたの心をください、それで私は生きます。風に乗って私をずっと私の名前で呼んでください。そして私たちは二羽の鳥になります。空の記憶のなかでいつまでも結ばれて」。この伝説にもとづくもっとも顕著な演劇作品は、近松門左衛門が一七一〇年に文楽として書いたものである。この『百合若大臣野守鏡《ゆりわかだいじんのもりのかがみ》』と題する作品においては、姫は苦しみのあまり亡くなり、解放されたその魂は虚空を渡ることができる。鷹に変身して孤島へと飛び立ち、そして愛する人と結ばれ、その子を宿す。男の子が生まれる。父と子は、最後に救われ、一緒に国に帰り、裏切り者に復讐する。翼ある女は、彼らの周りにいて、見えない愛の羽ばたきをし、風が植物を息づかせて何世紀も前にいなくなった人々の言葉を伝えるように、いつまでも忠実でいるのである。

切られお富

日本映画では、ひとつの場面が何回も、少なくとも三、四回再演されることがよく行なわれる。出来事の新たなヴァージョンがその都度、物語の知覚を修正する。視点が変わる。ときには俳優が変わる。ときには俳優が入れ替わる。『羅生門』において、侍を殺すのはもはやならず者ではなく、その妻である。いや、彼は殺されたのでなければ、自殺したのだ。彼が死んだからには。四人の証言者のそれぞれが「犯罪」の場面を演じ直し、それに違った結末を与えて、観客を困惑の淵に投げこむ。映画が終わっても、なにが起きたのか相変わらずわからない。各自が自分自身の考えを持つしかない。一九六〇年に黒沢明が、ゼロから反復し直してその都度の巻き戻しがもとの話に新たな読みの水準を付加するという、この映画の構造[21]を初めて用いるとき、彼は日本ですでに千年以上前から確立されていた真理を映画に適用するだけである。つまり、現実的なものはそれ自体としては存在しない。現実的なものが存在するのは、ただ多数の可能的なもののうちにおいてだけである、という真理を。「あらゆる幻想のなかで、もっとも危険なのは、唯一の現実しか存在しないと考えることだ」、とポール・ワツラヴィク（『現実の現実』）は言う。じつのところ、存在するのは、現実の様々なヴァージョンであって、そのいくつかは互いに矛盾しうるし、客観的で永遠の真理の反映ではなく、すべてコミュニケーションの結果である[22]」。

アルマン・ゴデルは、『能楽師』のなかで、他人の作った詩歌を引用し、それに違った目的を付加して再記述するという劇作家たちの傾向を同様に強調する。「古歌に言う。〈行く水に数書くよりもはかなきは思はぬ人を思ふなりけり（流れてゆく水に数を書くよりもはかないのは、自分を思ってくれない人のことを思うことだった）〉（『古今和歌集』五二二）。ところが能はこの歌を採り、『竹雪《たけのゆき》』のなかで、そのもとの形の意味をずらす。〈行く水に数ならぬ。身は有明の月若に（流れてゆく水にこれ以上大事なものはなにもない、私の月若のはかなくなった身以上に）〉。もはや歌は、我が子の死を知り万難を排して子を探す母親の悲痛な思いをもっぱら支えるだけのものとなる。ひとつの歌にもうひとつの歌が呼応し、それにまた別の歌が呼応する……。意味をずらされた歌は、それに想を与えた最初の苦しみとはもはやなんの共通点もない別の苦しみの空間になる。それは、なんらかの形でともかくもこの死すべき人間たちの世界を生きなければならないという苦悩の空間である。それは時間の砂丘を横切り、現在と過去をつなぎ、そして、人間が変わりうるとしても、幸か不幸か遅かれ早かれ断絶や別離に直面する因果に結ばれた、この誕生と死の輪しか残されてはいないのである[23]」。

　和歌において〈本歌取り〉と呼ばれる、この「暗示的変奏」の技術は、より古い和歌からいくつか句を借り受け、それに追加的意味層を付加して、その反響を作ることにある。この古くからの詩的再生利用《リサイクル》の技術は、「創造的な読み」、すなわち「新しいテクスト的洗練の原動力としてのテクストへの夢想[24]」の熱烈な信奉者、俊成（定家の父）の影響のもと、十二世紀に真の様式的効果をもたらす。鶉《うずら》の鳴き声について語る俊成の歌を引いて、ジャクリーヌ・ピジョは、再生利用の美学としての本歌取りについて語る。「秋風の吹く夜が来ると、鶉が鳴く声がする……[25]」。日本の鶉は、茂みのなかでひとり歌い、泣き、自分を愛によって殺しに来るであろう男を全身全霊で呼び求める鳥である。この歌を理解するには、『伊勢物語』の第百二十三段の話を読み直さなければならない。

　むかし、男ありけり。深草に住みける女を、やうやう飽き方にや思ひけむ、かかる歌をよみけり（昔、男がいた。深草に一緒に住んでいた女にだんだん飽きてきたと思ったのだろうか、こんな歌を詠んだ）。

　年を経て住み来し里をいでていなば　いとど深草野とやなりなむ（長年一緒に暮らしてきたこの深草の里を私が出て行ったならば、文字通りますます草深い野となってしまうのだろうか）

　女、返し（女がそれに返して）、

　野とならば鶉となりて鳴きをらむ　狩にだにやは君は来ざらむ（ここが草深い野となりましたら、私は鶉となって鳴いて＝泣いておりましょう。せめて狩りのためだけでも、あなたがおいでくださらないことがありましょうか）

　とよめりけるにめでて、行かむと思ふ心なくなりにけり（と詠んだのに感心して、男は出て行こうと思う心がなくなってしまったのだった(26)。

悲しい歌のおかげで、自分の心を明かした女はそれゆえ救われ、そして新たな形のもとに芽生えさせるための「感情の種」を未来の歌人たちに提供した。日本の歌とは、反響する言葉の宝庫、おそらく昔死んだのだが物語によってすでに何度も生き直されたように思われる死者という別の存在に属するあらゆる種類の記憶を心に呼びさます、過去から取って来られた言葉の断片の宝庫であり、人はそれを自分のものと認めるのだ。

歌舞伎には〈書き換え狂言〉という同様の再記述の方法があり、人物の名前を再使用し、それを成功した作品に想を得た新しい脚本へと移植する。古いもので新しいものを作り、多くの観客を確保するというのが、リメイクの原理である。もっともよく挙げられる歌舞伎の例は『切られ与三』、顔もからだも切り傷だらけの男の物語で、それは『切られお富』、傷跡だらけの女の物語になる。役割の完全な逆転によって、リメイクの作者、黙阿弥は、それゆえもとの作品の男の主人公を女に変え、物語にほとんど反対の視点を与えて、最下層出身の〈悪婆《あくば》〉の物語にする。もとの作品『切られ与三』(27)は、三代目瀬川如皐《じょこう》（一八〇六―一八八一）によって一八五三年に書かれた。それはこう要約される。良家の息子、与三郎は、美男であるばかりか金持ちでもある。ある日、木更津の浜辺に行き、そこで貝拾いをしている若い女を「見染め」る。彼女を見た瞬間、身も心も奪われる。肩から羽織がずり落ち、その浮いた心は美人に向かい、そしてそれとは気づかずに隠喩的に「落ちる(28)」。お富も、同じように茫然自失し、この夢の若者を見やりながらつぶやく。「なんと美しい」。歌舞伎のきわめて控えめなしきたりに従って、この場面は狂気の愛の告白の場面となる。（暗示的な身振りによるほかに）それを表すことも要さず、それゆえ与三とお富は愛人になる。ところが、お富は地元のやくざの親分の妾である。彼女が自分を裏切っていることを知ると、この男は激怒して、与三郎をめった斬りにさせる。顔もからだも刀で斬りつけられるが、彼は奇跡的に生き延びる。こうして皮膚に不名誉な傷を負った〈非人〉となる。お富は、絶望して、死んだと思った恋人と一緒になるために海に身を投げる。

三年が過ぎる。お富は多佐衛門という男に助けられ、そして引き取られるが、彼は実の兄で、彼女を源氏店《げんやだな》(29)という粋な地区に住まわせる。ある日、二人の泥棒が彼女の住まいに押し入る。ひとりは蝙蝠安《こうもりやす》といい、頬に蝙蝠の刺青を入れている。もうひとりは切られ与三で、泥棒風に布で顔を隠している。彼らは女を脅す。「さっさと金を出せ、さもないと……」。お富は有り金を差し出すが、「覆面」の男と眼差しを交わして、心臓が止まりそうになる。この男は誰？　彼は顔を見せる。あの人だ！　喜びで輝く。与三は、陰気に、彼女が多佐衛門の妾になっていることを責める。まったく違うと彼女は教える。この三年間、誰も彼女には触れていない、と。それで与三は気を取り直して、自分の美しさと名前をすっかり失う破目となった女との再会を祝う。愛は犠牲を要求する。彼の肉体には、正確に三十四箇所の刀傷があった。

『切られお富』、本当のタイトル『処女翫浮名横櫛《むすめごのみうきなのよこぐし》』の物語は、一八六四年に黙阿弥（一八一六―一八九三）によって書かれた。それは、この劇作家が足繁く通った場所に典型的な、「おどけ者、いたずらっ子、大酒飲み、女好き、けんか好き、こそ泥、追剝、ときにちょっとした人殺し、あるいはむしろその場かぎりの殺人者」[30]（ルネ・シフエール）といった、悪童たちの物語である。江戸の下町に生まれた黙阿弥は、〈江戸っ子〉（「パリっ子」に匹敵）の気概を終生持ち続け、周りのブルジョワたちが山高帽をかぶり、革靴を履き、ステッキを持ち、そして西洋髭を生やしているときに、威勢よく下駄をつっかけていた。黙阿弥の芝居は、日本が封建状態から近代強国へ移行する何十年間かの明治維新のあいだに展開した。この移行期は歌舞伎劇にとって交替の動きに好都合で、すべてが性質を変えようとしているようだった。そこに女が含まれていた。

それまでは歌舞伎で女は、お姫様であれ、娼婦であれ、彼女たちが恋の名のもとに従わざるをえない犠牲の後光に包まれていた。犠牲者。一八一〇年[31]から〈悪婆《あくば》〉が劇場で熱狂を呼んだ。両性的で、粗暴で、嫉妬深い存在として、彼女たちはためらわずに夫を殺した。また復讐の幽霊に変わる者もいた。さらには、お富のように、ほとんど七世紀間女たちを縛ってきた儒教倫理に真っ向から抗して、出刃包丁を振りまわす者もいた。ついに自由になったのだ！　劇場で凱歌を上げた〈悪婆〉は、日本の最初のフェミニストたちの前触れとなった。「切られお富」が彼らのイコンになった。「私たちは近代的な女だから強いのよ」[32]という陽気なせりふのお蔭で、彼女は天照大神と同等の存在になった。アマテラスは、弟のスサノオによって死ぬほど傷つけられるが、ついには復活し、決して出ないはずだった洞窟から外に出て、その光を新たに世界に降り注いだ。お富は死に打ち勝ったのではないのか？

物語はこうである。ある日、魅惑的な若い女が、与三郎という名の美男と恋に落ちる。彼女を妾にしているパトロンが、嫉妬に狂ってお富の顔とからだを切り刻み、瀕死の彼女をごろつきに渡して死体の始末を頼む。そのごろつきが、頬に蝙蝠の刺青を入れた蝙蝠安《こうもりやす》だが、彼はお富を救おうとする。七十五箇所の傷跡で変貌した彼女は、命の恩人との結婚を決意する。何年かが過ぎる。与三郎と再会すると、お富はまず自女が「蓮っ葉」な雰囲気を出そうとするなら、「浮名横櫛」という表現にちなんで、髪に「横櫛」を刺すだけで十分だったのである。

そして、その男から財産をゆすり取り、その仲間の蝙蝠安を出刃包丁で刺し殺す。ハッピーエンド。『切られお富』の演目は、当時のしきたりに従って髷の片側に櫛を刺すやり方が商標になったほどの成功を収めた。(33)

次頁：歌川豊国三世「豊国漫画図絵 鬼人お松」（1859 年）

鬼人おまつ
下谷 魚栄版
横川彫竹

稚児ヶ淵

恋の聖地、東京から一時間のところにある江の島は、カップルたちでいっぱいになるロマンティックな目的地である。そこで彼らは手をつないで歩き、恋を守護する弁天様の前で祈り、二重の幹の樹の前で〈縁結び〉をし、龍を祀る洞窟を訪れ、そして晴れていたら欠かさず眺望を楽しむ。断崖の高みから富士山が見えるのだ。視点を知らせるその場所に掲示板があって、〈稚児ヶ淵〉と書いてある。ここでひとりの少年が虚空に身を投げたからだ。

彼のからだが消えた場所の前、もう少し低いところにある二本の石柱が、この悲しい身投げの物語を教えてくれる。自《じ》休《きゅう》という名の僧がいた。彼はひとりの稚児に恋し、夢中になった。稚児の名は白菊《しらぎく》といった。菊は、そのアヌスに似た形ゆえに、ある種の男たちが可愛い相手に感じる恋を遠回しに指すという。とはいえ、白菊は僧の執拗な愛着を分かち持たなかったと思わなければならない。おそらくは、幼いからだに夜毎に繰り返される強姦の犠牲者でしかなかったのだ……。

生を厭わしく感じて、白菊は自殺した。伝説によれば、彼は扇子に辞世の歌を二首書いた。一首目はこうである。「白菊のしのぶの里の人とはば　思い入江の島とこたえよ」。二首目は、「うきことと思い入江の島かげに　すつる命は波の下草」。「うきこと」（悪い、暗い、悲しい、憂鬱なこと）という語は、確かに自休が少年に毎日無理強いした関係を意味していた。どうして逃れられようか。稚児は跳び降りた。

絶望した僧もまた、歌を遺して同じ場所から跳び降りた。「白菊の花のなさけの深き海に　ともに入江の島ぞうれしき」。僧は死のうとするとき、数々の「稚児物語」[34]においてつねに稚児の死を啓示とみなしてきた奇妙な論理に従って、当の少年と結ばれることしか考えていない。それゆえ僧は、やはり彼を望んでいない少年と一緒になりに、稚児愛の緑の楽園へと赴いた。死がすべての矛盾を解決するからというわけだろうか。

白菊は男色家から逃れるために自殺したにもかかわらず、彼の墓はその強姦者と同じ寺、鎌倉の来迎寺《らいこうじ》の境内に建てられた。そこには自休の木像がある。この墓は、大正時代（一九一二―一九二六）に消失したが、集合的記憶のなかでは稚児と僧は、心中というロマンティックなイメージでしっかりと結ばれている。多くの人が、稚児ヶ淵の実際の話を勉強せずに、この場所で彼らが一緒に身投げしたと語る。というのも世間は互いに向かい合う恋しか認めないからだ。

一八一七年、稚児ヶ淵の伝説の理想主義的ヴァージョンに想を得て、劇作家の四代目鶴屋南北は、それを『桜姫東文章』と題するバロック的演劇作品の出発点に据えた。南北は、僧と稚児が強く愛し合っているという原則から出発した。彼らは別れさせられようとした。若い僧の名は清玄、稚児の名は白菊丸。最後の眼差しを交わして、彼らは断崖の頂から身を投げた。白菊はその左手に僧がくれた香箱をしっかりと握っていた。それは清玄が覚えている最後の物である。息を吹き返したとき、彼は自分が生き残ったことを知った。恋する人が死んだ。自分ではなく。

数日後、吉田家に息女が京都で生まれたが、左手が閉じたままだった。彼女は桜姫と呼ばれたが、優雅な子がそんな奇形をもって生まれてきたことを誰もが嘆いた。指が縮まったままで、開くことができないのだ。十七年経った。清玄は、清水寺に身を寄せ、ひたすら恋する人の魂のために祈っていた。ある日、桜姫が寺を訪れると、奇跡が起きた。生涯で初めて僧を見た桜姫は、自分のなかで花が開いた感じがした。左手の指が花のように開いた。なかには……。

箱があった。桜姫は手のなかに香箱を持っていたのだ。彼女は、それと気づかずに、香箱を持ち続け、新しいかたちのもと、自分に気づいてもらうためにひたすら恋する人との再会を待っていたのである。恋に狂った清玄は、桜姫に転生した稚児を見た。「白菊！」。彼は彼女を抱きしめた。桜姫もまた恋に落ちた。彼女は、自分がついにしっかり結ばれる相手を見つけたという気がしたが、しかしその記憶が彼女を現実に立ち返らせた……。

彼女が十六歳のとき、見知らぬ男が屋敷に忍びこみ、父と弟を殺したあと、桜姫を犯した。この男は権助《ごんすけ》といった。彼は美男で、粗暴だった。刺青をしていた。犯されたあと、桜姫は妊娠していた。平安を得るために、彼女は自分を尼として受け入れてもらおうと清水寺に姿を見せたところだった。権助がこんな場所で自分を見つけ出し、そして自分が彼に狂おしく身を任せようとは、どうして彼女に見抜くことができただろうか。

清玄は彼女に夢中だったので、助けに行かずにはいられなかった。男がいるという廉《かど》で桜姫が責められたとき、僧は自分が子供の父親だと主張した。みずからを贖罪の山羊として差し出した彼は、屈辱的にも追放され、そして殺害されるが、死んだ場所に憑りついて、なおも自分が子供の父親だと言い続けた。彼は、あの世から深い愛を注ぐ幽霊のように、その場所にい続けた。子供の母親を守るために、彼はこの世を去ることを拒否していた。だが幽霊は、無力なまま、この世の移り行きをただ見守ることしかできない。

桜姫は、家から閉め出され、流浪の身になり、零落した。彼女を守ることのできる唯一の男、権助に彼女はすがり従い、放浪者の悲惨な生活をともにして、彼と同じく女衒《ぜげん》と女郎の言葉を使い始めた。破廉恥にも桜姫の心をもてあそび、権助はついに彼女を女郎屋に売り、そこで彼女は風鈴《ふうりん》お姫の名で身をひさぎ始めた。そのとき地の底から清玄の声がついに彼女に届いた。「権助の罪を罰さずにいてなるものか」。

余儀なくされた恥辱に突然憤激して、桜姫は愛していた男を、そして次に子供を殺した。それが終わらせる唯一の手段だった。彼女は愛によってすべてを失っていた。彼女は反抗によって再び姫になった。男のために自分の体面を犠牲にしたあと、道義を立てるために自害するにいたる古典的なヒロインとは逆に、桜姫は自分の不幸に責任のある男に復讐することを選んだ。姫のイメージをこんなにも打ち砕いてしまったこの作品の終わりに、桜姫は、自己を犠牲にするよりも生に留まろうとする〈悪婆〉に、「ファム・ファタル」になる。ついに男たちから自由になった女として。

白菊はこの女の皮膚のなかにいることを夢見たのかもしれない。彼は自分の強姦者を殺さずに断崖から身を投げた。人はその記憶を曲げて、絶望と抗議による彼の自殺を愛の犠牲にしてしまった。権助を殺害したとき、桜姫は、すべての犠牲者がやりたいと夢見ていることをやり遂げたのだ。つまり、虐待者たち、魂を高めることを任とすると自称する司祭たち、愛の伝道者たち、教えを説く僧たち、そして禁欲主義者たちに死をもたらすことを。触れるものを汚し、壊す、愛を装ったこうしたすべての強姦者たちに。

【註】

(1) Sharalyn Orbaugh, *Japanese Fiction of the Allied Occupation: Vision, Embodiment, Identity*, BRILL, 2007.

(2)「意志的な死」の概念ははなはだ曖昧なので、私はこの表現をカッコ付きにする。二十世紀における日露戦争、日中戦争、あるいは第二次世界大戦の間、兵士は意志的たることを指示された。十二世紀と十六世紀の間、武家同士の戦いにおいて武士はもはや真に選択の自由を持たなかった。囚われるとおぞましい拷問を受けるかもしれない。自決したほうがましだ。自決を命じる者は、さらに選択の自由を持たなかった。家名と名声がかかっていた。

(3) 乃木希典の自害を、自分がこうしたひどい虐殺を避け得たかもしれないという後ろめたさに帰する向きもある。彼は日露戦争の間に二人の息子を失っていた。彼は彼の命令で大部分の兵士が従っていた「肉弾」の運命を彼らが免れることを望まなかったからである。重武装したロシア軍の攻撃に対して全面的に受け身の人間の波をぶつけることで、彼は日露戦争中にもその後にも激しく非難された。日本の世論の一部は、軍国主義者の美辞麗句とプロパガンダに耳をかさなかった。芥川龍之介の小説『将軍』参照。

（4）虐殺の現実を映画化しようと考える映画人に気をつけること！　一九三九年、亀井文夫の記録映画『戦ふ兵隊』は、疲れ切った兵士と死体を見せて、たちまち上映禁止になる。亀井は二年後異端者として投獄される。

（5）Sharalyn Orbaugh, *op. cit.*, p.228.

（6）*Idem*, p.261.

（7）半七と三勝の心中は一六九五年に起きたが、『茜《あかね》の色揚《いろあ》げ』の名のもとに人形劇に採り上げられ、一七七二年十二月に豊竹座で初演された。評判が持続したので、浄瑠璃や歌舞伎のための多くの別ヴァージョンが十八世紀に上演された。なかでももっとも有名なのが、『艶容女舞衣《あですがたおんなまいぎぬ》』と題されている。

（8）Adolphe Clarence Scott, *The Kabuki Theatre of Japan*, Courier Dover Publications, 1999, pp.249-254.

（9）十九世紀末、日本が徴兵制度を整え、軍備を増強し、そして将来の「膨張」の端緒としてロシアを攻撃すると、愛国歌はごく自然に犠牲の語彙を用いるようになる。日露戦争時のもっとも有名な軍歌のひとつは、「海行かば」である。それはきわめて人口に膾炙しているので、一九四一年に天皇裕仁が宣戦布告を行なう日にラジオに流れる。この歌詞は、もとの意味からずらされているが、七四三年頃に歌人の家持によって書かれたものである。そこで彼は自分の妻への執拗な愛の言葉を投げかけているのだ。

（10）Lafcadio Hearn, *Le Japon inconnu*, traduit par Mme Léon Raynal, Albin Michel, 1904, p.161.

（11）*Idem*, pp.103-105.

（12）Jean-Michel Butel, *Des couples aimants pour une nation moderne*, 2009.

（13）インターネット・サイトTheater Maniaによる英訳作品のテキストに基づく。

（14）ヤマトタケルが唯一の存在として実在したとは、まずありそうもない。彼の伝説は、「九州や東方の部族を従わせるためにヤマトから派遣されて戦った数多くの武将の働きに関係する出来事を集めたものである」。Ivan Morris, *La Noblesse de l'échec. Héros tragiques de l'histoire du Japon*, Gallimard, coll. "Suite des temps", 1980.

（15）タチバナ姫ともオトタチバナ姫命《ひめのみこと》とも呼ばれる。

（16）『肥前風土記』では、佐用姫は弟日《おとひ》姫《ひめ》と呼ばれている。それによれば、彼女は狭手彦が出発の日にくれた鏡を迂闊にも失くしてしまった。領巾《ひれ》が打ち振られた頂は、それゆえ「鏡山」と呼ばれるようになった。Cf: *A Waka Anthology: The Gem-glistening Cup*, par Edwin A. Cranston, Stanford University Press, 1998.

（17）『万葉集』八七〇歌。

（18）http:/www.yoyokaku.com/sub7e-102.htm.

（19）『万葉集』八七四歌。

（20）C. Pfoundes, "The Sparrow's Wedding", *The Folklore*

Record, vol. 1, 1878, pp.131-133.

（21）同じ構造は、若干の例を挙げるだけでも、三池崇史の多くの映画（『インプリント』、『オーディション』）、園子温の『奇妙なサーカス』、あるいは石井聰亙の『DEAD END RUN』に見出せる。

（22）Paul Watzlawick, *La Réalité de la réalité*, Le Seuil, 1976.

（23）Armen Godel, *Le Maître de* nô, Albin Michel, 1989, pp.54-55.

（24）「周知のように、〈創造的な読み〉、すなわち新しいテクスト的洗練の原動力としてのテクストへの夢想の実践は、きわめて古くから日本に根づいていた。競技の際、提示される主題は、しばしば以前の、とりわけ漢詩から引かれた表現であった。同様に、基になる和歌に依拠する作歌（本歌取り）が飛躍的に発展し、俊成とその後継者たちとともにその十全たる開花を見た」。Jacqueline Pigeot, "La caille et le pluvier: l'imagination dans la poétique japonaise à l'époque du Shinkokin-shu", *Extrême-Orient, Extrême-Occident*, 1985, no 7, "Le réel, l'imaginaire", pp.93-122.

（25）Jacqueline Pigeot, *op. cit.*, p.114.

（26）*Contes d'Ise*, trduit par Gaston Renondeau, Gallimard Nrf, coll. "Connaissance de l'Orient", 1969, p.127.

（27）『切られ与三』の真のタイトルは、『与話情浮名横櫛《よわなさけうきなのよこぐし》』である。

（28）この場面は〈形《かた》〉、すなわち一目惚れの隠喩となった純粋に様式的な舞台効果とみなされる。女を見て恋に「落ち」、羽織を落とすのは、〈羽織落とし〉と言われる。

（29）歌舞伎で源氏《げんや》店《だな》と呼ばれる界隈（同時代の事実を暗示することは禁じられていた）は、東京日本橋人形町三丁目にある。

（30）René Sieffert, "Le théâtres japonais", *Les Théâtres d'Asie*, dir. Jean Jacquot, CNRS, Paris, 1968, pp.133-161.

（31）〈悪婆〉が一八一三年以降ヒロインになるのは、四代目鶴屋南北が、『於《お》染《そめ》久松《ひさまつ》色《うきな》読販《のよみうり》』においてこの種の役柄を普及させてからである。

（32）Valérie L. Durham, *Samuel L. Leiter, Kabuki Plays on Stage: Brilliance and Bravado*, 1697-1766, University of Hawaii Press, 2002, p.349.

（33）Doris Croissant, Joshua S. Mostow, *Performing "Nation": Gender Politics in Literature, Theater, and the Visual Arts of China and Japan*, 1880-1940, BRILL, 2008, pp.282-305.

（34）「稚児物語」は、僧と、寺で教育されている七歳から十四歳までの少年、〈稚児〉との恋の、そして／あるいは性的な関係を扱う教化的物語である。こうした物語は、室町時代（一三三六－一五七三）に発展した。

第十一章　女郎屋にて

「盛りの時しかない花」

吉野、この世の星………「死も厭わぬ美しさ?」

庭師の北山安夫は、京都のきわめて有名ないくつかの寺院の庭を維持、修復している。特に高台寺に関係するが、その境内にはほとんど壁全体を占める巨大な円い窓に飾られた特別な茶室がある。「これは円窓《まるまど》と呼ばれます」、と彼は言う。「それは極楽のある西を向いて日没に面します。この窓を開けると、人々がお茶を飲んでいる部屋に真っ直ぐに太陽光線が入り、突然内部を照らします。窓は三十センチメートルしか開きません。しかしそれは儀式の親密な様子を保持するために普段は閉められています」。円窓をふさぐ障子は、実際、非現実的な散光を通すだけである。犬用の揚げ戸に似たごく小さな入口からいったん部屋に入ると、畳の上に座って薄暗がりに目を慣らした招待客は、別世界に来たという印象を持つ。ほとんど三人でいっぱいになる場所である。竹でできた天井は小さな部屋を隔離し、音を吸収する。壁は、藁と鉄の混ざった荒壁土で作られ、独房のようないかめしい様相を与えている。この小さな茶室のなかに、カプセルのように閉じこもり、この巨大な満月のかたちをした窓を透過し障子を通して入ってくる朧《おぼろ》な光にただ照らされて、人はいささか世間から遠く離れて漂う気分になる。

「なんと魔的な場所ではありませんか。ほんのわずかな人だけがそこに入る特権を有します。ここに吉野太夫は彼女の客の幾人か、私の見るところではきわめて近しい友人、自分が公人としてお付き合いする人たち、有名な遊女を来させました、しかもただひとりだけで……」。高貴な血をひく遊女、吉野は、侍の家の出だった。彼女が娼家に売られたのは、おそらく父親が亡くなるとき負債しか残さなかったからだろう。日本の歴史において、彼女のように栄光に満ちた生涯を送った遊女は他にいない。中国からさえ、裕福な男たちがただ彼女に会いたいがために航海して来るほどだった。彼女は京都で一種の文学サロンを開いたが、それは次世代にパリでニノン・ド・ランクロが開いたサロンとよく似ていた。裕福な商人階級出の文人たちが、そこで貴族や武家と交渉を持った。そのうちの幾人かに、吉野は豪奢さとはほど遠いこの小さな茶室で会うという特権を与えたが、彼女と一緒に過ごす時間はおそらく並外れたものであったに相違ない。というのも茶室――最後には名前を持つことになる――は、高台寺境内に移設されたが、それは同じく移設された別の茶室、彼女が愛した男の茶室の前だった。灰屋紹益《はいやしょうえき》（一六〇七―一六九一）の茶室である。以下は彼らの物語である。

吉野は京都東山に一六〇六年に生まれたが、それは将軍の名を冠した家康が江戸を新しい都とした三年後だった。ほとんど永遠に続くと思われた何世紀にもわたる戦争の後、家康がついに日本を治め、独裁体制を敷き、国を混沌状態から救い、厳格な階級制の規則に従って社会を組織すると、遊女たちは〈廓《くるわ》〉と呼ばれる場所に集められた。(1) 廓に入れられる女たちは、極度に貧しい両親によって借金の形《かた》としてふつう六歳頃に預けられ、二十年間ほど留め置かれた。才能のある者は、しっかりした芸術教育の恩恵に浴した。まず見習い、次いで入門し、結婚適齢期に栄光へと導く階段を登らなければならなかった。たんなる性的対象の身分を凌駕するのはほんのわずかな者だった。しかし第二の廓、六条のそれが続いた四十年の間に、ひとりの女が頭角を現した。美しく知的で天分のある、十四歳になるかならずかの女で、当時の遊女が夢見る最高の段階、つまり〈太夫《たゆう》〉という段階に達した。太夫は、王女のようにみなされ、客を拒否する権利を有していた。彼女たち、とりわけ吉野はよく拒否した。というのも彼女の予定は何カ月も前から埋まっていたからである。彼女に会う栄誉を得るには、金持ち（とびきり金持ち）であるだけでは十分ではなかった。忍耐強く自分の順番を待たなければならなかったのである。

吉野に関するもっとも有名な逸話が歴史に刻まれている。「四条通りに彼女と会うことを夢見る刀鍛冶の弟子がいた。仕事と耐乏の長い年月の果てに、彼は廓のスターとの会見を持つのに十分なほど金を貯めこんだ。だが吉野は当時いわゆるオーバーブッキングの状態だった。会いに行ってはいつも家の門のところで止められて、男は辛抱しきれなくなった」(2)。では吉野は彼に一度も機会を与えなかったのだろうか。彼女は彼の誠実なお金を拒否するほど気取っていたのだろうか。物語は続き、たちまち京都中に知れわたった。吉野はこの男のことを知ると、自分と会いたい一心に彼が払った犠牲に心打たれて、自分のそばに来させ、丁重にもてなし、特別のはからいをしたので、この職人は翌々日に桂川に身を投げる以外になす術がなかった。一生の望みがかなえられたのだ。吉野のそばで夢の一夜を過ごしたあとに命永らえてなんの意味があろう。

「死ぬほどの」美しさという評判に気おされて、多くの客は吉野の前で恍惚となることで満足していた。彼女はあらゆる分野で傑出していた。舞踊、歌謡、和歌、漢詩、書、生け花、そしてお茶。同じように才能のあるひとりの男だけが、この並外れた女の高みに達しえた。男の名は灰屋紹益。真の姓は佐野だったが、灰屋の姓を用いた。彼の家が染色用の灰を作り、染料の商売で財産を築いていたからである。高い学識を持った灰屋紹益は、蹴鞠、和歌、書道、そして茶の湯における第一人者の評判をとっていた。彼は内裏や公家の閉鎖的な集まりに出入りし、革新的な教養人、禅宗徒のグループに参加していた。故千利休の精神でお茶を立てたのである。吉野は彼の評判を耳にした。二人が出会い、抗いがたい星のように互いに魅かれるにいたるのは避けられないことだった。吉野がついに姿を見せたとき、灰屋はまず彼女をしげしげと見つめることで満足した。この遊女のためにひとりの男が自殺したことは、彼の理解を超えていた。快楽の道を歩んできた灰屋は、女に精通していたのだ。誰ひとり彼を死にたい気にさせはしてこなかった。「死も厭わぬ美しさ?」

知的競争心に育まれて、二つの星《スター》の関係は急速に情熱的なものになった。灰屋は吉野を称賛し続け、あまりに夢中になったので、彼女なしに生きるのは不可能になった。そのことが彼の家族を苛立たせた。放蕩者の相続人が太夫のもとに足繁く通うことですでに財産を食いつぶしていた。彼は彼女と結婚することを考えていたのだろうか。彼の父親、紹由《しょうゆう》は彼に選択を迫った。彼女を選ぶか、お前の名を選ぶか。灰屋は吉野を選び、身請けし、そして……勘当された。金襴の衣装や高価な品々を惜しみなく捨てて、彼女は下京近くに彼と身を落ち着けた。「彼らの結婚生活は貧しさのなかで始まった」、と原っぱの会は述べている。「灰屋の家のなかには、この貧しさに心動かされて若いカップルのもとを訪れる者もいた。彼らはときに二人にきわめて立派な着物を与えたが、吉野はたんなる木綿の衣服を身に着けていても、それをまことに優雅に着こなして、彼らに感じ入らせたのだった。彼女には王女の存在感があった。紹益の父親その人が、ある日偶然に彼女に出会った。雨に驚いて貧しい家の軒先に避難すると、そこに住んでいる女が彼を招き入れて茶と傘を差し出した。家に戻った紹由がこの話をすると、彼がそれとは気づかずに吉野と知り合ったことを誰もが理解した」。とはいえ彼は自分の立場にこだわって、自分の息子の妻に決して許しを与えなかった、あるいは遅過ぎたのだ。十年後、吉野は病にかかった。治療も受けず、金もなく、彼女は死んだ。三十八歳だった。その死に際して灰屋紹益は歌を詠んだ。「都をば花なき里になしにけり　吉野は死出の山にうつして」。

伝説によれば、灰屋紹益は愛する女の遺灰を酒に混ぜて飲んだ。二人の墓は常照寺に並んで建てられている。しかし、高台寺の向かい合った二人の茶室が、もっとも訪問者を惹きつけている。吉野の茶室は、遺芳庵《いほうあん》と名づけられて、その巨大な円窓を極楽に向けている。蛇行する小道を挟んで、灰屋の茶室は、鬼瓦席《おにがわらせき》と呼ばれ、猫＝鬼のかたちをした奇妙な瓦で飾られた正面を愛する人へと向けている。北山安夫はそれを「猫瓦《ねこがわら》」と呼ぶ。「ふつう鬼瓦は、悪を退散させるために鬼のかたちをしています。でもあれは本当に猫の顔を思わせます」と彼は言う。それは、遊女や商人が歓迎のしるしに店先に置く、あの笑う小像、〈招き猫〉を思わせる。客を招き幸せを呼ぶために「掌を上げている猫」である。この棟瓦の起源は誰も知らない。おそらく灰屋は、吉野が自分の猫、幸福の子猫であったがゆえに、それによって彼女にオマージュを捧げさせたのではあるまいか。そしてあらゆる猫と同様、死んだとき彼女が残したのはただむなしさの感覚だけだったのである。

高尾太夫の切り取られた首

………「地獄にいても、お前となら極楽だ」

東京の水天宮前駅の二番出口を出ると、影を落としている建物の二階の高さまでジグザグに上る道の印象的な光景が目に入る。巨大な立方体の柱に支えられて折り重なった五本の高速道路がひとつの穹窿《きゆうりゆう》を形作り、その下で車の騒音がビルに反響している。そこから五十メートルのところに、常軌を逸した都市計画専門家によってコンクリートで固められた土手を隅田川が流れているが、これは目に見えない。赤提灯の下がった小さな家々、竹垣の向こうで入浴する娘たち、恋人たちが足繁く通う都会の島（中州）で知られたこの界隈には、じつのところもはや昔の江戸の面影はなにも残っていない。とはいえビジネス街のなかにひとつ小さな聖域が生き残っている。一種の不吉な遺跡のように二つのガレージのあいだに小さく身を潜めて、高尾稲荷神社がこの魂なき地区になにやら不気味な影を投げかけている。これは吉原の有名な遊女、高尾太夫の首を祀る神社である。伝説によれば、そこから数メートルのところで彼女は嫉妬深い客に首をはねられたという。

高尾稲荷神社の入口にある、血文字の刻まれた石が出来事を思い起こさせる。この不吉な物語に惹かれて、魔力を帯びた、あるいは犠牲者から借り受けたフェティッシュなオブジェによる呪術的な儀式を行ないにここに来る者たちもいる。薄思い人に愛されるように。恋敵を厄介払いできるように。薄笑いを浮かべた狐たちの小像の背後の祭壇のそばにひっそりと置かれた櫛と小さな人形が、高尾太夫の力への変わらぬ信仰を証言している。誰も触れようとはしない。なんの意味があろう。ここでなされたことは、もう取返しがつかない。高尾の影がまだ意識に漂うからだ。当時もっとも妬まれた女のひとりだった彼女、わずか数年間だが、〈太夫《たゆう》〉という至高の地位（「皇女」に匹敵する）を得た彼女は、その恐ろしい受難を物語るために影たちのなかに戻って来た死者のイメージで記憶に刻まれている。

物語はこう始まる。一六六〇年代、高尾は吉原のきわめて有名な娼家のひとつ、三浦屋で働いていた。「政治権力は、十七世紀初頭以来、遊女のための地区を設けていた。こうして押し込められた遊女たちは、自分の欲望を弄びながら公衆の秩序を乱すことはもはやできなくなった」、とエリザベト・ルミール（『緑の館の暦』序論）は言う。江戸の遊郭は、一六一八年に郊外の湿地帯に設けられたが、その名、葦原《よしわら》は、そこから来ている。一六五六年、土地の事情によって葦原は浅草寺の近くに移転し、その名前の綴りが変えられた。移転を幸先よく行なうために、葦が「幸せ」を意味する漢字、「吉」で書かれたのだ。「新遊郭は一六五七年に開かれたが、東西三百三十メートル、南北二百二十メートルほどの長方形で、十八ヘクタール弱の面積があった。建物の壁は、黒っぽい水、じつは遊郭の排水をたたえた、当初九メートルの幅があった堀の上に張り出していた」（ジャン・ショレ『日本の遊女』）[3]。壁沿いに野外にあるこの下水溝は、その近くで最低ランクの娼婦たちが働くところで、実際に越えられないものだった。吉原は女の牢獄だった。外から見れば、極楽のようだった。だがそこに閉じ込められたおよそ二千人の性的奴隷にとっては、それは地獄だった。

平安時代の内裏の淑女たちのように豪華な着物をまとった、もっとも幸運な女たちは、柵の向こう側にいて人目にさらされ、その等級に応じて値踏みされた。「明確なカテゴリーに分けられた社会的秩序にこだわって、江戸の支配階級は遊女を正確な階級にしたがって振り分けていた」、とジャン・ショレは述べる。第一の、最上級は〈太夫〉と呼ばれる。一千年には、この語は、「内裏の第五階級の廷臣を意味し、天皇の私的な住まいへの接近が許されていた。吉原の太夫は、じつのところ〈大名道具〉とみなされていた。つまり、とても高くつくので、裕福な要人だけが彼女たちと付き合うことができたというわけである。一六六〇年頃にこうした太夫は二十五人ほどいたが、その数は減り続けた。十八世紀初頭には大きな遊郭（三浦屋）に二、三人しかいなかった。一七六〇年を過ぎると、この名称と階級はなくなった。というのも、経営者たちは、太夫にふさわしいきわめて厳格な規準を満足させるような遊女をもはや見出さなかったからだと思われる。美しさに加えて、太夫たる者は淑女の振舞いを示し、歌謡、器楽、茶の湯、生け花、和歌、そしてとりわけ和漢の古典文学の深い知識を持っていなければならなかった。いわゆる良家——武家あるいは貴族——のお嬢さんが、このような洗練された教育をしっかりと受けているとはとても言えなかった」。

しかも太夫の消失の責任は、大部分その才能にあった。「優越性を意識するあまり、彼女たちはともすれば尊大になり」、憎しみを買って犯罪にまでいたることもあった。高尾の場合がそれだった。彼女の値段は、一度会うごとに平均で金貨一枚半（食事、贈り物、税、心づけは別）だった。権力者だけにそれが可能だった。しかし高尾はおそらく信義にかけてにこやかに表面を取り繕い、密かにひとりの意中の男だけに優しい気持ちを向けた。『「いき」の構造』のなかで九鬼周造は、「金銀は卑しきものとて手にも触れず、仮初《かりそめ》にも物の値段を知らず……」と書いている。こうした言葉で、太夫と呼ばれる最高級の遊女が称えられたのである。収益性という絶対的命令に支配された吉原の牢獄世界のなかで、遊女が金銀の価値を無視したなどほとんどありそうにないが、しかし確かになにも知らないふりをするところにこの上ない優雅さがあった。たぶんこのことが高尾が殺された理由を説明する。彼女が殺されたことが本当であるとすれば。伝説によれば、ある富豪が彼女を殺したのは、彼女が彼の金を軽蔑したからである。じつのところ、高尾はたんに老いて死んだか、あるいは、よくあることだが、最盛期に肺炎のために亡くなったのだろう。

吉原で生きるのは大変だった。しばしば貧しさに追い詰められた家族に売られて、六、七歳で廓に入った少女たちは、十三歳で新人として第一歩を踏み出し、二十七歳頃に達成される契約終了を待たずに、二十一歳頃に衰弱して死んだ。こうした蒲柳の女たちは、はかない存在として歌に詠まれているが、そのか弱い白いからだがたとえられる雪ほどにも長く生きられなかった。「偽りの極楽、吉原では、死もまたその場所を持っていた」、とエリザベト・ルミールは、江戸の作家を引きながら語っている。「情熱に駆られた文人たちが、「この雪と戯れにやって来る」。ここで、不治を宣告された美女たちに打ちまじって、ひたすら財産と幻想を蕩尽する喜びに耽るのである。もっとも、高尾については、誰もその本名を知らなかった。彼女は代々十一人を数える高尾の二番目だった。そして日本人が覚えているのが彼女、第二高尾のことであるとすれば、これはおそらく偶然である。というのも、偶然にもこの高尾が暗澹たる相続問題に巻き込まれたひとりの男、伊達《だて》綱宗《つなむね》と交際することになったからである。

事情はこうだ。一六六〇（万治三）年、仙台藩主、伊達綱宗は、その放縦な行ないのために幕府の命でその地位を放棄することを余儀なくされた。放蕩三昧を責められて、繰り上げ退職を迫られたのである。「伊達騒動」の名で知られる、殺人やら毒殺やらの伴うお家騒動が勃発した。騒動はセンセーションを巻き起こし、その委細を知りたがる大衆を満足させるために、多くの長唄や芝居の作者は、藩主綱宗が高尾太夫の客のひとりだったという事実に立って即興した。伊達綱宗が高尾を殺したために家督を放棄しなければならなかったと主張したのである。彼が高尾を殺したのは、彼女が他の男を恋したからだ、と。伝説は、『伽羅先代萩《めいぼくせんだいはぎ》』と題する作品のかたちをとって演劇に根をおろした。二世紀ものあいだ、この作品は絶えず手を入れられ、削除されたり新たな場面を付け加えられたりして、この物語についておびただしい異なった解釈を提供した。こうしたあらゆる変化を経ながらも、この作品は初演（一七七七年）以来、少なくとも年に一度は上演されるほどの成功を収めた。

この作品を信じるとすれば、こういうことが起きたわけである。若い藩主、伊達綱宗が初めて吉原に足を踏み入れたのは、陰謀によるものだった。彼の叔父が彼の評判を失墜させ、自分の息子を家長にしようとしたからだ。藩からまっすぐにやって来て、きらびやかな魅惑の世界に心構えもなく入った伊達綱宗は、たちまち高尾に恋したが、しかしその言い寄りは拒絶された。彼女はある男を愛していて、契約が終了したら結婚すると約束していたのである。それで綱宗は彼女を買い戻すと申し入れ、彼女の体重分の金を払うとさえ提案するにいたる。着物の下に重い物を隠して体重を計るように高尾に強いた三浦屋の主人は、彼女の実際の体重のほとんど二倍で取引を行なった。金でおよそ七十五キログラム。綱宗は支払った。それから大喜びで彼は恋する人にちなんで高尾丸と命名した船に乗って、身請けしにやって来た。水路を通って吉原を離れた高尾は、しかし解放されたことをあまり喜んでいなかった。どうしたら恋人に再会できるだろうか。彼女は逃げようとした。船から飛び下りて岸まで泳いだと言う者もいる。また彼女が自分を解放してくれるように懇願して綱宗が怒り狂ったと言う者もいる。あんなにも高くついたこの女は、いま彼を拒んでいた。情熱的に愛した女が……。そのとき彼は彼女の髪をつかみ、刀を抜いてその首をはね、命なき首だけを手にした。髪の房だけだった、と言う者もいる。そのからだを黒い水に投げこみ、秋の花（萩）に飾られた美しい着物が流れて行った。これは当然の死ではなかったか。[4]

綱宗の狂恋に変に喜んだ長唄作者のなかには、尾ひれを付けて、この話にさらに残忍な結末を与える者もいた。『日本の遊女』のなかでジャン・ショレは語っている。「高名な血統の大名伊達綱宗（一六四〇―一七一一）は、三浦屋の高級遊女に誓いの手紙を送り、そして主人に彼女の体重分の金で買い戻すと約束していた。彼女の名は高尾といったが、そのとき彼女には島田重三郎という名の恋仲の客がいて、田舎侍よりもずっと好きだった。（中略）その結果、彼はこの拒絶に仕返しをすることになったが、料理人が生きたアンコウの腹を裂いて調理する（吊るし切り）ように、彼女の喉を鉤に掛けて首をはねたのである。物語は、その幾分かは十七世紀末頃の事実に基づいているが、その結末は、大名をないがしろにした吉原と江戸の名に恥じない女性、高尾の伝説において際立っているようだ」。

「大名をないがしろにした」ために、高尾はアイドルになった。[5] 江戸時代の民衆は、武家をさほど評価せず、「愛しい人」のために侍を拒絶した遊女の物語を楽しんだのである。西方寺に遺骨が納められているが、それゆえ高尾はひとりで埋葬されたわけではない。「一九二三年の地震後に西方寺の墓地を西巣鴨近くの現在の場所に移さなければならなくなったとき、高尾の墓石の下に二つの壺が見つかりました」、と寺の小山住職が言う。「最初の壺には女の遺骨が入っていました。二番目の壺には男の遺骨が。これらの遺骨が本当に高尾とその恋人のものであるか確かなことは私どもにはわかりませんが、象徴的に言えば、やはり素晴らしいことではありませんか」。僧は西方寺の台帳を見せてくれたが、そこには高尾の名があった。「彼女の墓の隣に、その恋人の像が建てられました」と彼は言う。「島田重三郎という名前でしたが、高尾の死後、彼は道哲の名で出家し、高尾が首をはねられた場所の前の隅田川岸に小屋を建てました。だから土手の道哲と呼ばれたのです」。昔の記録によれば、道哲は、自分の恋人のためだけではなく、哀れな死体となってぞんざいに莫蓙《ござ》にくるまれ流れに投げこまれて水に運ばれるすべての遊女のためにも祈り始めたという。彼はこうした死体を集めて焼き、その遺灰を埋めたが、そこはすぐに亡くなった女たちの最初の墓地となった。道哲はまた、川岸で処刑された者たちのためにそこに仮の墓を建てた。最下層の者たちを救わなければならなかったかのように。武家制度が押しつぶしたすべての男女を自分の心に迎え入れるかのように。

この墓地の名称は道哲となった。その後改名して西方寺となった、とジャン・ショレは述べる。「殺害されたり病死したりした娼婦は、吉原近辺の二か所に運ばれた。今土橋《いまど》そばの道哲（西方寺）か三ノ輪近くの浄閑寺かである。[6] これら二か所が〈投げ込み寺〉の呼称で知られていたが、それは、遺灰がすぐに石の下に埋められ、その前に立つ木板に、雨でほどなく消されてしまうものの、埋葬者の名前を表す文字が記されていたからである」。これら二つの投げ込み寺は、現在の共同墓穴に当たり、浄土信仰に基づいていたが、西方寺ではいまでも阿弥陀の名で祈りが捧げられる。極楽は世界の西方にある。誰もが、殺された娼婦でも、そこに行き着くことができる。救いの言葉、「南無阿弥陀仏」を唱えるだけで。

「〈南無〉は〈はい、心から帰依します〉を意味します」、と僧は説明する。「〈阿弥陀〉は、否定接頭辞の阿と弥陀、〈計測〉から成ります。阿弥陀は〈計測できない、計り知れない〉を意味します。アトムという語に似ています。〈仏〉は人間以後を意味します。これら三語は、すべての墓碑にサンスクリット語で書かれますが、これを唱えると、自分を超越するものが存在することがわかります。極楽がなければ、われわれは誰でしょうか。それを信じなければなりません。私は、妻に出会ったとき、華々しい国際的な仕事についていました。しかし妻の父親が当時西方寺の僧で、妻と結婚するためにには仏教徒になってこの寺で働かなければなりませんでした。私はそうしました。私は幸せです」。小山氏はわれわれを墓地に案内してくれた。高尾の墓の前で〈招き猫〉の像が手を上げ、訪問者を歓迎している。「高尾は猫が好きでした。

自分の命を救ってくれた猫を称えて、そのしっぽで自分の名前を書いていました」、と彼は言う。「ある日、彼女のライバルが洗面所に置いた蛇をその猫が殺したのです」。破損した小像の前に、猫用の錆びた餌箱が置かれている。彼女のいるところが、地獄であれ極楽であれ、どちらでもかまわない。高尾はひとりぼっちではない。猫と恋人と一緒なのだ。

金太夫と大尽………〈いき〉の犠牲者

ハイデッガーの輝かしい弟子で、ハイデッガーもそのテキストのひとつで引用している、哲学者の九鬼周造（一八八八―一九四一）は、『「いき」の構造』（一九三〇年）と題する美学的論考を一九二〇年代に書く。それは、ほとんど全面的に〈遊郭〉の知識に基づくものだが、彼の母親はおそらくその出身だった。ドイツとフランスに長く滞在したあと、九鬼周造は京都で教員になり、そこで「生の脈動」に捧げられた自由な生活を始める。芸者のもとに足繁く通い、もろもろの観察から美についてのきわめて特異な理論を引き出す。美はなによりもまず両性間の魅惑の歴史である、と彼は言う。しかしこの魅惑は無力性を糧とする。なぜなら、彼にとって〈いき〉の美学の絶対的モデルとなる遊女たちを真に所有することは不可能だからである。

「〈いき〉という語の起源は、〈精神状態、勇気〉を意味する中国語の yiki のうちに見出される」、と九鬼周造の翻訳者カミーユ・ロワヴィエは説明する。「しかし十八世紀、江戸時代（一六〇三―一八六八）に、〈いき〉という語は特殊な美学的意味を持つにいたる。この時代に江戸の町は古い都、京都を凌ぐようになる。そこに将軍徳川が幕府を置き、新しい商人階級が栄え、この町に留まることが武家の義務となる。厳格な道徳的秩序の傍らで、色町が規律の異なる別個の世界を形成する。そこで人は金銭を軽蔑し、侍や〈田舎者〉の粗野な習慣をばかにし、大胆な態度で虚勢を張るのである。（中略）規範の外にあるこの世界では、自由は壁と深い堀に取り囲まれ、この上ない洗練がこの上なくきわどい現実に接しているが、〈いき〉は、全面的にこうした対照的な二元論のうちにあって、恋が絶えず望まれると同時に拒絶されるこの世界の理想として開花し出現することができるのである」。

九鬼周造によれば、〈いき〉は快楽主義と諦めの逆説的混合として定義される。わかりやすく言えば、遊女と楽しむことはできる、彼女たちを恋することさえできる、しかし幻想を抱いたとてなにになろう。こうした恋は死産である。『古典的日本の性愛』のなかでアラン・ウォルターは、こう述べている。「売春の世界、金銭化された性的関係の世界が、こうした甘ったるい悲観主義の態度を生むということは避けられなかった（つまり宿命的であった）。三重の魅惑的な文化的倒錯。つまり、からだを買う（これは月並みだ）。感情の喜劇を演じる。この喜劇の優雅さとむなしさを味わうという至高の快楽を得る」。実際、売春宿という枠のなかで恋の遊びを楽しむためには、ある程度のマゾヒズムが必要である。

……とはいえ。

「遊郭では誰も本当のことを口にしながら一日も過ごすことはできないだろう」、と井原西鶴（一六四二―一六九三）は書いている。「本当ではないことを言うのが遊女の仕事である。とはいえ、客は大金を使いながら面目を保つために絶えず四苦八苦する。お道化者が右往左往する。目付役の女は恐ろしい様子をしている。駆け出しの遊女は眠っていないふりをする。女将は無理に笑う。そばで女中が答える。老いぼれ婆さんが酒瓶をそっと見守っている。主人はと言えば、客の懐具合のことしか頭にない」。『浮世の月』（一六九三年）――遊郭の世界についての辛辣な告発――において、西鶴は客を指すのに皮肉にも〈だいじん〉という言葉を使用する。〈だいじん〉は、「大臣」と同時に「大尽」を意味する。というのも、これは喜んでこの場所で財布をからにしに来る人たちの成り行きだからだ。彼らをおだてあげて滅ぼすのだ。この茶番の共犯者として彼らは、しっかり定められたロマンティックな喜劇に魅了され、ひっきりなしにやって来ては自分の役割をなんとしても演じようとするのである。

彼らは「すすんで幻想の鏡の回廊に」閉じこもる、とアラン・ウォルターは皮肉っている。それが彼らに損害を与えても仕方がない。江戸時代には遊女をロマンティックなヒロインに変える歌舞伎の影響で、技巧が感情の規範になる。ちなみに西鶴は、『世間胸算用』と題された小説において、あまりに高くつく遊女といったんは袂を別つ決心をした大阪人について語っているが、彼は彼女の美しい嘘の魅力に屈して、ついには彼女のために、ただその姿形ゆえに、莫大な金額を投げ打つにいたる。自分を恋するふりをする女に応えてはいけないのか。彼女の名は金太夫《きんだゆう》といい、当時最上の品質の奉書紙に優雅に綴った長い手紙を何通も彼に送る。それらはおもねるような、すてきな決まり文句でいっぱいの手紙なので、男はついに信じずして信じるようになる。「この束の間の命を、あなたの優しさのかたとしてすべてお預けします」、と彼女は書く。「こんな告白に誰が動かされずにいられようか」、と西鶴は楽しむ。〈いき〉の罠にはまって、男は全財産を使い果たす。五年も経たずに悲惨な困窮状態に陥る。「わずかな金のために、彼は堕胎した胎児を捨てに行くことになる。男の零落ほど惨めなものはない。生きる理由をどんなに失っても、悲惨さから死ぬことにはならないようだ」。

ある夜、大阪の富裕な〈大尽〉源銀《げんぎん》が昔の〈大尽〉の家の近くを通りかかり、仮小屋の窓に遊女らしいかな文字で埋められた格式ばった何枚かの紙を見つけてびっくりした。「なにかと思って彼はそれらを間近で調べ、あたらし家《や》の遊女金太夫の手紙であることを確かめた。（中略）好奇心に駆られて彼は中に入り、壁の低いところに同じように太夫の手になる手紙が貼られているのを見つけた」。この奇妙な壁紙に関する問いに答えて、男は自分のことを物語った。「金太夫のために私はこんな状態になってしまいました」、と彼は白状した。すると源銀はこう言った。「私は金太夫の恋人です。これらの手紙がこんなふうにさらされているのはよくありません」。それから彼は卓上に三両という大金を置いて、手紙をすべて持って行った。西鶴はこれらの手紙がどうなったか語っていない。おそらく源銀はそれらを燃やしたのだろう。金太夫は彼に同様の手紙を送っていなかったのだろうか。彼は、満足気な幸せな犠牲者のリストには載っていなかったのだろうか。

山本タカト「忌わしい歓楽」（2006 年）

助六と揚巻……「彼女の心は売りものではない」

歌舞伎の世界では、ある人物が劇的な「カミングアウト」をする前に偽りの身分で登場することがよくある。仮面をとれ！　僧が有名な強盗に変身する。鬘《かつら》をとると女中が仇討ちの侍に変身する。〈やつし〉と名づけられたこの演劇的所作はとても人気があるので、当たり連続物の主要な原動力となっている。「ずっと昔から大衆に受けてテレビ化されたシリーズ物のひとつ、『遠山の金さん』は、現代の〈やつし〉の完璧な例である」、とインディアナ大学の研究者松田良平は説明する。「金さんは、裁判官遠山の異名で、彼は一般人に変装している。下層階級の人々に立ち混じってお忍びで国中を旅し、正義の味方を演じる。それぞれの話には戦いの場面が含まれ、その間に彼は片肌脱いで燃え上がるような桜花の刺青を見せる」(7)。次いで同じ悪人どもが裁判に引き出されて、遠山が「正式の」裁判官の姿で現れるが、彼に気づかない。すると彼らを唖然とさせるように主人公は芝居気たっぷりにその刺青の腕をむき出し、誰もが期待するセリフを叫ぶ。「この桜吹雪に見覚えがねえとは言わせねえぜ！」テレビを見ている人々の多くは、うっとりして主人公と同時にこのセリフを叫ぶのである。『『パワーレンジャー』シリーズやアニメの『セーラームーン』も、〈やつし〉の有名な例である」、と松田良平は言う。「一見すると、こうしたシリーズの主人公は世間知らずのお坊ちゃんである。しかし怪物が出現すると、われらがヒーロー、ヒロインは、スーパー忍者や月の王女に変身する。からだにぴったりの派手な色の衣服を着けた彼らは、そのとき一連の決まったポーズをとるが、それは〈見得《みえ》〉と呼ばれ、歌舞伎に頻出する様式的形姿の一部をなすものである」。

芝居で助六は異論の余地なく〈やつし〉の象徴的人物である。彼が一七一三年三月に初めて登場し(8)、〈花道〉で踊ると、庶民は完全に魅了される。十分間続くこの踊り——優雅さ、尊大さ、勇ましさ、男らしさ、そして颯爽《さっそう》としたユーモアの混合——は、江戸の庶民が自分の理想とした、ほとんど翻訳不能の語である〈いき〉をいくつかの〈かた〉に凝縮している。「助六の踊りはクールな優雅さの驚くべき表現です」、と

〈日本舞踊〉の振付師で師匠のヘイディ・ダーニングは言う。「それは孔雀の踊りです。助六は、高下駄を履いて細身のふくらはぎを見せ、はやりの黄色い足袋を着け、ダンディーな黒い着物をまとって、傘を振りかざし、開いたり振り回したり、止めたり、揺らしたりして、自分の魅力を存分に意識した超男性のポーズをとります。登場するや否や、そこにはスターがいるわけです」[9]。それも道理。助六が主人公の演劇作品では、彼は反抗的な美少年、例外なく彼に恋する遊女たちのアイドルを体現する。もっとも美しくもっとも羨望される吉原の女王、揚巻太夫《あげまきたゆう》を始めとして。助六は彼女の情夫である。彼が彼女に逢いにやって来ない日はない。色町の大門から登場し、中央通りに姿を見せ、彼を見ようと遊郭の手すりや窓に集まるすべての女たちに礼儀正しく挨拶しない日とてない。女たちは、彼が最初にふかしてくれるようにキセルを差し出す。「遊郭では男にキセルを差し出すというこの暗示的な行為は、告白の一形式でした」、と狩野晃一は言う。「当時、人は〈身八つ口〉（八つの穴のからだ）と言われました。穴のひとつは口で、誰かに笛かキセルを差し出してくわえてもらおうとするなら、それは接吻してもらうという控えめな仕方だったのです」[10]。女たちのなかには、讃美のあかしとしてキセルを投げさえする者もいる。助六が傘を持たなければならないのは、そのためである。「どんな通りでも建物の二階から投げられる〈キセルの雨〉から、彼は身を守らなければならなかった」[11]、とジャン・ショレは語っている。

　助六は実在しなかったけれども、東京人は彼を真に崇め、その記念に浅草界隈に多くの石碑を建てる。「武家に抑えられた階級システムにおいて、助六がなぜそんなにも成功を収めたかを理解するのはたやすい」、と歌舞伎の価値転倒についての研究でジェイ・ケイスターは言う。「ちんぴらダンディー風の装いで登場すると、彼はひたすらエリートたちに挑みかかる。侍を尊大に軽蔑して圧倒し、彼らに決闘を挑み、さまざまな手段で彼らを侮辱する。ある者には足指にキセルを挟んで差し出す。別の者にはうどんの椀を頭にひっかける。広げた股のあいだをくぐらせたりもする」[12]。この無法な光景に身を委ねて、民衆はその都度の侮辱行為に対して立派な行ないのように割れんばかりに拍手する。この演目は検閲を巧みに逃れて禁止されることもなく、カルト的役者市川団十郎によって体現された美しい反逆者はスターになった。多数の掛け声のなか彼が登場するたびに、エルヴィス・プレスリーやミック・ジャガーのコンサートのように超満員の会場の観衆は恍惚となった。

「江戸っ子は助六と全面的に同一化した。彼が武家の独裁体制に対する戦いの闘士だったからである」、とジェイ・ケイスターは強調する。「とはいえ、この人物の不思議な側面だが、助六自身が武士だったのだ。〈やつし〉の手続きにしたがって、彼は真の身分、曽我五郎という名の有名な武士であることを隠すために喧嘩っ早い町人として通す」[13]。江戸の日本人は曽我兄弟の話をよく知っていた。兄弟は、六世紀前、父親の死の仇を討った後、切腹死したのである。十八世紀の町人である助六が、「実は」十二世紀の名誉ある武士、曽我五郎であるという事実は、さほど混乱をもたらしはしなかった。反対である。彼らは、気高さ、真率さが心の問題であって血の問題ではないという考え方を堂々と主張した。助六は、彼らの目には、町人が〈粋人〉[14]の名で引き合いに出すこの気高さの化身だった。悪童に身をやつした助六は、それゆえ復讐を求めて何世紀も駆け抜けてきたわけで、吉原に毎日姿を見せたのも、恋人に逢うためばかりでなく、あらゆる侍に戦いを挑んで父親の殺害者をみつけようとしたからである。「彼にはただひとつの手がかりしかなかった。曽我家から盗まれた刀である」、とヘイディ・ダーニングは語る。「武士に喧嘩を売って、その刀を抜かせれば、何年間も追い求めてきた者をいつかは見つけられるだろうと助六は考える。だがこれまでのところ、当てがはずれた」。恋人の揚巻はすべてを知って、彼をできるだけ助けようとする。彼女は吉原の新参者の情報をひそかに彼にもたらし、恋人が引き起こす喧嘩をキセルをくゆらせながら笑って見物するのだ。

芝居が始まると、権勢のある大名で白髭の淫蕩な老人の意《い》休《きゅう》が、美しい遊女に言いがかりをつけている。「彼は、ふんだんに金を使ったおかげで、揚巻のもとに足繁く通う権利を手に入れ、彼女に対しても自分に権利があると思っている」、とヘイディ・ダーニングは続ける。「彼は助六のようなちんぴらを彼女が愛していることをとりわけ非難する。初めは礼儀正しい揚巻も、ついに我慢できなくなる。彼女は彼に面と向かって自分の思っていることを傲然と言い放つ。彼が年老いた豚にすぎず、彼女の恋人の足を洗うにも値しない、と」。「遊郭の規則では、遊女は金で買われるのではなく、雄々しさ（意気地）[15]によって獲得するものと解されていた」、と九鬼周造は『「いき」の構造』（一九三〇年）において強調する。彼の目には、揚巻は〈いき〉の典型的なヒロインである。首をはねられる覚悟で、彼女は助六のすばらしいパートナーとして大名に敢然と立ち向かう。辱められた意休は、面目を保つためになにも聞こえなかったふりをする。しかし彼の挫折は始まったばかりである。今度は花道から登場した助六が、このみっともない老人を攻撃して、刀を抜かせるために罵詈雑言を浴びせる。意休は抜こうとしない。「わしの刀はどん百姓を切るには高貴すぎる」。手下に助けられて彼は卑怯者のように逃げ出す。彼の持っている刀は、彼が助六の父親を卑劣にも殺害したあと曽我家から盗んだものである。裁きが下される。主人公は一家の名誉を回復し、そして揚巻と結婚することになる。万雷の拍手のなか、彼は恋人を連れて花道を退場する。最後に彼の身分が明かされ、観衆は大喜びする。だからこうして「どん百姓」が高貴な生まれの人間であることを要求しうるわけである。助六の皮をかぶった自分を思い描けば十分なのだ。最高の遊女もまた皇女の身分を要求しうる。揚巻のように、権力者を一介の客として扱うだけで十分なのだ。彼らは彼女の体を買うことはできても、心を買うことはできない。心は彼女だけのものだからだ。彼女の心は売りものではない。江戸時代に恋は真の抵抗行為となるのである。

冥途の飛脚……「私と一緒に逃げよう」

江戸時代には多くの奢侈取締令が、町人に自分の富をひけらかすことを禁じていた。慎ましい様子をしなければならなかった。「江戸の人々は嘘と見せかけの技術を磨き始めました」、と桜井久美は語る。「高価な着物を見せびらかすことが禁じられたので、彼らは控えめな外観の衣装を身に着けましたが、その裏側は頭蓋骨とか海岸とかのバロックなモチーフで飾りました。自分の感情を隠さなければなりませんでした。唯一の自由な空間として廓《くるわ》がありましたが、それは逆説的にも牢獄地帯でした。遊女や役者とともに町人は自分の着物の裏を見せて高揚した気分になることができたのです。最後には胸襟を開いて自由に本音で話すことができるという印象を持っていました。これはかなり逆説的なことです、遊女が職業的な誘惑者であり、そして役者が……役者であることを考えるなら!」(16)。舞台衣装作家の桜井久美は、一九七八年、歌舞伎の男性世界に入った最初の女性のひとりとなった(17)。彼女はそこで、極端な化粧と派手な衣装を伴う「炎の美学」に深く刻印された超表現主義的な世界を発見する。「十八世紀には歌舞伎小屋の大半が魚市場のそばにありました。というのも、都のもっとも富裕な人々がこの商売で生計を立てながら最下層に留め置かれていることに苛立っていたからです。彼らにとって自分の怒りと欲求不満を表現する唯一の手立てが、歌舞伎と売春でした。それで彼らは役者、歌歌い、辻芸人、売春婦などとつき合いました。そうした周辺の人々を愛し、財産を浪費しました。そこに反逆があったからです。抗いがたい法令にがんじがらめになった世界で可能な反逆の唯一のかたちが」。

〈義理〉という概念に支配されたこの騒然とした社会において、町人は〈人情〉(感情、内的自我)に反抗を特徴とする積極的価値を置く。当時の徳川政権は逃避の二形式だけを認める。すなわち、売春宿と芝居小屋である。江戸の人々は、妻子、両親と一緒に自宅にいるときは、自分を束縛する体制に属する。売春宿や歌舞伎に出かけ、きらびやかな興行と金で満たされる欲望の世界に入って、幻想に耽る。もし好きになる女あるいは男がそこに、現実から切り離されたこうした空間にいたとしたら？「歌舞伎では、女と恋に落ちても、結婚して子供を作ったり幸せな夫婦生活を送ったりしたいとは考えません。そうではなくて、遊女あるいは男娼の役者と恋に落ちるのは、それが現実から切り離された恋だからです」、と桜井久美は説明する。「いまでもまだ多くの日本人が婚外恋に落ちます。それが非現実的、不可能、不毛であるとき、彼らはそれが真実である、あるいはより純粋であると考えます」。江戸時代、自分自身の境遇を知る芸人＝娼婦（男娼）によって赤裸々にされる不可能な恋は、真正な情熱の唯一の形式とみなされる。この金銭の社会において、あらかじめ断罪された情熱の。夢の祭壇に自分を捧げて、無の呼びかけによるかのように底無しの出費によって財産を蕩尽する客もいる。こうしたみずから流されるままの技術の持ち主は、〈水人《すいじん》〉と呼ばれる。「水《すい》という語は、当時、無関心の至高の形式、華々しくすべてを失うことを意味していました。それは虚勢でした。燃え上がらなければならなかったのです」。

　高慢にも武士階級に挑戦して、〈水人〉は金銭的に〈切腹〉に匹敵することを実践し、みずからの破産の「高貴さ」を堂々と主張する。「自殺的快楽主義」にほかならぬこの生の哲学に、ちょっとした病的ユーモアを付け加える者もいる。禅の精神をもじって、自分の存在を香木の煙に譬えるのである。売春宿では、燃えつきた香木で娼婦は客と過ごした時間を数えるからだ。人生などなにほどでもない、と彼らは言う。それはしばしばどん底状態で終わる。親から相続権をとりあげられ、家族から抹消され、乞食よりも下に位置づけられるカテゴリー、「行政的非存在」の状態に落ちこむ者もいる[18]。また期限内に借金を払えずに獄につながれる者もいる。さらにはもう一度だけでも思い人に逢いたいと盗みをはたらいたり罪を犯したりする者もいる。

　忠兵衛の場合がそうだった。大阪の権威ある問屋の養子で跡継ぎの忠兵衛は、現金の移動に携わっていた。彼は「飛脚」、つまり、しっかり封印された資金を受け取り、また手渡す役目だった。京都島原の遊女梅川に入れこんだ忠兵衛は、ある日誘惑に抗しえなくなった。彼女を自分ひとりだけのものにしようと思った。それで三百両という途方もない額を支払って梅川の契約書を買い戻し、田舎にいる父親に紹介しに行くと称して愛する女とあたふたと逃げた。それは逃走だったが、彼はそのことを隠して、彼女と一緒にいることの幸せを存分に味わった。彼女と歩く。彼女と話す。彼女と日が沈むのを見る。彼女のそばで目覚める。京都では資金横領のかどで捜索状が出された。三百両は明らかに忠兵衛のものではなかった。彼は一七一〇年一月に二十四歳で処刑された。この事件から一年後、近松門左衛門は、彼の作品のなかでももっとも上演されることの多い『冥途の飛脚』[19]と題する演目を作った。「またもっとも模倣されたものでもある」[20]、と翻訳者ルネ・シフェールは言う。この演目は、「浮世」に対する見方を完全にくつがえしたために大成功を収めた。

当時の多くの人々は、忠兵衛にある種暗い夢想的性格を認め、彼に盗みをはたらかせた卑しい遊女として梅川を非難していた。『冥途の飛脚』において近松は役割を転倒させた。遊女を運命の犠牲者、無垢な魂として、そして忠兵衛を気弱で高慢な金持ちのお坊ちゃんとして演出したのである。それがたしかに現実にきわめて近かった。「資金を着服し、恋する女を出口のない逃走へと引きずりこむなど、まったく愚かしいことだったに違いありません」、と有名な歌舞伎役者の坂東彌十郎は言う。「忠兵衛はこの愚行を恋のために行なったのではありません。断じて恋のためではありません。友人の八右衛門が公衆の面前で彼をばかにし、真相をぶちまけたからです。忠兵衛は着服した金で遊女を買いました。その後、彼は梅川に一緒に死のうと頼んだり、あるいは彼女から着物を盗んだりすることになるでしょう」[21]。十八世紀初頭、恋する遊女を客がもてあそび、ときとして死なせることさえすでにあったようだ。私に恋しているなら証拠を見せろ、というわけである。不幸な女たちは、なんら将来の展望もなく、こうした心中の誘惑に屈するほかはなかった。早々に互いに喉をかき切るという死の儀式を決行するのだ。心中の大半はかみそりを使ってなされた。「ある夜、私たちはお互いに喉に冷たい刃をあてがうところまで行きました」、と忠兵衛は言う。「しかしおそらく私たちの時はまだ来ていなかったのです。様々な障害があって、その夜、私たちは涙ながらに別れました」[22]。忠兵衛は梅川をあまりにも愛していて、本当に死なせも殺しもできなかった。おそらくそのために彼は恥辱的にも捕まった。そしておそらくまただからこそ彼は当時の人々にはとても人気のあるヒーローになった。少なくとも彼は安易な心中に走らなかった。彼は不名誉の極みにあって、その名を、そのイメージと評判を汚したが、それで梅川は生き延びることができた。最悪の汚辱を受け入れること、それは優雅の極みではなかったろうか。

夕霧と伊左衛門……衣装のためだけの恋文

フランス人が《brume》、《brouillard》と名づけるものを、日本人は〈霧《きり》〉あるいは〈霞《かすみ》〉と呼ぶ。「気象学的には二つの現象はほぼ同一だが、しかし霧は秋に、霞は春に関してしか用いられない」、とオーギュスタン・ベルクは『野生と人為。自然を前にした日本人』において述べている。「霧や霞という語の意味内包は、じつのところおおよそ正反対である[23]」。春の霞は、生きる喜びに浸る。憂愁の気味のある秋の霧は、旅立ち、航海、恋の終わり……を思わせる。動詞の〈切り〉との類比によって、霧はまた死を喚起する。

十七世紀に夕霧という名前によって早逝が予想される遊女がいた。二十二歳になるかならずで一六七八年一月六日、わが十九世紀の人間が控えめに「けだるさ」と称した肺病を病んで死んだ。演劇作品『夕霧』の序文でルネ・シフェールはこう語っている。「一六七二年頃、初陣を飾った京都島原からやって来た十六歳の彼女は、おしゃれな娘たちが争っていた大阪の新遊郭の花形の座にたちまち着いた[24]」。

誰が彼女と一夜を過ごす名誉を手にするのか。しかし夕霧が最高級の遊女に与えられる〈太夫〉という最高の称号を獲得すると、その値段が高騰したので多くの客が財産を失った。おそらくそのために、この宿命の遊女が死ぬほど意気消沈しているという伝説が生まれた。自分の仕事が自分の不幸を生み出しているのではないのか。男に恋をすると、彼女は自分のために男に着物にいたるまですべてを失わせることになった。夕霧の恋は、呪いのひとつのかたちだったのだ。

死後ひと月足らずで、夕霧は破産した名家の息子の恋人として舞台化された。この男は彼女のために一文無しになって、もうなにも身に着けるものがなく、ついには紙の衣服を着るにいたった。この男、藤屋伊左衛門については、当時の商業登記簿にはなんの記録もない。「おそらくその名前は、この人物が当の美女の多数の恋人たちの合成でなければ、よく知られた別の名前を隠しているのだろう。というのも彼女が、そう考えられたように、特別なはからいを惜しみ、結局のところきわめて高くついたとしても、彼女がたったひとりの男のために自分を取っておくとはありそうにもないことだからだ[25]」。

藤屋伊左衛門が実在したかどうかはさほど重要ではない。彼の運命は当時の大多数の男たちの運命でもあった。彼らは、約束と素敵な言い回しに満ちた長い手紙と交換に自分の財産を使い果たした。「あなたの春がとこしえに続き、いつまでもお変わりなくあられますように[26]」。遊女たちは人の心をつかむ技に長けていた。伊左衛門は打ち負かされていた。それで借金に押しつぶされ、姿を消していた。伝説によれば、極貧ゆえについに彼は紙の衣服（紙衣《かみこ》[27]）を着ることになった。凍死しないように、彼は夕霧の狂おしい誓いの綴られた大事な恋文を張り合わせてそれを作ったのである。

この恋物語の舞台化はけたはずれの成功を収めたので、それは一年間に三度も採り上げ直され、夕霧の一回忌、三回忌、七回忌、十三回忌、十七回忌に上演し直された。いまでも夕霧の記憶は生き続けており、嵐山の清凉寺では毎年十一月第二日曜日に、太夫の舞い[28]によって死者を蘇らせる供養祭が執り行なわれる。この舞いにおいて夕霧は文《ふみ》をしたためる。「花瓶に無雑作に投げ入れられた水仙のように美しい[29]」、と泣きながら紙を涙で濡らすのだ。

近松門左衛門は『夕霧阿波鳴渡《ゆうぎりあわのなると》』と題する作品を一七一二年、彼女の三十三回忌に合わせて書き、苦しみに蒼ざめ、やせ衰えて、死にそうな女のイメージを不朽のものとした。この作品は、彼女の最期の五日間を扱って、『椿姫』にたとえられることになる。運命に弄ばれる恋する美女。その職業ゆえに優しさとからだを捧げた男たちにさえ憎しみを買う女。元旦から話は始まる。恋する男と何年も逢えずにいて、夕霧は御簾《みす》も上げられないほど弱っている。

夕朝《ゆふべあした》の。憂《う》きつと。め花。一時の眺《ながめ》とは知れども。迷ふ数々の。文に染《そ》めても誠は薄く思ふ方《かた》へと駿河《するが》なる。富士も麓《ふもと》の恋の山我踏分《ふみわ》けて我迷《まよ》ふ。夢の中戸の夢枕。月を憎みし夜半も有り。辛《つら》い座敷《ざしき》を貰はれて余所《よそ》に。行く身を。彼《か》の人に。ちょっと鹿島《かしま》の神も知れ。神《しん》ぞ嬉しき可愛《かはい》さの。身にもこたへて忘れめや。初手二度までは。降る雪の罪も恐れぬ無理起請《きしやう》。神も仏も二つの耳に嘘と。誠をささやきの……。

（遊女の容姿は一時の花と知りながらも、これに迷ってしげしげと通ってくる客に、送る艶書の数は多いが、誠はこもらない。ただ相手が恋人の場合は別で、富士山を麓に見るほどの高い恋の山に、自分からすすんで分け入り、中戸［店先の土間から中庭に通じる戸口］の密会にはかない夢を結び、月明かりを憎んだ夜中もある。いやな客の座敷から他の客の許へ呼ばれて行く途中にも、ちょっとだけ人目を忍んで恋人に逢えたときの喜びは忘れられるものではない。初会から二度目まで相手を嫌ったのに、なおも懲りずに来る客にねだられ、いやいや起請を書いたこともある。神も仏も一方の耳には誠、他方の耳には嘘の誓言をささやいている……[30]）

彼女は誰に嘘をついているのだろうか。いつ本当のことを言うのか。嘘は少しは本当なのだろうか。疑いに駆られて、藤屋伊左衛門は行方知れずになってから数年後に彼女に逢いに戻って来る。彼は紙のぼろ着に身を包んで、立派な風采ではないが、それでも昔の客の誇りを保ち、夕霧が噂通り本当に臨終なのか自分の目で確かめにやって来る。彼女は死ぬほど自分を愛しているのだろうか。彼女が客と一緒にいるのを見て彼は腹を立て、涙ながらに駆け寄る彼女に乱暴をはたらき、口づけしようとする彼女をはねつけて子供っぽい怒りをあらわにするが、病んだ女は優しく彼を愛撫する。

夕霧がその着物を開くと彼ははじめておとなしくなる。絹織物の下に遊女は、「阿弥陀如来の願と同数の四十八枚を継ぎはぎして作った[31]」手紙の衣装を肌身に着けている。恋する人の手紙の。近松の作品では、肌に恋文を着けているのは、男ではなく彼女である。「ああ、川面にかかる霧のように、今日明日にも消え入りそうな彼女のからだ[32]」は、自分を苦しみから解放してくれる瞬間をひたすら待つことだけで保たれている。

実際は、夕霧は「散り落ちる桜の花のように[33]」死んだ。芝居では夕霧はよみがえる。彼女が恋人の腕のなかでまさに息をひきとろうとするとき、遊郭に奇跡的な箱が届く。金貨千両の収められた千両箱が、伊左衛門の家から彼を許すことを高らかに告げるために送られて来る。裕福な跡継ぎに戻った伊左衛門は、夕霧の証文をついに買い戻し、彼女と結婚することになる。存分に彼女を慈しみ、癒し、愛することになるだろう。もとより、このハッピーエンドは誰も信じていない。

夕霧は闇に融け、輪郭もおぼろなままである。霧は、その動くマントで物を包むとき美しく、日本では美しい霧は芸術作品になるほどだ。中谷芙二子《ふじこ》は、一九七〇年に「霧の彫刻」を作る[34]。父親が人工雪を発明した。芙二子は、霧の流れを創り、それを催涙ガスのように地面に這わせたり、層状に漂わせたりし、それがときとして風に吹きちぎられる。霧は「思い出のなかにしか留まらない」と彼女は言う。夕霧は消えても、霧は私たちにつきまとい続ける。

一陽斎豊国画

歌川国貞「足利頼兼」「三浦屋高尾」（1849 年）

小紫と白井権八

日本では儀式的に武士が自決するときは〈切腹〉を行なうが、可能ならば介錯人が苦痛を短縮するためにその首をはねる。口をきっと結び、目を見開き、平然とした顔で、仰向けに倒れる屈辱を避けるようにからだをやや前に傾け、まず下腹に刃を突き立て、そしてそれを右側に引き、臍《へそ》の下を大きく切り開く。特に勇敢ならば、次いでなかで刀を廻し、さらに腹部に垂直の切り込みを入れる。そのあと腹から刃を引き抜き、からだを傾け、うなじを差し出して、介錯人が首をはねる。それは、魂を裸にし――西洋における脳と同じ価値を〈腹〉に与える論理に従って――思うことを明かすことに関係する。日本人は、隠し立てなくあけすけに話す際、「腹を割って」という表現を使う。「特にからだのこの部分を選んで切るのは、これをもって魂と感情との宿るところとする古来の解剖学的信念に基づくのである」、と新渡戸稲造（一八六二―一九三三）は説明する。『武士道』において、新渡戸は〈切腹〉を貴族的自殺と呼ぶことを主張する。「中世の発明として、それは武士が罪を償い、過ちを謝し、不名誉を免れ、友を贖い、あるいは自己の誠意を証明する方法であった」。

切腹に比べると、女性の儀式的自殺は、より穏やかな、いずれの場合も迅速な、命を絶つ方法とみなされる。父、兄弟、あるいは夫が切腹すると、武家の女たちは〈自害〉する、つまり頸静脈を破るか頸動脈を切断するために喉を小刀で突くのである。日本の夫婦の伝統では、それゆえ役割がはっきりと分けられている。男には（超人的な自己制御が要求される）複雑な、特別に苦痛に満ちた手続きに従って腸《はらわた》を引き出すことが、女にはできるだけ簡潔な方法で血を抜くことが課せられる。さて、ひとりの日本人が男としてと同時に女として自殺したと想像してみよう。その美しさゆえに彼はヒーローとなって、その血まみれの死に不幸な恋物語があてがわれた。彼は当時もっとも人気のある太夫、小紫を恋人にしていたのではなかったか。少なくとも噂ではそうだった。この男は白井権八という。彼を表す無数の版画のうち、その自殺を扱っているのは七点ある。それらは浮世絵の歴史においてもっとも写実的で、もっとも暴力的な画像に属する。これら七点の版画はすべて同じ劇的なポーズをした権八を示している。脚を広げて立ち、刀を首に突き立て、腹から血を流し、最期の挑戦の眼差しを世界に投げている。

これら七点の版画は、明治時代のものである。より正確には、当時大騒ぎになった上演時のものだ。一八四八年、三代目尾上菊五郎は、幽霊の役や恐ろしい殺人の場面を特に好んでいたが、ひと夏を過ごすために大阪に発った。日本では八月が来ると、ぞっとする話をして鳥肌を立てる。それは暑さをしのぐひとつの方法である。この伝統を尊重して、それゆえ三代目尾上菊五郎は角座《かどざ》で「ぞっとする」演し物をやることを引き受けた。演し物のタイトルは『三国一対黒者《さんごくいちついのくろもの》』である。白井権八の役で尾上はセンセーションを巻き起こした。とりわけ芝居の終わりに特別な効果を狙って、観客の前で、喉に刀を突き立て、偽りの血を吐き出し、血まみれの腹で見得を切ったのである。皮肉にも彼はその後五カ月足らずで死ぬ。だからこの場面は記憶に残り、七人の芸術家が残酷な版画の形式で不朽のものにし、間もなく日本を襲うであろう大変動を予告することになるのである。

「それらはいまやもっとも探し求められる版画に属する」、とコレクターのクリストフ・シュヴァルツェンバッハは言う。「なぜならそれらは世界の終末を予示しているからだ。権八のグロテスクで異常な自殺のうちに見えてくる侍の終末である」。それらは〈血みどろ絵〉と呼ばれる。というのは、幽霊の顔に赤が一滴垂れているだけで衝撃的効果を与えるような当時の絵とは違って、こうした絵は血を主題の中心に映し出すからだ。七点の版画のうちでクリストフ・シュヴァルツェンバッハのお気に入りは、広貞（一八一〇―一八六四）のものである。「権八は、彼の眼に落ちる黒い幕が絵を見る者の地平にも広がるかのように、暮れゆく空を背景にくっきりと浮かび上がる。この死の黒幕の上に意味深長な俳句が銀色で筆書きされている。

山さくらちるときこそをほめにけり

血まみれの場面との対照は歴然としている。白井は〈青く縁どられた眼をして〉、哀れなあさましい状態で、狂犬のように、ひとりすべてに対してののしっている。〈切腹〉は中途までなされ、首を切ろうと試みて失敗している。〈自害〉しようとしているのであれば。よくわからない。彼は、二つの死、二つの岸、二つの世界のあいだにいる。その悲劇において荘厳であると同時に悲壮である」。

詳しく見てみよう。白井権八が初めて登場する際、その役柄は〈女形〉と解釈される。白井権八について、実際、年代記には、彼は女のように美しく、虎のように粗暴であると記されている。アルジャーノン・バートラム・フリーマン＝ミトフォード（一八三七―一九一六）は、彼の生涯を十七世紀末に位置づける。「白井（あるいは平井）権八は、因幡の大名に仕えていた。十六歳頃から、彼はその勇敢さ、美しさ、そして武士の才能によって際立った。だが彼は一門の若者と犬の話のことで言い争いになって、その男を殺してしまい、国元を出奔することを余儀なくされた」。〈浪人〉（主君を持たぬ侍）になった権八は都の江戸へ向かった。「ある夜、足を痛め、疲れ果て、彼は宿屋と思われたところで休憩し、食べ物を求め、そして眠りに就いたが、夜陰に乗じて彼を殺害しようとする悪党どもの巣に自分が陥ったことを知らずにいた」。真夜中近くにかすかな音で彼は目覚めた。目をかろうじて開けると、ひとつの影が仕切り壁のあいだに忍びこむのが見えた。十五歳になる美しい娘が彼の前に現れた。「あなたに死の危険が迫っています」、と彼女はささやいた。「宿屋の主人があなたを殺して金品を奪おうともくろんでいます。私は三河屋の娘です。去年、さらわれました。囚われの身になったのです。私を一緒に連れて行ってください。逃げましょう」。その勇気に打たれて、彼は彼女に身を隠すように命じ、そして暗殺者たちが部屋に入るのを待ち受けて彼らを皆殺しにした。彼は娘を解放して三河屋へ連れ戻し、財産ができたら彼女と結婚するために戻ろうと決意して、江戸へ向かった。

彼は娘に恋していた。だから、彼が数カ月後に「花柳界」の遊女のなかに彼女を発見するとはなんという悲痛な驚きであったろう！　ありようはこうだ。「小紫《こむらさき》と呼ばれる娘が最近吉原にやって来たが、その美しさと天賦の才で他のすべての者に抜きん出ているという噂が広がっていた。権八は、他の男たちと同様、噂を耳にしてその女のいる遊郭、円に三棒線の紋章で知られる遊郭に赴いた。自分自身で確かめようとしたのだ」。三浦屋の新しいスターが眼前に姿を見せたとき、権八は心臓が止まりそうになった。父親の借金を返すために、小紫は売られていたのだ。彼女にはとても高い値段がつけられていたので、彼女の証文を買い戻すことはほとんど不可能だった。それで権八は絶望し、娘をまた解放するためにたくさんの金を集めようとの気違いじみた望みで盗みをはたらき始めた。じつのところ、その金で彼は恋人のもとに通えたのだ。彼はさらに金を奪おうと人を殺し始めた。人を殺し、奪った金を持って、彼女に逢おうと駆けつけた。小紫に夢中のあまり、麻薬中毒者さながらに、彼は彼女のところへ向かう途中の路上で人を殺し始めた。殺せば殺すほど、権八は節度を失った。血の乾きが夜毎に募った。慎重さをすっかり失くした彼は、追っ手に取り囲まれても殺し始めた。ある夜、隅田川に追い詰められた野獣は、土手で彼を包囲する燈火と容赦なく近づいて来る幾艘もの小舟の燈火を見て、終わりが来たことを知った。ひとりの女が彼を救った。しかしその女への恋ゆえに、彼は身を滅ぼしたのだ。

物語では、彼の死の翌日、小紫はひとりの客に自分の証文を買い戻してくれるように懇願したという。吉原から出るやいなや彼女は権八の墓に赴き、涙を流しながら小刀で自害した。これは伝説である。根強い伝説なので、毎日カップルが仲良く手をつないでこの墓にお参りにやって来る。目黒不動の大門から十メートルのところに建てられた「恋人たちの墓」（比翼塚）が、血みどろ権八と彼がしっかりと抱き締めたかった小紫とを永遠に結びつける。彼らの記憶を称えるべく、僧たちは中国神話の架空の鳥、貞節の象徴、雄でもあり雌でもある鳳凰の像をそこに刻んだ。それは〈比翼の鳥〉（恋人たちの鳥）と呼ばれる。二つのからだを持ち、それぞれにひとつの眼と翼とがある。飛ぶには二体がつながって一体を形成しなければならない。だから日本では愛し合う者たちを伝統的に同じ墓に埋葬するのである。二人は以来ただひとつの存在を形成する。

現実は、もとよりさほど詩的ではない。史実では権八は百三十人を殺したあと捕まって、一六七九年に〈磔《はりつけ》〉（十字架に掛けられて胸を槍で突かれる刑）に合ったようだ。魅力的な大量殺人者、権八は、自決しなかった。権八はおそらく小紫を知りさえしなかった。この殺人犯の死の二年後に彼女はまだ生存していた、と吉原本の二冊、『人たばね』と『あくた川』は証言し、あまり美化されていない評言とともに彼女の名前に言及している。小紫が当時評判になったのは、その「淫らな」行動のためだったらしい。「吉原の名折れ」と誹謗者のひとりは断言し、密かに恋人を持ったことを遠回しに非難する。この恋人は明らかに権八ではなかったが、執拗な噂のおかげで二人は集団的記憶のなかで結びつけられるにいたった。その伝説的な美しさと身を包む魔的な匂いによって、小紫は高尾太夫にならって、連続殺人者の血なまぐさい運命と――まったく心ならずも――混ざり合った虚構の人物になりおおせたのだろう。この伝説は、センセーショナルなことや、とりわけ劇的な雰囲気に飢えた民衆の趣味をたしかに満足させた。それは世界の終わりへの願望として当時受けとめられた。権力の座に着いた徳川家は、自殺が抑えられた情熱のはけ口の形式となるように独裁を敷いた。死ぬこと。感情のほとばしりのうちに死ななければならなかった。そしてこれが、吉原へ向かう揺れる小舟の上で首に刀を突き刺し、腹を半ば断ち割るにいたることを意味したとしても致し方ないわけである。

心中天網島……「暁の見果てぬ夢のように」

十八世紀、文字通りには「心の中」と訳せる〈心中《しんじゅう》〉という言葉は、恋する者同士の二重の自殺を意味する。しかしもともと〈心中〉は、約束、誓い、「お互いに与え合う恋の証」、より特別には「誠意の表明を強調するためになされる身体毀損」といった意味を持つ、とルネ・シフェールは説明する(35)。遊郭という金銭の世界では、生存するために装わなければならない。金持ちの客が身請けしてくれることを願って、一芝居打つことをためらわない遊女たちもいる。ひとりの男が自分に執着して他の誰よりも優しさを示してくれるなら、彼女たちは二の腕に「男が言ったとおりに本名ないし偽名」の入れ墨をする、とジャン・ショレは述べる。「たとえば、山川という男は、漢字の〈命〉の上に乗った冠の〈山〉のデッサンの入れ墨を見つける。山川さま命という意味だ(36)」。客は入れ墨の交換を受け入れても、しかしその「恋人」の誠意につ いて疑わしく思うこともある。納得させるために、遊女たちのなかには、その際、男にその名前と〈命〉という語を自分の腕に墨で書いてもらい、それが肌に刻まれるように文字の上に艾《もぐさ》を置いてもらう者もいる。こうした墨や火の入れ墨の価値を高めるために、遊女はまた誓いの文言(起請文《きしょうもん》)をしたためる。これは〈百枚〉とも呼ばれるが、というのも仰々しい誓いを百回ほど書いて、その繰り返しによって言葉が祈りの聖なる深みを持つようにするからだ。刀の仕事も別様ではない。「魂を打つ」。鉄を何度も何度も打ち直すことで、その魂を抽出する。漆の仕事も同様で、紙より肌理の細かい木の表面を何度も塗り直すのも、また言葉を重ねて微妙な気持ちを薄膜で糊塗する恋も同様である。すべての恋物語は、日本では、より深い層を透過させる同様の重なりをあらわにすることにほかならないようだ。右手の小指を針で刺して、遊女たちは「約束」という語の各文字を血で強調し(「折る言葉」と書かれる)、選ばれた客も左手の小指で同じことをする。自分の血が男の血と誓いとに重ねられて、おそらく遊女はついに身請けされることになるのだろうか。

これでも十分ではないとき、一か八かの勝負に出る者もいる。彼女たちは小指を切断するか頭髪の半分を剃って、仕事にならないようにする。西鶴を信じるとすれば、犠牲をさらに大きくする者もいる。「私のすべてはあなたのものであることを、私があなたに示した証の一つひとつに照らしてお考えください」、と作家によって想像された虚構の客に太夫が書く。「あなたは私から十三回にわたって誓いの言葉を受け取られました。あなたは私の髪をとても短くお切らせになったので、おだんごにしようと思ってもほとんどできません。それから私は左腕にあなたのお名前をあなたのお歳と同数の二十七度も入れ墨しましたし、私の右腿にはあなたの煙草で火傷した跡があり、爪は剝がされ、小指は切断され、絹織物には私の血が染みつき、あなたのお名前をお祈りのように毎日一千回書き、私の日々は一年中あなたのご意向のままで、要するにひとりの遊女が与えることのできるあらゆる恋の証をもれなく私はあなたに差し上げました。あなたがこんなふうに私をあしらわれるとき、このあとどうやって私は姿を現したらいいでしょうか。（中略）あなたに逢えずに一日送らなければならないとすれば、私は自分を情けなく思うでしょう。かみそりは女にふさわしい武器です。あなたのお返事次第で、私は心を決めるでしょう。あなたがなにをなさろうと、私にはどうでもいいことです。ただ私は夢の道に踏み入り、そしてどんな道も私たちを連れ戻すことのできない場所にたどり着いて、いつまでもあなたのお越しをお待ちします[37]」。

「最後の脅迫も男の心を打つ見込みはほとんどないと思われる。男にはこの極端な振舞いはおそらくいい厄介払いになるだろう[38]」とルネ・シフェールは示唆する。だがかまわない。遊郭というこの苦しみの世界（憂き世）には、最悪の苦境に陥る女たちもいる。〈年増[39]〉とみなされる二十八歳になると、証文の期限が来た女たちは遊郭の門に立たされる。彼女たちは自由な身に戻るが、一文無しなので、将来の唯一の希望――客の妻か内妻になる――は、彼女たちが自分の誠意として差し出す脅迫まがいの約束にしかもはや基づいていない。一七二一年二月、血なまぐさい事件の二カ月たらず後、それに想を得て『心中天網島[40]』を書くとき、劇作家近松門左衛門はその作品を全面的に〈心中〉の観念の上に組み立てる。問題はこういうことだ。私を恋している証を見せてほしい。どこまで私にその証を見せられるのか。自分のために出費を重ね、逢いに来るための金ももうあまり持たない紙屋の治兵衛への恋ゆえに、遊女小春は二人の約束を否認する。二人は別れなければならない運命ならば死を選ぼうと誓い合っていた。毎月一日に、二人は三本脚の烏の絵が描かれた熊野の聖なる紙の上に血でしるしてこの誓いを新たにしていた。彼らは、いつか一緒に死のうという約束を絶えず思い起こさせる全部で二十九枚のこの起請文とお守りとをいつも肌身につけている。いつの夜か事は起きるだろう。最後まで一緒であれば、どんな死でもかまわない。だが治兵衛の妻が小春に手紙を出す。「私の夫を助けてください」、と彼女は懇願する。「夫が死んだら、誰が私と子供たちの面倒を見るのですか」。彼女の愛する人を救うために、それで小春は自分を心なき娼婦として通そうと崇高な犠牲を払う。もう死のうとはしない振りをする。治兵衛は、苦しみで狂ったようになり、むなしく恋していたのは嘘つき女でしかなかったと思い、刀を抜いて彼女を殺そうとし、そして顔を足蹴にして叫ぶ。「まんまといっぱい喰わされたわ。起請文を返せ。女狐め。足かけ三年の恋しい、ゆかしい、いとしい、かわいいも、今日という今日は、この足一本でお別れだ[41]」。小春は、額を打たれ、嗚咽しながら、ひそかに安堵して、彼が出て行くのを眺める。本当の気持ちを治兵衛はすぐにわかってくれるだろう、この苦しみの生に決着をつけるために自分がひとり自害するときに。

いまいましい気持ちで家に戻ると、治兵衛はこれからは家のことにすっかり打ちこむことを誓う。「いまは天罰を受けるものとして、小春と縁を切り、思い切ると誓います。偽り申すにおいては、梵天、帝釈天、四大天王、さらには仏や神[42]」。そして自分の名を明記し、最後に血判を押す。家族は安心する。治兵衛は正道に戻る。貞淑な妻は喜ぶ。二年間というもの彼は妻を独り寝させていた。ついにその夜、彼は枕を並べようとするのだろうか。治兵衛が赤子のような格好で蒲団に頭を埋めて泣き止まないのを見て、彼女は彼が嘘をついたのだと思う。「あなたの気持ちはまだあそこにあるのですね」。彼は抗弁する。「自分を裏切った女にどうして未練などあろう」。そのとき、不安で蒼ざめた妻は、二人の恋が思っていた以上に強いことに気づく。彼女は箱を開けて、借金と決算に充てるはずの代銀を取り出す。「小春を請け出しなさい」と彼女は叫ぶ。「彼女を助けて」。しかしそれでも足りない。遅すぎる。妻は手足の爪を剝がしても夫のために尽くすと言う。治兵衛は、悲嘆に暮れ、彼女に許しを乞う。二人は嘆き悲しむ。子供たちは泣く。そこに舅《しゅうと》が現れる。「お前は遊女狂いをして女房子供の身ぐるみ剝ぎおって。哀れな盗人め!」。治兵衛が素行を改めると書いた誓紙を取り上げて、彼はそれをずたずたに引き裂き、娘婿に離縁状を書けと迫る。「約束やら誓いやら、放蕩する者はあちこち行く先々で請求書のように書き散らす[43]」、と彼は怒り狂って叫ぶ。江戸時代、署名入りの誓紙は三羽の烏を殺すと言われる。手書きの誓紙はけっして尊重されないからだ。

治兵衛は疲労困憊し独りぼっちになる。すべてを失ってしまったのだ。それで彼は小春にまた逢いに行き、彼女の真意を読み取ることができなかったことを詫び、二人の誓いがかなえられるように遊郭から逃げ出す手助けをする。一緒に死ぬ……。「二人の魂はどこに向かって急ぐのか。蜆川《しじみがわ》の流れとは逆に、足の向くままに彼らは走る」。月が水に映る。治兵衛と小春は、大阪の多くの橋を渡りながら、ひとつ渡るごとにこの世から離れる印象を持つ。彼らが越える川は死の川である。

桜橋。いまも話を聞き伝える。一首の和歌のご威徳により名づけられたと。(中略)蜆橋。短いものは、二人のこの世での時間と秋の夜である。十九歳と二十八歳の、今日の今宵を限りとして、二人の命の捨て所[44]。

夜も白々と明け初め、治兵衛と小春は二人の最期の時を告げる寺の鐘の音を聞く。百八つの煩悩がある。この世に生まれ変わるためには無くさなければならない煩悩である。「手にした百八の数珠の珠を、落とした涙と一緒につまぐって、南無《なむ》網島《あみじま》」。衆生を救う阿弥陀の名を唱え、二人の恋と死の誓いのように何度も繰り返しながら、恋人たちは網島の大長寺にたどり着く。二人が例のごとく墓地で最後の愛のいとなみをしたかどうかはわからない。この物語にもとづく映画[45]のなかで、篠田正弘監督は、すでに幽霊になった二人を墓のあいだに据え、その白い肌が硬い墓石と著しい対照をなすように撮影している。この墓地はいつしか移された。ほとんどなにも残っていない。入口近くに、恋人たちを記念する二つの石碑が立っている。「暁の見果てぬ夢」がここで消え果てたのである。彼女は震える手で何度も刺される。彼は、そこから十二メートルほど離れたところで首を吊る。二人の遺体が見つかったとき、治兵衛の妻のために離ればなれに死のうと気を遣ったにもかかわらず、「網島で最後の恋の証をした二人」は結びつけられた。「口々に言い広められた物語」、と近松門左衛門は結論する。「そして誰もが目に涙を浮かべたのであった」。

近松は言っている。芸術は、実と虚のあいだ、嘘と真のあいだの皮膜にあると。誓いととりとめのない束の間の気持ちとのあいだに。

照葉、九本指の尼……「嘘ついたら、指切った」

恋する男あるいは女を指示するひとつの身振りがある。小指を立てるのだ。日本では小指は意中の人の象徴である。というのも、伝説によれば、そこに付けた赤い糸は各人をそのアルターエゴ（分身、もうひとりの自分）に結びつけるはずだからだ。中国起源のこの伝説――「運命の赤い糸」――によれば、愛し合う二人はその小指に掛けられた見えない糸で結ばれている。おそらくそれゆえに江戸時代に〈指詰め〉をする遊女もいるわけだ。彼女たちは小指の爪のちょうど下の関節のところで切断して、それを恋の証として血で書いた手紙とともに恋人に送るのである。この行為は、一七〇〇年からやくざの前身、〈博徒〉のあいだで確認される。賭博の借金を清算するために指を詰めるのだ。彼らは指を卓上に置き、みずから短刀の一撃で切断し、しばしば文字どおり「指を飛ばす」。遊女には自分で指を切断する勇気がない場合もある。女友達を助けに呼んで、指をまな板の上に置き、布を噛んで目を閉じる。この振舞いにいっそう価値を据えるために、彼女たちの優しいいとなみを支えた、黒漆を塗った枕の上で自分の指を切断したがる者もいる。このしきたりは相変わらずいまでも存在するが、しかし隠喩的な形式のもとにである。少年少女が約束を交わすとき、小指で誓うのが普通である。「嘘をついたら指を切ってもいい」（指切り）。小指を曲げて絡ませ合いながら、呪文に近い歌を歌う。「指切りげんまん、嘘ついたら針千本飲ます、指切った」。この素朴な魔法のテンポを刻むために彼らは手を動かし、歌が終わると、自分たちが誓いによって結ばれたことを意味するために小指を解くのである。

男は指を受け取って、もちろん約束を思い出すことになる。「私のことを本当に恋しくお思いなら、結婚してくださいますか。私は約束を守ります、お確かめになられますように」。赤い糸の代わりに、だからそれは遊女と客を結ぶ真っ赤な血の絆であるわけだ。当時の川柳を信じるなら、犠牲はしばしば無効に終わる。男は小指を受け取って、びっくりし、厄介払いすることしか考えない。「指切りにいかに手切れか思案かな」。十八世紀、こうした行為は大して効果がないので、むしろ副次的なものにとどまる。遊女たちは概して誠実さの証に髪を切るのを好む。きわめて勇気のある者は爪を剝ぐ。恋人の名前を入れ墨する者もいるが、それはときとしてたちまち別の恋人の名前で覆われる。「一夜だけの約束」を彼女たちに強いるこの仕事で、はっきりしておかなければならないことがある。彼女たちと結婚しようとする客は稀であるということだ。明治時代の日本が鉄道、電信、山高帽を採用すると、〈指詰め〉の習慣は次第になくなる。〈遊女〉そのものが昔風になり、幼少のころから音楽、舞踊、遊戯を身につけた〈芸妓《げいこ》〉（京都）あるいは〈芸者《げいしゃ》〉（東京）と呼ばれる「技芸の女性」に徐々に取って代わられる。彼女たちと付き合うのはきわめて刺激的だ。彼女たちは時代の雰囲気のなかでスターなのだ。スキャンダルを起こす者もいて、流行の雑誌の恰好の話題になる。

「私は、恋のために小指を切り落とした女性に出会う機会がありました。照葉《てるは》という名でした。有名な芸者で、おそらく日本の歴史において〈指切り〉をした最後の女性です」。京都の舞妓《まいこ》の髪を専門に扱う美容師の石原は語る。「高岡たつ子は、一八九六年に大阪に生まれました。彼女は照葉という源氏名を貰って十三歳から新橋で芸者として働き始めました。当時、日本では写真がとても人気があり、芸者は自分の写真付き名刺を作り始めました。それが粋の極みでした。彼女たちはまた宣伝用の絵葉書のためにポーズをとりました。それで当時の照葉の写真をたくさん持っている人もいるわけです。それらはとても美しい少女の映像です。十六歳のとき、彼女はある男に恋をしましたが、男は彼女に辛い思いをさせました。彼女は男の妻になることを望み、小指を切断して、それを男に送り、この狂気の行為が当時センセーションを巻き起こしました。私が彼女に出会ったのは、その死の数年前で、彼女はとても老いていました。彼女が切断した小指を隠すために手の指をつつましやかに折り曲げていることに気づきましたが、しかし露骨に隠していたわけではありません。彼女はただ視線が自分の手に向かうことを細心に避けていたのです。彼女の行為は大騒ぎになりました。この行為のあとどうなったのか私はよく知りませんが、ただわかっているのは、彼女が最後に尼さんになり、恋人に捨てられたあと剃髪した有名な祇王（平家）に敬意を表して、祇王が隠遁した嵯峨野の同じ場所に居を定めようと発ったことです。隠遁の地は寂れていました。照葉は祇王寺を修復し、そこで一九九五年に九十九歳で亡くなりました。きわめて自然に淡々と自分の人生について語ってくれた、まことに高貴な女性でした」。

この人生については、多くの驚くべき写真の載った自伝が残されている。そこには照葉がルイーズ・ブルックス風の髪をして、狂乱の時代のスタイルに装い、若いアメリカ人の女にもたれかかって抱きしめられているのが見られる。あるいは照葉は、ヘアネットを着け、濃いアイシャドウ、くっきりとした真紅の唇をして、相手に強い黒い眼差しを投げている。それらはアメリカで撮られた写真である。小指を切断して七年後、じつは照葉はある証券仲買人とともにアメリカに発っていた。当時の狂気のしるしだが、彼女はその男と結婚していたのだ。夫婦の幸せは長く続かなかった。破局後に日本に戻ると、照葉は再び芸者になろうとした。不思議ではなかった。芸者は夫を持たない。いまでもまだこの伝統は残っている。芸者が結婚すると、仕事を辞めなければならないのだ。照葉の昔の雇い主たちは、彼女にはなんの才能もないと言って、彼女に許可を与えるのを拒否した。ニューヨークに戻った彼女は、そこで何年間もダンスを学んだが、その後もう一度芸者の許可を要求すべく日本に帰った。今度は、奇跡的に、彼女はそれを獲得した。だが照葉はどうしようもなかった。医学教授と結婚して新たなスキャンダルを巻き起こした。二人の結婚は失敗だったが、以来新橋に留まることを禁じられた照葉は、挫折する恋物語に中断されながらも、地獄への緩慢な流れに身を棹さして、女優、バーのホステス、次いで写真のモデルになった。

一九三五年、三十九歳の折り、彼女は剃髪して、祇王寺で仏教に生涯を捧げる決意をした。祇王寺はきわめて特殊な尼寺だった。それは「悲恋の尼寺」と呼ばれたが、というのも多くの女性が恋に傷ついてそこで尼になったからである。伝統に従って照葉は智照《ちしょう》の名でそこに隠遁した。彼女の信仰は篤かった。彼女は尼寺の庵主になった。周りで彼女は「九本指の芸者」と親し気に呼ばれたが、おそらくそれが彼女に自伝を書く勇気を与えた。彼女はまず『花喰鳥』のタイトルで自伝を、次いで『つゆ草日記』というタイトルで彼女の暗黒時代の日記を出版した。

「彼女の運命は、芸者をしながら同時に幸せな恋を成就しようと望む女性のものでした。しかし日本では当時どちらかを選ばなければなりませんでした」、と石原は述べる。「いまでもまだ芸者に選択の余地はありません。芸者を続けたいのなら独身でいなければならない。これで満足する女性もたくさんいます。というのも家庭に入った女性の人生に魅力を感じないからです。彼女たちはスターのままでいたいのです。しかし夫と呼びうるような男がいないのは、彼女たちの心をひそかに蝕むと考えなければなりません。というのも芸者の多くは〈夫婦髷《めおとまげ》〉と呼ばれる髪型をしているからです。それが抑圧された欲望を表現する彼女たちなりのやり方です。〈夫婦髷〉では髷は撚られ、髪はS字状に束ねられて、恋によって絡み合った男女を結ぶ絆を象徴します。男に結婚したいという気持ちを伝えるために、この髷にする芸者もいます。しかし大抵の場合、この髪型はとりわけ欲求不満、憂鬱、不如意の事柄への未練を表しました。十六歳になると、芸者見習いの舞妓はこの悲しみを感じます。春の日（節分、二月三日）に婚約者《いいなずけ》のように髪を結ってくれと私に頼む者もいます。この日は例外的に舞妓たちは自分の選んだ髪型をすることができ、伝統的に結婚間近の若い女性のための〈おしどり〉の髪型にしたがる者がたくさんいます」。江戸時代、〈おしどり〉の髪は、結婚直前の十六歳、十七歳、あるいは十八歳の娘の幸せをこれ見よがしに示した。その髪型は、鮮やかな毛並みの鴨の名を持っていた。「〈おしどり〉の輝かしい美しさを表す一語があります。〈華やか〉です。それで陽気な、生き生きした、色鮮やかな、輝かしい、すなわちいささか派手なものすべてを示すのです。舞妓が私にこの髪型を頼むとき、彼女がひそかに夢の男との婚礼を挙げようとしていることがわかります。でも彼女は諦めなければなりません。諦めることで幸せを見出すのだと私は思います。照葉は、私が彼女に出会ったとき、幸せな様子をしていました」。

【註】

（1）設けられた性《セックス》産業は、肉体の活用にもとづく「余暇《レジャー》」の新時代を開いた。歴史上最初の〈廓〉は、京都の二条柳町に、次いで六条三筋町に開設された。その後、島原に移され、全国で三大遊郭のひとつになる（江戸の吉原、大阪の新町とともに）。

（2）京都再発見グループ―原っぱの会『一千年の恋人たち』Uniplan SA, 1997. 京都の有名な恋物語についての本。

（3）Jean Cholley, *Courtisanes du Japon, Manuels de l'oreiller, érotique du Japon*, Philippe Picquier, 2002, p.722.

（4）歌舞伎作品のなかには、高尾が綱宗に嘘をついて、彼が評判を守るように彼を愛していない振りをしたと暗示するものがある。高尾は、優しい心の遊女で、綱宗が自分と結婚せずに一家の長に留まるように、恋人がいると作り話をしたのだろうか。この種の話には誰も大して信用を置いていなかったようだ。江戸時代の民衆は、武家をさほど評価せず、「愛しい人」のために大名をないがしろにした遊女の物語を楽しんだのである。

（5）高尾はその名を〈長唄〉のジャンルに残した――〈高尾物〉――が、これは遊女たちの地獄での自分の早死にの苦しみを執拗に語るものである。きわめて有名な長唄のひとつ――「高尾《たかお》懺悔《さんげ》」――は、この不幸な女を降霊術の香煙のなかに登場させさえし、同じように男たちの心を弄んだ女たちのこうむる苦しみを語る。それによれば、高尾は眼を鳥にえぐられ、足を犬にむさぼり喰われ、まだこうした責め苦を永遠に負って、自分を愛した男たちのこうむった苦しみを償わなければならない。あの世でも吉原の遊女たちにはいかなる安らぎもない。演劇作品のなかには、高尾には妹の累《かさね》がいて、怨霊になると語るものもあるが、これはまた別の話である。累の物語については後出。

（6）およそ二万人の遊女が浄閑寺に「埋葬」されている。

（7）Ryohei Matsuda, "An introduction to *kabuki*", *Japan Digest*,

National Clearinghouse for United States-Japan Studies, Indiana University, janvier, 1998.

(8) この演目は、一七一三年三月、『助六』の題で江戸の山村座で上演され、次いで『助六由縁江戸桜《すけろくゆかりのえどざくら》』と改め、一七八二年四月に市村座で初めて上演された。

(9) 二〇二二年十二月二十一日、ヘイディ・ダーニングとの対談。

(10) 二〇一〇年四月二十七日、狩野晃一との対談。

(11) Jean Cholley, *Courtisanes du Japon*, p.757.

(12) Jay Keister, "Urban style ,sexuality, resistance, and refinement in the Japanese dance Sukeroku", *Asian Theatre Jornal*, 22, septembre, 2009.

(13) *Idem.*

(14) 〈いき〉は、同時に「媚態」、「意気地」、「諦め」、「雅」そして「きざ」を意味する。九鬼周造『「いき」の構造』より。

(15) Kuki Shuzou, *op. cit.*, pp.35-36.

(16) 二〇一〇年六月二十二日、東京で行なわれた桜井久美との対談。

(17) 「一九八三年、私が歌舞伎座に行ったとき、女性用のトイレがありませんでした。一九九三年になるまでそれを作ろうとも考えなかったのです」(桜井久美)。

(18) Jean Cholley, *Courtisanes du Japon, Manuals de l'oreiller érotique du Japon*, Philippe Picquier, 2002. p.722.

(19) 『冥途の飛脚』は、一七一一年四月に浄瑠璃人形劇として上演された。

(20) Chikamatsu, *Le Messager des enfers*, traduit par René Sieffert, *Les Tragédies bourgeoises*, tome 3, POF, 1992, pp.7-50.

(21) 二〇一〇年六月二十四日、東京(「ドゥマゴ」)で行なわれた坂東彌十郎との対談。

(22) Chikamatsu, *Le Messager des enfers, op. cit.*, p.19.

(23) Augustin Berque, *Le Sauvage et l'Artifice, Les Japonais devant la nature*, Gallimard, 1986.

(24) Chikamatsu, "Brouillard du soir sur la passe hurland d'Awa", *Les Tragédies Brougeoises*, traduit par René Sieffert, tome 3, POF, 1992, pp.97-139.

(25) Chikamatsu, *op. cit.*, p.99.

(26) *idem*, pp.103-104.

(27) もともと〈紙衣《かみこ》〉は、和紙を貼り合わせて作られた、ぼろ着に近い衣装である。歌舞伎芝居では、役者はきわめて様式化された紙衣を着ける。黒絹のちぢみの着物で、金糸あるいは銀糸で文字が刺繍されている。

(28) 京都にはもう四人の〈太夫〉しかいない。

(29) Chikamatsu, *op. cit.*, p.104.

(30) *idem*, pp.134-135.

(31) *idem*, p.113.

(32) *idem*, p.136.

(33) *idem*, p.135.

(34) 一九七〇年、中谷芙二子は大阪万博で世界初の「霧の彫刻」を披露する。ペプシのパヴィリオンを、「照明によって様々なかたちをとってうつろいの印象を与える」(二〇〇七年六月二十八日の電報、Mie Kohiyama, AFP)巨大な霧の幕で覆う。

(35) Chikamatsu, *Les Tragédies bourgeoises*, traduit par René

Sieffert, tome 1, POF, 1991, p.32.

（36）Jean Cholley, *Courtisanes du Japon, Manuels de l'oreiller, érotique du Japon*, Philippe Picquier, 2002, p.708.

（37）Saikaku, "Vieux papiers, vieilles lettres" (V. 3), *Enquête à l'ombre des cerisiers*, traduit par René Sieffert, POF, 1990, pp.246-249.

（38）Chikamatsu, *op. cit.*, p.32.

（39）Jean Cholley, *Courtisanes du Japon*, pp.708-709 et 719.

（40）『心中天網島』は、紙屋治兵衛と小春の死後二カ月足らずで、一七二一年二月に初演された。二人は網島の大長寺で一七二〇年十二月に死んだ。

（41）Chikamatsu, *Double suicide à Amijima, Les Tragédies bourgeoises*, tome 4, pp.186-187.

（42）*idem*, p.192.

（43）*idem*, p.198.

（44）*idem*, pp.207-210.

（45）篠田正浩監督『心中天網島』。一九六九年公開。出演、岩下志麻、中村吉右衛門。

逆柱いみり「カッパくすり」（2001年頃）

第十二章　鏡よ、鏡

「もっとも華麗な蝶よりも美しい変身が存在する」

累と与右衛門……「鏡を覗いてはいけない」

「夕顔」と呼ばれる花は、夕方にしか開かず、日本人の特別な愛着の対象となっている。闇に潜み、その美しさをあらわすのは月明かりによってのみである。夕顔は幽界に属する。おそらくだからこそ、『源氏物語』のもっとも気がかりな章（第四章「夕顔」）を参照して、劇作家の四代目鶴屋南北（一七五五—一八二九）は、何度もこの花を暗示しつつ一八二三年に累《かさね》の伝説を書き上げるのだろう。

　夜の恐ろしい気配のなか、蒼ざめた月光のもと、恋人たち二人が川沿いを急ぐ。美しい累は、動転し、恋人に追いつこうと後ろを走るが、川の流れに人間の髑髏が同じ方向に運ばれて行くのを知らない。髑髏は笑い、復讐心とほとんど遺伝的な憎悪に燃え、自分の暗殺者を追う。累はそれに気づかないが、彼女が追いつこうとする男は、また彼女の両親の暗殺者でもある。累が知っているのは、ただ自分が彼を愛しているということだけだ。

「思いをも心も人に染まばこそ恋と夕顔」。こんなふうに芝居は始まる。歌舞伎の演目では、累は見せ場のひとつ、二人のスターが異様な舞いを共に舞って幽霊と呪いについて語る場面を構成する。「役者が累を演じるときは、まず東京目黒区の祐天寺に行って彼女の墓にお参りしなければなりません」、と狩野晃一は説明する。「そして僧に経を挙げてもらうのです。まことにおぞましい物語ですので」。狩野晃一は、女形として、みずから累を演じたことがある。それは、ほとんど倒錯的なやり方で卑劣な三重殺人事件を黄昏時の舞踊に変容するこの悲劇のイメージのアンビヴァレントな、「ロマンティックであると同時に残酷な」、お気に入りの役柄のひとつである。

「芝居のセリフは、詩的な言葉ですが、エロティシズムとグロテスクの混合たる内容との対照の効果によって、はかない花々を喚起するだけです。それは与右衛門《よえもん》という名の悪党の物語です。十五歳のとき、彼はある百姓の妻を誘惑して愛人にしました」。百姓の名は助《すけ》、妻の名は菊という。彼女は娘を生んだばかりだったが、ごろつきの魅力に負けて、もう彼と暮らすことしか考えない。ある日、助は不貞をはたらく二人を取り押さえ、殺そうとする。与右衛門と菊は、助を代わるがわる打ち据え、そして鎌で顔に一撃を加えると、その片眼が眼窩から飛び出す。ついに自由になったと思って、罪を犯した恋人たちは死体を川に投げ込み、そして江戸へ逃げる。菊はそこで人生をやり直そうと考える。だが彼女にとって、「この世の道は別々に岐《わか》れ、後ろに行くのもあれば、前に行くのもある」。一緒にいるのにうんざりして与右衛門は彼女と別れようとするが、危ないかもしれない、と彼は考える。「ひょっとしたら復讐心に駆られて俺を密告するのではあるまいか」。選択の余地はないと思い、彼女を殺し、赤ん坊を母親の死体のそばに捨てる。

「それは運命です」、と狩野晃一は結論する。「何年後かに与右衛門――侍として雇われています――は、同じ主君に侍女として仕えるすばらしい娘に出会います。その名を累といいます。その顔は彼に別の女の顔を思い出させますが、しかし彼にどうして恐ろしい真実に気づくことができたでしょうか。彼は一目惚れします。累も、この男が両親を殺したことを知らずに、恋に落ちます。いわば意識の闇のなかで、芝居はこんなふうに始まります。累は息を切らしながら恋人を追いかけますが、与右衛門は裁きを免れようと逃げています。川べりで追いつくと、『私を連れてって』と彼女は懇願します。そして優しく彼の手を取って、わかってもらおうと自分のお腹に触らせます」。累は妊娠している。与右衛門は、びっくりして、二人が二度と離ればなれにならないように、心中しようとそのとき決意する。静かに、ほとんど物憂げな調子で、累は感動的な別れの歌を歌う。「初めての夜、私たちが結ばれたのは、仏の庭、死者の国でした。始めから私たちは一緒に極楽にいたのです」。

しっかりと手をつなぎ、不幸な恋人たちは最後の儀式を執り行なうために川に降りる。そのとき眼窩の割れた髑髏が登場する。そこに鎌が突き刺さっている。助の髑髏が流れに運ばれて過去から立ち現れるが、これを見て一撃を受けたように累は叫びながら手を顔に遣る。二人の捕吏が、逮捕状を持って、また現れる。闇のなかでしばらく争ったのち、彼らは逮捕状を持った与右衛門を逃がしてしまう。累が、このとき、茫然と現れる。「この手紙はなに?」、と彼女は疑わしく思って尋ねる。与右衛門は彼女を見て、恐怖の叫びを挙げる。「お前の顔! なんと恐ろしい!」。それが恋文だと思いこんで、累は言い返す。「恐ろしいのは、あなたのとても冷たい心です」。彼女は彼のほうに進み出るが、自分が鎌の一撃で片眼をもぎ取られたように醜く恐ろしい様子をしていることに気づかない。嫉妬に駆られ、とぎれとぎれに舞いながら、彼女は彼から手紙を奪い、そして叫ぶ。「残酷な人!」。憎悪と怨念でいっぱいになって、彼女は彼を片眼で睨みつける。

もう一方の眼は死んでいる。「あなたは私を愛してくれていると思っていました」、と彼女はいまわしい顔を彼に向けながら言う。「でもこの浮世ですべて悲しい結末を迎えました。ああ、本当でありさえしたら……」。彼女が手鏡を出すと、彼はそれをかすめ取る。彼女が自分を見ないように。彼は彼女をとても愛している。死ぬほど愛しているので、そのときこの悪夢を終わらせるために、鎌を取って、自分に抱きついていた女を打ち据える。絶望した累は身を守る。与右衛門が彼女を殺そうとし、真実をだしぬけにあらわにする川の鏡と冷たい光で殺人者を照らす月の鏡とのあいだで暴れ、彼女がひきつりながら舞っていると、歌が響く。

死の情熱の罠に捕らわれて、私はこの暗い道のうえで途方に暮れました。私は両親を殺した男を愛していましたが、私はそれを知りませんでした。いまも私は叫びます。あなたを愛していた！　とても愛していました！

二人はあの世に夫婦として生まれ変わるために一緒に死のうとする。しかし運命はそれを許さない。与右衛門は鎌で執拗に攻撃する。その怯えた眼のもとで、累は悲しみのうちに死んでいく。こんなふうに日本では自分の過ちを償う。つまり、自分の罪の罠に落ちて、同じ行為を繰り返すのだ。母親の次に、彼は娘を愛し、殺す。累の顔が母親の顔にうりふたつだからだ。十八世紀、累の伝説の挿絵を描くために、ある画家は、美しい顔をした彼女が、鏡のなかの片眼の怪物の映像を見て震えあがり、その背後で与右衛門が鎌を振り上げているところを表している。伝説の別ヴァージョンによれば、累は完璧に美しく、与右衛門は狂気にとらわれ、彼女を幽霊だと思った。彼女だとは気づかなかった。恐怖のあまり、彼は彼女を殺した。そして眼を見開いて、恋人の死体を眺め、泣き始めた。誰が怪物だったのだろうか。

誘拐されて醜くなった美しい貴族の娘の物語

京都の上賀茂神社のそばに、美と嫉妬の女神、弁天を祀る古びた小さな神社がある。娘たちは、どんな美容整形外科の助けも借りずにより美しくなろうと、そこを訪れる。実際、そこでは鏡の形をした〈絵馬《えま》〉（誓願の木板）を買って、そこに自分の好きな顔、若くて非の打ちどころのない顔を色鉛筆で粗描することができるのだ。彼女たちがお参りに来る祭壇の前には、にこやかな木製の鏡がびっしりと並んでいるが、それらは祈願する何百人もの訪問者によって置かれたものである。「鏡よ、鏡、もっと綺麗にしておくれ」。昔の日本には祈願の際に馬を寄進するしきたりがあったが、それは馬が人の願いを魔術的に満足させることのできる不可視の力、〈カミ〉のところまで疾走してメッセージを届けるようにということであった。徐々に馬は、寄進から象徴へと、彫像あるいは絵馬と呼ばれる絵に取って代わられ、おそらく平安時代（七九四–一一八五）にはこのしきたりが首尾よく一般化したようだ。江戸時代に絵馬は多様化し、馬のイメージが比較的稀なものになって、各神社が固有の絵姿を持つようになった。弁天神社では馬が木製の鏡に置き換えられたけれども、絵馬は最初の意味を保持している。人間の願望の乗り物として仕えているのだ。それらは、嬉しそうな晴れ晴れとした顔を映し、その微笑みでもって神《カミ》が願いをかなえてくれるように呼びかけている。

ちなみにこれが鏡の第一の機能ではないだろうか。真実を、心の内を、内なる美を映すこと。その円い形が成就と同義語となるオブジェの仲介で、女を自分自身と和解させること。日本の初期の鏡は、石の鋳型で鋳造された、磨かれた金属の球面で、輝く太陽のように円い。同じような鏡がおおかたの〈神道〉の聖域に見出されるが、水面に現れた天体の形をして、意図的に祭壇の前（ときに内部）に置かれ、信者が——聖所へと進みながら——自分自身の映像と出会うように仕組まれている。太陽的自我のメタファーとして、鏡は信者にそのあるがままではなく、その本当の姿、神的起源の存在を示す。日本語の〈かがみ〉という語は、しかも奇妙にも〈カミ〉（聖なる存在）を思い起こさせるので、語源学者のなかにはこれら二つの語のあいだに直接的関係を打ち立てた者もいる。十七世紀に山崎闇斎は、こう述べる。「〈神〉の心は、明るい鏡のように純粋で、いかなる濁りもない」。谷川士清《ことすが》は、十八世紀に、〈神〉の性質は、「輝かしい」（かむがみ）ことだと主張する。忌部正通《いんべまさみち》は、「神の精神は、明るい鏡のように、自然界のすべてを映す」と確言する。神と鏡とのあいだに置かれたこの方程式から、〈鏡〉は、日本の想像界においては、受動的な表面にほかならないと結論できよう。それは、純粋になればなるほど、いっそうよく映し出す。錆びないようにするためには、それゆえその金属を丹念に磨き続けて、太陽と同じように輝かせなければならない。それが地上の人間の使命である。完璧さへの同じ欲求で自分の心を磨くこと。心が純粋になればなるほど、いっそうこの理想に近づく。自分を見る主体とそれを映す鏡とのあいだのこの崇高な鏡の戯れにおいて、魂はついに美そのものに開かれ与《あず》かるにいたるのだ。

しかしながら、また鏡が人を懐疑に直面させ、人が信仰を失い、希望も失うということが起きる。『大和物語』――平安時代に編纂された物語集――に、鏡に映った醜い自分を見て死ぬ女の話がある。もともと彼女はたいそう美しかった。とても美しいので、父親の大納言は彼女を帝《みかど》に奉ろうと貴重な真珠のように育てていた。不幸なことに、ある日ひとりの舎人《とねり》が彼女を見て恋に落ち、食事も喉を通らないほどになった。この女なしでは生きられなくなった。とても大事な知らせを伝えなければならないとの口実で、ある日彼は娘の住まいの前に姿を現し、二人を隔てる御簾《みす》から彼女を出させ近づかせたところを捕まえて、あっという間に馬に乗せて全速力で逃げた。数日間の必死の逃走の果てに、彼は陸奥《みちのく》にたどり着き、安積山《あさかやま》に庵《いおり》をつくって不幸な女を据えた。人里からかけ離れたところで、彼女は逃げることもかなわなかった。身近な人がいなくなると、見知らぬ人と人生をやり直さなければならなかったかのようだ。それで優雅な貴族の娘は人さらいの妻になった。「彼は里に出て手に入れたものを彼女に食べさせて、長い年月を送った」、とルネ・シフエールは訳している。彼女は、巣に置き去りにされた鳥のように、着物も香水も白粉《おしろい》も宝飾品も侍女もなく、雨音や鳥獣の叫び声のほかなんの音楽も聞くこともなしに、山中で生き延びなければならなかった。

ある日、男はいつもより長く留守にした。三、四日経った。食べ物も飲み物もなく、不安になった娘は、最悪の事態について考え始めた。「もし彼が戻らなかったら」。なにか事故があったのかもしれない。自分を捨てようと思ったのでなければ。彼女は妊娠していたので、この状況はいっそう恐ろしいものになった。悲嘆にくれた彼女は外に出て、彼が遠い里へ向かって馬で行った道を見つけようとした。ああしかし、歩いて行くと山の泉を見つけ、きれいな水の前で立ち止まって身を屈めた。水鏡に彼女が見たものは、もはや人間世界に属しているようには思えなかった。「彼女は自分が昔日の美しさを失い、醜くなったことを知った」、と『大和物語』の作者は控え目に要約している。もう櫛の入らない彼女の髪は、おそらくもじゃもじゃになっていた。眉は黒い毛虫のようだった。肌はもう白くなかった。彼女は色あせたぼろ着をまとった女乞食のようだったに違いない。「鏡を持っていなかったので、自分の様子の変化に気づかなかったが、彼女は突然自分の顔を見て震えあがり、恥ずかしくなった」。それで彼女は別れの歌を樹に書きつけ、庵に戻って「死んだ」。この時代、耐えがたい苦しみのためにこんなにも急に死ぬことがあったらしい。男が食料を携えて戻り、彼女が死んでいるのを見つけると、彼もまた心が張り裂けそうになった。とりわけ泉のそばの歌を見て、彼はなにが起きたか悟った。恋人は鏡に映る自分を見たのだ。彼女は、それまで幻想の世界に生きていたのだ。彼は彼女を現実から守っていた。彼の眼差しのなかに自分を映すとき、彼女はそこに望まれた女のイメージしか見なかった。運命的な瞬間が来るまで。絶望した男は最後にその歌を眺め、そして「彼は戻り、女の傍らに伏して苦しみのあまり死んだ」。鏡もまた死んだのだ。

虫愛ずる姫君……「なにになりたいのか言ってごらん」

七〇年代にロボット工学者の森政弘は、アンドロイドが人間に似すぎると人は怖がると指摘している。一定の敷居を越えて類似が感情移入を誘うまでになると、たちまち嫌悪感を催させる。この奇妙な不安の感情に対して、森はフロイトの論文を参照しつつ「不気味な谷」という名称を与える。「人は機械が漫画の主人公や親しい動物に似ているとくつろいだ気持ちになる。反対に、ロボットが人間の極端に写実的なコピーに似ると、嫌悪を覚える」。日本では大概のロボットが、それゆえ玩具や人形といった「ほっとさせる」様子をしている。しかし、「かわいい」の規則に公然と背くものもある。有名なロボット工学者、石黒のロボットがそれだ。

傲然と「怪物の創造者」と自称する石黒浩は、日本において狂気の学者とみなされている。彼はまず当時五歳の自分の娘の機械版（リプリーＲ１）を、次いでＮＨＫの女性アナウンサー藤井彩子のそれ（リプリーＱ１）を製作することに打ちこみ、そしてほとんど完璧な外観の自分自身のクローンを創りだした。はっきり言えば、これは激しい反撥を引き起こした。「蠟人形を超えた段階である」、と大阪大学のシステム科学科の研究者ゼイヴン・パレ[1]はコメントする。「おそらく最初、アンドロイドは瞬きの時間以上は人間とみなされるかもしれない。ジェミノイドには生命をシミュレイトする四十六の空気モーターが付けられている。その胸郭は呼吸しているかのようにかすかに膨らみ、その目は、あなたの背後の対象を見つめるとき考えこみ、ときに自分の手に目をやり、姿勢を変え、退屈している印象を与える。それは自律性なきロボット（歩かないし、その運動は遠隔操作されている）だが、二〇〇七年の登場の際は、意識的存在の模倣に関する最先端の研究結果である」。

それはとてもよく「模倣」されているので、石黒は、公衆が思わず漏らす私語を聞くという唯一の楽しみのために、しばしばデモンストレーションの際にふざけてその席に着く。「このロボットはそれほど似ていません」。ジェミノイドは反対にとてもよく似ている。かすかな不快感を覚えずにそれに近づくのは難しい。この感情を克服するにはどうすればいいのか。「ロボットがわれわれの漠然としたシステムから生じるすべての微細な運動を再現しさえすればいいだろう」、とゼイヴン・パレは示唆する。「チック、かすかな身振り、存在感を生むこうしたすべての振動を」。人間はなによりもまずその心臓を動かす震えからなる、とゼイヴンは言う。それゆえロボットがその怪物的様相を失くすには、それが感情を持ち、欲望によって「動かされ」ているという雰囲気を出せばいいだろう。「運動は変身に固有のものである」、とゼイヴンは述べる。「ロボットを動かして、日本文化におなじみの考え方である、われわれのように変身する束の間の存在になるようにすればいいだろう。虫愛ずる姫君の場合といささか同じように、もっとも華麗な蝶におけるよりも変身の観念のうちにおそらくさらなる美と完全性が存在する」。

『虫愛ずる姫君』は、十二世紀の話で、虫、「とりわけミミズと毛虫」をいたく愛する美しく賢い姫が、変態を見物するためにそれらを小箱に集めることを語る。蚕《かいこ》のメタファーを用いながら、ゼイヴン・パレは結論する。ロボットも同じである、と。誕生しようとする生命の形。彼はひたすらわれわれに、シリコンと鋼鉄の甲羅の背後にその潜在的な魂を見せようとする。「言葉とイメージを、完全に物でも完全に思考でもないような貝殻あるいは影であるとみなすなら、確かに物であるが別様にみなされようとするアンドロイドの外皮についてはどうだろうか。その運動はたんに、実存を持つ権利を得るために対象物の条件から脱しようとする物の意思表示ではないだろうか」。石黒の研究室では、すべてのロボット工学者がこの幻想《イリュージョン》の効果を目指している。人間の皮膚の肌《き》理《め》や身振りばかりでなく、それを動かし、それを未完の、愛に飢え、他者の眼差しのうちに実存しようと求める存在にするような絶え間ない運動をも再現することが問題である。

『虫愛ずる姫君』は、美の観念に関わる日本のもっとも古い物語のひとつである。『堤中納言物語』では、こんなふうに話が始まる。「花や蝶ともてはやすのは、無意味なばからしいことである。人は誠実の心があって、物の本体を追及するのが、真の心ばえというものである。姫は恐ろしそうな虫をたくさん集めた。その変化の様子を見てみようと、姫はそれらをさまざまな籠に入れた。とりわけ毛虫の様子がいかにも奥ゆかしい、などと言って、朝に夕に額の髪を耳に挟んで、毛虫を籠のなかにうつ伏せて見守った」。世の常のように髪をちゃんととくことも、眉毛を抜くことも、顔を白く化粧することもしないこの姫に対して、両親はいたく心配して言う。「人は美しい外観をしたものを愛でるのです。だから毛虫を愛でるなど、なんと気味の悪いことでしょう。誰もが異常でいとわしいと思っていますよ」。これに対して思慮深い姫は、美は外観ではなく本質の問題だと答える。「どんなことでも、その根源を把握しなければなりません」、と彼女は言う。「それが基本です。毛虫は蝶になります」。そして着物を見せながらこう付け加える。「絹は蚕によって作られます。蚕が繭を捨て蝶になってしまったら、絹はおしまいになるでしょう」。毛虫がいなければ、ありうべき美も、蝶も、絹もない。こんなにも理詰めの娘にどうして反論できようか。両親はむなしく引き下がる。「鬼と女とは人に姿を見られないのがよい」と考え、彼女は以来両親に面と向かわないようにする。両親は彼女がとても醜いと思っているので、彼女は几帳を隔ててしか両親に話をしなくなる。彼らの目が開くのを待って。

ところが、ある日、誰かが彼女を目撃する。この奇妙な姫の噂に惹かれて、高貴な生まれの若者がこっそり彼女を探りに来るが、そのとき娘は一生懸命庭で毛虫を集めている。身なりはぞんざいで、日に焼け、眉毛は抜いていないけれども、若者はびっくりする。彼女が美しいと思う。とても美しく、しかもとても親しみにくいので、彼は歌を詠む。「かはむしのけ深きさまを見つるより　とりもちてのみ守るべきかな」(私は毛虫の、あなたの、毛深い、心の深い、様子を見ましたが、それ以来、ただもう見続けて世話をしようと思いますよ)。彼はこの歌を送って、返歌を待つ。家のなかでは、気味の悪い虫に触っている、化粧をしていない姫の姿を貴族の男に見られたと思って、侍女たちはみな取り乱し、大騒ぎする。「姫をばかにしているのですよ。なんと恐ろしい！」姫は静かに答える。「私はなにも悪いことはしていません。虫を観察するのは恥ずかしいことではありません。夢幻《ゆめまぼろし》のこのはかない世に生きながらえる者は、ついには善いことと悪いこととをもう区別できなくなりましょう」。男がまだ外で待っていると思い、侍女のひとりが返歌を書くことにする。「人に似ぬこころのうちは鳥毛虫の名を問ひてこそいはまほしけれ」(世間一般の女性とは違っている私の心情としては、毛虫の名を訊くようにあなたのお名前をお尋ねしてからこそ申し上げとうございます)。これに対して男は答える。「鳥毛虫にまぎるるまいの毛の末に　あたるばかりの人はなきかな」(毛虫と見まがうようなあなたの眉の毛の末ほどにも及ぶ女性は、他におりません)。尊大にもいささか軽侮的な機智的言葉を残し、とはいえ恋物語に行き着くかもしれないこのやりとりを切り上げて、男は「笑いながら帰った」。

彼は「真の美」を見ることのできぬばか者としてふるまったと結論すべきだろうか。それとも、姫は結局のところ自分にふさわしいものしか持たず、みずから除け者になる羽目だったのだろうか。この巫女的物語からはっきりした教訓を引き出すのは難しい。おそらくそこにはなんら教訓はない。なにもそれ自体では善くも悪くもないからだ。永遠の連鎖の規則に従えば、ひとつの幸福はひとつの不幸をもたらし、その不幸が今度は幸福をもたらすからだ。繁殖するために蝶は卵を産み、その卵が恐ろしい毛虫を生む。実をつけるためには、樹は花を失わなければならない。春になるには、まず冬が必要だ。醜のない美も、苦しみのない喜びも存在しない。だから結局束の間の出来事の絶間ない流動しかないところに区別を設けてなんになろう。日本では美は不可侵の定義可能な所与としては存在しない。それは数字にも形《フォルム》にも還元されない。それは、自己あるいは他者によって達成される行為の結果でしかない。女が美しいのは、その先祖の遺伝子が彼女まで伝わってきたからだ。ときとして女が醜いのは、死者の魂がそのからだを通して復讐を叫ぶからだ。あるいは彼女が幻想を失い、鏡のなかに別の現実を覗きこむからだ。男の眼のなかで美しく、川面に映る影のなかで醜いこともある。どんな美の形がもっとも現実的だろうか。自分について持つイメージだろうか。時代のしきたりが客観的所与として打ち立てるものだろうか。それを判断するには、虫愛ずる姫君の例に倣って、日本人は生まれようとしている、あるいは滅びようとしているものを好む本能に従おうとする。心を打てば打つほど、ものはいっそう美しい。なにものも持続しないという観念を喚起するがゆえに。

美しい春琴の秘密の恋人

……「あなたを失うくらいなら（私の眼を）つぶします」

他のどこよりも日本では、仕上げられた、目に見える、達成されたものよりも、不在の、粗描段階あるいは未完成のものにより魅力を見いだすという、きわめて古くからの美学的法則に従って、美は知覚の問題である。美は明白な仕方では認められない。それは鑑賞の合理的システムには属さない。逆に、その存在を表す束の間の痕跡の長い感覚化のいとなみによって、美をそれ自体として求めなければならない。その前提のうちに美が現れるのを見、その名残のうちに至高の華やかさを味わわなければならない。それは、ほとんど「啓示」に属する覆い隠された美である。それは心眼にしか現れない。心眼はつまるところ美を愛という主観的なもうひとつの概念にきわめて近いものにする。人は自分が愛していることをいつ知るのだろうか。愛する人がいてなのか、それともいなくてなのか。美と精神的覚醒と愛とのあいだにいかなる相違もないかのように、兼好法師は十四世紀にこんなふうに問題を提示する。「花はさかりに、月はくまなきをのみ見るものかは。（中略）萬《よろづ》の事も、始終《はじめをはり》こそをかしけれ。男女《をとこをんな》の情《なさけ》も、ひとへに逢ひ見るをばいふものかは」（『徒然草』）。満開のときよりも花が散るときに痛切な美を味わうのだ、と彼は言う。「咲きぬべきほどの梢《こずえ》、散りしをれたる庭などこそ見どころ多けれ」。そしておそらく「もう見るものがなにもない」ときに、ついに眼は開くことができるのだ。

「こうした美の概念を理解するには、谷崎のもっともすばらしい小説のひとつ、『春琴抄』を読まなければなりません」、と美学者武田好史は説明する。「これは虚構の物語ですが、多くの読者は物語が二つの墓石の記述から始まるので実話だと信じました。記述はとても精確なので、多くの人が大阪下《した》寺《てら》町の浄土寺の境内に谷崎の据えたこれらの墓を探し始めました。当然ながら、見つかりませんでした。墓は存在しないのです」。一九五六年に書かれた『春琴抄』は、鵙屋《もずや》琴《こと》、号を春琴《しゅんきん》という三味線奏者の生涯を物語る。富裕な商人の娘で、才能に恵まれ、その上とても美しかった。「容姿端麗にして高雅なること譬《たと》へんに物なし」。もっとも、谷崎が示唆するところでは、おそらく美し過ぎたがゆえに、九歳のときになにか不思議な理由でこの小真珠は眼疾を得て盲目になった。それはもともと性病であった。誰がそれを彼女にうつすことができたのか誰にもわからなかった。

夜闇に閉ざされた不幸な春琴が打ちこめるのは音曲しかなかった。彼女を師匠のもとへ連れて行くのに手助けが必要だった。それは彼女の身を守る若い丁稚《でっち》で、彼女のもっとも忠実な召使いになった。名を佐助といった。熱心に世話をされて春琴はもう自分のそばに他の人がいるのを望まなくなり、口を開かずともどんなに些細な自分の思いでも彼がかなえてくれることをわがままに要求した。彼は彼女の忠実で静かな影になった。佐助は、春琴の心的宇宙によりよく入るために、彼女がどう感じているだろうかと眼差しを内に向けてひそかに夜な夜な琴と三味線を稽古し始めた。事は知れわたった。この時代（一八四〇年代）、奉公人は少なくとも不興を買わずに三味線を弾くことはできなかった。初めは軽蔑した春琴もついには佐助になにが弾けるのか聞いて、皆の前で演奏させ、それが皆を大いに驚かせた。彼はうまく演奏した。それで彼女は彼を上達させようと決め、この召使いに特別な稽古をつけることにした。毎日叱られながら何時間も耐え忍ばなければならなかったが、佐助は幸福そうだった。自分の主人としての偶像を持つ唯一の機会ではなかったろうか。

十七歳頃、春琴は妊娠した。誰も相手がわからなかった。父親の名を明かすことを拒否し、とりわけ自分が彼の性的玩具であると認めることを拒否して、春琴は赤ん坊を捨て余所《よそ》にやってしまうことにした。生活のために彼女は音楽を教え始め、この残酷な美女に魅了され、音符を間違えると彼女の手で叩かれる幸せのために金を払う弟子たちを周りに集めた。無言で従順な佐助は、お姫様のように彼女に仕え続け、彼女に飲食させ、入浴させ、その気まぐれを我慢する特権を持つことにとても幸せを感じているようだった。何年間が過ぎた。彼らは愛の完全な否認のままに一緒に生きた。彼らは、女神が自分を崇める者を無視しながらもともに生きるように生きた。春琴は、弟子が自分に欠かせない存在になることを認めるには、たぶん美し過ぎた。二人の関係の本質を明かすようなほんのわずかな愛情のしるしも決して見せずに、彼女は佐助を容赦なく冷たく扱った。しかも彼女は弟子たちにも厳しく、ないがしろにされたあまり弟子のひとりが復讐しようとする事件が起こるべくして起こった。ある夜、午前三時に、誰かが春琴の寝室に忍びこみ、その顔に熱湯をかけた。苦痛の叫びを聞いて佐助が駆けつけたが、遅過ぎた。「佐助、佐助、私は醜くなってしまった。私を見ないで！」、と彼女は叫んだ。そして彼女は気を失った。「私は見ません。眼を閉じています」。彼は見ないように灯りを手にした。それが春琴の望みだった。彼は彼女をとても愛していたので、彼女が死よりもひどい不幸をこうむったことを理解した。「当夜、佐助は焼け爛《ただ》れた顔を一と眼見たことは見たけれども」、と谷崎は語る。「咄嗟に面を背《そむ》けた」。その後、春琴は繃帯《ほうたい》で顔を覆った。彼女は医者が自分を診るときは誰も部屋に入らぬように要求し、そして「佐助、お前はこの顔を見たであろう」と問い続けた。彼は彼女を安心させた。いいえ、私はなにも見ていません。「傷はすぐに癒えるでしょう。そうしたらもうこの顔をお前に隠しておくことができなくなる」、と彼女は涙を流した。悲しみに打ちひしがれ、二人は共に嗚咽した。春琴は髪の抜けた頭と腫れ上がった皮膚をまだ繃帯で隠すことができたが、しかしなにからなにまで彼女の世話をしている男にどうやって隠しおおすことができたろうか。ひとつの解決しかなかった。佐助は理解し決意した。医者がついに繃帯を取り除きに来た日に、佐助は針を取り、ひとり部屋のなかで「鏡を見ながら」、瞳を狙って水晶体を破るように、眼に突き刺した。

森口裕二「化粧」（2009年）

「二三度突くと巧《うま》い工合にずぶと二分ほどはいったと思ったら忽《たちま》ち眼球が一面に白濁し視力が失せて行くのが分った。出血も発熱もなかった。痛みもほとんど感じなかった。おそらく水晶体の組織を破ったのだ」。右眼にも同じことをして、佐助は闇のなかを春琴のところまで行った。彼女の前に額《ぬか》ずいて、「お師匠様、私はめしいになりました」と言うと、彼女は初め驚きの叫びを挙げるが、そのあと長いあいだ黙然と沈思していた。「佐助はこの世に生まれてから後にも先にもこの沈黙の数分間ほど楽しい時を生きたことがなかった。（中略）無言で相対しつつある間に盲人のみが持つ第六感の働きが佐助の官能に芽生えて来て唯《ただ》感謝の一念より外何物もない春琴の胸の中を自ずと会得することが出来た。心と心とが初めてひしと抱き合い一つに流れて行くのを感じた」。そのとき、まさにそのとき、彼らは愛に生き始めた。死まで結ばれ、同じ墓に埋葬されて、彼らは「夕靄《ゆうもや》に包まれて永久に眠っている」。二人の墓石は互いにやさしくもたれかかっている。

「これが愛の法則です」、武田は結論する。「愛は犠牲を要求します。真の美、心の美に近づくには盲目にならなければなりません。眼をつぶした佐助は、もはや春琴に思い出によって昇華されたイメージ、彼女が輝くばかりであったときに抱いた美しいイメージしか投影しません。春琴は、自分がどんなに愛されていたかを理解するためには醜くならなければならないでしょう。彼女の眼は最後に開くかもしれません。日本の美学は、つまるところきわめて単純な定式にもとづいています。事物が消えるときにその価値がわかる、ということです。日本の愛の物語の大半が、生の同じ教え、顕現としての消失という教えを繰り返しています」。

【註】

（1）http://www.cyberart.com.br

第十三章　純心な僧と不純な女

いつかは浄土へ参るべき

和泉と経を唱える者……「我、死の陰の谷を歩むとき」

仏教は、そのもともとの形は、いくつかの鍵となる概念に基づいた禁欲的宗教である。すなわち、愛は幻想にすぎない、生は偽りの蜃気楼《しんきろう》である、といったような。その始祖、ゴータマ・シッダールタは、蒼ざめた月光のもと、死後硬直《リゴール・モルティス》の最初の兆候を示す死体にも似た女たちの眠る姿を見て、こうした教説の直観を得たらしい。彼のハーレムは突然幽霊じみて見えた。愛する女たちの顔を眺めても、もう魅惑的な微笑みではなく、眠りに落ちくぼんだ顔立ちしか見えなかった。それでゴータマは宮殿と妻と女官たちを捨て、知恵を求めて出発した。二十九歳の折りである。救いを見出すために、彼はまずかろうじて命をつなぐほどにしかもう食べも眠りも飲みもしないことに決めた。六年後、窮乏に痩せ細ったゴータマは、自分が少しも前進していなかったことに気づいた。この苦行に終わりを告げて、彼は中央の道を行くことがたしかに精神的進歩によりふさわしいと決め、この新たな出発をしるすためにご飯一杯を受けた。その後、彼は菩提樹の下に座って、啓示を得るまで身動きしないと誓った。伝説によれば、悪神魔羅《マーラ》が三人の魅力的な娘を送りつけて彼の邪魔をしようとした。無駄だった。こうした美女の誘惑にも動じずに、ゴータマは「悟り」に達した。つまり突然に普遍的真理をつかんだ。苦しみを終えるには、また欲望も終えなくてはならない。

「仏教の教えによれば、性は危険である」、とベルナール・フォールはそのエッセイ『赤い糸』のなかで結論する。それが危険なのは、「赤い糸によるようにそれが人間を個人や子孫につなぐからだ。ギリシア語の婉曲語法は、男根（ペニス）を〈欠乏〉と呼ぶ。日本では同様に民間言語学が、日本語の〈まら〉（ペニス）とその同音異義のサンスクリット語の〈マラ〉（障害、殺人）、さらに魔羅《マーラ》（障害と死の神）とを関係づけた」。性欲と子供への欲望とを罪とみなすこの教えは、暗に人間の苦しみの主たる責任が女性にあると主張する。男たちをこの生に束縛することで女性は非難されるべきではないだろうか。さらに悪いのは、絶え間ない再生の循環を永続させることではないか。西暦五九二年に日本で国教として採用されると、仏教はそれゆえ女性の自然的劣等性を打ち立て、儒教的模範に従って三つの服従的義務（父親への、夫への、息子への）を課した。平安時代に女性は、ある種の宗教的実践からだけでなく、聖なる場所からも距離を置かれた（女人結界《にょにんけっかい》）。奈良の大峰山あたりのいくつかの地域は厳格に女人禁制のままである、と女権拡張論者《フェミニスト》たちは強調する。女性はそこでお祈りすることも認められない。尼でさえ除外される。八世紀以降、尼は僧の「下女」として庇護下に置かれた。七三〇年から女性は内裏でもはや歌を詠む権利を持たず、公式な儀式から閉め出される。初め口実にされた動機は道徳的秩序に関するものである。女性はあまりに「嫉妬深い」、「好色」、「見栄っ張り」、「弱い」等々と難詰されるのだ。しかしこうした差別をさらに正当化するために、仏教徒たちは有無を言わせぬ論拠に訴える。すなわち、月に一度、女性は出血するが、これは前世で罪を犯した確かな証拠である（と彼らは言う）。

「血と結びついた不浄が神道という宗教のなかにすでに存在していなかったかどうかを知るのは難しい」、と岡野治子は女性の位置に関する書物（『日本の女性』）のなかで述べている。「ただわかっているのは、古代日本では〈月小屋〉や〈産屋《うぶや》〉が住居から離れたところに設けられ、そこに女性たちが月経や出産のときに引き籠ったということだ。幾人かの歴史家によれば、血はそれゆえ穢れとみなされていたが、しかし折口信夫のような人は、逆に、血は距離を置かねばならないような聖なる力を帯びていた、と主張する。女性の出血は、人類の諸文化においてつねにアンビヴァレントな注意の対象になってきた。生命の源であると同時に力の源として、それは崇められ恐れられてきた」。九世紀以降、血は穢れのしるしになって、女性は寺社に行って仏像の前で祈ったり、月経のとき竈の火で食事を焼いたりすることを徐々に控えるようになった。

十二世紀に武士が権力を持つと、仏教徒たちは女性に生殖の役割をあてがって、この女性蔑視の文化の発展に参与する。法華経が流布するが、これは仏を脇の下から生まれさせる。ヴァギナを通るという事実そのものが人間存在を汚すからだ。そんな卑しい接触からは清らかに出て来ることはできない。「福音」を繰り返しながら、何万人もの尼が熱心にこの宣伝活動に参加する。彼女たちは、月経が道徳的汚染の確実な証拠であるという考えを国中に広める。十四世紀には〈血盆《けつぼん》経《きょう》〉の影響で、仏教徒は女性が死後もその過ちの報いで血の池に溺れ続けるべく定められていると主張するにいたる。実際、その経血と出産の血で大地を汚したと非難されるのである。この血は、大地に浸みこみ、地下水を汚染するにいたる。川によって運ばれ、僧たちの茶の水に達するかもしれない。

だから彼女たちがこのおぞましい血の池に落ちて永遠に溺れるという代償を払うのは当然なのだ……。

「経血のタブーは、もちろん女性たちによって抵抗なく受け入れられたわけではない」、とベルナール・フォールは『否定の力―仏教、純潔、性』において指摘する。平安中期の和泉式部の巡礼の伝説は、穢れの観念に強い抵抗があったことを証言する。この伝説によれば、女流歌人は熊野巡礼の際に時宜を得ぬ出血に見舞われ、旅の重要な段階を画す伊勢神宮参りを諦めそうになったが、そのとき天照大神の使いが夢に現れて、彼女は穢れていず、神宮に入れると告げた。和泉は言った。「曇り空の下で私のからだは曇らされ、月のものが始まりましたので悲しいのです」。これに対して使いの神は答えた。「塵にもおわす神が、あなたの月のもので苦しむことなどどうしてありましょう」。この承認を受けて、それゆえ和泉式部は、月経期間の女性に立ち入りを禁じる規則を考慮せずに、神宮に入った。この話が本当なのかどうか知ることは難しい。ただわかっているのは、その独立自尊で知られる和泉が、ある種の場所が自分に禁じられているのを深く嘆いていたことだ。その日記（一〇〇四年頃）のなかに、比叡山に登ることができない無念さを表す歌がある。そこには女のからだで入れないので、彼女は僧帽上の花になって見られも知られもせずにそこに連れて行かれることを望んだ。同じ時代に、『源氏物語』のなかで紫式部は、自分の運命を摑むことのできないか弱い女性に極楽が閉ざされているのは当然だと繊細に示唆している。男に依存することしか望まない女が、なぜ救いを求めるのか。

平安時代の女性たちはなお解放の意志を持っていたが、ほとんどかなわなかった。彼女たちは、女という条件によって闇へと定められているとすでに説得されていて、自嘲気味に救いを求めた。この問題については、和泉に関する別のとても示唆的な伝説がある。ある日、彼女が女主人の巡礼のお供で、書写山《しょしゃ》を通って、性空《しょうくう》上人によって設立された有名な円《えん》教寺《ぎょうじ》まで来ると、彼女は——皇女の名で——この上人との面会を求めた。性空上人は、まことにすげなく断った。彼は女性に距離を置いていたのである。その寺の名——円教——は、とはいえ啓示にすべて同じ距離をとる諸存在の象徴たる〈円〉という語で書かれていたのだが。女性はおそらくこの円の一部をなしてはいなかったのだろう。それで和泉は謙虚に上人に歌を届けさせた。

くらきよりくらきみちにぞ入りぬべき　はるかにてらせ
山の端《は》の月
（闇から出てまた闇の道に入ってしまうでしょう。山にかかる月よ、高みから私を照らしてください）

盲目にして道に迷ったものでしかない私です、お願いですから救いの道にお導きください。性空上人は、この歌の見事さに打たれ、彼女との面会を受け入れた。和泉は仏教に深く帰依した。彼女は、朝露よりも束の間のこの世を暗示しながら、みずから「はかなし」と称した。仏教徒たちは、その教えを彼女が愛したにもかかわらず彼女に報いなかった。

十三世紀、仏教を奉じる者たちは、平安時代のもっとも有名な女性芸術家たちに浮かれ女の評判を与え、彼女たちの意に反して反面教師的逸話のヒロインに仕立て上げ、必ずや痛悔の祈りでもって終わりにした。和泉式部は、生前から真の〈色好み〉（好色な女）とみなされ、中傷の的となった。彼女は血の禁忌を侵していたのである。彼らはそのことで彼女を許さず、その問題について「和泉式部」の名で公刊された次のような物語を創出した。若い貴族と関係して、和泉は身ごもった。男の子を生んだが、面倒を見ることができないので、彼女はその子を橋のそばに捨て、歌一首と短刀を添えた。通りがかりの夫婦に拾われて赤ん坊は養子になり、そして修行のために比叡山に送られた。彼は成長して立派な説教師になり、彼が経を読み註釈するのを聞きに来る信徒たちのあいだで特に人気があった。和泉式部は彼の噂を聞くことになったが、自分の息子だとは気づかず、この穢れない顔をした、まだ子供のような若い僧を初めて見るや恋に落ちた。彼の言葉を聞くために内裏からやって来たこの浮かれ女に魅かれた彼は、この神秘的な婦人の身を包む豪華な絹織物、香の魅力に屈した。二人は一夜を共にした。夜明けに、愛戯のあとの優しい休息のとき、和泉は若い僧に出身を尋ねた。その質問に彼が答えるにつれて、和泉は自分の息子と性的関係を結んだことを悟って、鉄の手で胸を打ち砕かれるのを感じた。しかし遅すぎた。衝撃を受けた和泉は尼になろうと書写山に向かった。髪を切ったとき、彼女はこう歌を詠んだ。「くらきよりくらき道にぞ入りぬべき　はるかにてらせ山のはの月」。これは、別の典拠によれば、性空上人を動かすために彼女が作った歌と同じものだった。それは、和泉のもっとも美しい、いずれにせよもっとも有名な歌として記憶に留められているが、「死の陰の谷」について語る詩編二十三に匹敵する。

くらきよりくらき道にぞ入りぬべき　慈悲にて照らせ山の端の月

江口の遊女と西行法師……「おやめください、おやめください」

十二世紀のある雷雨の夜、天の水がことごとく大地を海に変えようとしているかに思えるとき、西行法師（一一一八—一一九〇）はある家の軒下に難を避け、中に入れてくれるように頼んだ。それは大阪の北東の小さな港町の江口にある遊女の住まいだった。避難を求めたこの僧に対して、家の主は彼に扉を開くことなど問題にならないとすげなく答えた。ひょっとしたら彼女は一文無しの僧よりも客を迎えたかったのだろうか。それで西行はこういう歌を詠んだ。「世の中をいとふまでこそかたからめ　仮の宿りを惜しむ君かな」（この世の執着を捨てるのは難しいことでしょうが、一時的に雨宿りもさせてくれないとは、あなたという人は）。遊女の妙《たえ》は、おそらくエスプリのある人だった。直ちにこんな歌を返したからだ。「世をいとふ人としきけば仮の宿に心とむなと思ふばかりぞ」（あなたはこの世の執着を捨て出家された方とのこと、こんな家に一時的であれ心をとどめるようなことをなさいませんようにと思うばかりです）。

欲望を絶ち速やかにこの「幻影の世」に終止符を打つように示唆して、遊女は陽気に彼を追い払った。快楽を与えることを職業とする彼女は、僧の当てこすり的な批判をおそらく少しも意に介さなかった。仏教の語彙では「仮の宿」はからだを象徴する。一時的な避難としての人間のからだの隠喩で巧みに戯れる西行の歌は、じつのところ一見そう思われるほど無邪気なものではなかった。「からだの執着を捨てるのは難しいことでしょうが、あなたはそれを分けあってもくれないのですね」。少し考えれば、こんなふうに理解したかもしれない。「私はあなたに尼になれと言っているわけではなく、ただちょっと親切にしてほしいだけです」。これに対して、女は皮肉にこう答えたかもしれない。「この宿はあなたにふさわしくありません。お願いですから、お引き取りくださ い」。この歌のやりとり——勅撰和歌集『新古今和歌集』（一二〇五年）に選ばれる名誉を得た——は、伝説に入った。

西行は世界の詩美へのその愛着で知られた。剃髪する前は、佐藤義清《のりきよ》という名の武士だった。一一四〇年十月十五日、自分をこの世に引きとめるもろもろの絆を絶とうと、彼は甘えようとする娘を縁から蹴落とし、妻に別れを告げ、こんな歌を詠んで家をあとにした。「惜しむとて惜しまれぬべきこの世かな　身を捨ててこそ身をも助けめ」（いくら惜しんだところで惜しみとおすことのできるこの世だろうか。この身を捨ててこそ身を助けることになるだろう）。そして雲や花を愛でながら、吉野から富士山まで、諸国を遍歴した。隠遁者にとって取るに足らない空しいいとなみである歌にあまりに重きを置いたことで、彼を非難する向きもある。しかし西行は、知恵というものが人を無感覚にするならなんら意味がないと応じた。彼は、聖俗の二元論を超えて、身を落とした女たちの運命を真面目に心配する僧侶のひとりだった。妙との出会いのエピソードはおそらく虚構ではあるが、それはかまわない。それは、西行におなじみの「心の神学」の概念を反映する。物語は道徳的寓話のひとつに分類された。妙が「すべてにわたって賢い者」普賢菩薩の化身にほかならないと解釈する者たちさえあった。こんなにも機智に富んだやり方で男に救いの試練として雷雨に耐えるように鼓舞しうる者が他にいるだろうか。「僧はなおあまりに物質的欲望を感じていたが、ひとりの遊女が彼を正道に戻した」と彼らは言う。

　西行の出会いはたちまち神秘的経験に変容した。『古事談』（一二一二―一二一五年）、次いで『撰集抄《せんじゅうしょう》』（十三世紀半ば）の二つの中世物語集に、性空《しょうくう》（九一〇―一〇〇七）という名の上人が大阪近郊の小さな港町に赴き、灯りを求めて売春街に入ったことが語られている。僧が売春宿を訪れることは禁止されていた。しかし上人は、自分が夢に導かれてやって来たと主張し、なんとか客として受け入れてもらった。『撰集抄』によれば、法華経を唱えたおかげで性空上人は感覚の専制から解放されたが、生身の普賢を熱烈に見たがった。最後に祈りは聞き届けられた。天童が彼にメッセージを伝えた。「牟《む》婁《ろ》（牟婁は江口の近くにあった）の遊女のところへ行け。彼女は本物の普賢である」。それで性空はその住まいに赴いたが、僧侶の服装をきちんと守ることをあまり考えずに白服で現れた。遊女は彼に酒を勧め、次に踊り、他の遊女たちが音頭を取った。「周防《すおう》みたらしの沢辺に風の音づれてささら浪立つ。なんと彼女は美しい！」性空は「ここに普賢がいらっしゃる」と思った。彼が目を閉じると、彼女が白い象に乗って歌っているのをありありと見た。「汚れなき真実の大海の上に、彼女のように清く明るい月が輝いている！」。彼が目を開けると、遊女が風に立つさざ波の物語を歌いながら踊っているのを見た。また目を閉じると、それは普賢だった。心打たれて彼は起き上がり、そして立ち去った。彼が立ち去ると、ほどなく遊女は死んだ。『撰集抄』の著者は、こう付け加えている。「目覚めた者なら誰にでも、風の音、波の音が驚くべき法《のり》を告げる。ああ、私は恩寵を受けた目でそれを見ることをどんなに愛したことか！」と。

西行の物語に想を得て世阿弥は一四二四年頃に、僧に説教する遊女という見せ場のある父親の作品に基づき、『江口』と題する能作品を創った。この時代、遊女が詩歌を、ときに経をさえ口ずさむのを聞くことはよくあった。彼女たちのレパートリーには、一夜の恋しかままならぬ〈浮草〉であることの苦しみについてのしばしば悲劇的な歌が含まれていた。仏教があらゆる社会層に浸透し、最下層に追いやられた遊女たちも熱心にこれを信仰したので、十二世紀以来、聖人の名で呼ばれる人たちも出た。慈悲の女神、観音を自分たちの守り神とみなした彼女たちのなかには、観音、仏、あるいはまた千手の名を借りて仕事を続ける者もあった。というのも「あらゆる存在に慈悲を施す観音は、しばしば千本の手を持つと思い描かれた」からである。『浮かれ女、芸妓』のなかでジャクリーヌ・ピジョは、観音のとるある種の姿の持ち物である〈如意珠《にょいじゅ》〉という魔法の宝珠を暗示する如意（文字通りには「意のままに」、「欲望をかなえる」）という異名を持つ娼婦に触れている。しかも多くの物語が娼婦を仏そのものに擬していた。そのはかない関係は、彼女たちに情熱のむなしい側面をたやすく認めさせることになったのではなかろうか。「この世に生きるのは苦しいことである。現実性をすっかり欠いた関係を当てにするほか方策のない彼女たちにとってはなおさらだ」、と信生法師《しんしょう》はその旅日記（『信生法師日記』一二二五年）のなかで書いている。僧たちはとかく遊女を軽蔑するけれども、こうした女たちに哀れみを感じずにはいられなかった。〈浮世〉の、束の間の欲望の、そして明日なき快楽の象徴として、遊女は仏教徒によって断罪されるのではなく、彼女たちがとりわけ人間の条件を体現しているがゆえに哀れまれるのである。

十三世紀になると西行を「啓蒙した」遊女、妙の思い出を称えるために、彼女の墓碑が建てられた。東淀川（大阪二十四区のひとつ）の江口町に、彼女が埋葬されたらしい寺が、工場と高速道路のあいだにいまなお建っている。寂光寺《じゃっこうじ》である。境内の普賢院と名づけられた建物が訪問者にこの女性の思い出を呼び起こす。「女流歌人であったが、じつは普賢菩薩の化身だったと考える者もいる」。能の『江口』では、世阿弥は場面を彼女の墓のそばに設定する。月の夜、そこにひとりの僧がやって来て、彼女に敬意を表してお辞儀をする。すると闇のなかからひとりの奇妙な女が現れる。彼女が歌い始めると、それに合唱が続く。「妙は彼に懇願した。一夜の宿を求めないでください。彼女が気にかけるのはただ、この男の善行のみ。遊女の家に入るのをやめさせたかっただけ」。悲しみを訴えながら、女は夜に運ばれるぼんやりした幽霊となって影たちのなかに姿を消す。僧は経を唱え、自分が妙の霊に会ったことを理解し、そしておそらく再び眠りにつく。というのも第二の幽霊が彼の半睡状態のうちに出現するからだ。小舟に乗って遊女江口が現れるが、今度はきらびやかに装い、悲し気に朗唱する娘たちに取り囲まれている。「川船をとめて、一夜の逢瀬の契り、波を枕に（中略）ああ、花も雪も波も、流れに浮かぶうたかたのごと。恋もまた」。妙は、夢の光景のように、次に遊女の運命を歌う。「私たちは舟遊びする遊女となりましたが、それが前世の報いとすればなんという苦しみでしょう」。遊女は結局のところ業の犠牲者でしかない。その教えを彼女は僧に与えにやって来たのだ。「情熱の渦に身を委ね、定めなき生に弄ばれ、そして死後は終わりなき再生の流れのなかで」（ジャクリーヌ・ピジョ）、

遊女たちが映し出すのは、いかなる痕跡も残さずに消えてゆく運命にある流れ漂う存在の悲痛なイメージにほかならない。愛を信じる、われわれ誰もと同じように。

私たちは仮の世の宿りを求めるけれども、それをやめれば浮世とてなんのつらいことがありましょう。もはや人を慕ったり、人待つ夜の思いもいたしますまい。人と別れることもなく、嵐に散り舞う花よ紅葉よと心を尽くし、月や雪の景に心を動かすことも、ああ思えばよしない徒《あだ》事《ごと》ではありませんか。

（世阿弥『江口』）

僧と遊女……もっとも穢れているのは誰か

これは、死んで昇天するけれども、まことに驚いたことに、入れてもらえない僧の物語である。選ばれし者たちから彼を遠ざけた門番の前で茫然としていると、僧は町の遊女が入れられるのを見る。「これではあべこべの世界ではないか！あなたはこの娼婦を入らせながら、生涯を仏法に捧げたこの私を拒否するとは！」門番は彼に応える。「働いていたとき、この遊女は心を神仏に向けていた。しかし、お前は祭式を執り行ないながら、彼女のことを考えていた」。

伝承的な武道の熱心な愛好者で語り手のパスカル・フォリオは、古来の知恵を担った、東洋に流布する、この僧と遊女のちょっとした話に特別な関心を寄せている。日本では多くの遊女が、あらゆる人間は仏であり、迷妄を終わらせるにはそのことを考慮するだけで十分であるという考えを十三世紀から広める禅僧たちの影響を受ける。彼らの言うことを信じるなら、どんな経験でも悟りをもたらすことができる。一閃の稲妻、突然の衝撃、落花だけで十分である。「禅仏教が鎌倉時代の日本に浸透するにいたったとき、これは権力を持った武士の到来と正確に呼応していた」、とパスカル・フォリオは述べる。「彼らは力強い姿勢に基づいた宗教、精神的探究のうちに身体を包含する宗教を必要としていた。伝説によれば、禅の創始者ボーディダルマ（菩提達磨）は、まさしく素手の闘いの発明者である。虎、猿、あるいは鳥の身振りに基づいた武術の最初の形式が彼に帰せられている」。空海や最澄の――秘教的で難解で独断的な――最初の仏教と違って、禅は国の新たな支配者の期待に完全に応え、彼らはたちまちそれに熱をあげる。それは直接的行動の哲学である。「禅は集中を強調する。精神からの解放を促す。闘いにおいては、まさにそれが本質的である。精神を乱せば、死ぬことになる。それゆえ禅師と将軍とのあいだにはきわめて深い関係があった」。二人の尊師――臨済宗の創始者、栄西（一一四一―一二一五）と曹洞宗の創始者、道元（一二〇〇―一二五三）――に促されて、禅僧たちは精神を解放するためのあらゆる種類の方法を開拓する。諦念の問題が中心的になる。いかに空《くう》そのものを作るか。

道教の伝承に想を得て、エネルギーがポジティヴな仕方で変質するには、からだに働きかけるだけで十分だと主張する者もいる。フランス人は「心で覚える」必要があると言うが、日本人なら、「からだで覚える」と言う、とパスカル・フォリオは強調する。「彼らは、身振りが自動的になり、第二の自然になるまで、からだに反復練習させる。彼らはそれを〈形《かた》〉と呼ぶ。なぜならこうした振り付けは、純粋性のためにからだをもはや器、受容器でしかないものに一致させるからだ。武道を練習すると、この精神の変容を強く具体的に感じるにいたる。それは聖なる舞踊のようである。各身振りがエネルギーの質を帯び、さらには世界と反響させる情動を呼ぶ。茶の儀式そのものも、調和に融けこませる〈形《かた》〉にほかならない。しかも日本語のなかにはきわめて大事な言葉、私が知るかぎりおそらくもっとも〈充実した〉言葉のひとつがある。すなわち〈心〉である。初期の茶の師匠のひとり、村田は、〈茶入れ〉のためには〈心入れ〉が、すべてを調和させることが必要であると言っている」。

精神と心とからだの結合の理想に従って、僧たちのなかには、みずから言うことには、打ち勝つためにこそ自分の嗜好に従おうとする者もいる。平和を達成するには、自分を否定するよりは自分と一致するほうがいい。「欲望を持ちながら欲望を抑える者は、嘘のうちに生きているのではないのか」。

そして自分たちのやり方をさらに正当化するために、彼らは次のような逸話を引き合いに出す。「ある日、にわか雨のなかで二人の僧が再会する」。彼らは土砂降りの雨のなか柳と花々の一画を通って僧坊に戻る。

「こんなにも似ていない二人の僧を想像することは決してできないだろう」、とパスカル・フォリオ（『日本の賢者の話』）は語る。第一の僧は、恰幅がよく、明るい顔つき、大きな腹をして、まったくの楽天家だった。第二の僧は、禁欲的で、やせこけ、厳しい雰囲気で、ぎくしゃくと歩き、極端な厳格さのあらゆる徴候を示していた。「十字路に来たとき、彼らは傘をさして一歩一歩踊るように来る魅力的な芸者を認めた」。彼女にはその高価な着物を汚さずに通りを覆う泥流を渡ることができなかった。芸者は困り果てた。腹をすかせた連れが、この不浄の娘を見ないように控えめに顔をそむけたのに対し、温厚な湛山は彼女に近づいて助けを申し出た。芸者が彼に返事をする前に、彼は彼女を腕に抱えて流れを渡り、その魅力的な荷物を通りの反対側に降ろした。それから二人の僧は再び歩き出した。しかし「高潔な僧は内心むかむかして、その編み笠から湯気が立つほどだった。彼は蓋が飛びそうになっている大鍋のようだった。彼は、敬虔な祈りではなく、その連れのほうに挑発的な眼差しを投げながら非難の言葉をもごもご言わずにはいられなかった。

僧坊の門のところで湛山は訊いた。「結局、君はあらぬことを僕に言おうとしているのかね」。これを待っていたかのように、彼は爆発した。「あらぬこと? 君、僧たる者があえて女を、しかも芸者を腕に抱くとは! そんなふうに自分を穢すなんて」。「なんだ、それだけかい?」、と善良な湛山は陽気に答えた。「だけど、いいかい、僕ら二人のうちどちらがもっとも穢れているかわかったものではないよ。僕は先ほどこの女を通りの向こう側に置いてきたけど、君は心のなかにまだ彼女を抱えているのだからね」。

親鸞と恵信尼

……「そなたを極楽に導くために私が光り輝く女性《にょしょう》となりましょう」

　浄土真宗に属する〈門徒〉あるいは〈門徒宗〉は、僧でありながら夫婦という枠内で性的関係を持つ権利を有する。この宗派の創始者、親鸞（一一七三―一二六三）は、僧の結婚を認めた最初の人物であったかもしれない。彼自身、最愛の恵《え》信尼《しんに》（一一八二―一二六八?）と公式に結婚するという騒ぎを起こし、彼女とのあいだに六人の子を設けた。「当時、多くの僧が妻帯していた」、と親鸞の伝記作者のジェローム・デュコールは説明する。「が、彼らは大声で触れてまわりはしなかった。かれらの関係は秘められたままで、禁忌の印を押されていた。親鸞の結婚は、それゆえ当時真の衝撃の効果をもたらした。しかし、より注目すべきは、それが神秘的経験に基づいていることである」。親鸞はたまたま恵信尼と結婚したわけではない。彼は彼女を夢に見ていた。より正確には、彼は彼女の「ヴィジョン」を観音の姿で見た。彼はこの啓示を、重大な精神的危機に陥った二年後、一二〇三年夏のある日に得た。

　父親のいない子、親鸞は、お家騒動のために地位を失った京都の小貴族の家の出身だった。彼の祖父、経雅《つねまさ》が、なんの咎があるのかよくわからないままに〈放埒の人〉として後世に伝わるほど評判を落としていた。親鸞の幼年期は、「平氏と源氏の戦いのさなかに」あっただけにいっそう悲しいものだった。「源氏は一一九二年に鎌倉に将軍の軍事政権を打ち立てようとしていた。こうした軍事的混乱に、台風、地震、大火、飢饉、さらに伝染病が加わった」。当時の人々は末世を生きているようだった。多くの人が、絶望に駆られ、僧になった。生きる代わりに、彼らは正しく死ぬことを望んだ。親鸞は、その兄弟同様、九歳のときに僧籍に入り、得度した。以来、天台宗の何千人もの僧の住まう比叡山延暦寺で成長した。彼はそこで二十年過ごした。一二〇一年、二十九歳の折、親鸞は生活を総括し、自分がなにも学んでいなかったことを絶望的に認めた。

　妻の恵信尼の書いた手紙によれば、「彼は比叡山を後にし、六角堂に百日間籠って来世のために祈った」ことがわかる。六角堂は無難な目的地ではなかった。この堂は、五八七年に聖徳太子によって建てられ、日本の仏教信仰の最古の場所とみなされていた。「親鸞はおそらく自分の信仰の起源に立ち戻ろうとしていた」、とジェローム・デュコールは続ける。「しかし理解するためには、十三世紀初頭に聖徳太子がきわめて人気のある信仰対象になっていたことも知らなければならない。人は彼を慈悲の菩薩、観音（サンスクリット語でアヴァロキテシュバラ）の化身ととらえたが、当時の芸術家たちは、その母性的、好意的、慰安的側面を強調するためもはや事実上女性としてしか表象していなかった」。この新しい時代の夜明けに、観音はそれゆえ日本で女性の姿をとっていたわけである。中国では、同じ時代に仏教徒たちが、観音は男を癒すために自分の出会う誰とでも寝る賢女であるという考えを広めた。「仏教の文献によれば、その昔、ひとりの賢い妻がいた。金砂の寝台の上で彼女はあらゆる男と寝た。しかし彼女と関係を持った者は、みな性的欲望から永遠に解放された」（『観世音応験記』）。

この奇妙な伝説の最初のヴァージョンは十世紀に遡る。それは、すべての若者たちにからだを差し出す放縦な若い女について語っている。その死後、ある僧侶が告白するには、彼女は淫欲によってではなく「慈悲」によってからだを与えた「大聖」だった。その言葉を証明するために、彼は墓を開けさせる。人はそこに金銀細工のように奇跡的に保たれた骸骨を見るが、それはこの女が愛に満ちていたことの確かなしるしである。貴重な首飾りのかたちに彼女の骨は互いに結ばれていたのである。「鎖状の骨は、観音に違いない菩薩であることを示す」、とアヴァロキテシュバラについての研究のなかでロルフ・A・スタインは主張する。観音とは、文字通りに「悲嘆の〈音〉を〈観る〉者」を意味する。ジャクリーヌ・ピジョは、その〈遊女〉に関する著作（『浮かれ女、芸妓』）のなかで同じ物語を報告している。「ひとりの若く綺麗な女が揚州のすべての若者たちに気前よく身をまかせていた。その死後、大暦年間（七六六―七七九）に、中央アジアのひとりの僧が村に立ち寄り、彼女の墓に祈りを捧げる。人々は驚く。身持ちの悪い女ではなかったか？　すると僧は反論する。あなた方は、彼女が慈悲に満ち、それゆえに万人の欲望をかなえた賢者であったことを知らない。菩薩だったのだ！　それを証明するために、彼が墓を開けさせると、人々は、骨が互いにつながって仏のからだの特徴を示しているのを目の当たりにする」。

親鸞が六角堂で自分の魂のために必死に祈っていた時代、仏教徒たちは、観音がその無限の善意において女の姿を（娼婦の姿すら）とって、万人に身をまかせ男たちの願いをかなえながら彼らを救うという考えに徐々に関心を寄せた。天台宗によって伝えられた大乗の教えは、見かけにこだわることも世界を二つに分かつことも否定し、善悪の彼岸に解放を見出さなければならないという根本的観念に基づく。この教えは、「煩悩即菩提」という衝撃的表現に要約される。平行して、補完的原理の合体に優越した地位を与えるタントラ教が成功を収め、性的関係を推奨して自分の宗派のなかに分派を作る仏教徒も出始めた。こうした〈邪教〉が、おそらく親鸞に影響した。もっとも有名なのは、真言宗から出た立川流と呼ばれるもので、欲望をなだめ、変えるには、それを抑えるのではなく満足させ、龍に乗って小さな死の恍惚のなかで自我を失わなければならないと主張した。立川流の信徒たちは、オルガスムを「獅子の吠え声」と呼び、それを悟りの一形式とみなした。こうした新説と邪説の高まりのなか、新たな宗教が地平に姿を見せた。親鸞は啓示を得てそれをわがものにした。

　親鸞が不安のうちに六角堂に籠っていると、なにか神秘的なことが起きた。それは「九十五日目の夜明けでした」、と彼の妻、恵信尼は語る。「彼は〈啓示〉を得ました。この同じ夜明けに、来世における解放のようなものを求めて出発し、法然師に出会いました。そして六角堂に百日間籠っていたのと同じように、彼は雨の日も晴れた日も、あるいは嵐の日も、百日間というもの師のもとを訪れました」。この啓示はなんだったのだろうか。恵信尼は慎ましく口を閉ざしている。ただわかるのは、切迫した思いに駆られて親鸞が天台宗を捨て、民衆が「門前に市をなす」ようにその庵に押しかけるほどすでに京都で有名だった人を師と仰ごうとしたことだ。法然（一一三三―一二一二）は、浄土宗の創始者で、極楽に行くには阿弥陀の名を唱えるだけで十分だと主張していた。この〈念仏〉と呼ばれる実践――祈りの短縮形は「南無阿弥陀仏」――は、女性も最下層民も含めて万人に解放を保証するとみなされていた。極悪人でも極楽に生まれ変わるためには死に際に一度念仏を唱えさえすれば十分だった。浄土宗の教えは民衆に広まり、歌になるほどの飛躍を見た。

　法然の指導のもとで親鸞は開花した。一二〇三年夏に、彼は自分がまた六角堂にいる夢を見たが、それが彼の生涯に決定的な影響を持った。その夢のなかで、観音菩薩が在俗の色である白装束の僧の姿で彼の前に現れ、彼に話しかけ、善信の名を与え、次いで歌を詠んだ。

　修行者が前世の因縁によって燃える欲望に勝てないのならば、私が光輝く女性《にょしょう》となりましょう。私とともに清らかな生涯を全うし、命が終わるときは私がそなたを導いて極楽に生まれさせましょう。

六角堂では菩薩はいわゆる如意輪観音、つまりジェローム・

デュコールが説明するように、「欲望をかなえる輪の観音」の姿で特に崇められることを知らなければならない。この夢の幻が親鸞に語った言葉は、如意輪観音が「欲望に燃える」修行者のために「光り輝く女性《にょしょう》」に変身することをまさに主張する秘教的文献のうちにもまた見出される。親鸞の夢のうちに告白あるいは予感を見るべきだったろうか。いずれにせよ彼はその後、法然の祝福を受けて妻を娶《めと》った。結婚の際、親鸞は師から新しい名――善信――を貰い、そして彼の妻もまた恵信尼と名づけられた。彼らの生涯が深く分け持たれた信仰のもとで幸先よく始まるように。

「親鸞は妻を仏のように扱った。そのように夢で見ていたからである」、とジェローム・デュコールは語る。「しかし彼の知らなかったこと、それは妻その人も彼を仏陀とみなしていたことである。驚くべき偶然によって、恵信尼もじつは親鸞に出会う前に超自然的な夢を見ていたのである。その夢のなかで、親鸞は仏陀の顔をしていた……」。とはいえ、まるで奇跡である。知られざる理由によって、恵信尼はその秘密を親鸞に決して明かさなかった。彼は一二六三年一月十六日に死んだが、遺体を（仏陀のそれと同じ方向に）置く習慣のように、頭を北に、顔を西に向けていた。彼は最後に阿弥陀の名をつぶやき、息を引きとった。自分の遺骸は「魚の餌になるように」賀茂川に捨てるように命じていたが、弟子たちは彼を火葬にし、その遺灰はいま京都の本願寺にある。親鸞の死後、恵信尼は娘に自分の見た正夢を語ったが、しかし娘はその内容を決して漏らさなかった。恵信尼の物語は忘れ去られたが、一九二一年になって手紙が発見され、歴史家たちに救い出された。僧坊の規則をはなからないがしろにして、親鸞はそれゆえ世界を救う存在の命に従って仏陀の化身と結婚したが、出会う前に彼自身が妻の夢に現れていたことを知らなかった。

安楽、住蓮、女房たち

……「はかなくこの世を過ぐしては、いつかは浄土へ参るべき」

紀元五世紀に日本に仏教が伝わると、女性が極楽に入ることは禁じられる。「女人禁制！」。「女人五障《にょにんごしょう》」の理論によれば、女性に癒しがたい宿痾《しゅくあ》に苦しめられている。彼女たちは、「その悪い不浄な本性」と「とどまるところのない奢侈への嗜好」ゆえに、成仏することもなんらかの救済のかたちに達することもできない。中世初頭に武士が権力を握ると、この女性蔑視がはなはだしくなり、女性は妊娠すると男の子が生まれるように僧にお祈りしてもらうまでになる。「法門申さるべき様のこと」と題する書簡のなかで、改革者日蓮（一二二二―一二八二）は「変成男子《へんじょうなんし》の法」と呼ばれる儀式を告発している。「昨年から鎌倉の真言宗徒が、女の胎児を男の胎児に変える儀式を行なっている。京都の東寺あるいは天台宗の七百人から八百人の真言宗徒が、変成男子の法や数々の秘法を執り行なったが、無駄に終わった」。別の書簡――「法華経題目」――において、彼は仏教徒を支配する女性差別主義の数多くの例を挙げている。悟りを得たあとにブッダによって明らかにされた最初の重要な教え、華厳経にこうある。「女性は地獄の使いである。（中略）彼女たちは菩薩の姿をとることもあるが、心のなかは悪魔のようである」。また涅槃経における、娑羅双樹の下で明らかにしたブッダの最後の教えでは、こう言われている。「大河も小川もすべて否応なく曲がりくねり、そして女たちはすべて否応なく無節操で悪賢い」。さらにこう言われている。「劫《カルパ》のすべての男たちの欲望と幻想も、ひとりの女の業《ごう》の鎖よりは重くない」。女性が極楽に行くあらゆる可能性を否定して、八世紀以来、僧たちはその宗教の基礎に差別を据えるのである。

そういうわけで、十二世紀初頭に阿弥陀信仰が広まると、すぐに大変な人気を博すことになる。阿弥陀信仰は、また浄土教の名で知られるが、自らを犠牲にして（女を含む）人のかたちをとって人間たちを救済へと導くことのできる存在によって世界は救われるという考えに基づく。菩薩と呼ばれるこうした〈聖者〉のうちもっとも有名なのが阿弥陀である。無量寿経を信じるならば、阿弥陀は、その昔、ダルマカーラという名の僧だった。「浄土の理論に導かれて以降」、とアラン・ウォルター（『古代日本の性愛』）は語る。「彼はきわめて長いあいだ瞑想を続け、至上の理想的な土地の観念を抱懐した。世界中の存在すべての救いが保証されてこそ仏陀であると。万人にもたらされるのでなければ、自分自身の救済も受け入れない。理論的には、阿弥陀が浄土を手に入れるのは、ただ彼によって設けられた条件が満たされたときだけである。すなわち、生けるものすべての救済。日本で阿弥陀は救済者の象徴となった。狂気と情念によってどんなに錯乱した精神でも、（信仰を持っているならば）自分は救われると信じる。阿弥陀の願いがそれを彼らに保証しているからだ」。

阿弥陀信仰の熱烈な信者は日本では平安時代に現れたが、彼らの声が聞かれるには少人数だった。「十世紀初頭から僧の源信は、阿弥陀の名を唱えること、念仏が、救済を手に入れる、つまり浄土に生まれ変わるためのもっとも効果的な実践であることを主張していた」、とジャクリーヌ・ピジョ（『浮かれ女、芸妓』）は説明する。「しかしこの浄土教は長いあいだ小さな潮流にしかならなかった。（中略）十二、三世紀、おそらくこの時代を特徴づける政治的社会的混乱に乗じて、仏教は新たな潮流を生み出した。多くの説教師が——体制が非難を浴びせ、激しく反応したが——女性に対する差別を告発し、救済が区別なく万人に広く開かれていると執拗に主張した」。こうした「フェミニスト」の最初のひとりが法然（一一三三—一二一二）である。「阿弥陀信仰の熱烈な布教者で浄土宗の創始者である法然は、阿弥陀の名を唱えることが救済、すなわち阿弥陀浄土での再生を保証する唯一の実践であり、境遇や生き方がどんなに仏教の戒律から離れていても、それは誰にでも保証されていると主張した」。彼の教えはたちまち讃美者を、また混乱をも引き寄せた。

当時の証言を信じるなら、彼に会うためには市の立つ日と同じくらいの群衆のなかに分け入らなければならなかった。人々が文字通り門前に野営し、女たちが大挙して彼の言葉を聞くために殺到した。彼の弟子たちのなかでもっとも有名な親鸞（一一七三—一二六三）は、信仰を広めるために非人（ゑた）にまで説教したが、これはそれまでどんな僧もあえてしなかったことだった。最下層の人々を味方にして、阿弥陀の教えは人気が高まり、歌にまでなった。老女たちがこんなふうに歌った。「われらは何して老いぬらん　思へばいとこそあはれなれ　今は西方極楽の　弥陀の誓ひを念ずべし」（『梁塵秘抄』一三五）。阿弥陀の教えはいたるところに拡散し、素朴な歌によって下女の心も百姓女の心もとらえたが、その多くが『梁塵秘抄』に収められた。「暁《あかつき》静かに寝覚めして　思へば涙ぞ抑へあへぬ　はかなくこの世を過ぐしては　いつかは浄土へ参るべき」（『梁塵秘抄』二三八）。敬虔な文句の数々を下層民から借りて、遊女たちも希望の歌を変奏し始めた。「阿弥陀仏と申さぬ人は淵《ふち》の石　劫《こう》は経《ふ》れども浮ぶ世ぞ無き」（『梁塵秘抄』四九四）。

　法然は貴族たちのあいだで高い支持を得ていたが、しかし彼はあまりに人気があったので、仏教の競合する各宗派の指導者たちは彼を打倒しようともくろまずにはいなかった。彼らは何度も攻撃を仕掛けて彼の宗派の抹殺を計ろうとした。戦略的に法然は弟子たちに消極的姿勢でいるように命じた。ところが、二人の弟子が師の敵に対して浄土宗をやっつける思いがけぬ機会を提供した。二人の弟子の名は、安楽《あんらく》と住蓮《じゅうれん》といった。彼らは若く、男らしく、魅力的で、信仰で輝いていたので、都中がたちまちこの極楽の布教者たちについて噂し始めた。彼らが（現在の安楽寺の東一キロメートルのところに）読経の練習をするために建てた〈道場〉で、彼らの澄んだ声は絶えず多くのやじ馬を引きつけていた。一二〇六年十二月のある日、彼らのカリスマと美しさの噂を聞き及んでいた天皇の二人の女房（松虫と鈴虫）[1]が、こっそりと内裏を出た。庶民の女に変装し、顔を大きな帽子で隠して、彼女たちは安楽と住蓮の草庵にやって来て彼らが阿弥陀の栄光を称える姿を見た。彼らの読経は、この日とりわけ見事であったに違いない。もちろん女房たちが一目惚れしたのでなければの話だが。祈りが折よく終わっても、彼女たちは立ち去らず、ただちに僧坊に入れてくれるように頼んだ。安楽と住蓮は、おそらく自分のためには十分に祈りを挙げていなかった。若く、優雅で、情熱的な女房たちは、彼らの前にひざまずき、新しい精神的家族のなかに尼として生まれ変わるべくこの世で「死ぬ」ために、彼らが彼女たちの髪を切ることを受け入れるまで頭を下げた。それゆえ草庵は大きくなった。松虫と鈴虫は僧たちのそばに入居し、彼らは数週間ともに生活し、ひたすら同じ信仰を分かち持つ幸せを味わうことだけを考えた。

　それも、後鳥羽上皇が熊野参詣をした日まで……。二人の女房が姿を消したことを知った上皇は、町中に密偵を送って調べさせた。彼女たちの足取りをつかむと、不届きものたちを「武力によって《マヌ・ミリターリ》」取り戻すために小隊が送られた。兵士たちが小さな草庵に押し入った。そこで、いかなる訴訟の手続きを執ることもなく、彼らは安楽と住蓮の首をはね、そして血の海のなかであわれな望みを絶たれ涙にくれる女たちを連れ去った。怒り狂った後鳥羽は、浄土宗を消滅させる命令を下した。法然は土佐に流され、漁師や遊女たちのそばで説教を始めた。彼は二度と自分の弟子と再会することなく、一二一二年に死んだ。親鸞もまた流された（妻が従った）が、しかし――幾人かの篤志家のお蔭で――越後地方に居を構えることを許された。そのまさに「越の国」のきわめて貧しい百姓たちのあいだで、彼は教えを広め始め、権力が無視していた人々に説教を繰り返し、浄土真宗の名のもとに阿弥陀信仰を再びより強力な宗教にするにいたった。安楽と住蓮の死の二十年後に親鸞が京都に戻ったとき、阿弥陀信仰は勝利を収めていた。あの女房たちについては、誰もどうなったのか知らなかった。幾つもの説がある。「上皇から逃れるために奈良に逃亡したらしいと言う者もいる」、と京都の伝説の専門家エリック・フォールは説明する。「また彼女たちが大阪に身を隠したと言う者もいる。さらに松虫と鈴虫は自殺したと言う者もいる。いずれにせよ、彼女たちの墓碑は、安楽寺の二人の僧の墓石から十五メートルのところにある。そして公式には、彼女たちの物語にはなんら恋物語として見るべきものはないにしても、この寺は都のもっともロマンティックな巡礼の場所となっている」。

法然は東山の影に草庵を建てていたが、その鹿ケ谷《ししがたに》の静かな地区に、彼の二人の弟子、住蓮と安楽の建てた草庵がある。そこを訪れるには、小運河に沿った桜並木と何軒ものカフェのある〈哲学の道〉を行かなくてはならない。銀閣寺から十分のところ、墓地のほうに逸れる道の先に、慎ましい藁ぶき屋根の大門でそれとわかる安楽寺の入口がある。一般には非公開だが、安楽寺は年に数日間だけ訪問者を受け入れている。人が訪れるのは、とりわけ秋の終わり頃、東山の山腹を覆う樹々が冬を予告する空気の流れに身震いしているのが見られる頃である。ざわめき囁くこの緑の円蓋の下で、訪問者たちは静かに日を浴びる。寺は、石灯籠と植え込みをまたぐ石の懸け橋で互いにつながった多数の小さな建物で構成されている。主要な建物（本堂）では、安楽と住蓮の小像の前に額ずく信者たちは、次には、聖遺物として守られている、法然に属していたもの、くしゃくしゃの麦わら帽子、杖などを見に行くことができる。安楽、住蓮、そして二人の女房については、なにも残っていない。彼らの思い出のために、しかし住職は彼らの像と墓の前に真っ白な笹百合のすばらしい花束を置くように気遣っている。あの若い女たちの好んだ花だったからだ。この花はいつもそこにある。季節が来るたびに花は変わらずに咲くが、一方時は流れ、僧たちはいつまでも「南無阿弥陀仏」を唱える。

仏は常にいませども　現《うつつ》ならぬぞあはれなる　人の音《おと》せぬ暁《あかつき》に　ほのかに夢に見え給ふ

（『梁塵秘抄』二六）

次頁：富崎NORI「案内」（2002年）

一休……無頼漢、禅、性的放縦

仏教徒たちは何世代にもわたって老婆の公案(2)について頭を悩ましてきたが、一休宗純(一三九四―一四八一)は、それに詩のかたちできれいに決着をつけた。「今夜美人が私を抱くとしたら、この枯れた柳の木も陽春を受けて新芽を生ずることだろう」。彼はこのエロティックな詩を『狂雲集』の序文に掲げたが、そのあとにこう続けている。「老婆心、賊のために梯子を掛けるかのように、清浄の沙門に女妻を与えた」。一休にとっては、じつのところ、老婆は身をやつした仏陀だった。庵に火をつけて、自分の評判を気にしすぎるこの僧を「啓蒙する」ことだけを彼女は望んだのだろうか。一休はそれをよく理解し、純潔の戒律に従うことを拒否して、遊郭に通い、自分の若い連れ合いのために恋の歌を作った。彼女の名は森《しん》といった。森女(しんにょ、しんじょ)とも呼ばれた。盲目の楽師だった。彼らは最後まで、彼が八十八歳のときマラリアに罹り愛人の白い膝の上で死ぬまで、一緒に暮らした。その膝にこそ彼の極楽があった。当時、多くの仏教説話が、禅宗と道教の革命的宗派から語り出され、恋の道を啓示への可能な道のひとつとして称揚していた。悟りに至るあらゆる手段が認められたが、そこには性《セックス》も含まれていた。しかし誰かがこれほどあからさまな言葉で快楽の徳を持ち上げたり、また言葉のあらゆる意味での「放棄」なしに精神的達成は存在しないとこれほどはっきりと言ったりするのを見たことは滅多になかった。一休にはその勇気があった。真の賢者は、人が彼について持つ意見の良し悪しを意に介さない。彼はあるがままの自分に満足する。

あるがままに、ペシミズムの混じった若干の尊大さを伴って、一休は自分勝手に振舞った。おそらく彼は神聖不可侵であることを強く意識していたのだろう。後小松天皇と藤原氏の女とのあいだの落胤として、彼は生涯ある種の特権を享受し、そして彼の墓は、(皇室の特権により)十六花弁の菊に飾られた重厚な門の背後に隠れ、一般人には見えず、まさに皇室関係の組織によって管理されている。死後、弟子の墨斎《ぼくさい》によって彫られた彼の像すら、個別に置かれている。墨斎はそこに彼の髭を、また彼の遺骸から採った毛髪も貼り付け、おそらくそのみっともない様子を保存しようとした。実際、一休は自分のイメージにさほどこだわらなかったので、一度も髭を剃らなかった。彼の事例は日本の仏教史においてほとんど唯一のものである。苦悩し、厳格で、きわめて質素に暮らし、ぼろをまとい、女の尻を追いかけ、世界の美しさについて絶えず歌を詠んだ男。東京国立博物館にある、これも墨斎の署名のある彼の肖像画は、この札つきの異端者の尋常ならざる性格を伝えるものと言っていいが、とはいえ彼は烏の鳴き声を聞くと仏陀の笑顔が光のなかに現れるのを見たのだった。以下は彼の簡単な伝記である。混乱の室町時代に千菊《せんぎく》丸《まる》の名で生を受けた彼は、五歳のときに僧門に入った。京都の安国寺、次いで建仁寺で成長したが、十六歳のとき――同輩の愚かさ、出世主義、偽善に我慢できず――自分の師に値する人を必死に探し始めた。誰もふさわしいとは思えなかった。「大混乱の時代だった」、とフランク・ブリンクリィは『日本民衆の歴史』のなかで述べている。「禅僧が足利幕府によって最高の栄誉を与えられていた」。

　いたるところ騒然としていたが、禅僧たちは、この世の事物はむなしく無価値であると主張していた。独居して瞑想を実践する者もあった。みずからの信仰の教義を故意に冒瀆する者もあった。彼らは妻子や稚児を持ち、寺の境内で槍を磨き、武装組織を維持し、有力者の財産を管理した。剃髪して僧衣をまとう者がなお軍を率いることが当時常態だった。兵と僧が区別できなかった。僧院同士が、美少年の所有のために、武器と火によって衝突した。〈下剋上〉（文字通りに「下位のものが上位の者を打倒する」、換言すれば、誰でも貴族と同等になることができる）と形容されるこうした混乱の状況において、日本文明は逆説的にも並外れた芸術的飛躍を見た。茶が「道」になった。諸派が現れて、茶道具の大きさや形のみならずその使い方をも制定した。おそらく混沌のなかに厳格な秩序を求める領主たちに促されて、庭園、書、香の芸術が極度の洗練さをもって発展した。趣味人の地位を要求するには極端な規律が必要だった。こうした状況において、一休がたちまち際立った存在になったのは驚くべきことではない。奇抜で急進的な彼は、偶像破壊的な詩歌を作り、寺から寺へと渡り歩き、それらを批判し続けたが、京都近郊の小屋に住む孤独な隠者、謙翁《けんおう》に出会って、瞑想を学んだ。

　僧院で出世することを拒否して、謙翁は叡智を求めるほかなにもしなかった。この乞食坊主のそばにいて得るものはなにもなかった、知恵を除いては。だからこそ一休は彼のただひとりの弟子になり、そして謙翁の死に際して川に飛び込んで自殺しようとした。一休二十歳の折である。師の遺体を荼毘に付したあと、彼はまた自分がひとりぼっちであることに気づいた。以来どんな人間が彼を導くことができたろうか。

そのとき彼は〈座禅〉の厳格な実践者、華叟《かそう》の名を耳にした。この人は、巷の腐敗堕落を避けるために琵琶湖畔に暮らし、弟子たちに人形の衣装を作らせていたが、これが彼らの共同生活をかろうじて支えていた。一休は、熱狂的に彼らの庵の門前に五日五夜飲まず食わずの状態で留まった。彼に断念させるために僧たちは彼に桶の水を掛けたが、無駄に終わった。結局華叟は彼に入門を許し、解くべき公案を与えた。一四一八年、一休は最初の霊的経験をした。彼は「洞山三頓《とうざんさんとん》の棒」と題する公案について黙考していた。そのとき盲目の楽師の一行が音曲を鳴り響かせていた。音曲と太鼓の喜ばしい響きに乗って、彼は突然自分のからだが膨張し、精神が世界ともはや一体でしかないと感じた。幸福の波が彼をのみこんだ。そうして華叟は彼に一休の名を与えたが、これは、啓示への道が表す完全な自由の空間、空無のなかの休息を暗示していた。盲人たちの音曲は彼をまた別の真理へと開いただろうか。彼は、烏が鳴くのを聞いて、二度目の啓示の経験を持った。一四二八年、華叟の死後、彼は狂雲の名で放浪者となった。

私の両脚のあいだに赤い糸が伸びる。私をお探しなら、
魚屋か酒屋か娼家で会いましょう
（一休）

彼の放浪生活は、芸術家や歌人のサークルに足繁く通ったり、大酒を飲んだり、この種の先駆者だが、彼が自分の弟子になるように誘っていた尼僧姿の娘たちのもとを訪れたりすることを妨げなかった。一休は、瞑想と同じ熱心さで、霊的経験としてのセックスを「実践」していた。そして森《しん》という名の盲目の美女を知ると、快楽と断食と霊的探究との見境いがないほど、彼女に夢中になった。一休は禅と恋を区別しなかった。それは極端な姿勢の苦行だった。彼が森とセックスをするとき、それは「六十劫の来るべき三存在のうちに」、つまり時間が止まるまで無数回にわたってなされたに違いない。彼らの関係については、じつのところほんのわずかな事実のほかなにも知られていない。彼らは、一四七〇年、住吉の薬師堂で出会った。森女《しんにょ》は、三十歳の丹後生まれの盲目の辻芸人だった。彼女は鼓を打ち、その盲いた目が一休を感動させた。彼は七十六歳だった。二人のあいだに起きたことを誰も本当には知らない。彼らは一年後に同じ場所で再会した。彼らの関係は公になり、そして翌年、一四七二年の秋、森女は一休と居を構えにやって来た。彼は京都からほど遠い酬恩《しゅうおん》庵《あん》という小さな寺に住居を定めていた。二年ほど後、醜聞にもかかわらず、一休は都のもっとも重要な禅組織の長に任ぜられた。大徳寺の住持になったのである。大徳寺は、応仁の乱によって破壊されたが、多数の篤志家が再建に貢献していた。たくさんの寄付が集まった。宗教権力のこの新しい中心

を指揮する清廉潔白な人物が必要だった。ほとんど不承不承、一休はこのポストを受諾した。これは彼を当時のもっとも重要な人物のひとりにするものだったが、しかし清廉でいるために彼はそこに住むことを拒否し、若い愛人と同棲するために酬恩庵を再建しようとした。

酬恩庵、通称一休寺《いっきゅうじ》は、京都から二十五キロのところにある。そこに大きな木の椅子があるが、一休は八十歳のとき都に戻る際にそれに座って運ばれた。当時の石ころだらけの滑りやすい道を行き来するのは、とりわけ長く苦しいものであったに違いない。それでもやはり一休はこの辺鄙な寺に最後まで誠意を尽くした。そこに彼は茶室に似た小さな家を建て、そこで森と暮らした。虎丘庵《こきゅうあん》と呼ばれる。荒壁、藁ぶき屋根、木と紙の扉が、冬の冷たい北風にも夏のむっとする暑さもしのぎやすくしている。その極度の脆弱性ゆえに訪問者には閉ざされているこの慎ましい小屋は、いま高いお金を払わなければ近づけない。つまり、そこを茶会の空間として借りなければならないのである。そこから滑り戸を開けると、一休と森が互いに身を寄せて毎朝見たに違いない、石と灌木のある庭を眺めることができる。彼らの生活は禁欲的だったが、しかし一休が当時書いて一四八〇年に編纂した詩歌を信じるなら、彼の死の一年前も彼らはほとんど性のいとなみを止めなかった。『狂雲集』に、彼はこう書いている。「私は美しい森に夢中だ。彼女は天の園からやって来た。枕を並べ、彼女の花蕊に舌を入れ、その泉の妙なる匂いを口に含む。黄昏が来て月影がさすと、私たちはみずみずしい恋の歌を歌う」。こうも書いている。「私の手は森の手に及ばない。この女は恋の遊びに長けている。私の茎が萎れると、彼女はそれを再び青々と蘇らせる」。一休は愛人の青春にみずからの解放を見出した。「真の無」を絶えず求めて激しい情熱と怒りを忘れなかったが、彼はもはや森とともにあって、一種先験的な香り立つ夢のなかに「何百と開き、また落ちる」花々でしかなかった。

> お前は枯れ木に春のようにやって来た。緑の新芽、震える花、みずみずしい約束。森よ、もし私がこんなにも深くお前のおかげをこうむっている恋をすっかり忘れてしまうことがあれば、永遠に地獄で焼かれてもいい。

【註】

（1）日本でもっとも愛されるコオロギの二種。

（2）老婆［婆子焼庵《ばすしょうあん》］の公案

公案は逆説的な逸話で、しばしば不条理な問い、あるいはアポリアに切り詰められて、禅仏教の宗派で悟りを開くために用いられる。この謎について瞑想することで、弟子は成仏するとみなされる。以下の物語は、有名な公案の基礎をなす。その昔、ひとりの老婆が、うやうやしく物乞いをしている僧に出会い、信仰心から彼がもっぱら修行を続けられるように生活の糧を与えることに決めた。彼女は彼に身を守るための庵を建ててやった。彼女は彼に毎日食べ物を運んだ。その乏しい資産を削って二十年間というものこの僧の世話を続けたが、ある日、自分の娘に僧の食事を運んで、彼に抱きつくように命じた。「僧に食事を出したあと、彼にしがみついて接吻しなさい」、と老婆は言った。娘は言われたとおりにした。彼女が不意に僧に抱きつくと、彼はびっくりして彼女を激しく押し返し、私は冬の巌に立つ枯れ木のように、性欲で動かされることはない、と抗議した。娘は戻って母親に起こったことを話した。すると母親は怒りで真っ赤になって叫んだ。「では二十年間というもの私は馬鹿者の面倒を見てきたのか」。彼女はすぐに庵に火を放ち、僧をまた乞食の道へと追い出した。この老婆はきっと僧よりもずっと賢かった。しかしなぜ？　彼はどうすべきだったのか。欲情をそそる誰かが突然あなたに抱きついたら、あなたはどうするだろうか。

第十四章　夢のごとく

「夜に隔てられ」

面影……死者の影

日本では愛する相手が生身で現存することも生者の世界に属していることも必要ではない。さらにはその幻影が愛する者の目に現れさえすれば、人間であることも必要ではない。それが、平安時代のもっとも有名な著作のひとつ、『伊勢物語』[1]第四十六段の逸話の教えである。この作者不詳の物語集の大部分が、「むかし、男ありけり」という表現で始まるが、多くの翻訳者にとって「むかし、男」は「昔の男」とも訳されうる。この成句――「去年《こぞ》の雪」と同じように格言風になったが――は、真相を明らかにしようとする歴史家たちにたくさんのインクを使わせてきた。この「昔の男」とは誰だったのか。その名を在原業平という。政治家、歌人、誘惑者。業平は京都で八二五年から八八〇年まで生きた。伊勢の巫女（普通は処女のままでいなければならなかった女）の愛人で、おそらくそれゆえに追放されて、業平は死後に本物のカサノヴァという評判を得るほどに噂の種をたっぷりと提供したが、ちょっと違う。業平はバイセクシャルだったのだ。当時の大半の貴族と同様、彼は恩寵と神秘の後光に包まれた、定かならぬ対象へ自分の欲望を向けた。第四十六段の話は、それゆえきわめて詩的に次のように始まる。「むかし、男、いとうるはしき友ありけり」。「うるはしき」という形容詞は、平安時代には視覚的にきわめて美しいなにものかを指示するために用いられたが、しかしそれはとりわけ作品の高貴さ、優雅さ、洗練さを暗示する美学的語彙だった。それを人間に適用することで、この話の作者は確かに衝撃的効果を生むことを狙った。[2]業平の愛人は、きわめて美しいと同時に高貴でもあったらしい。

「片時も離れることなく、彼らは親しくしていた」と話は単純に続き、業平をこの若者に結びつけていたに違いない情熱を窺《うかが》わせる。だが、「友は地方の国に出かけて行き、彼らはとても悲しく思って別れた。月日が経って、友が寄こした手紙に、〈お目にかかることができなくなってから、信じられないほどの時間が経ってしまいました。私のことをお忘れになったのではないかとつらい思いをしております。世間の人の心は、離れて会わずにいると忘れてしまうに違いないものでしょうから〉。この手紙を読んで、業平は直ちに一首の歌を詠んで返信した。目離《か》るともおもほえなくに忘らるる時しなければ面影にたつ（あなたがそんなに遠くに離れておられるとも私には思えないのですが……、あなたのことが忘れられる時とてないので、あなたのお姿はありありと私の目の前にあります）」(3)。

この「離れて会わずにいる」友に、それゆえ業平は、いつも自分の目の前に、本当の目、心の目のなかにいるのであなたのことを忘れはしないと優雅に答えた。こうして過去の思い出をよみがえらせて彼の苦しみをまぎらしたわけである。多くの孤独な女たちが、待つことに耐えるために同じ策略を用いていた。彼女たちは誰かを夢見ていた。ちなみに、眠る前に夜着を裏返しに着ると、自分の恋する人に夢で出会うことができるという信仰があった。恋の歌人、小野小町は、願いをかなえるためにこうした策にしばしば訴えた。「いとせめて恋しき時はむばたまの夜の衣をかへしてぞ着る」（あの人がどうしようもなく恋しいときは、この漆黒の夜に衣を裏返して着よう）（『古今和歌集』五五四）(4)。闇のなかで発された、救いを求める切実な叫び。「うたたねに恋しき人を見てしより夢てふものはたのみそめてき」（うたた寝に恋しいあの人を夢に見てからは、夢というものをあてにするほかはなくなつた）（『古今和歌集』五五三）(5)。衣を裏返すという主題で戯れながら、高位の婦人たちですら夢に逃げこんでいた、徽子《きし》女王のように。「寝る夢にうつつの憂さも忘られて思ひなぐさむほどぞはかなき」（寝て見る夢に現実のつらさもつい忘れて心が慰められるというのもはかないことです）（『新古今和歌集』一三八四）(6)。それゆえ無意識のなかでも、恋人たちは互いに追いかけ、互いに待って、あまりにもしばしば期待はずれの現実を、心を投影した夢幻的な美に置き換えようとしたわけである。彼らが出会うことができたのは、幽霊か、影か、それとも反映か、いずれの姿でだったのだろうか。

昔の日本では、少しでも地方に移動すると、カップルは長い年月、ときには決定的に別れることになった。定期的に遠方に任務で赴くという貴族に課せられた義務が、恋の歌に深く影響したかもしれない。業平の歌で友を思い起こすために用いられた語彙は、思い出あるいは夢に残されたもろもろのかたちについて語る際に役立つものだった。〈面影〉、すなわち「幻」、「跡」、「名残り」(7)。語源学的には、この語は「おも」、すなわち「顔」、「面」と、からだから発するもの、「光線」、「影」あるいは「きらめき」を指す「かげ」とから合成される。今日でも、〈面影〉という語は、かすんだ目で、あるいは輪郭をぼやけさせるヴェールを通して眺めた対象の、ちょっとぼんやりした、非現実的な様子を指す。『万葉集』から『新古今和歌集』、さらにそれ以後まで、和歌に広く認められるのは、夢に現れ、夢想から生まれ、あるいは月光によって幻影のように立ち現れる、不在者のイメージを指すことが、恋の主題に特権的に結びついているように思われることだ」、とジャクリーヌ・ピジョ（「鶉と千鳥」[8]）は説明する。「このイメージには、彼女の担う感情的負荷、つまり思い出、郷愁、期待による魅惑の強度、力が備わっている」。逢えないときは、恋人たちはそれゆえ自分の欲望を幻想的なイメージに移し、悲しみをまぎらす幻影を愛撫するのだ。夢の時間にほかなるまい。徐々に〈面影〉は夢幻的特徴を帯びたので、それを自分の魅力の対象そのものにした歌人もいる。それで藤原俊成（一一一四―一二〇四）は、「山桜を見に遠出する」主題について、次のような歌を詠んだ。「面影に花のすがたを先だてて幾重越えきぬ峯の白雲」（『新勅撰集』[9]）。花の現実的なかたち（〈すがた〉）よりも、そのぼんやりした、つかみどころのないイメージ（〈面影〉）を採って、俊成はそれゆえ白雲を桜とみなし、それと意識することもなく、蜃気楼のように自分を惹きつける霧に覆われた幾つもの頂を越えたと言っているのである。

〈面影〉が意味するのは、「存在の深い憧れから生じた非物質的ヴィジョン」である、とジャクリーヌ・ピジョは説明する。「それは欲望の人間に憑りつくイメージである。ここに花を恋する人がいる。この言葉は、このイメージを放つ対象とそれを思い描く者とのあいだの内密な、まったく感情的な関係を含意する」。恋する相手にその想像上の分身を重ね合わせることで、日本の初期の歌人たちは、朦朧の美学を打ち立てた。世界は情緒のフィルターを通してしか見ることはできないように思われた。現実の風景は、徐々に思惟と記憶の非物質的な遠方に失われた。葦が息づき始めた。千鳥が失意の恋人に、菖蒲《あやめ》が恋に夢中の遊女になった。女性そのものがその堅固さを失って、もはや何層もの沈黙によって世界から切り離されたような、曖昧模糊としたかたちにほかならなくなった。一九三二年に『葦刈』の伝説を採り上げたとき、谷崎潤一郎はその恋物語のヒロインをこんなふうに書いている。「顔の造作が、眼でも、鼻でも、口でも、うすものを一枚かぶったようにぼやけていて、どぎつい、はっきりした線がない、じいっとみているとこっちの眼のまえがもやもやと翳って来るようでその人の身のまわりにだけ霞《かすみ》がたなびいているようにおもえる、むかしのものの本に「蘭《ろう》たけた」という言葉があるのはつまりこういう顔のことだ。（中略）つまり一と口に申しますなら、古い泉蔵《いずくら》人形の顔をながめておりますときに浮かんでまいりますような、晴れやかでありながら古典のにおいのするかんじ、おくぶかい雲上の女房だとかお局《つぼね》だとかいうものをおもい出させるあれなのでございます」。

〈面影〉の概念は、いまなお日本でとても重要なので、多くの独身男性が等身大の人形と一緒に暮らしている。それは口を半ば開け、思いに沈んだような眼をし、性的パートナーとしてのみならず人生の伴侶としても仕えるのだ。〈ラブドール〉の名で、こうした代理妻はシリコン混合物で型取りされている。なかでも洗練されたものは、関節のある骨組みを持ち、どんな姿勢をとることも、「夫」が仕事から戻ったときに出迎えるべく立っていることさえできる。「彼女たちはあなたに手を差し出したり、寝た姿勢であなたのからだに抱きついたり、あるいは頭をあなたの肩にもたせかけたりできます。彼女たちは決して笑いません。待つ少女の無垢な、処女的な雰囲気を保っています。私たちはまた、眼を閉じて永遠の眠りにつく〈眠れる美女〉を作っています。これらの人形は決して歳をとりません」。オリエント工業[10]のクリエイター、土屋氏（ラブドール市場責任者）にとって、孤独に悩む男たちを慰めるために、まずは「からだ」を創ることが問題だった。一九七九年当時には、膨らませる人形しか存在しなかった。三年の後、こうしたゴム風船をなんであれ優雅なものに変形するのは不可能であると悟って、土屋は最初の「固い」ラブドールを開発した。それは、ラテックスに覆われたウレタン組織で構成され、「いつも一緒に」彼女と結合できるようになっている。愛する妻を失くした夫に敬意を表して、彼はそれを〈面影〉と名づけた。「この人形は故人への忠誠を象徴していました。以来、私たちは私たちのモデルが失われた親しい存在に匹敵するようにつねに気を配ってきました。彼女たちは笑いません。一種奇妙な詩想、過去の郷愁的な香りが発せられるように。彼女たちの存在は曖昧なままでなければなりません。眼差しはうつろです。彼女たちには空虚なものがなくてはなりません。男たちの秘密を受け止めながら、処女のような静かな表情で耳を傾け、言葉が世界から切り離されたその精神地帯に何層にも積み重なるという印象を与えなければなりません」。日本では、愛する女が現存することも生きていることも人間であることすら必要ではない、彼女が鏡にそれを眺める男の欲望と夢とを映し出しさえするならば。

源氏とサフランの花（末摘花）

……見るべきか見ざるべきか、それが問題だ

自我の表現に禁忌を課す文化においては、人は口ではなく目によって自己表現する。おそらくだからこそ日本では目で愛のいとなみをすることができるのだろう。『古事記』（七一二年）のなかで、最初の聖なる舞踊を行なう際に、女神のイザナミと男神のイザナギは、性愛の振り付けを創案して〈目《まぐ》合《わい》〉をする。より正確には、用いられた表現は〈みとのまぐわい〉で、これを「男性器と女性器を合わせる」、あるいはまた「眼差しを交わす」と訳せるだろう。〈まぐわい〉という表現は、スセリ姫が大国主に初めて出会って一目惚れするときに再び登場する。初めて見たときから彼らは互いに心を推し計り恋をしていることに気づいて、それで結婚することになる。(11) 目は嘘をつかない。それは真の欲望を表す。真の感情を明かす。しかも「目」から派生した多くの語が精神状態を指示する。〈駄目〉、すなわち「望みなし」、「無駄」。〈憂き目〉、すなわち「悲惨」、「苦痛」、「悲しい思い」。〈真面目《しんめんもく》〉、すなわち「真の人格」、「本来の自我」。日本美学の研究者、武田好史の言うことを信じるなら、〈見合い〉もまた「目」という語から派生している「男と女の視覚的遭遇のあとには、古代にあっては、たいていの場合、最初の眼差しの交換を最初の性的関係に結びつけるように結婚が続いて行なわれました」、と彼は説明する。平安時代の貴族の女性は、顔を磁器の人形のようにすっかり白粉《おしろい》で覆い、からだを幾重にも重ねられた衣装(12)の下に潜め、枯葉色の絹地によって作られた虹のようにしかほとんど見えない天井から下がる御簾の背後に自分の顔立ちを注意深く隠していた。男たちには、それゆえ御簾の下から、季節や状況に応じた、音楽の和音にも似た、床に擦れる織物の波、目も綾な色彩の重なりがわずかに見えるだけだった。「春に身に着けるのは、〈すもも〉、〈桜〉、〈柳〉、あるいはまた〈つつじ〉による和音である」、とエテル・ルジェリ＝バウアーは、『源氏物語』(13)の序論で指摘する。「その複雑さに従って、和音には八色のものが二つある。半音階に無限の豊かさがあって、何百もの可能な組み合わせを含む」。からだの美しさはさほど重要ではない。反対に女性は、幻想的な色合いに染まった空のなかを動くように衣装のなかを動

くことが大事だったのだ。〈衣擦《きぬず》れ〉の音か袖が通路にたなびかせた香りかで盲人さながらに他者を知覚するほかのなかったこうした貴族の男女にとって、顔を見ることはほとんど不可能事に属していた。このきわめて寛大な社会は、逆説的にも、真の啓示にも似た対面の瞬間を遅延させていた。平安時代の女性の恋歌集において、翻訳者のルネ・ガルドは、それでこうした恋の戦いをつかさどる儀式について記述している。「男がある女性と交際したいと思うと、彼は控えめに彼女の都合を問い合わせ、急いで和歌のメッセージを送った。この紙、書体、歌が女性の心をとらえたら、彼女は返歌をし、それが言い寄る男の最初の夜の訪問の引き金となった。男と女は、最初の夜は原則的に越えることのできぬ御簾で隔てられたままだった。このしきたりがなんらかの違反をこうむったに違いないことはたやすく想像できる。[14]（中略）求愛者の朗唱と会話の才能が気に入れば、女性は彼の言葉に耳を傾けた。反対の場合、彼女はそっと逃げだし、虚空に向かって話す男を置き去りにすることができた[15]」。彼女はまた御簾を上げる許可を彼に与えることもできた。「これは、慣例として、好ましい続きの暗黙の約束を意味した」。それで真夜中に恋する男は、見えないままの、あるいはかろうじて月明かりに照らされた女のからだに手探りで這い寄った。〈夜這い〉の原則によって影のように愛し合いながら、彼らはこうして幾夜も、続く幾週間も、互いの顔を見分けることもなく送ることができた。夜明け前に別れなければならなかったからである。「女性の住まいを真昼に離れるのはきわめて不都合だった」、とルネ・ガルドは述べる。秘密は守られたのだ。

「慣例として、夜に再訪すること自体が契約を意味した」。彼が続けて三夜訪れ、毎朝あまりにも早く彼女のもとを離れてしまう悲しみを詠んだ歌を送る気遣いをするなら、娘は結婚したものとみなされた。しかし慣例によって、第三夜の朝、結婚を公にすべく、顔知れぬ未知の人は寝所に留まり時間を「忘れる」ことが望まれた。昼頃になると両親が不意に部屋にやって来て、彼らがその存在を素知らぬふりをしていた訪問者を驚かし、そしてきわめて礼儀正しく、自分たちの娘に情けをかけてくれたことに礼を言った。昼の光で愛する女を見た男は、この事実をもって彼女の公式の夫になった。「第三夜の菓子が配られる簡単な儀式の後、彼は〈既婚者〉として立ち去った」、とルネ・ガルドは述べる。「女は両親のもとに留まり、彼女の新しい夫は好きなときにやって来た。嫌気がさしたり、あるいは別の理由で、時期によって違う（二カ月から五カ月間）が、しばらくのあいだ彼が彼女のところに来なくなると、妻は〈離縁〉されたとみなされた[16]」。夫が来てくれるという希望にすがって、それゆえ平安時代の女性たちは、ときに夜明けまで、ひたすら待って過ごす夜を持つ生活を送った。夫を引きとめると、どんなに優しい女でも必ず文句を言って、「一夜《ひとよ》隔つ」、あるいはもっとひどいことには千年よりも長い「二夜《ふたよ》隔つ」という話をとりとめもなくするのだった。「女《め》」という語と「眼《め》」という語の同音性で戯れながら、それで柿本人麻呂（六六二頃―七一〇）は、恋する人にできるだけ早く姿を見せるように命じる歌を詠んでいる。彼は「裸眼」で彼女を「見る」ことを望む、と焦燥に駆られて言う。

きみをめに　みまほしきに　このふたよ　ちとせのごと
く　わがこふるかな
（私の裸眼で君を見たい。二夜をまるで千年のように私は君を恋し続ける）
（『古今和歌六帖』二七五六）[17]

盲目の恋と最初の眼差しの主題に関するもっとも有名な話のひとつは、『源氏物語』のなかの皮肉にも「末摘花《すえつむはな》」（サフランの花）と題された章に見出される。荒廃した家に籠る近づきがたい美女を夢みて、『源氏物語』[18]の主人公は、胸をときめかしてくれる女をあちこちに探す。彼は美しい。夢見る人である。彼はお伽話におけるように神秘的な未知の女との恋を望んでいた。ところが、父親の常陸《ひたち》の宮の死後、その娘が荒廃した屋敷に琴を唯一の慰めとしてまったくひとり孤独に暮らしているという話を彼は耳にする。満月の夜、足音をしのばせて彼女の家に近づくと、琴の音が聞こえ、くだんの女性がその調べと同じように美しいことを疑わず、彼は翌晩も彼女の様子を窺おうとやって来る。驚いたことに、彼よりも先にひとりの男が覗き見している。竹垣の蔭に屈んでいるのは義兄の頭中将《とうのちゅうじょう》で、彼は琴の奏者を探って、その大いなる魅力を語り、自分が最初に彼女をものにしようとする。恋敵となった二人の友は女に手紙を送るが、彼女が返事をくれないことに驚く。気を悪くした皇子は攻撃に転じようと、この女性の寝室まで自分を通すことを要求しさえする。「彼女に近づく手段を見つけてくれ」と彼は命令する。「彼女の許可を待たずに！」。それで誠意をもって会見が用意されるが、そこには自分の女主人の守護者を必死に求める侍女たちの思惑もある。おそらくこの高貴な訪問者は親切にも彼女を悲惨な状態から救ってくれるのではないか。とはいえ姫は、あきれるほどの愚かさを見せる。少しの隙間もないように塞いだ仕切りの背後に恐怖で身を縮めて、彼女は源氏をしぶしぶ迎えながら頑なにずっと黙ったままでいたが、源氏はもう我慢できずに部屋に入り、そして……がっかりする。姫は愚かであるばかりか、見るからにさえないのである。彼はこの無知で不細工なからだに触れもせず真夜中に家を立ち去る。なんたる幻滅！

　とはいえ、彼女の感情を害さないようにすることが望ましい。礼儀正しく源氏は彼女に「翌日の歌」を送り、そして縁の欠けた皿と傷んだ屏風に取り囲まれて荒廃した屋敷に引き籠るこの頭《おつむ》の弱い人に同情して彼女に会いに戻る。じつのところたぶん彼女は醜くないのではないか。彼女が姿を見せるように、彼は夜明けに格子を上げ、庭が神々しく雪に覆われているのを発見して、呼びかける。「外がどんなに美しいか、見に来てごらん」。あえて逆らわずに姫は出て来て冬の朝の光にその顔をさらす。源氏はびっくり仰天する。「鼻だった。それを見つめずにはいられなかった。それは象の鼻を思い出させた。驚くほど突き出ているばかりでなく——なにより不思議なのは——少し下に垂れ下がった先端が赤く染まっていた」。姫はサフラン色の先端を持った上向きの鼻をしている。滑稽の極みは、姫の衣装が虫に食われた帳《とばり》に似ていることだ。彼女におけるすべてが、その鼻のようにグロテスクで、源氏はついに笑ってしまう。「これはとても無作法だと感じた。本当に彼女が気の毒だった」。彼女が彼の夢に出て来るようなすばらしい人でありさえしたなら……。しかし彼は彼女の悲劇的な醜さを見つめ、憐れんだ。彼女を庇護し、自分の女友達のひとりにし、贅を尽くした宮殿に泊まらせ、いろいろと愛情をかけ続けた。それが源氏だった。彼は自分が恋した女を決して忘れなかった、この女が想像のうちにしか存在しなかったとしても。

朧月夜……恋、夢のごとく

「忘れた」は、日本語では「私の感情は死んだ」という意味になる。〈心《こころ》〉のしるしは、死亡と涙のしるしによって克服される。恋愛関係の終わりは、しばしば忘却のかたちに似る。たとえば男が待つ女のところへ戻るのを「忘れる」とき、徐々にその顔のイメージは薄まり、思い出は消えていく。「それは関係が本当にあったのかと自問することです」、と『源氏物語』の専門家、狩野晃一は強調する。[19]「平安時代には、恋人たちが互いに見ることはありませんでしたから、それだけいっそう関係を非現実的なものにしました。通例、男たちは、たいていの場合、自分の名前を言わずに、真夜中に現れ、そして目覚めた女たちは、しばしば自分が夢を見ていたのではないかと自問しました。それゆえ彼らは自分たちの出会いの証拠として扇を交換するのが普通でした」。『源氏物語』のなかには、扇というこの思い出の品に関係する、奇妙なちょっとした恋物語が存在する。それは第八章「花の宴」[20]に見出される。「月が晴れやかに昇っていた。源氏は酒に少し酔っていたので、こんな素晴らしい場面から立ち去るのは忍びがたかった。内裏の人々が眠っているこの時間には恰好の機会があるかもしれないと考えて、彼は注意深く藤壺の部屋のほうへ探りに行った」。彼は婦人の住まいにこっそり忍び込もうとするが、すべての掛け金がかけられているようだったので、三番目の戸口に向かい、女たちの住まいの真ん中に足を踏み入れた。彷徨《さまよ》うのも束の間だった。薄暗い廊下でひとりの若い女が「朧月夜《おぼろづきよ》」の下二句を口ずさんでいた。「朧月夜にしく物ぞなき（朧月夜ほど素晴らしいものはない）」。彼はその声が自分に向けられているのではないかと思った。女の袖をつかむと、女は驚きの叫びを上げたが、彼は女をやさしく抱いて背後の扉を開け、歌を詠みながら部屋のなかへ導き入れた。女は震えおののいたが、拒絶するには若過ぎた。彼はすぐに思いのままにしてしまった。夜明けが迫ったとき、彼は言った。「せめて名前を教えてくれ。さもないとどうして手紙が書けるだろう」。夢見心地の混乱した気持ちで、若い女は、名前なんてうわべだけの、すぐに消えてしまうはかないものにすぎない、と答えた。「あなたが先々の世まで私を愛そうと決意されているなら、私の名前など知りたがらないでしょうに」、と彼女は言った。そして彼女は歌を詠んだ。「うき身世にやがて消えなば尋ねても草の原をば問はじとや思ふ」（私のこのはかない存在が夜のうちに消えてしまったら、あなたは忘却の草の生い茂る荒地に私の墓を探しに行かないのではないでしょうか）。

侍女たちがまわりで起き出したので、源氏は扇を交換するだけで立ち去った。自分の部屋に戻ると、従者たちはお互いに肘をつつきあって、まるで「いつも夜に徘徊して。あの女たらしの気晴らしをやめる気はないのだろうか」と言わんばかりだった。源氏は横になったが、休むことはできなかった。あの女性の様子を思い出そうとしたが、漠としたままだった。この幻影的な夜の唯一手に触れることのできる名残りの扇を眺めていると、片面に霞んだ月が描かれており、それが水面に反射した月という印象を彼に与えた。確かに、「朧月夜」、あの「朧月の女性」は、皇后の妹だった。なぜ彼女は名のるのを拒否したのだろう。彼はひどく夢中になっていた。それで彼は筆を取って扇面に一首書きつけたが、これは彼の混乱を表していた。「世に知らぬ心地こそすれ有明の月のゆくへを空にまがへて」（夜明けの月がどこに消えてしまうのかなどと頭を悩ませる人がこの世にいただろうか）。月は夜明けに空を離れてどこへ行くのか。後悔に苛まれて彼は名前も顔立ちも知らぬ女性について思い悩み始めた。三月二十日に未知の女に再会できる機会がやって来た。皇后の父親が藤の宴を開いた。光源氏は花の美をも凌駕する、王者にふさわしい濃い紫色の衣装を身に着けて赴いた。夜遅くそっと席を離れた彼は、彼が通るのを几帳の蔭に隠れて笑いながら見ていた女たちの住まいのほうに向かった。胸をどきどきさせながら、彼はさりげなく艶っぽい歌を口ずさんだ。「石川に、石川に、高麗人《こまびと》が私の帯を持ち去った」。しかし彼は「帯」を「扇」という語に代え、几帳の前を通りながらこの歌を繰り返した。「私の扇を持ち去った」。するとそっとため息をついている人がいた。愛する女だった。几帳のほうに忍び寄って手を伸ばし、背後の見えない女の手を握り、やさしく愛の告白をささやいた。女は歌で答えた。「心いるかたならませば（あなたが射たのが愛の矢だったなら）」。そう、それは彼女の声だった。彼は喜びはしたものの……。

彼はそれ以上進んだのだろうか。彼は相変わらず彼女の名前も顔も知らなかった。

空蟬……「飛び去ってしまった、私の愛しい人」

平安時代（七九四—一一五九）の始まりは、いまでは京都の名でよりよく知られている、平安京と呼ばれた「平和の首都」の創設に対応する。この都は、唐の首都長安の図面に倣ってできたものだが、城壁ではなく神社仏閣によって囲繞されていた。というのももっとも憂慮すべき脅威は外部から来るのではなかったからだ。それは内部からやって来た。当時の日本人の日常生活は、縁のあった死者や霊の不吉な攻撃を避けるという欲求にもっぱら支配されていたように思われる。彼らの道を横切ってはならない。それゆえ、ある方位は、「鬼門」と呼ばれる北東のように「忌み嫌われ」ていた。しかし中国由来の占星術の諸理論に従って、他の多くの方位も危険とみなされていた。〈陰陽道《おんみょうどう》〉と呼ばれる信仰によれば、方位図の二十四分割に対応する〈方《かた》〉が、それが好ましくないとする〈忌《いみ》〉によって一時的に作用されうるという。それで〈方忌《かたいみ》〉があると言われたわけである。こうした禁忌は、ときにはある人物に、ときにはすべての人に、日ごとの、月ごとの、季節ごとの、年ごとの、あるいは数年ごとのサイクルにしたがって、一定の方位への移動を禁じる何日間かを課すものだった。こうした方位の禁忌の複雑性ゆえに、内裏にはその知識と扱いの専門的部署が存在するほどだった。こうした〈方忌〉は、多大の不自由を引き起こした。「方位に気をつけずには、どこに行くにも、なにをするにも、誰も自由ではなかった」、とベルナール・フランクは説明する。[21]こうした禁忌を回避するために、それゆえ日本人は直ちに〈方違《かたたが》え〉[22]と呼ばれる「方位転換」の婉曲な戦略を開発した。南が禁忌なら、南東にある場所で夜を過ごして、翌日南西へと道をとればよかったわけである。貴族は自分の家が悪い方位に当たるとき帰れなくなるという事態がよく起きた。[23]こうした余儀ない迂回を利用して、気ままに友達や部下の家に押しかける者もあった。『源氏物語』では、主人公のまことに奇妙な恋のアヴァンチュールのひとつが、こんなふうに始まる。「今夜は土の星が君が帰る方位を禁じていると誰かが言った」。土星の位置からして、皇子が屋敷に戻るなら不幸になるというのである。「なんと忌々しい！　それではどこへ行こう、と源氏は叫んだ。紀伊守《きのかみ》の家があります、と侍女のひとりが言った。とても涼しく陰が多いところです[24]」。夏だった。蒸し暑かった。この夜の訪問を光栄に思い、紀伊守は、面倒を見るように頼まれていた婦人の部屋の隣の部屋を皇子のために用意した。「父、伊予介《いよのすけ》は不在です」と詫びを言った。「その若い妻の世話をするように頼まれているのです」。従者たちは贅沢にとりなし、数知れぬ蛍の織りなす迷宮のなかでたらふく食べ酒に酔って眠りこんだ。虫の低い声が涼しい風に乗って漂ってきた。夜のしじまのなか、皇子に聞こえるのはただ流れる水の音だけだった。西の部屋でかすかに衣擦れの音がした。耳をそばだてて彼は寝床を離れた。「お客さまはもうお休みになったの？　夜が明けたら、見てみたいわ」。女性が彼のことを話していた。その弟が答えた。「僕は会ったよ。噂は本当だよ。とても美しいんだ」。皇子は心動かされ、侍女たちが眠るのを待ち、仕切りをずらして、あの声の持ち主だとわかった、横たわった小柄な人影のほうへ手探りで進み、安心させるようにやさしくつぶやきながら彼女の衣服を脱がした。すっかり動転して彼女は悲鳴を上げようとしたが、その口からはなんの音も出てこなかった。彼は彼女を抱き上げて、自分の部屋に運び、一晩中思いのままにした。彼女はとてもきゃしゃだったので、抗っても無駄だった。鶏が鳴き始めたとき、彼は彼女のからだが青竹のようで、心がやさしさに満ち、別れなければならないという思いにもう悲しい気持ちになっているのを見た。やさしく従順な性質の彼女は、彼に抵抗せざるをえなかったが、無駄だった。誰が彼に抵抗できたろう。

　彼は美しい夜明けを見もせずに屋敷に戻ったが、この女と再会する手段のことばかり考えていた。彼女のほうでも、粗野で武骨な男と結婚したことを後悔しながら、この魅力的な皇子に思いを馳せていた。彼女は源氏の手紙を受け取ると、涙があふれた。「あの夢をもう一度見たいものだ」、と彼は言っていた。だが彼女は返事ができなかった。身分のかけ離れた既婚者の彼女には危険が大き過ぎた。源氏を避けて、彼女は二人のあいだに障害を置くことをやめなかった。たとえば、蜃気楼にも似た架空の木、「ほうきの木」、〈帚木《ははきぎ》〉のように。それに近づくと消えてしまうのだ。皇子がある場所で見つけようと考えても、婦人は場所を移し、蒸発して、彼ひとり欲求不満のまま残された。ある夜、彼は自分の小姓にしていた婦人の弟を抱いて寝床に横たえ、その姉と同じきゃしゃなからだをした少年とともにみずからを慰めた。「お前は、少なくとも、私を捨ててはいけないよ」、と彼は言った。『源氏物語』の「帚木」の章は、こうして謎めいた文章で終わる。「少年はこの丁重な扱いに満足し幸せだった。主人は、姉が無愛想なだけにいっそうこの少年が魅力的だと思ったようだ」。当時、貴族は不在の女からたやすく少年に眼差しを移して自分を慰めていた。〈方違え〉の論理に従えば、それゆえ禁じられた人に欲望を向けるとき、「迂回」することが可能だったようだ。「人」（方《かた》）はまた等しく「方位」（方《かた》）を意味していたのではないだろうか。しかし源氏は、どんなに優雅であっても代理では満足できなかった。一夜喜びとした若者も、彼の思い人の代わりにはならなかった。

『源氏物語』の次章は「空蝉《うつせみ》」（蝉の抜け殻）と題されている。主人公が絶えず自分から逃げる女をこう名づけたからだ。〈空蝉〉は、木の下部に残されたさなぎ、虫の抜け殻で、人生のメタファーとなる。人は束の間それを占有し、うつろな外皮を背後に残すだけである。源氏は、空気の流れにたとえた女性にどうしても再び逢いたいと願って、夜陰に乗じて彼女の家に行き、夫の不在をいいことに、その背後に彼女がいる几帳のところまでこっそり忍びこんだ。そこで目に入った光景が彼を魅了した。

二人の若い女が碁を打っていた。ひとりは、優雅な頭の様子をしていたが、綾の単襲《ひとえがさね》に身をうずめた小さな姿で、袖の下にその小さな手を隠そうとしていた。「彼女はまるで向かい合った相手から顔を隠そうとしているようだった[25]」。彼女はさほど美人ではなかったが、その控えめで恥じらいのある仕草は間違いようがなかった。源氏はすぐに闇のなかで抱いた女に気づいた。もうひとりは、風を通すように衣服の前を開け、胸をさらし、ぽっちゃりと、生き生きして、まばゆいばかりに美しく、その良い性質があふれんばかりだった。「源氏は、こんなにも自由にくつろいだ態度の女を目にしたことはなかった[26]」。それは紀伊守の妹の西の方だった。勝負が終わると、源氏は小姓に導かれて若い女たちのいる部屋に入りこんだ。彼はついに空蝉に再会できると思った。しかし空蝉は夢のような逢瀬以来もうなかなか眠ることができずにいた。二人の幽霊じみた出会いの記憶が、まだ彼女の脳裏から去らなかった。「彼女は昼に夢を見、夜に目覚めていた。彼女の目は春を知らなかった[27]」。だから皇子の発する香りがすると、彼女は頭をもたげ、警戒して部屋から逃げ出したが、その衣装から薄衣が滑り落ちた。皇子はそれに気づかなかった。部屋のなかに女がひとりいることを確認して喜び、彼は眠っている女に近づいたが、それが彼女ではないことを知ってぞっとした。遅すぎた。自分が相手を間違えたことを知らせるのは不適切だった。それで彼はとても愛想のよい性質の娘と留まり、気づかぬうちに一夜を過ごした。翌日、源氏は屋敷に戻った。空蝉の代わりに彼は気持ちの良い相手を手に入れた。とはいえ、心は重かった。恋する女が逃げる際に落とした薄衣に手を触れたが、それは良い香りのする軽い絹の布地だった。

空蟬の身をかへてける木《こ》の下《もと》になほ人がらのなつかしきかな

（抜け殻を木の下に捨てて飛び去るように薄衣を落として行ったあの人がやはり懐かしい）(28)

京都郊外の宇治市には源氏物語ミュージアムがあり、この場面を等身大で表している。若い娘たちのマネキンが碁を打つのを、簾《すだれ》を通してひとりの男が覗き見ている。女たちは、幾重もの衣装に身を包み、能面のようなうつろな顔を盤に傾けている。碁ゲームの目的は、縦横十九本の線の交差によってできた三百六十一の「目《もく》」と呼ばれる領土を奪うことである。黒と白の碁石によって、敵の碁石を包囲して空間を占領する。もっともたくさん目、つまり占領されていない空間を持つ者が勝ちである。『源氏物語』において、このエピソードはとても有名なので、多くの切手に表されている。特徴のない顔の二人の女が盤に身を傾けているが、彼女たちが碁石を眺めるのに負けず劣らずの熱心さでひとりの男が彼女たちを観察している。彼女たちは衝立と日除けによって区切られた空間の内部にいるが、その空間自体が縁《ふち》と壁によって区切られた部屋の内部にある。この底知れぬ鏡の戯れを無限に繰り返す、枠のなかの枠……。日本の恋の美学は、平安時代以来、このフラクタルの中心へと星形に接近する運動にしばしば似るが、このフラクタルが今度は新たな星形八角形の輪郭を示す。こうして源氏は円環のうちに刻まれ、それ自体渦の同心円状の空間に刻まれる感情の反響を絶えず追い求める。だから、彼の恋を描いた絵画のなかに恋される存在を探し求めても無駄である。相手は、屏風を広げた仕切り壁の背後にしばしば姿を隠し、その下から衣装の左右対称的な裾がはみ出て、それが何層かの布地と重なった紙に覆われ、それ自体流れる雲に覆われる、家という立方体の内部にある……。こんな鏡と幕の戯れの目的が、われわれに無限の眩暈を与えることではないかどうか誰が知ろう。

恋は、源氏がその相次ぐ分身を通してつかまえた気になる蟬のような、皮膚や皮膜のような、つまり弟、娘、衣装といった、幻影的な像の背後に絶えず退いて逃げ去る。彼は彼女との再会をとても望んでいたかもしれないが、つまるところ彼女を通して追い求めているのは、夜に襲われながらも沈黙のうちに拒む女の心的イメージでないとしたらなんだろうか。「こんな夢がまた見られるように」、と彼は言う。彼はその探求において、物を隔てる空間をつねに越えようとする。「恋の探求と人生そのものとが、不可能な接近、越境の欲望である」、と日本の象徴的建築に関する書物のなかでセルジュ・サラとフランソワーズ・ラベは示唆する。「人々はきわめて近くに、しかもつねに別々の世界に、並列し、隣接しながら、異なった性質の、永遠に無縁な空間にいる。簀《す》の子《こ》（住まいを取り囲む縁）が、二つの世界が接触し、扇、歌、あるいは花が交換される両義的空間となる」[29]。古典文学において、また恋の場面を表す絵画において、登場人物はじつのところつねに離れているように見える。並んで寝ている二人でさえ、いわく言いがたい憂愁のヴェールによって切り離されているように。ときとして夜に男たちは、細く割った竹を糸で編み連ねた簾をかすめるが、それは二つの世界のあいだ、内部と外部のあいだ、欲望と期待のあいだの心的境界をしるすものである。彼らはためらう。身を隠す。彼らは明るい部屋の縁に留まるが、その内部では彼らの存在を無視して少女たちが、自分の感情をなんら表に出さずに、恋を夢見、心のなかで泣いている。感情はよそにある。衣服の乱れや、ほとんど気づかれないほどの髪の乱れに。ひそかな悲しみや心惑わす幸せのしるしである、謎めいた微笑みのうちに。建物を構成する線が、演劇的空間、眼差しの届かぬところでドラマが演じられる舞台を用意する。そしてこのドラマが日本人を魅了するのは、いまでも彼らが花咲く女の美しさよりも消えゆく夢の美しさにより感じやすいからだ。

次頁：恩地孝四郎「鏡」（1930年）

第三皇女の悲しい物語……子猫を撫でる

女性を価値あるものにするには隠さなければならない。十世紀以来、室内情景的芸術《アンチミスト》の〈絵巻〉は、このしきたりに基づいている。平安時代の女性の日記や恋物語を図解した絵巻物のなかで、ヒロインは場面の周辺にあって、他の女性たちに対する優越性を象徴する仕切り壁や移動式帳《とばり》に取り囲まれている。「中心が一般に優越的場所とみなされ、まずもってそこに眼差しを惹きつける西洋絵画とは反対に、日本の物語絵画において重要人物は、たいていの場合、左側か右側に追いやられている」[30]、とエテル・ルジェリ＝バウアーはその『源氏物語』の序説のなかで述べている。高貴の生まれの女性は、必ず距離を置いて、「箱に入れられた宝飾品のように」、三重の簾《すだれ》の背後に位置する。その気高さを規定するのは、身体的かつ視覚的接近の困難さである。彼女に話しかけるには、それゆえ男たちは自分の言葉を媒介者、侍女（女房など）に託さなければならない。彼女たちの部屋（庇《ひさし》の間）が、高貴の人の部屋を取り囲み、彼女が宝物のようにひとりいる金庫（母屋《もや》）の周りに多数の安全装置を形成する。縁（簀《す》の子縁）に遠ざけられた男は、稀に住まいのなかに入る機会を持つが、さもなくば危険を冒して夜そっと忍びこむしかない。「日本的空間におけるすべてが、訪問者に現実的距離感を失わせ、たえず逃げ退く深みへと徐々に導くように考えられている」[31]、とセルジュ・サラとフランソワーズ・ラベ（『夢の浮橋』）は説明する。空間は中心を持たない。伝統的家屋は組み立て式の〈襖《ふすま》〉で構成され、その配置を部屋や非部屋を創るために絶えず変えることができる。真の迷宮である。

同様に、日本語の文も中心を持たないように思われる。それはイメージの集積から成る。「われわれの言語においては、動詞は文末に置かれるが、それゆえ日本人は文をすっかり聞くか読むかしてしまう前にその全体的意味を知ることができない」、と思想家の加藤周一（『日本文化における時間と空間』）は述べる。「文が言表《げんぴょう》され繰り広げられるに従って、まず構成的諸要素が理解できるだけで、推論がどこへ導くかがよくわからないままである」[32]。列挙されたイメージは、それゆえまず聞く者の記憶のうちに積み重なり、無限の可能性において組み合わされる。この言語のおもしろさは、次いで偶然的に分節される諸断片の多様な組み合わせのうえで戯れるところにある。人は他者のように道をたどることができる。それぞれの道は、互いに送り返される言葉の森のなかで途方に暮れるという同じ感覚へと導く。日本では、と槇《まき》文彦が書いている、「内部空間は見えない中心である、あるいはより正確には、中心の概念を含む、あらゆる絶対的なものを拒否する精神的文脈において、中心の代わりをするために想像された代理の解決である。だからして中心は、他者に対してより明らかにする必要もなく、各人によって自由に置かれうるのだ(33)」。恋においても、同じ論理に従って、欲望の対象は、接近不可能で、この世と見てはならない「永遠に夜の国」、〈黄泉〉とを隔てるのと同じ越えられない障壁によって男から隔てられている。高位の女性を見ることは、非難されるべきことだ。貴族が、垣根や簾の隙間から女を覗き見る〈垣間《かいま》見《み》〉のちょっとした戯れを楽しむにしても、顔を垣間見るのは決して罪のないことではない。

『源氏物語』の巻三十四、三十五、三十六において、柏木《かしわぎ》と第三皇女、女三宮《おんなさんのみや》の悲劇的恋物語が、禁じられた視覚の表す危険を無気味なかたちで例証している。すべては子猫の過ちから起きる。「春のある日、蹴鞠の競技が皇子の屋敷で行なわれました」、と『源氏物語』の専門家狩野晃一は語る(34)。「日は徐々に傾き、風がそよとも吹かぬこの絶好の日和を喜んで、いろいろな男たちが競技に参加し、薄靄《うすもや》に沈んだ庭の見事な樹々のもとで技を競いました。夕日を浴びた彼らの多彩なシルエットを見るのは喜ばしいことでした。屋敷の女たちは簾《すだれ》のうしろに集まって競技者たちを観察し、その技をかすかな笑い声や衣擦れの音で称えました」。頭中将の息子、衛門府の柏木が、すばらしい技を披歴し、そのすらりと均整のとれた姿がとても優雅に花々のなかを舞っていた。将来を嘱望された若者だったが、しかしその心はなにか切迫したことで占められていた。その親友、夕霧（源氏と故・葵上とのあいだの息子）と彼は見事に共演した。競技をやめて、汗をかいた二人の若者は休憩するためになにげなく階段に座った。彼らの頭上では、色鮮やかな着物が簾越しにいつにない動きを見せていた。女性陣は競技に夢中になっていた。突然、二匹の猫が建物のなかから現れ、追いかけっこを始めた。長い綱のつけられた「とても小さく、可愛い」猫が、もっと大きな猫に追いかけられていた。大騒ぎになった。綱のついた子猫が簾の隅を持ち上げ、十四歳ほどの少女の姿があらわになった。彼女は競技をよく見ようと立ち上がっていたが、侍女たちはそれに気づいていなかった。皇女その人だった。きわめて不謹慎なことだった。「彼女は目撃されました、しかも立っているところを！」、と狩野晃一は強調する。「重大な礼儀違反です。この階級の女性は立ち上がる権利がありませんでした。彼女たちは、母屋に閉じこもって座ったままで、拳で身を支えながら滑って移動しなければなりませんでした。驚くべきことに、侍女たちが一緒になってさらに過ちを重大なものにしました」。源氏の息子が最初に彼女を見た。少女の慎みのなさに呆れて、彼は咳払いした。しかしすでに遅すぎた。「女たちはすぐに身を隠しましたが、彼女は身を視線にさらしました。猫が必死に鳴き声を上げると、彼女は振り向き」、そのとても若い姿、細い人形のようなからだ、地面に届かんばかりの漆黒の髪を優雅にさらしたのだ。

柏木は彼女を見た。その姿は彼の心に刻印された。女性陣の狼狽振りから、彼には少女が彼女たちの主人、帝の娘その人、源氏の若妻であるとわかった。彼女は女三宮《おんなさんのみや》と呼ばれていた。子供で、あまりに早く結婚し、礼儀正しく振舞うにはあまりに無責任だった。しかし柏木の目にはその純粋な無邪気さしか見えなかった。彼は動転していた。頬を赤らめ胸をどきどきさせながら、彼は子猫を呼び、腕に抱いた。「動物の発する馥郁たる香りと、その優雅な鳴き声までも、少しも無作法ではない人を思わせ、憧れを彼に呼び起こすのだった」[35]、とルネ・シフェールは訳している。彼の動揺は目立つものだったと思わなければならない。夕霧はそっけなく彼に知らせた。この女性は源氏の妻、「私の父の妻」だ、と彼はとがめるように強調した。しかし柏木は心ここにあらずで、もう聞いていなかった。この日から彼にはひとつのことしか頭になかった。女三宮に会うこと。彼女を自分のものにすること。情熱に駆られ、彼は評判を落としかねない歌を送った。「よそに見て折らぬなげきは繁れども名残恋しき花の夕影」(私は遠くから見ただけで夕闇なかの花を手折ることもできないがひたすらその姿がなつかしい)[36]。中に立った小侍従は、こう答えた。「あなたがとても高いところにある花を憧れていることを決してお見せにならないようにお気をつけなさいませ」。しかし彼女は感動していた。おそらくだからこそ彼女はこの情熱的な若者の密かな恋を助けることをやめなかったのだろう。少なくとも彼女は誠実な恋を示したようだ。源氏は、逆に、無理やり結婚させられた、この幼稚で未熟な皇女になにも感じず、子供扱いしていた。ほとんど避けがたく事件が続いて起きた。皇女の代わりに柏木はなによりもまず猫を手に入れた。彼はまことしやかな口実でその保護を申し出て、子猫をかかえて泥棒のように家に帰った。「夜もそばに寝かせ、朝いちばんにその世話をし、撫で、餌をやった」。猫は、以前は慣れなかったが、とてもなついて、彼の衣服の上でまるまったり、ごろごろ甘えながらそのなかに滑りこんだりして眠るようになった。ある日、柏木が絶望に打ちひしがれ心重く横たわっていると、子猫が擦り寄ってきて、訴えるように鳴いた。「ではお前も泣いているのか」、と彼は感動して訊いた。

恋ひわぶる人の形見と手馴らせばなれよ何とて鳴くねなるらん

（私が恋焦がれている人のものと思って撫で可愛がっているのになぜお前が鳴く必要があろう）[37]

　源氏の側からあらためて猫を返すように言ってきたが、柏木は応じなかった。猫は彼にとてもなついて、周りの人たちを驚かせた。彼が動物に特別な愛情を持っていることなどいままで知らなかったからだ。わかったことといえばただ柏木が人目も気にせずに滑らかで暖かい毛並を撫でさすっていることだけだったろうか。「彼は猫をそばに置いて長く話しかけた」。何年も経過した。六年間というもの彼は懊悩し、いつか夢の光景を再び見ることができるという希望だけでなんとか暮らした。彼は第二皇女（落葉《おちば》の宮）との結婚を承諾したが、それも二人がなんとなく似ているので妹の影に近づくためだった。しかしこの結婚は彼になんの慰藉ももたらさなければ、その不幸な情熱に満たされた心を逸らすこともなかった。彼は「疑いを呼び起こさないようにとても丁重に」妻を扱った。同時に彼は共犯者の小侍従に、密かに逢瀬を手配してくれるようにせがんだ。ついに奇跡が起きた。四月十日、禊《みそぎ》の前日、賀茂の斎院に付き添うことになっている十二人の侍女や、いつも皇女の周りにいる娘や召使いたちがすべて留守にしていた。それで小侍従は、恋する男を自分の主人のいる住まいのかたわらの座席に座らせた。彼は寝室に忍びこみ、恋に狂って震えながらとりとめなく喋り始め、自分が身を焦がしてきたあらゆる理由を一気に並び立てたが、皇女はこの見知らぬ男に恐れをなし、彼の言おうとしていることが理解できず、全身震わせながら助けを呼んだ。彼女はとても哀れな状態だったので、彼にはなす術《すべ》がなかった。二十歳なのに皇女は永遠の子供のようで、涙に光るその大きな眼が彼を動揺させた。彼女を連れ出さなくては。ここから誰も知らない場所へ運ばなければならない。「そのときなにか目覚めた夢のようなもののなかで、彼はかつて盗み出した猫が喉をごろごろ鳴らしながら近づいて来るのを見て、自分が皇女に差し出すためにそれを連れて来たのに違いないと思ったが、なぜそんなことをしたのだろうと自問していると、我に返った。この夢はなにを意味しているのだろう、と彼は思った」[38]。

　意識を取り戻し、空が曙光で明るくなると、彼は自分が半ば無意識状態で愛しい人を犯していたことを理解した。皇女は、身動きさせず、喉を詰まらせ、自分がまだ生きているのか自問しながら天井を見つめていた。これはすべて現実だったのだろうか。「あけぐれの空に憂き身は消えななむ夢なりけりと見てもやむべく」(この夜明けの空に私の嘆きも消えてしまい、すべては一夜の悪夢としてなんの形見も残らなければいいのに)。彼女が衝撃を受けて横たわったままなのを見て、柏木は彼女を軽々と抱き上げて縁まで運び、夜明けの光のなかで彼女の顔をやさしく見つめた。「私はあなたを夢見てきました。恋に狂いました」。そして傷ついた心で立ち去った。彼の過ちは償いようがなかった。死にたかったのかもしれない。とはいえ彼は熱烈な手紙を送り、常軌を逸した希望の歳月について長々とびっしり小さな文字で二枚にわたって書き綴っていた。だが皇女は、この手紙を読みたがらず、源氏が部屋に入ってきたとき、それを破り捨てようとしていた。生きた心地もせずに彼女はそれをすばやく枕の下に滑りこませた。源氏は彼女が動揺していると思った。彼はこのとても若い妻に十分に愛情を注がないでいることを後ろめたく感じていた。それで埋め合わせをしようと、一夜をともに過ごし、翌朝扇を探していると、その手が薄青い紙に触れたが、それには柏木の優雅な香りが染みついていた。彼はなにも言わなかった。後になって女三宮が自分の妊娠を彼に告白したときにも、なにも言わなかった。いずれにせよ、子供は自分のものではなかった。しかし耐えがたかったのは、友人のひとりに裏切られたことだった。何カ月か経って衛門府を賀宴に招いた源氏は、彼に酒をたくさん飲ませ、その暗い内面を探り続けた。柏木は彼が知っていることを知っていた。吐き気に襲われた。家に帰ると、奇妙な病気にかかったように、食べられなくなった。彼がひとえに残念に思ったのは、力が失われてゆくためにもうほとんど空に目を上げられないことだった。それが夢の女性に唯一残すことだった。しかしあんな過ちを犯してどうして生き延びられよう。断末魔の苦しみのとき、彼は彼女から手紙を受け取った。彼女は彼を愛していると告白していた。「あなたとともに私は消えてしまいたい。私の思いは私を焼き、煙と化してしまいます。……生き延びてどうなるものでしょう」。

寝床から這い出た柏木は、ようやく筆を取って彼女に返事を書いた。かつてあんなにも優雅だった彼の文字は、「鳥の足跡」のようだった。

行くへなき空の煙となりぬとも思ふあたりを立ちは離れじ

(この道もない空のなかを私は煙になっても君のところに間違いなく漂っていくだろう[39])

この訣れの手紙を読んだとき、皇女は早産の最初の陣痛に襲われていた。一晩中断末魔の苦しみにも近い分娩の痛みに

森口裕二「縁側 ~ Veranda ~」
（2003年）

もがき苦しんだ。その後、彼女は剃髪し、尼になった。死んで柏木と一緒になるために。

【註】

(1) *Contes d'Ise*, traduit par Gaston Renondeau, p.80.

(2) Paul Gordon Schalow, *A Poetics of Courtly Male Friendship in Heian Japan*, University of Hawaii Press, 2007, pp.54-56.

(3) Gaston Renondeau, *Contes d'Ise*, p.80.

(4) Armen Godel et Koichi Kano, *Visages cachés, sentiments mêlés* p.39.

(5) Armen Godel et Koichi Kano, *op. cit.*, p.38.

(6) *Songe d'une nuit de printemps, poèms d'amour des dames de Heian*, traduits par Renée Garde, p.115.

(7) 「この語は、『万葉集』で十五回、『新古今和歌集』で十九回（十二回は恋歌に関して、六回は〈面影〉が月のモチーフと一緒になって）用いられている。付け加えるなら、『古今和歌六帖』（十世紀末）では、〈面影〉に関する歌が別個に下位分類されているが、これは「恋」の章に属し、「夢」と「半睡」のあいだに置かれている」(Jacqueline Pigeot, La caille et le pluvier: l'imagination dans la poétique japonaise à l'époque du Shinkokinshû. *Extrême-Orient, Extrême-Occident*. 1985, No7, Le "réel", l' "imaginaire", pp.93-122.

(8) Jacqueline Pigeot, *op. cit.*

(9) *idem.*

(10) 一九八二年に創られた〈面影〉は、オリエント工業の主要製品だったが、一九八七年に関節を具えたその改良品〈影身〉が作られた。

(11) 詳しくは以下を参照。*Dictionnaire de l'amour et du plaisir au Japon*, Drugstore, 2009.

(12) 儀式の服装、「十二単《ひとえ》」は十二枚重ねる。

(13) *Le Dit du Genji*, de Murasaki Shikibu, traduit par René Sieffert, Diane de Selliers, 2007.

(14) たとえば、和泉式部は皇子が彼女の住まいを初めて訪れたことを物語っている。恋する男は例によって広縁にいるが、狙う女を見ることができない。「ところが気おくれしつつ彼女が彼とあれこれ話すうちに、月が明るく昇った」。夏の夜のはかなさについて歌を一つ二つ詠むと、皇子はもう我慢できずに叫ぶ。「あなたは私が無礼だと思うでしょうか」。こう言いながら彼はなかに滑り込んだ。そこで彼は彼女に数々の軽率な誓いをし、夜が明けると帰って行った。

(15) Renée Garde, *Songe d'une nuit de printemps, poèms d'amour des dames de Heian*, Philippe Picquier, 1998, pp.19-21.

(16) *Idem.*

(17) Edwin A. Cranston, *A Waka Anthology*, vol. 2, p.655.

(18) 第六章「末摘花」。Kikou Yamata, *Le Roman de Genji*, de Mourasaki Shikibu, Plon, 1928, p.185-219. René Sieffert, *Le Dit du Genji*, de Murasaki Shikibu, POF, 1988, pp.127-147.

(19) 二〇一〇年三月一六日、ジュネーヴでの狩野晃一との対談。

(20) René Sieffert, *Le Dit du Genji*, de Murasaki Shikibu, POF, 1988, pp.169-176, et Kikou Yamata, *Le Roman de Genji*, de

Mourasaki Shikibu, Plon, 1928, pp.253-265.

（21）Bernard Franck, "*Kata-imi et Kata-tagae*, étude sur les interdits de direction à l'époque Heian", PUF, *Bulletin de la maison franco-japonaise*, nouvelle série, tome 5, n° 2-4, 1958.

（22）「最初の確かな〈方違え〉の暗示は、平安京の創設の五十年以上後のことである。こうした暗示のうち最古のものは、『三代実録』の八五九年五月二十三日の項に見出せる」。Bernard Franck, *op. cit.*, p.111.

（23）「今宵、方《かた》のふたがりければ、方違になんいく」（私の屋敷の方角が塞がっているので、どこか方違えをしよう）（清少納言『枕草子』八十三）。

（24）『源氏物語』第二章「帚木」と第三章「空蟬」。René Sieffert, *Le Dit du Genji*, de Murasaki Shikibu, POF, 1988, pp.39-60. et Kikou Yamata, *Le Roman de Genji*, de Mourasaki Shikibu, Plon, 1928, pp.52-82.

（25）René Sieffert, *op. cit.*, p.54.

（26）*Idem*, p.55.

（27）Kikou Yamata, *op. cit.*, p.77.

（28）René Sieffert, *op. cit.*, p.59, et Kikou Yamata, *op. cit.*, p.81.

（29）Serge Salat et Françoise Labbé, *Créateurs du Japon, le pont flottant des songes*, Hermann, 1986.

（30）Estelle Leggeri-Bauer, "Les Genji-e, entre narration et poésie", *Le Dit du Genji*, de Murasaki Shikibu, traduit par René Sieffert, Diane de Seillers, 2007.

（31）Serge Sarat et Françoise Labbé, *Créateurs du Japon, le pont flottant des songes*, Hermann, 1986.

（32）Kato Shuichi, *Le Temps et l'espace dans la culture japonaise*, traduit par Christophe Sabouret, CNRS, coll."Reseau Asie", 2009.

（33）Maki Fumihiko, *La Ville qui apparaît et disparaît*. Citée par Serge Salat et Françoise Labbe, *op. cit.*

（34）二〇一〇年三月の対談。

（35）Murasaki Shikibu, *Le Dit du Genji*, traduit par René Sieffert, vol. 2, POF, 1989, p.69.

（36）René Sieffert, *op. cit.*, p.72.

（37）René Sieffert, *op. cit.*, p.77.

（38）猫を夢に見るのは、当時、子供ができるのを夢見ることである。

（39）René Sieffert, *op. cit.*, p.142.

歌川国芳「賢女烈婦伝　常盤御前」（1840年頃）

第十五章　有名な恋

「霧や露のように消えましょう」

玉藻前……九尾の女

荼枳尼《だきに》は、死者の心臓を食らう女の鬼神である。この屍体愛の存在について、歴史家たちは、彼女が最初は大地の女神で、ついでインドの女祭司に仕える「聖なる娼婦」に基づいて性愛の女神になったと見ている。[1] 日本では荼枳尼はしばしば白狐に乗った女戦士の姿で表される。性的タントラ（シャクティ派）と黒魔術の混合として妖術に近いその信仰は、使者たる〈狐〉がその尾の先で火の玉を運ぶという稲荷《いなり》（穀物の神）信仰と混合した。恐ろしくまた同時に救済者でもある荼枳尼は、狐と同様、制御不能な野蛮さと大いなる生命力の観念に結びついている。彼女は鬼神たちから守る鬼神、癒す毒、極楽へ導く宿命の女《ファム・ファタル》である。彼女を称えて秘儀を執り行なう人々は、〈人黄《じんおう》〉、つまり人の魂を、心的吸血鬼のように食らうことができるとみなされている。日本の歴史において、この秘教的信仰のもっとも有名な信徒は、「祇園女御《ぎおんにょうご》」と呼ばれる。白河天皇（一〇五三―一一二九）の寵姫、彼の「玉姫」[2]だった。以下はその物語である。

白河天皇がどんな状況で祇園女御に出会ったのかは謎である。『平家物語』は、彼らの関係を永久年間（一一一三―一一一八）に据える。[3]『今鏡』[4]によれば、祇園は出身不詳の女性で、常ならぬ理由で白河院の愛人になった、とベルナール・フォールは言う。公式には〈女御〉の称号は与えられなかったとはいえ、しばしばそう呼ばれた。彼女の成功の秘密は、彼女の荼枳尼天《だきにてん》への信仰と僧仁海《にんがい》との関係に帰せられる。物語によれば、仁海が稲荷山頂で千日間荼枳尼に全身全霊を捧げたとき、祇園は彼に毎日食べ物を施すために通ったという。この敬虔な偉業を達成して、若い娘は白河が愛人にするのに十分に価値を高めた。それゆえ彼女は祇園女御と呼ばれた。[5]

無気味な評判に包まれながら、祇園はたちまち伝説的存在になった。彼女が続けて千日間、人間の心臓を食らう荼枳尼の崇拝者のもとへ食べ物を運ぶために暗い山の斜面をよじ登ったという事実は、むしろ彼女の魅力について語らせることにもなった。もっとも、年代記によれば、この美女には肉への驚くべき嗜好があった。「彼女はほとんど強迫的なまでに肉を好んだ。白河法皇が肉に対する仏教的戒律（殺生戒、つまり肉や魚さえも食べることの禁止）を厳格に守っていたのに対し、祇園女御は新鮮な肉への欲望を満足させるものを持ってくるように毎日猟師を送り出していた[6]」。

　白河は彼女を愛していたが、しかしおそらくこの大食の女は結局のところ彼を怖がらせたようだ。五月の暗い陰気な夜、土砂降りの雨のなか、白河院が八坂神社を抜けて祇園方面へ向かっているとき、突然「光物《ひかりもの》」が現れた。びっくりしたお供の者はこの妖しい現象の前で立ち止まり、院も自分の最期の時が来たと思った。彼は最良の家来に鬼を殺すように命じた。武士の平忠盛（一〇九六―一一五三）が現れ出たが、鬼を一刀両断するのではなく（鬼を殺したらただではすまない）、勇気を奮ってそれをむずとつかんだところ、それが怖がった老僧、「御堂の承仕《じょうじ》法師」であることに気づいた。彼は石灯籠に火を灯そうと蓑《みの》を頭にかぶっていたのである。「弓矢取りの精神は見事なものだ、と主君は言って、報償として忠盛に最愛の対象だった祇園女御を与えた[7]」。

　このように野卑な武士に「下賜される」ことを祇園女御がどんなふうに思ったか定かではない。彼女は院の子を妊娠していたのだ。溝口健二が一九五五年に制作した映画『新・平家物語』では、祇園女御の物語はこのように語られる。例の老僧はじつのところ愛人だった。不貞行為の現場を押さえられて、祇園女御は捨てられた。白河は、彼女に嫌気がさし、もっとも忠実な武士に彼女を与え、かくて一石二鳥の効果を挙げた。彼は不実な女御を罰し、ボディガードに報いたわけだが、こうして帝政の終焉を告げたことを知る由もなかった。というのも、この物語は悪い結末を迎えたからである。ひょっとしたら祇園女御は復讐の儀式を行なったのだろうか。彼女が生み落とした私生児は、成人して自分の真の父親が誰かを知り、激しい怒りを覚えた。この私生児の名は清盛（一一一八―一一八一）という。忠盛は彼を自分自身の息子として育て上げた。しかし清盛がじつは「落胤」であることを知ると、彼はひたすら権力の獲得に努めた。彼には帝位を望むことはできなかった。かまわない。彼は自分の兄弟を天皇に、自分の操り人形にするだろう。

『平家物語』において、物語はこう語られる。「忠盛は子供をまるで我が子のように扱った」。少年はしばしば夜泣きをしたので、白河院は歌を詠んだ。「夜泣きすとただもり立てよ末の世に清く盛ふる事もこそあれ」（子供が夜泣きをしても忠盛がよく面倒を見て盛り立ててやれ。いつの日か清く盛える日も来るだろう）。こういうわけで彼は清盛[8]と名のることになった、と『平家物語』は皮肉っぽく結論する。祇園女御と離縁したのは、一一三七年頃のことである。三十年足らずで清盛は権力を奪取し、戦《いくさ》を始めたが、それは――平家の敗北とともに――侍階級の権力の到来をもたらした。京都の八坂神社には、そばに光物が現れた例の石灯籠が看板で示されているが、そこにはこの魔的な出現が国の歴史に及ぼした決定的な結果が記されている。それは〈忠盛石灯籠〉と呼ばれる。それは日本の顔を変えたのだ。

物語は、いまや複雑になる。白河が祇園女御と結ばれたのは、天皇を愛人に結びつける通常の絆よりもずっと深い絆によるものと考えなければならない。もとより、巧妙な宣伝操作によって、その正当性を伝説に基づかせるように彼女が利用されたのでなければの話だが。つまり、白河は自分の政治を正当化するために妖術師めいた様子の女を必要としていたというわけである。当時、権力は天皇と摂政と院とのあいだで分割されていた。ところで白河は、公式には政務から手を引いていたが、彼が子供たちを交替に帝位に就かせながら権力を行使し続けていた。真の圧力団体になっていた真言宗の影響下に、白河は「龍の玉」の神話の起源に遡るという聖遺物の所有にその主権を基づかせた。真言宗徒は、あらゆる文献で、「真珠に似た」ブッダの遺骨を所有する者は、龍の娘の豊玉姫が火遠理命《ほおりのみこと》（山幸彦）に差し出した珠と同等の力を持つことになるという話を広めていたのである(9)。

折悪しく、もっとも有名なブッダの遺骨は、「公式には」真言宗の開祖、弘法大師、別名空海（七七四―八三五）によって中国から持ち帰られていた。透化した小粒状態のそれは、〈舎利〉と呼ばれ、聖なる狐の尾か口にある〈玉〉を思わせるように、鉄の炎で飾られたガラスの球体に入れられた(10)。

噂が神秘的な力を帯びているように思われたので、祇園女御は「聖なる珠」（如意宝珠）信仰の巫女と同一視された。これは偶然だろうか。真言宗は、慈悲のエロティックなヴァージョン、如意輪観音を夢想し、「玉姫」との肉体的交わりは〈神珠《しんだま》〉の力へ通じるという考えを広めた(11)。さらに念を押すように、白河が死んだとき舎利を祇園女御に遺贈し、そして彼女はそれを清盛に譲り渡したと僧たちは主張した(12)。

聖遺物信仰をめぐるこうした権力争いから、玉藻前《たまものまえ》と呼ばれる、八百歳の九尾の女狐という奇妙な神話が生まれた。伝説によれば、彼女は白河の孫、鳥羽天皇の寵姫になり、その〈人黄〉を吸わせて彼の命を奪いそうになった。ここに気がかりな一致の結果を見るべきだろうか。清盛生誕の十年ほど前、祇園女御はひとりの少女を養女にして、これが鳥羽の后になった。この少女は璋子《しょうし》(13)（一一〇一―一一四五）と呼ばれた。彼女はすばらしく美しかった。白河は彼女に限りない愛情を抱いた。彼女を愛するあまり重要な日課をないがしろにするほどだった。愛するあまりついに自分の愛人にした。彼は彼女より四十八も歳上だった。

璋子が十七歳のとき、白河は彼女と結婚しようとした。彼らの関係は、こんなふうに続くはずもなかった。それで彼は自分の若い愛人を当時十五歳の鳥羽（彼の孫）と結婚させたが、彼女はたちまち妊娠して宮廷中が疑いを持った。璋子が生み落としたのは誰の子なのか？[14] そして彼女が鳥羽から「公式に」得た他の子供たちは、じつのところ鳥羽の「叔父たち」ではなかったか？ この極度の混乱の時代、宮廷はすっかり頽廃していた。次々に飢饉が起こって破局状態になり、京都はもはや悪臭を放つ死都のようでしかなかった。いたるところに死体があった。この終焉を迎えた平安時代を世紀末の雰囲気が支配していた。貴族たちは豪華な庭園を造らせ、現実となった地獄から逃れようと、そこで陶然とさせる歌や幻惑的な朗唱からなる奇妙な儀式を執り行なった。

『方丈記』において鴨長明（一一五五―一二一六）の物語るところでは、道端には死んだ母親の乳房にしがみつく赤ん坊が見られ、また僧が死体の山をまたぎながら、それぞれの死体の額《ひたい》に大急ぎでごく簡単な祈りの最初の「阿」字を書いていたという。この時代、切り取られた首が二度と危害を及ぼさないようにその眼を引き抜かなければならないという怪物の伝説が多くあった。眼球は聖なる珠に結びついていた。悪鬼の切断された首の持ち主になった者は、力を手に入れることができた。宇治では璋子の出た藤原氏が、宝物のなかに女狐、玉藻前の切断された首を所有していると主張していた。[15] この不吉な伝説は、来たるべき終末《アポカリプス》信仰を裏付けることにしかならなかった。まず玉藻前草子の名で語られるところでは、彼女は殺生石[16]の名で能に採り入れられて、不気味な評判の石の存在に接続された。この石は那須の原（栃木県）にあるが、あたりには火山性の硫化水素や砒素などの有毒ガスが立ちこめている。「玉藻前の魂が入っている」、となお案内書にはある。

伝説によれば、玉藻前は鳥羽天皇の寵姫で、その運命は「薔薇のそれのように悲しくはかない」ものだった。「その昔、すばらしい少女が宮廷に暮らしていた。とても魅力的なので玉藻と呼ばれた」[17]。彼女は美しいだけでなく聡明だった。肌は光り輝くほど白かった。ある夜、天皇は宮廷のもっとも美しく華やかなものすべてを集めて夏の大祝宴を催した。しかし管弦が鳴り響いたとき、奇妙な闇が建物に忍びこんできた。黒雲が空を覆い、星を隠した。客たちは不安に駆られながら不思議な風が立つのを感じた。風はとても強く吹いて、すべての灯りが消えた。真っ暗闇のなかで誰かが叫んだ。「灯りを！ 灯りを！」。この夜から天皇は重篤な病にかかった。

帝の病気は悪化し、ついに陰陽師が呼ばれたが、その彼が犯人――玉藻を指して「油断ならない娼婦」として鳥羽を滅ぼすべく誘惑しにやって来たのだと指弾すると、彼女はたちまち元の姿に戻り、白狐に変身した。獣のように騎馬兵と犬に追われた彼女は、ほうほうのていで那須の原にたどり着いたが、二人の騎馬兵に追い詰められ、矢を射られて、ついに最後の息を吐いて岩になった。この話は一一五四年に起きたというが、しかしそのおよそ二世紀後、玄翁《げんのう》という名の僧が黒い石の前で香を焚き、祈った。彼は花を捧げ、玉藻の魂に巣くう悪鬼が安らぎ極楽往生するように、経を唱えた。殺生石は、しかしいまでも有毒なまま存在し、上空を飛ぶ鳥がしばしば即死して石のように墜落する。

祇王、仏、清盛……「我らもつひには仏なり」

日本では伝統的に娼婦は〈遊女〉と呼ばれるが、というのも、この「遊び」の「女」を意味する名称は、「露ほどの」時間しか生きずその運命は流れに運ばれる花弁のそれにも似た存在であることを暗示して、また「彷徨う女」あるいは「身元のない女」とも訳されうる。はかない流浪の人生で、ときに執着することがあっても決して長続きしない見知らぬ人間たちが絶えず通り過ぎて行く。「流れる水に身を任せる存在とみなされる遊女は、詩歌において売春の象徴というよりも、じつのところ怨恨、郷愁、あるいは絶望を喚起する存在とみなされて明日なき愛の象徴となった」。『浮かれ女、芸妓』においてジャクリーヌ・ピジョは、魅惑的な声の歌い手として八世紀と十二世紀のあいだに日本に姿を見せた夢の女たちに頌歌を捧げている。平安時代に遊女はそのからだを売っただけではない。歌の秘儀を所有し、それが母から娘へと伝えられる自由な女たちである。漂白の芸人集団〈傀儡《くぐつ》〉を組織して、彼女たちは路上や、とりわけ川で小舟に乗り客の舟に舫《もや》って歌を披露し、その魅力で商売した。『栄花物語』のなかで藤原頼通《よりみち》は、一〇三一年九月二十六日に江口の港に寄った際、こうした「遊びども」が漕ぎ寄せて来るのを見て文字通り魅了されたと語っている。彼女たちは、お姫様のように装い、螺鈿を嵌めこみ金の散らし模様をあしらった高い傘をさして、胸をさすようなはっきりした言葉で魅力たっぷりに歌うのである。頼通は感嘆の声を上げる。「彼女たちの声、葦に打ち寄せる波音がえもいわれぬ素晴しさだ」。〈今様《いまよう》〉と呼ばれるこの旋律は、天皇にいたるまで魅了するが、それというのもわずかな言葉で現在の悲痛な美しさを表現するからである。私たちはすでに「塵」であると、渦に巻かれて生きる喜びを称えながら、彼女たちはわざと軽薄な調子で歌う。〈今様〉は、「今」と、あらかじめ見捨てられた運命の女たちに特有の笑いながらの挑戦といったニュアンス「様」とを示す。一一五七年、後白河院（彼が宮廷に上げた遊女の弟子）は、『梁塵秘抄』の名のもとにこの種のジャンルのもっとも重要な集成のひとつを編んだ。これには旅立ちの際に作られた別れの歌も含まれる。パトロンに捨てられても、遊女には泣く権利がない。軽やかにいなければならない。「聖《ひじり》をたてじはや、袈裟《けさ》を掛けじはや、数珠を持たじはや、年の若き折戯れせん」（苦行僧になんかならない、袈裟も着ないし、数珠も持たない。私は若いのだからうんと楽しもう）（『梁塵秘抄』四二六）。あるいはまた、「主《ぬし》は来ねども夜殿《よどの》には床の間ぞなき若ければ」（思っている人は来ないけれども、私の寝床は空いている暇もない。私が若いので！）（『梁塵秘抄』三六二）。若いかぎり、遊女は恋には不自由しないと主張することができる。しかし男は彼女を選び、愛し、そして何ヵ月か経って捨て去る。装うのがつらくなる。「かすかなる身にも心のありかほに（つまらない者でも心の優雅さを持つふりをして）[18]」、と「ひとり月を眺める」自分に突然悲しくなった遊女がつぶやく。公卿藤原仲実《なかざね》が彼女に夢中になり、政務のために遠い地方に赴任するとき彼女を連れて行った。ところが情熱が萎えて、彼女のもとへ通うのをやめてしまった。追い出されたわけではなかったが、遊女はすでに自分の運命が閉ざされたことがわかった。間もなく彼女は水路を「小舟に揺られて」行き、歌人たちのいつもながらのたとえどおり「流れに漂う草」にならなければならないだろう。

男の不実のもっとも知られた犠牲者のひとりは、祇王《ぎおう》の名で記憶されている。彼女の話は、悲劇の様相を帯びた十三世紀の叙事文学『平家物語』のなかに見出せるが、これは一種道徳的調子で始まる物語である。「祇園精舎の鐘の声、諸行無常の響きあり」。次いで展開する物語もこれを確認することになろう。〈無常〉の理によってなにものも留まることはない。「祇王」と題された章には、わけても破滅的な例が語られている。翻訳者のルネ・シフェールはこう始める。「その頃（つまり一一六〇―一一七〇年頃）、白拍子の上手で有名な祇王《ぎおう》と祇女《ぎにょ》という二人の姉妹がいた。彼女たちは、とじという踊り手の娘だった。姉の祇王が入道相国（清盛）にいたく愛され、そのため妹の祇女も皆につねならずもてなされた。母親のとじに対しても彼は家を作ってやり、毎月百石《こく》の米と百貫の金銭を送ったので、一家は富み、この上なく幸せだった。（中略）こうして三年経ったとき、都にもうひとり白拍子の上手が現れた。名を仏《ほとけ》といった」。当時日本でもっとも重要な人物だった清盛（一一一八―一一八一）の面識を得たいと思い、ある日、仏は西八条の六波羅の屋敷の前に姿を見せた。十六歳だった。「私は仏と申します、と彼女は門番に言った。子供の頃より遊び者です。入道殿の前で舞い歌うことをお許しください[19]」。

遊び者の女が招かれもせずに「推参」したのを聞いて、清盛ははじめ激怒した。「たとえ神であれ仏であれ」入れることは問題にならなかった。このようにすげなくされて仏が帰ろうとしたとき、祇王がとりなして幼い女に機会を与えてやるように主人を説得した。「ならば今様をひとつ歌ってみよ」。仏は挨拶し、祇王に感謝に満ちた眼差しを送り、そして澄んだ声で頌歌を歌い始めた。「それを見、聞いた人々は、自分の目と耳が信じられなかった。清盛もまた魅了された」。感じ入った彼は舞いを見せるように命じ、仏は舞った。その才能は想像を超えていたと思わなければならない。「彼女が思いもよらぬような舞いを終えたとき、清盛は彼女に心を移していた」。屋敷に留まるように命じられると、仏は動揺した。「すべて祇王御前のお蔭ですのに、御前の代わりになるなど恥ずかしく思います」。清盛はまさしくこれを口実にした。「祇王の存在が気になるか。どういうことはない」、と彼は言って、もとのお気に入りを直ちに屋敷から放逐するように命じた。「祇王はこの結果を予想していたけれども、さすがに昨日今日のこととは思いもよらなかった。直ちに立ち去るようにとの命令が繰り返されたので、彼女は塵を掃き清め、目につくものを整理し、出ることを決意した」。塵は、それゆえもうこの屋敷の影で舞うことはないだろう。清盛が祇王を追い出したとき、ある伝記[20]によれば、彼はこんな文句を吐いたという。「魅力的な女だったが、私が目をかけてやった日があることを誇りに思わなければならない。われらの関係が千年も続くと思ったのだろうか」（『源平盛衰記』）。「女性への口説は、確実なものではなかった。実際、どの話も彼に悪い役割を与え、横暴な独裁者として描いている」、とジャクリーヌ・ピジョは付け加えている。物語の別のヴァージョンで語られるところでは、仏に会ったとき清盛は、「彼女を食い入るように見つめた。（中略）突然、彼は立ち上がり、彼女が舞い終える前に彼女を抱きしめて寝所に連れて行った」（『延慶本《えんぎょうぼん》』）。この混乱の時代、武将には無駄にする時間がなかった。いったん権力の座につくと、彼らは「腹は借り物」という格言を広めた。これは、別言すれば、「子宮は、使ったあとは投げ捨てる物」ということである。乱暴に追い払われた祇王は、泣きながら荷造りしたが、しかし部屋を出るとき、それでも自分の痕跡を残したいと思ったかのように、「泣く泣く」障子に一首の歌を書きつけた。

もえいづるも枯るるも同じ野辺の草いづれか秋にあはで
はつべき
（若く萌え出るのも枯れゆくのも同じ野辺の草は結局は
秋の冷たさを避けることはできないでしょう）

祇王は本当に清盛を愛していたと考えなければならない。というのも彼女はなんの活動も再開することなく年が暮れたからである。悲しみに沈んで引き籠った彼女は、舞うことも歌うことも、どんな招きにも応じることさえできなかったが、春のある日、六波羅から使者がやって来て、「仏を慰めに」来るようにとの厳命を伝えた。この屈辱に耐えるよりは死んでしまおうと祇王ははじめ思ったが、結局は西八条に泣く泣く赴いた。拒否すれば母と妹も罰せられるかもしれないと案じたからである。六波羅では見知らぬ人のように彼女に応対したくだんの男が、あえて彼女を見ようともせずに、「今様を聞きたい」と命じた。それで居並ぶ者たちの前で、涙を抑えながら彼女は歌った。

仏もむかしは凡夫なり　我らもつひには仏なり　いずれも仏生《ぶっしょう》具せる身を　隔つるのみこそ悲しけれ
(仏もその昔は平凡な人間でした。われわれもついには仏になるでしょう。われわれは誰でも仏の性質を持っているのに、互いに隔てられているのは悲しいことです)

彼女がこの単純な歌を二度繰り返すと、「平家一門の公卿、殿上人、諸大夫《しょだいふ》、侍にいたるまで、皆感涙を催した」。清盛も心動かされて、彼女にまた来るように誘ったが、祇王は耐えられなかった。彼女は二度にわたって侮辱された。二度にわたって彼女の愛は踏みにじられた。もうこの世にあることに耐えられず、二十一歳にして「彼女は尼になり、嵯峨の奥の山里に柴の庵《いおり》を建て、念仏に打ちこんだ」。十九歳の妹の祇女と四十五歳の母もこの世を捨て、彼女に従って隠遁した。

話はそこで終わらない。秋が来て、ある夜、かすかな灯のもとで女三人が祈っていると、竹の網戸を叩く者があった。こんな辺鄙な所に誰が現れたのか？　仏だった。彼女は言った。「私たちの生は、どんなに希《こいねが》おうとも、束の間のものでしかありません。今朝、私はあなたが障子に書き残した別れの歌を最後に眺めたあと、ひそかに屋敷を出て、あなたのもとに参りました」。祇王が冷たく追い払われてから一年後、今度は自分が取り替えられ辱められるのを待たずに彼女もまた尼になった。待ったとてなにになろう。日本語には死を指すひとつの表現がある。「仏になる」というのである。日本人は死後仏になると考えるが、というのも〈仏〉という語は「死者」あるいは「故人」と訳せるからだ。仏は十七歳にして、この貧しい庵のなかで祇王、祇女、とじと一緒に「死ぬ」決意をした。ここにはいまその苔庭の静けさを味わうために観光客が訪れる。庵は、嵯峨野嵐山の狭い小道の奥の辺鄙なところにある。小さな草庵——藁ぶきの屋根と荒壁の家——のなかでは、四つの女性像が並んでお祈りしている。彼女たちの墓は、そこから数メートルのところにあって、すべて荒れ果てているが、奇妙なことに祇王の墓は、清盛を記念して建てられた墓碑のそばに建っている。憎しみも恨みも妬みもなく、祇王は仏とともに、二人の女を愛した男の救いのために祈りながら死んだ。ひどい男だったが、しかし……愛されたのだ。

常盤御前……氷雪を越え行く女

悲劇のヒロイン、常盤御前《ときわごぜん》が記憶されるのは、ひとりの子供を胸に抱え冷たい北風を突いて進む美女のイメージと結びついてであるが、そこにはまた凍えた二人の少年が彼女の着物の裾のなかに身を隠してしがみついている。常盤御前の肌は、彼女のまわりの雪のように白い。冬山の風景のなかで、彼女のシルエットは激しい不安の重みで苦しげに傾いている。死へとまっすぐに導くかもしれないこの行方知らずの道で、どうしてこの嵐のなか生き延びられよう。いまや国の歴史の転換点である。これまでどうにか貴族の手のなかにあった権力は、武士の側に傾く。常盤御前は、この革命の鍵を握る役者のひとりとなるであろう子を胸に抱えている。彼女は飢えた子供たちの重みでよろけるが、しかし吹雪のなかで演じられるドラマの豊かさを理解するためには、過去に遡らなければならない。物語は十二世紀初頭に始まる。「一一二三年、鳥羽天皇は息子の崇徳に譲位した」、とエリック・フォール(『日本の霊魂、怪物、妖怪の物語』)は述べる。「鳥羽は出家して僧院に身を引いた。彼はいわゆる〈上皇〉になった。何年後かに彼は自分の決定を撤回し、崇徳に譲位させ、彼の弟の近衛に代えた。近衛はひ弱な少年で、その治世の間にしばしば病いに伏した。病いのため一一五五年に早逝した」。崇徳は自分に支払われるべきものを結局は回収することができると考えていた。宮廷の誰もが、鳥羽は権力を彼に返すだろうと思っていた。「ところが、誰もが驚いたことに、鳥羽はその第四皇子、後白河(一一二七—一一九二)のほうを好んだ。崇徳が権力から遠ざけられたのは、これで二度目だった。このとき、彼は父親が生きているかぎり自分が決して権力をふるえないことを悟った」。

鳥羽が彼を遠ざけた理由は、周知のものだった。執拗な噂によれば、崇徳は鳥羽の嫡出子ではなく[21]、秘密の関係による子だというのである。不幸にじっと耐えながら、非嫡出子は自分の運命を受け入れたふりをした。そう長くは待たなかった。鳥羽上皇は、一年後、一一五六年七月二日に亡くなった。「崇徳はその知らせを受けると、洛外の鴨川の対岸にある豪奢な屋敷に自分のもっとも忠実な味方を集めた。彼は戦いを合議し、内裏を攻撃して弟を帝位から追放すべきとの結論にいたった。ところが事が漏れて、後白河は直ちに反応した」。稲妻のように迅速に、天皇は「二人の若く野心的な武士」、源義朝《よしとも》（一一二三－一一六〇）と平清盛（一一一八－一一八一）の一族に指揮を委ねた。

　これら二陣営は、ことごとく対立的だった。清盛は、白河天皇の非嫡出子で、武士と遊女に育てられ、母親を幼少期に亡くしていた。権力意識旺盛の欲求不満の反逆者だった。彼の階級の子供が当然受けるべき名誉も母親の慈愛も知らなかった。「下級の」家系から軍職に就き、自分の優越性の意識を研ぎ澄まし、同時に規則と礼儀作法に対して驚くべき無頓着さを見せていた。この反逆的ダンディとは反対に、義朝は理由あらば自己を犠牲にする、権力と義務を持つ人間のより厳格な側面を示していた。敵陣営のなかに、しかも自分の父親と弟がいて、義朝は彼らと戦うことを余儀なくされ、苦悩していた。

　一一五六年七月十一日午前三時に、清盛と義朝は攻撃を開始した。「攻撃はすべて名乗りを挙げてから公然となされるべきという、戦いの倫理的規則を無視して、後白河の陣営は鴨川を渡り、崇徳の屋敷を襲った」。真夜中の不意打ちというこの電撃作戦に、直ちに蜂起の正当化がなされた。「夜明けにはすべて決着がついた」、とエリック・フォールは結論する。「崇徳の陣営は全員死んだ。こうしていわゆる保元の乱が終結した」。しかし、この勝利には来たるべき新たな反乱の種がすでに含まれていた。というのも崇徳陣営を潰走させた後、義朝が感謝のしるしとして受け取ったのは、彼が弁護していた父の処刑命令にほかならなかったからだ。彼の忠誠心を試すために、彼自身が執行の指揮をとるように後白河は命令した。

　自分自身の一族に手を掛けて殺すことになった義朝が、さらにひどく驚いたのは、戦闘中自分よりも身をさらすことが少なかったにもかかわらず、清盛が自分に比べて莫大な報酬を受けるのを見たことだ。この歴然たる不公平は、結果なしには済まなかった。義朝は――苦汁を飲み――その怒りを無表情の仮面の下に隠し完璧に偽りおおせたので、四年も経たないうちに今度は彼が武装蜂起することになろうとは誰も思わなかった。彼が清盛に対して持った対抗意識は、しかしただ政治的なものというわけではなかった。そしてここに美しい常盤、そのために二人の男が衝突した常盤が登場する。新しい封建制度へと国を傾けることになる対立の無垢の犠牲者である。

　常盤のまことに悲劇的な物語は、お伽話のように始まる。彼女の名は、京都のよく知られた界隈の名称である。常盤御前は、貧しい境遇にあって、民衆の娘を意味するこの呼称でしか知られることはないだろう。だが彼女は美しい。あらゆるシンデレラがひそかに夢見るほどに美しい。「その美しさによって、彼女はまことに驚くべき仕方で社会的階段を駆け上った」、とエリック・フォールは強調する。「ある日、近衛天皇の后が、気晴らしに京都の美女の大がかりなコンクールを催した。階級を問わず、あらゆる美女が候補者として立つように招かれた。皇后は侍女をひとり見つけたいと思っていた」。

常盤御前は、そのとき十三歳だったが、希望に満ちて他の多くの女たちのように姿を見せた。「最初の選別の後、千人の候補者が残ったが、彼女はそこに入っていた。続く選別では、もはや百人の美女しか選ばれなかったが、常盤は残った。新たな選別の後、もはや十人の候補者しか残されなかったが、常盤はそこにいた。最後の選別になった。ひとりしか選ばれない。そして最終的に常盤が侍女になるべく選ばれた」。当時にあって異常な出世である。内裏で推された美の女王は、あらゆる羨望の的となる。好き者たちが彼女のまわりに殺到する。しかしなかでも二人の男が際立つ。清盛と義朝、武力においてと同様、恋においても敵となる二人である。常盤は迷う。女たらしの破廉恥な清盛か、それとも無口で素朴な男らしい義朝か。常盤は粗野な魅力のほうを好む。彼女は義朝を選ぶ。十四歳で彼女は三十一歳の武将の愛人になる。彼は恋に夢中になり彼女のためにすべてを捨てる。義朝には妻と息子の頼朝、そして幾人かの愛人がいた。[22] しきたりを無視して彼は常盤を京都の北、紫野《むらさきの》にある邸宅に囲い、彼女と一緒にそこに住む。妻と愛人たちをほったらかして、彼は二人の人間の恨みを買うが、二人は人間感情の必然的な論理に従って、いつか復讐することになるだろう。嫉妬した清盛は、義朝が自分を押しのけて常盤の心を奪ったことを決して許さないだろう。息子の頼朝は、彼が別の女を選んだことを決して許さないだろう。生は因果の連続でしかない、とは仏教徒の言うところで、彼らは地獄をひとつの結果とみなす。常盤もまた、なんら悪いことはしなかったとはいえ、苦しむことになるだろう。何年間もこの無垢な幸福以外のすべてを忘れて、若い女は生涯の男に最善を尽くすことしか考えない。彼女は妊娠し、相次いで三人の子をもうける。しかし義朝は、彼女が彼に差し出すこの家族の人生にも、その役割にも満足しない。彼は自分を侮辱した天皇、後白河の宮廷を監視する。

クーデターを試みる、夢に見た機会が訪れる。一一五六年の屈辱以来、彼が熟考してきたことだ。一一五九年十二月、熊野巡礼に出た清盛の不在につけこんで、義朝と彼の盟友藤原信頼は、後白河とその息子の二条を捕らえるために三条殿を不意打ちする。この二人の人質があれば、無敵のように思われる。しかし清盛は京都に戻って人質を解放し、二千人の叛徒に対して三千人を数える兵士で対抗する。義朝は諦めない。「お前を愛しているから、私は戦わなければならない」、と彼は言う。最後に常盤の天使のような顔を見つめながら、義朝はほとんど口ごもるように、行かなければならないと言う。いささか言い訳するように、彼女に暇乞いを告げるときが来る。常盤は、うなだれ、三人の子を救わなければならないと考える。彼女には自決する権利がない。

　さらに伝説によれば、彼女は清水寺に籠って祈ったが無駄に終わったという。義朝が後白河の奪取に失敗したことで始まった平治の乱は、源氏側の敗北に終わる。清盛に率いられた平家は、反乱軍を潰滅させ、その武将たちを敗走させる。義朝には妻に伝言するいとましかない。「いつの日か再会することもあろう」。だが避難先の関東へ向かう途上、義朝は古くからの家人のひとり、長田《おさだ》忠致《ただむね》に裏切られる。「彼は尾張で切腹を強いられて殺された」、とエリック・フォールは説明する。「常盤はそのことを知ると、子供たちを抱え，勝者の命令による避けがたい殺戮を逃れようと必死の逃走を始めた。日本では当時、子供に父親の仇を討って復讐する義務を課している。卵のなかの蛇を殺すために、それゆえ侍は家族全員を皆殺しにするのだ」。死ぬべき時が来たにもかかわらず、常盤には自分の子供を守ることしか考えられない。

　彼女は真冬に奈良へ向かう。とても寒い。彼女は数カ月の赤子の牛若丸を胸に抱え、あと二人の息子、五歳の乙若丸と八歳の今若丸の手を引いて歩く。諸年代記は子供たちの年齢に関しては一致していない。物語の劇的な強度を増すために、常盤が大柳生へ向かう途上、牛の形をした大きな岩のそばで牛若を生んだと主張するものもある。しかしこれはきわめてありそうにないことだ。ただ、庇護もなく、疲労困憊して、常盤はすでに最悪の状況にあった。どこへ行くのか。助けてもらえると思った叔母の家からも、恐れるあまり追い払われる。常盤はそれで奈良（昔の大和）の山へと歩を進めるが、幸いにも雪がその足跡を消してくれる。

　その苦難の道行きで、何度も休息をとる。なかでも有名なのは、「常盤御前雪除けの松」である。この松は、京都郊外、伏見稲荷へ向かう途上の宝樹寺《ほうじゅじ》の境内にある。いまは樹の灰色の切り株しか残っていず、それが本当に当の樹のものなのかどうかわからないが、宝樹寺の僧は、哀れな避難者に松がそのとき示した同情を返してやらなければならないかのように、その世話をしている。常盤は、緑の枝を伸ばした樹の幹に身を寄せてしばらく雪をしのぎ、一息つき、そして清盛の兵隊が徘徊し始めた都から逃げ出した。大和の山（現在の奈良県）を越えたあと、宇陀へ向かい、次いでもう誰にも見つけられないように吉野川に近い龍門と呼ばれる孤立した土地に落ち着いた。

『吾妻鏡』と題する年代記（一一八〇年から一二六六年のあいだに起こった出来事の日誌）では、彼女は、一一八六年六月十六日、一条川崎の観音堂の近くで捕らえられたと言われている。しかし他の文献の主張するところでは、彼女は追手を逃れて、清盛を激怒させたという。実際に義朝の子供たちが、頼朝を除いて（奇妙な理由で）[23]すべて排除されていたのに、生き残った三人は見つけられずにいた。清盛は常盤の母親を捕らえて拷問にかけることにした。「お前の娘はどこにいるのだ?」。「存じません」。何週間も七十歳の老母は、拷問に対してただ一言返すだけだった。「存じません」。それが本当だったからだ。ある日、ついに常盤は隠れ場所で恐ろしい知らせを受け取った。清盛に母親を殺させることはできない。

子供と一緒に逃亡者は長く困難な道をたどったが、しかし逆方向へ、夫の暗殺者が自分の家族を殺さないように懇願するというただひとつの目的で都へ向かった。常盤は気が狂っていたのだろうか。この常軌を逸した希望に動かされて、彼女は雪道を歩き、涙ながらに子供の手を引いて、雪の積もった黒い樹の森を、地面の亀裂を、岩壁を渡った。もう食べるものとては木の根や草しかなく、みずから数滴の乳をしぼり出し、子供たちを温めるために自分の凍えたからだに引き寄せた。そしてついに彼女は、護衛と厚い壁に囲まれた、清盛の住む六波羅の屋敷の前にたどり着いた。破れた粗末な衣装に身を包んだ常盤は、かつて自分が拒んだ相手の前に跪き、涙ながらに慈悲を乞うた。

「もし私の子供たちと母を殺さなければならないのなら、まず私を殺してください」、と彼女は言った。常盤は、そのとき二十三歳だった。悲嘆にくれながらも十三歳のときと同じように変わらず端正で優しい様子のこの女を見て、清盛はあらためて胸がどきどきするのを感じた。「お前が私と暮らしてくれるなら、彼らを大目に見よう。そう、お前が私のものになるなら」、と彼は約束した。『平家物語』が強調するには、清盛は彼女の美しさに魅了されたが、それでも彼女にとてもおぞましい契約を申し出ることに後ろめたさを感じていた。彼女の子供たちを殺さないことで、おそらく彼は後ろめたさをさほど感じないようにしたのだろう。『義経記』はまた別の説明を示唆している。清盛は母親の愛というものを受けたことがなかった。彼はとても苦しんだので、常盤もまた息子を残酷にも奪われると考えることができなかった。おそらく彼は殺すことに疲れていたのだ。おそらくまた、彼は頼朝の命を奪わずにいた後、善人でありたいと思ったのだ。あるいは愛されたいと?

それで彼は常盤に自分を愛してくれるように頼んだ。彼女には選択の余地がなかった。年長の二人の少年は、互いに接触して戦闘心をかもすことがないように、別々の離れた寺に送られた。まだ赤ん坊の牛若丸は、まったく無害とみなされたので、七歳まで母と一緒にいることができた。しかも彼には——母と同じように——「美の女王」の雰囲気があって、見た目に優雅だった。しかし背後には怒りがあった。伝説によれば、常盤は決して義朝を忘れなかった。彼女は息子を抱きしめて無言で愛撫し、父親だった男のことはなにも語らなかった。黙っていなければならなかった。牛若は、唯一の愛の秘密に口を閉ざして頑強に沈黙を続ける母に守られて、自分の出自を知らずに成長した。従順で優雅な様子をして、常盤の心は平家に抗い、夜になると自分を抱きに来る男を憎み続けた。彼は子供たちの命を救ってくれた。しかし彼女には彼がいつかは考えを変えることがわかっていた。男たちは考えを変える。女たちは、粘り強く、頑固に、雪中を疲れきって歩き続ける。自分の愛する人を救うのでなければ、一族を救おうと願って。

小督局と高倉天皇……「忘れられぬ夢を追って」

伝説によれば、平清盛（一一一八―一一八一）は、その死の直前、庭に無数の髑髏が見えると周りの者たちに叫んだという。彼が目を向けるところ、虚ろな眼窩が彼に暗い眼差しを投げた。清盛は多くの死者のことを気に病んでいた。何千もの死骸が彼の記憶にあった。五百頁に及ぶ叙事詩が、それらを長々と列挙するほどだった。この叙事詩、『平家物語』（一三七一年に集成された口頭伝承）は、盲目の僧たち（琵琶法師）によって村から村へと語り継がれて、清盛の暗黒伝説を日本の隅々まで伝え、永遠に彼を、純然たる野心から自分の権力渇望に対立する者をすべて排除するという罪を犯した呪われた人物とした。また彼は最後から二番目の天皇、高倉を絶望の淵まで追いやって、平和な平安時代の終焉をもたらしたことでも非難された。高倉（在位一一六八―一一八〇）は二十一歳で傷心のうちに亡くなり、そしてその息子の安徳（一一七八―一一八五）は、その後わずか五年間しか生きられなかった。これはすべて、誰もが自分の法に従うことを望んだ清盛の責任だった。

こう物語は始まる。平治二（一一六〇）年正月初め、清盛は競争相手の義朝と信頼を殺害したあと、宮廷の長になった。七年経たずして太政大臣という至高の地位に就き、絶対的権力を振るった。一一七一年、当時十一歳の高倉天皇は、清盛の娘、十六歳の徳子《のりこ》（一一五五―一二一三）と結婚させられた。彼女は〈女御《にょうご》〉になり、高倉の歓心を引くためにあらゆる努力をした。[24] しかし無駄だった。天皇は自分の妻を愛するにはいたらなかった。彼女は彼に押しつけられたのだ。彼は暗い怨恨を抱いていた。「ところがまことに痛ましい出来事が彼に起きた」、と『平家物語』は言う。「后の侍女のひとりに使われていた少女が、まったく意外なことに、天皇の気に入るところとなっていた。これはたんなる気まぐれではなく、彼は彼女をしばしば呼び寄せた[25]」。「誠実で深い気持ち」から来ていたので、徳子はこの若い女を敬意をもって扱い始めた。彼女は天皇の願望を尊重するあまり、この若い競争相手に嫉妬を感じなかったように思われる。

召使いの少女（上童《しょうとう》）の名は、葵《あおい》といった。貧しい生まれであるにもかかわらず、天皇は彼女に夢中になり、それで人は彼の愛人を「葵の女御」と呼ぶほどだった。それを知ると、高倉はこの関係を終わらせなければならないと思った。彼はこんなにも陰険な噂をこれ以上放置するわけにはいかなかった。実際、天照大神の息子たる者がこんな身分の低い女に熱をあげるのは考えられないことだった。それは「後代の誹《そし》りになる」ことだ、と天皇は言い、そして古歌を送った。「忍ぶれど色に出にけり我が恋は……」[26]。その後、彼は「深い憂愁に沈み、もう夜の居室を離れることはなかった」。葵は、この歌を受け取り、顔を赤らめながらそれを読むと、気分が悪いとつぶやいて、家族のもとに戻った。「そこで彼女は五、六日間打ち伏して、ついに帰らぬ人となった[27]」。葵は実在したのだろうか。その物語はおそらく純粋な虚構である。じつのところ、それは『源氏物語』の冒頭と数えきれない類似を示している。

紫式部によって紀元千年に作られた物語において、すべては同じように不可能な関係から始まる。桐壺帝はひとりの女官（更衣）に夢中になり、そして心ならずも彼女を捨てることを余儀なくされる。それで哀れな更衣、夢破れたシンデレラは、家に帰り、衰弱していく。同様に、七五六年、中国の玄宗皇帝は、楊貴妃の抗しがたい魅力に屈したが、彼女を捨てることを余儀なくされ、無力にもその死に立ち会った。歴史は執拗に繰り返す。階級制度を廃するのでなければ、少なくとも時間を廃することは可能だろうか。白居易（七七二―八四六）の『長恨歌』では、楊貴妃についてこう言われている。「視線をめぐらせて微笑めば百の媚態が生まれる。六つの後宮の美女の化粧顔も色褪せて見えるほどだ。やわらかな髪、花のような顔、歩みにつれて金のかんざしが揺れる。（中略）夜はあまりにも短い[28]」。三千人もの美女たちを意のままにできるのに、皇帝にはもはやその気がない。楊貴妃のことしか念頭にない。彼女は「彼の夜の専制君主」だった、と詩人は付け加えている。それゆえ彼女が残酷な死に方をするのも当然だった。この例にならって、別のあらゆる女たちが、あまりに高い位の男にあまりに愛されて死ぬのも、また当然である……。

葵の死を知ると、高倉天皇は「恋慕の思いに沈み[29]」、いまなら「鬱」と呼ばれるような深刻な状態になって、いかなる気晴らしもそこから抜け出させることができないように思われた。『源氏物語』において桐壺帝が、死んだ更衣のものだった簪《かんざし》を、わけても思い出の品として探させたのと同様に、玄宗皇帝は、彼以前に、楊貴妃の簪を持ち帰るように道教の僧をあの世へ送っていた。帝たちは皆よく似ている。彼らは世界の頂点にあっても、深く愛した女性の死にもろに打ちのめされる。『源氏物語』において、悲しみに沈んだ桐壺帝は、彼が寵愛した今は亡き美女ときわめてよく似た女をついに見つけるにいたる。彼女は藤壺と呼ばれた。彼女は死んだ女の分身にほかならなかったが、彼は彼女を心から愛した。夢を追うことでないとしたら愛とはなんだろうか。彼と同様、高倉も代理の美女に夢中になった。小督局《こごうのつぼね》(30)と呼ばれる女性で、徳子その人によって彼に紹介されたのである。当時、一夫多妻制が規範となっていたので、妻が夫のために代わりの女性を探すのはほとんど通常のことのように思われた。

　とはいえ、徳子は帝たる夫が局《つぼね》にそんなに熱を上げるとは予想していなかった。小督《こごう》のすべてが気に入ったのだ。「禁中一の美人」、と『平家物語』は言う。「並びなき琴の上手(31)」と。歌人の藤原俊成の娘、建春門院中納言は、その日記のなかで、小督が驚くべき美女だったと断言している(32)。高倉は彼女に夢中のあまり、もはやいかなる礼儀も尊重しなくなった。彼の最初の愛人は死んだ。彼は二番目を失いたくなかった。下層階級出身の女官が自分の女婿を文字どおり虜にしてしまったことを知って、清盛は心配した。『源氏物語』のなかで起こったことが起こってはならなかった。つまり、桐壺帝の更衣が、源氏と呼ばれる子（世継ぎを禁じられた非嫡出の皇子）を生んで、その子が権力を危うくするにいたったのだ。もし小督が男の子を生んだら、その子が政敵になる可能性があった。だから小督を排除しなければならなかった。小督はそのことを知った。怯えた彼女は内裏を去り、嵯峨野の丘（現在の嵐山）に逃げこんだ。この人里離れた地で、木立の背後にひっそりと立つ貧しい庵に身を隠して、彼女はもう誰も自分の痕跡を見つけることはないだろうと思った。

　彼女が姿を消すと、高倉はふさぎこんだ。「帝の嘆きようは尋常ではなかった。昼は寝室に引き籠り、涙を流し続けた」、と『平家物語』は言う。夜は、近づきえぬ天使の象徴、月を眺めたが、それがおぼろなのは雲によるのか流れる涙のせいなのか判然としなかった。どうやって小督を見つけたらいいだろう。「八月十日余りのこと」、夜中に高倉が涙にくれていると、内裏に仕える男が慎ましく彼にどういたしましょうかと尋ねた。この男は比類のない笛の名手で、仲国《なかくに》といった。彼にはその楽器で小督と共演する機会がしばしばあった。霊感に打たれて高倉は彼に言った。「小督は嵯峨にいるだろう。彼女を見つけて連れて来てくれ」。仲国は馬にまたがり、こんなにも素晴らしい夜に局《つぼね》が琴を弾かずにいることはできないだろうと考えながら、月明かりのもと出発した。彼は彼女の弦の爪弾き方を知っていた。彼は彼女の音曲の音で彼女を見つけ出すだろう。

　蒼ざめた月光のもと、仲国が森を、田を、竹林を横切り彷徨っていると、遠くに琴の音が響くのが聞こえた。「それは、夫を想って恋うと読む〈想夫恋《そうふれん》〉という楽だった。それでは主上のことを想い出して、あまたある楽のなかから彼女はこれを選んで弾いているのだ。なんという優しい心遣いであることよ。感動した仲国は腰から横笛を抜き出し、しばし吹き鳴らして、それから門をたたいた」。嵐山には、この有名な逸話の記念に〈琴聞橋《ことききばし》〉という名を持つ橋がある。そこで小督は見つけられたという。貧しい庵のなかで恐怖に打ち震えていた愛人は、もう逃げられないと観念した。内裏に戻ることは死を意味していた。だが彼女に選択の余地はなかった。仲国は、彼女が厳重な警戒のもと内裏に連れ戻されるように馬車を送らせた。高倉は自分の愛人の存在を隠すべく最善を尽くした。昼間はふさぎこんでいる振りをした。夜になると、こっそりと愛人に逢いに行った。彼女は彼の子を宿し、女の子を生んだ、と当時の多くの日記が証言している[33]。事は長く秘されているわけにはいかなかった。清盛は小督を捕らえさせ、血の一滴も流さずに彼女を殺した。彼女に剃髪させたのである。

二十三歳で、小督は「心ならず尼にされた[34]」。そして生者の身分を失わせる濃い墨染の衣装に身を包み、再び嵯峨へと発った。もう一度愛する女を失って、高倉天皇は絶望のあまり亡くなった。清盛は彼に代えて、徳子の息子、たやすく扱える子供の安徳を帝位に据えた[35]。一一八〇年のことである。「天下が喪の闇に沈んだので、内裏の人々もおしなべて、花の袂《たもと》もやつれたのだった」、と『平家物語』は伝える。一一八五年、今度は安徳天皇が壇ノ浦の戦いで命を落とした。八歳だった。一一八五年七月、鴨長明（一一五五―一二一六）が『方丈記』のなかで黙示録さながらに記述するところの、大地震が都を襲った。「その様は、尋常ではなかった。山は崩れて、河を埋め、海は傾いて、陸地に流れこんだ。土が裂けて、水が湧き出た。（中略）都のあちこちにある神社仏閣も、一つとして完全なものはなかった。あるいは崩れ、あるいは倒れてしまった。塵灰が立ち昇って、煙のようだった[36]」。荒廃状態のなかで偉大な征服者、頼朝が、来たるべき七世紀間というもの天皇をたんなる端役に格下げする、〈幕府〉と呼ばれる政体を打ち立てた。新秩序だった。しかし歴史はここで停止しない。平安時代は、不可能な恋のはかない歌に刻印されたが、武士の時代にも血に受け継がれて、女は自分を「死ぬほど」愛してくれた人の思い出を抱き続けた。高倉の死に際して、小督は嵯峨を出、天皇の墓のそばに庵を結んだ。彼は火葬され、その遺灰は京都を見下ろす丘の上、清水の大墓地（そこには藤壺の墓もある）の外に置かれた。

高倉天皇後清閑寺陵《のちのせいかんじのみささぎ》の名で、彼の最後の場所が、天皇の墓にふさわしく高い垣根と白砂利とで三重に守られて、そこにぽつんとある。それは、夕日に照らされる無数の死者の墓石同様、西方浄土へ向かう喪の土地を支配する。御陵の右側にある小さな清閑寺が、彼と、また小督とを記念しているが、その墓碑は風景の永遠の観照に耽るかのように立っている。

　小督はおそらく彼女自身のために愛されたのではなかったが、それがなんだというのだろう。彼女の美しさはそれ以前の女たちの美しさに重ね合わされ、彼女はついにはほとんど非実体的な性質のイコンになった。彼女は、夢の生地で作られた、お伽話から出て来た慎ましい愛人、繊細な心を持った天皇の狂気の恋の対象だった。彼女のうちに、李夫人、楊貴妃、生身の人間ながら伝説化し、虚構によって理想的モデルに変容し（桐壺の更衣、幼い葵……）、そしてはかない影の姿でよみがえる者たち、香煙と詩歌の女たちの亡霊が行き交う。日本で恋は、緩慢な集積のいとなみでしかないように思われる。それは、ひとつの音や匂いの記憶によってよみがえり立ち現れる思い出のように、遥か遠い過去を現在のただなかに生起させる。恋の旋律を琴で奏でる小督は、天皇が死者の国にまで探しに行かせた女になった。

　その名を冠した能の作品『小督』[37]において、小督局《こごうのつぼね》は、語っているのが自分なのか地謡《じうたい》なのかもはやわからない。言葉は、自我の崩壊を反映する一種の内的対話において、一方から他方へと移る。「かの漢王のその昔。甘泉殿の夜の思い。たえぬ心や胸の火の煙りに残るおもかげも」、と地謡。今度は小督が謡う。「見しは程なき。あわれの色」。「中中なりし契りかな。唐帝のいにしえも」、と地謡が続ける。「あだなる露の浅茅生や。袖にくちにし秋の霜」。同様に小督も「わすれぬ夢」のように生きるほかはなかったと思われる。

義経と弁慶……高貴なる敗北

日本の愛の物語はしばしば悪い結果に終わる。「というのも、私たちは不幸を好むからです。それは未完の形です」と京都の数奇者《エステート》、武田好史は主張する。「人が夢を実現しえずにあまりに早く死ぬと、その生涯は痛ましくも未完のままで、私たちは彼に対して憐れみを感じますが、それを私たちは〈判官（はんがん、あるいは、ほうがん）びいき〉と呼びます」(38)。武田によれば、この概念は、日本を理解しようとする者にとって根本的である。アイヴァン・モリスは、その著書『高貴なる敗北』において、〈判官びいき〉という表現の起源そのものは、日本人の同情心にもっともおなじみの物語に由来すると指摘する。すなわち、恐ろしい運命に襲われたヒーローの原型、義経の物語である。ジャンヌ・ダルク同様、義経は一連の輝かしい勝利で名を上げながら、彼が忠実に仕えたその人に裏切られ、三年もの長きにわたって追い詰められたあと、切腹による自死を余儀なくされた。「侍の理想が挫折した一九七〇年以降でさえ、小学生はまだ彼の物語を好み、そしてあらゆる年代の人々が、その特別に悲壮な結末に心動かされる」、とアイヴァン・モリスは説明する。「義経は、敗れた英雄という理想にあまりに正確に一致するので、〈判官びいき〉という言葉が人口に膾炙《かいしゃ》して、敗者に対して抱かれる伝統的同情を表現する」(39)。

判官義経は十二世紀末の人だが、この時代、天皇が純粋に象徴的なやり方でしか行使しない権力を奪取するために武将たちが衝突して絶え間なく戦っていた。二つの勢力が対立していた。すなわち、頼朝に率いられる源氏と、清盛に率いられる平家とである。無数の叙事詩によって潤色されて、義経の生涯はその大部分が伝説に属する。ただ確かなのは、その生涯の五年間、彼が源氏の頭領、異母兄の頼朝の軍勢に合流した一一八〇年から、信頼していた頼朝その人によって無法者の烙印を押された一一八五年までのことだけである。その生涯の最初の二十五年間については、信頼できる記録がなにも存在しないし、最後の時期についても同様である。しかし、諸事実が真実を語っているかどうかを知ることはさほど重要ではない。「というのも、神話や伝説は、敗れた英雄の神秘学に参入するには、具体的事実と同様に重要だからである」、とアイヴァン・モリスは断言する。彼はまた、画家や挿絵画家が義経を華奢な青年や若い娘の姿で描こうとした奇妙な傾向を指摘する。いくつかの証言を信じるなら、義経は小柄で色白、内裏でよく行なわれていたように、ときに化粧さえしていたという。[40]この魅力的な両義性の身体から、年代記作者たちは、義経が間違いなく同性愛的傾向を有していたと考える。彼は僧院で成長したのだろうか。

　中世にあっては、少年少女は――「霊」の世界と人間の世界とのあいだを漂う境界的存在とみなされ――霊魂を喚び出すことのできる〈よりまし〉(霊媒)になるのが通例である。神社では、踊り手でまた聖なる妻でもある女祭司は〈巫女《みこ》〉と呼ばれる。仏教の寺では、信仰に仕える少年たちは、また僧たちの神秘的探求のはけ口としても仕え、[41]〈稚児《ちご》〉、〈寺子〉、あるいは〈寺小姓《てらこしょう》〉と呼ばれる。十二世紀まで大半の子供は七歳以下で死んだので、彼らには性も現実的生活もなく、神々同様に第三の種に属するとみなされていた。同性愛を悟りと結びつけて、多くの僧は、長い髪を持ち両性具有的なからだつきをした、観音の化身ともみなされる、こうした魅惑的な小姓たちへ欲望を振り向ける。今日でもなお〈稚児〉は、その聖なる存在でこの国のきわめて重要な祭礼のいくつかを飾るが、もえぎ色や薄紫色や薔薇色の着物を着て、顔に化粧をほどこし、赤い花びらのように唇を強調し、その悩ましい魅力を際立たせる眉を額《ひたい》に引いている。神性の束の間の乗り物である。

　義経の物語は、この文脈で始まる。彼の死の二世紀後、ある不詳の作者が彼の伝説のばらばらの要素を集めて、叙事文学『義経記』を作成するが、まさにそのとき僧たちは彼らの男色的行為を「稚児物語」[42]という教化的なかたちで理想化する。これはすべて同じ筋書きにもとづくもので、僧が小姓と恋に落ち、最後に小姓が死ぬのである。僧は、それで世の移ろいを意識し、あらゆる執着を絶って涅槃《ねはん》に入る……。子供の義経は、それゆえ鞍馬山の寺院に見習いとして送られたのかもしれない。彼の存在にそこでは確かに誰も無関心ではいられなかったろう。「彼の教育は学識のある禅林坊《ぜんりんぼう》阿闍梨《あじゃり》覚《かく》日《じつ》に委ねられたが、彼は自分の生徒に対して友情以上のものをもって臨んだ」[43]と『鞍馬天狗』の翻訳者ガストン・ルノンドーは述べている。この能作品(直接に『義経記』に想を得ている)を信じるとすれば、阿闍梨は義経を愛するあまり、彼が自由に山中を徘徊することを許したり、僧服を着ることを延期させたりした。それゆえ野生の放縦な子として、少年は森のなかで育った。彼がそこで、呪術に似た精神的修行をする孤独な苦行者、〈山伏《やまぶし》〉に出会うのは避けられなかった。この半ば呪術師、半ば武士の隠者は、超自然的な力を有すると称する〈天狗〉（男根的な鼻を持つ存在）の姿でしばしば表される。この稚児が彼らの誰かに魅かれたことは疑いない。愛らしい様子でいるために、義経は剃髪するのを拒否していた。『義経記』がまた示唆するところによれば、彼は「毎晩」こっそり寺を抜け出して、天狗とみなされる不思議な師のもとに武具の扱いを学びに行った。

義経が享受した自由は、間違いなくその小柄で繊細な外観によるものだった。彼が戦う術を学びにこっそりと外出するなど、誰が疑いえただろう。その華奢な見かけのおかげで、義経は監視の目をごまかした。彼は僧になりたくなかった。父親の仇を討ちたかった。ある日、十七歳の頃、鞍馬山を抜け出し、徒歩で都へ向かい、五条大橋の上で彼のもっとも忠実な仲間になる男に立ち向かい、その英雄的人生の一歩を踏み出した。五条大橋の逸話は、伝説のさわりの一部をなす。それはこんなふうに始まる。「ある恐るべき巨人の僧兵が、寺の再建に一役買おうと道行く千人から太刀を奪うことを決意していた」[44]。武蔵坊弁慶（一一五五―一一八九）は、もろもろの話を信じるなら、熊野権現の僧が鍛冶屋の妻を犯して生まれた子である。十八カ月胎内にいて生まれ出るとき、あたりを地震が襲う。彼は鬼若《おにわか》と呼ばれるが、というのも生まれるや否や、彼は跳び、走り、鶏の生肉を食うからだ。比叡山の寺に入れられた弁慶は、まず〈僧兵〉になることを志す。しかし追放されて離れるとき、怒り狂ってそこを徹底的に破壊せずにはいない。別の話によれば、彼は山伏の仲間に加わりに行くが、能作品のなかでは彼はその奇妙で無気味な衣装を着けている[45]。

彼の場所はどこにもない。彼は強すぎ、怪物的すぎ、そして孤独すぎる。京都に出た彼の心は怒りに満ちている。戦い、また戦い、戦い続ける。それが彼のすべての夢の向かう理想である。その喧嘩っ早い気質から、彼は悪辣な思いつきを得る。毎晩五条大橋の上に立ちに行こう。そこには刀を下げた人が絶えず通る。彼らを挑発し、打ち負かし、必要とあらば殺し、その太刀を奪おう。是が非でも千本の太刀を奪うまでやめはしない。早くも九百九十九本を手に入れた。千回目の決闘の夜、弁慶は橋の上に立つ。八月の夜である。満月が澄んだ川面に映っている。欄干にもたれて弁慶が快い空気を感じていると、笛の音が聞こえる。音が近づく。人の姿が橋のたもとに現れるが、小柄で、頭を白布で覆い、足には漆塗りの下駄を履いている。「娘だな」と弁慶は思って通してやろうとする。笛を吹きながら娘が近づき、そして巧みな跳躍で彼の武器を叩き落とす。優雅な笑いが響く。覆いをとって顔をあらわにした若者が、嘲るように彼を見据える。弁慶は、怒りに蒼ざめ、武器を取り直して、この予期せぬ相手の首を取ろうとする。かなわない。あっという間にまた負かされる。

それで彼は勝者の前にひれ伏す。「そなたは誰じゃ」。「私は源義朝の子だ」と少年は答える。「人は私を牛若丸と呼ぶ」。弁慶は自分の心がやわらぐのを感じる。この並外れた力を与えられた、娘のような武士の魅力に圧倒されて。以来、彼の唯一の望みといえば、日本全国を急速に支配するであろうこの人に仕えることだけである。

平家と源氏の衝突による数々の戦いの衝撃によって律動化された、彼らの愛の物語が始まる。異母兄の頼朝と同盟を結んだ義経は、多くの戦果を上げるが、なかでも一ノ谷の戦いにおいては、騎馬隊でほとんど垂直の斜面を駆け下り、敵陣地を背後から襲って殲滅した。さらに彼の決定的勝利は、壇ノ浦の戦いで、一一八五年四月二十五日、平家を滅亡に追いやった。「この名だたる勝利は、二十六歳の義経を日本のもっとも偉大な武将にした」[46]、とアイヴァン・モリスは断言する。ところが、勝利は長く続かなかった。頼朝は、弟を危険なライヴァルと見て、彼の首に懸賞金をつけたのである。義経は逃亡を余儀なくされ、そしてその伝説的逃避行は多くの作品[47]によって不朽のものになっているが、それらは彼をつねにより女性的で受動的で悲壮的な存在にしてその零落振りを強調する。「男らしくないことを際立たせるために、彼の役は、能では子供（子方《こかた》）によって、歌舞伎では女性（女形）によって演じられる」、とアイヴァン・モリスは強調する。不幸に押しつぶされて、義経は、男らしい僧兵の弁慶が絶えず庇護し、勇気づける犠牲者になる。法の圏外に置かれた者たちは、「この国の歴史を通じてもっとも情け容赦ない狩り立てを指揮する」将軍の密告者や兵士によって追跡される。彼らは変装して潜行し、まだ頼朝の覇権に抵抗する最後の地、奥州にようやく避難場所を見出す。

逃亡者には束の間の休息しかない。一一八九年六月、要塞が包囲され、九人の味方からなる彼の小集団が三万人の軍勢と名誉を守るための一戦を交わす。「この伝説のもっとも詳細な記述は『義経記』に見出される」、とアイヴァン・モリスは言う。「外で戦闘が激しくなる間に、義経は座して静かに経を唱える。この振舞いは、こんな状況において奇妙に思われるかもしれないが、それは生涯の最終的局面において義経に帰せられた優雅な不活発性の役割に全面的に対応する。法華経の第八巻に達したとき、弁慶が一陣の風のように入って来て、自分と他の仲間が生き残っていると主人に告げる。もはやここまで、と弁慶は続ける。私の最後の別れを申し上げたい、と。義経が答えて言うには、ずっと前から一緒に死のうと決めていたが、ふさわしからぬ敵と対面する危険を冒すことはかなわぬゆえ、それも不可能であると。それで彼は弁慶に戦闘に戻り、自決の邪魔をしに来ないように敵方をしばらくの間引き止めるように頼む。唱えるべき経の数行が残っている。私が終えるまで、そなたの命で私を守ってくれ、と。涙ながらに歌のやりとりをしたあと、弁慶は全生涯でもっとも輝かしい最後の戦いに大股で向かう[48]」。

狂ったように敵に飛びかかって薙刀《なぎなた》を振るいながら、巨人は門を塞ぐように立ち、絶望的な力で戦うが、そこに矢が降りそそぐ。この門の背後で義経は読経を止めている。彼はその立会人にどのような自決がもっとも高貴であるか尋ねる。雄々しい兼房《かねふさ》は、「忠信の方法」を勧める。義経は同意する。彼は、子供のとき鞍馬寺の僧から貰った刀を抜き、切腹する。『義経記』にはこうある。「刀を取ると、義経はその刃が背に抜けるほどの力で腹に突き刺した。そして腹深く抉り、傷を三方向に拡げて、臓腑を跳び出させた。刀を羽織った衣装の袖で拭った。次いで彼はその上体を肘掛にもたせ掛けた」。そのとき兼房は義経の妻と子供たちを殺害した。まだ生きていた義経は、黒い影に覆われる眼で子供たちの死骸を探り、そして命じる。「さあ早く、すべて焼き払え」。外では弁慶が無数の矢を射こまれてもはや戦うことなく、しかしそのぎらつく眼差しを恐怖にすくんだ敵方に据えている。襲撃者たちは、何分間も息を殺したままである。自分の血の跳ね飛んだ門を背に、死骸の山のなかに不動で立つ大男をあえて攻撃しようとする者はもはやない。「なんと奇妙な笑いであろう」、と兵士のひとりが言う。そしてそのとき初めて彼らは理解する。弁慶は立ったまま死んでいるのだ。この死は、〈弁慶の立往生〉と呼ばれる。それは、もっとも純粋な男同士の愛の象徴である。

静御前の最後の舞い

十二世紀中頃から、川辺の葦原に歌声を響かせる〈遊女〉は、独創的な男装の〈白拍子《しらびょうし》〉と呼ばれる踊り子たちに取って代わられた。彼女たちは、丸い頸周りの〈水干《すいかん》〉を着け、ときには雄鶏のとさかのかたちをした黒い〈烏帽子《えぼし》〉を被り、その挑発的な服装にちょっとしたエロティックな脅威感を添えるために刀を差してさえいた。こうした扮装の踊り子たちのイメージは、すばらしい優雅さで因襲を愚弄し、強烈なエロティシズムを発散したので、宮廷はほどなくその魅力に屈した。(49) 彼女たちは階級外の存在だが、国のきわめて著名な人物たちが、得意げにその邸宅でこうした非人たちに踊らせた。というのも彼女たちは、いかがわしい宗教の巫女のように霊に訴える才能があると言われていたからである。一一八一年から一一八二年にかけて国を旱魃が襲い、破滅的な飢饉をもたらした。十四世紀に作成された『義経記』において著者の語るところによると、後白河院は京都の神泉苑に百人の白拍子を集めて、彼女たちが目を天に向け舞って雨を降らすように求めた。宮廷中の人々が、この見世物に立ち会うために集まった。武家たちが天皇と権力争いをして混乱したこの時代だが、多くの武士が天皇の守護に就いていた。なかに源氏出身の二十三歳の武士、義経がいた。後白河の護衛に当たっていた異母兄の頼朝の一派に加わりに来ていたのだ。きらびやかな集団のなかに混じって、若者は踊り子たちを眺めた。彼はこれまでうわべだけの存在としてしか女性に真に関心を持っていなかった。青年の義経は、じつのところ見習い僧をしていた鞍馬山を脱出して、探索を逃れるべく少女に変装していたのだ。小柄で色白の彼は、(50) 大きな力を持つ印象を与えなかったが、彼の射抜くような眼を前にして誰もが視線を下げた。無気味な評判の鞍馬山で、噂によれば、彼は〈天狗〉(並外れた力を持つ鳥＝呪術師)の教えを受け、山寺の厳格に男性的な環境のなかで、武術のみならず男同士の愛の術をも習得していたのである。

この日、神泉苑では、一日中酷暑のなか白拍子が登場した。彼女たちは鼓《つづみ》を打ち鳴らしながら、声を上げたり足を鳴らしたりして舞ったが、甲斐がなかった。(51) 空には雲ひとつなかった。不幸な女たちに太陽がぎらぎらと照りつけ、彼女たちはひとり、またひとりと疲弊していったが、そのとき最後のひとりの番が来た。が、ほとんど誰も注意を払わなかった。彼女は百番目だった。静《しずか》という名だった。彼女が舞い始めるや否や、たちまち人々の上に影が落ちた。沈黙が支配した。ついで雷鳴がした。「静が歌舞を始めるや否や、稲妻が光り、恵みの雨が降り出した」、と遊女の専門家ジャクリーヌ・ピジョは語る。「静はそのとき十五歳だった。『義経記』によれば、この儀式の間に義経は彼女に魅かれ、そして彼女も、すでに多くの男たちに言い寄られてはいたが、初めて恋を覚えたという(52)」。

静の超自然的才能に驚嘆した後白河院は、彼女に「日本一」の称号を授けた。彼女は最大の名誉を手に入れた。貴族たちは彼女をめぐって争った。けれども静は彼らよりも、名前も、ましてやその運命も知らない若い武士に好意を持った。彼女は彼のうちに英雄を予感した。彼は処女のような曖昧な様子をしていたが、しかし彼らの出会いに続く四年間に、義経が立て続けに見事な手柄を立てたことは、『平家物語』(一三七一年)や『吾妻鏡』(一一八〇―一二六六年)のような史書に詳述されている。「彼は国中で戦いを導き、日本のような小さな国の規模で、アレクサンドロス大王にも匹敵しうる大胆さと戦略的才能で連戦連勝した」、とジャクリーヌ・ピジョは語る。「しかもアレクサンドロスのように、彼は青春の盛りに三十歳で死んだ。しかしこのマケドニアの英雄と違って、義経は権力と栄光の頂点には立てなかった。実際、彼がもたらした数々の勝利が一一八五年に彼の一族の覇権を確かなものにしたとき、みずから戦場で命を危険にさらさないようにしていた、一族の長で異母兄の頼朝は、義経の偉業の成果を横取りした。頼朝は間もなく〈将軍〉の称号のもと権力を手に入れるはずだった。だが彼はまず、その栄光ゆえに妬ましく、自分の目に脅威と映る輝かしい弟を厄介払いすることを考えた。最後の勝利のわずか数カ月後に、彼は義経を暗殺しようとした。この企ては失敗したが、義経は公然と敵呼ばわりされて逃亡を余儀なくされ、三年半にわたる逃避行と地下生活の果てに自決に追いやられた」。

この長い逃避行の期間については、ほとんどなにもわかっていないが、しかし伝説――何世紀にもわたって手を加えられた数々の逸話によって豊かになった――は、崇高な一大絵巻をなして終わっている。襲撃された夜、静自身が愛する人を守ったという(53)。六十人ほどの武装した兵士が、義経の居館、堀川に近づいて来るのを見て、彼女は彼の寝ている部屋に入った。「起きなされ」。「彼が起きる間に、彼女は彼に鎧を持ってきた。彼が帯を結ぶ間に、刀を持ってきた。負い革をつける間に兜を持ってきた。顎紐を結ぶ間に弓を持ってきた(54)」。

そのあと彼が逃げられるように「彼女は馬に鞍を置いた」。そして襲撃者たちに自分の痕跡をなにも残さずに、彼に追いつくべくこっそりと抜け出した。義経は尼崎から九州へ船で逃げようとしたが、船が難破して大阪で下船し、そこから少数の仲間と徒歩で雪に覆われた吉野の山へ向かった。文治元（一一八五）年十一月六日のことである。凍るように冷たい日だった。『吾妻鏡』の作者は、彼に付き従う者は四人しかいなかったと伝える。三人の武士と「静という名の遊女」である。頼朝の支配の及ぶこの国で、逃亡者には生き延びる希望はほとんどなかった。それで彼らは吉野への旅を、西行（一一一八―一一九〇）が「花の横雲」にたとえた吹雪のなか、〈道行き〉風に決行した。吉野山は、春にはその斜面が朦朧たる桜に覆われてとても有名だが、彼らには谷のある山腹の不吉な美しさを見せていた。彼らは死ぬはずだった。そのとき義経は最愛の人に鏡を差し出した。「この鏡を見るとき、私を思い出してくれ」、と彼は言う。能の『船弁慶』では、静はひそかに弁慶に嫉妬して、はじめは彼と別れるのを拒否した。「ならば最愛の私よりもあなたは男とともに死へと向かうのですか」。義経は否定した。彼らの行動に邪魔になるとの口実で、彼は彼女に京都に戻るように頼んだ。おそらく彼は彼女が妊娠しているのを知っていると付け加えただろう。それで目に涙を浮かべ、静は彼のために雪のなかで舞った。それが最初であるかのように最後の舞いを。彼らの出会いの最初の舞いにして、最後の舞いを。

立ち舞ふべくもあらぬ身の、袖うち振るも恥づかしや
（嘆きに沈んで立って舞うことなどできないはずの身が、こうして袖を打ち振って舞うのも恥ずかしいことだ[55]）

『吾妻鏡』によれば、彼女は身を隠していた吉野の寺、金峯山寺で捕らえられたという。はじめ寺の修行僧に尋問されたあと、彼女は都に送られて新たな尋問を受けるために厳重に監視され、次いで頼朝が幕府を置いた鎌倉へと送られた。「そこで伝説において主要な役割を演じることになる二つの出来事が起きる」、とジャクリーヌ・ピジョは言う。新体制に厚かましくも抵抗したこの女を試すために、頼朝とその妻、政子は、舞いを見せるように命じた。拒否することは、ほとんど死を意味していた。生まれようとしている子供のことを考えて、静は彼女のもっとも美しい衣装、赤い袴の上に真っ白な水干を着け、扇を手にして、鶴岡八幡宮社前に上がった。文治二（一一八六）年四月八日のことである[56]。おそらく彼女の周りに百人ほどの武士がいて、この生ける伝説が娯楽を提供してくれるのをうっとりと見ていた。彼らは次に起きることをきっと予期してはいなかった。自分の愛人の首に懸賞金

をつけた男にいどむように、静は歌い始めた。

しづやしづしづのおだまきくり返し昔を今になすよしもがな
(倭文《しず》の布を織る糸をまるく巻いたおだまきから糸が繰り出されるように、この静にもたえず繰り返し昔を今にする方法があったらいいものを)[57]

彼女がこうした言葉を発するや否や、武士たちは刀を抜いて彼女の舞いを止めさせた。この女が自分の前であえて追放者の記憶を呼び起こそうとしたので、おそらく頼朝は怒りで蒼ざめ、彼女にやり直すように命じた。彼女は二度目の機会を与えられた。すると静は新たな歌を詠んだ。

吉野山峯の白雪ふみわけて入りにし人の跡ぞ恋しき
(吉野山の峯の白雪を踏み分けて姿を隠したあの人の跡が恋しい)

なんと大胆な。頼朝は激怒して反逆者を処刑しようとした。しかし妻の政子が止めた。彼女は情け容赦ない厳しさで知られていた。だが、この日は、こう言うだけだった。静の優雅な振舞いに、「私も同じようにしたでしょう」と。

三、四ヵ月後、この白拍子が子を生むと、義経の種を絶やすために兵士に取り上げられた。男の子だったのだ。無慈悲である。静が生き残ったのかどうか定かではない。伝説はここで曖昧になる。彼女が自殺した、あるいは処刑されたと伝える者もあれば、また愛人の魂に祈りを捧げるために尼になったと伝える者もある。象徴的な死において最愛の人に従うために僧籍に入る忠実で高貴な伴侶として女性を描くことが、十三世紀から一般的になった。彼女の物語は、能、歌舞伎、歌、悲劇的郷愁に満ちた舞踊など、数え切れぬほど採り上げ直された。静は、その存在そのものが夢に属しているかのように、様々な特徴を帯びた多数のヒロインの影に隠れた。日本の恋物語においては、どんな女も、どんな男も、この法則を真に逃れられないように思える。彼らは虚構の人物に変身する。しかも生前からすでに彼らは、彼ら以前に涙を流して死んだ恋人たちの相互交換可能なコピーにほかならないように思える。逆向きに回る、哀れな静、哀れなおだまき……。彼女は、様々な記憶に挿入され媒介された時間のうちに生き、舞い散る雪のなかの義経の前に漂うことを望んだのかもしれない。能の『二人静《ふたりしずか》』では、〈夢幻能〉のしきたりに従って、静はまず「化身」として、まるで自分自身について語るように静について語る普通の若い女として登場する。それは、日本のすべての(武術を含む)芸術の教えがそうであるように、能の教えの一つである。からだが〈形《かた》〉を採り、他者のなした身振りを再現するとき、霊そのものも変容し、他者に由来する霊になる。「私」は存在しない。静は存在しない。あるいはむしろ、誰でも静になりうる。「最後の」舞いの感情を持ちさえすればいいのだ。

『二人静』の舞台に登場する娘は、くだんの白拍子の霊に取り憑かれて、他の無数の舞い手がそのイメージに合わせて繰り返すであろうことを繰り返すだけである。毎年四月に鶴岡八幡宮で舞い手たちは、あのとき彼女が着ていた美しい衣装のコピーをまとってその白鳥の歌を演じる。しかし能では、物語は幽霊じみたものになる。不思議なことに、舞う娘にもうひとり別の舞い手が重ね合わされる。舞台に静が現れ、この目覚めた夢のような雰囲気のなかで、彼女は自分が取り憑いている娘の仕草に自分の仕草を合わせる（それとも逆か?）。恋する女とその分身は、われわれの眼前で、乳白色の紙を貼った障子のように互いに滑る平行世界を動き、そこに彼女たちが隠すと同時にあらわにする存在が影絵のように浮かび上がるのだ。「同一にして分裂した現在と過去は、影と光のように結ばれた同じ舞いを舞う(58)」、とセルジュ・サラとフランソワーズ・ラベ（『日本のクリエイターたち――夢の浮橋』）は語り、日本文化を時空間的な鏡の戯れにたとえる。つまり、それぞれの思い出が、あたかも他者によって生きられた生を「生き直す」ことができるかのように、無限の集合的記憶のうちに埋もれた別のイメージをよみがえらせるというわけである。その昔、ある春の日、ひとりの女が、十一月、雪の舞い散るなかで舞ったことのある舞いを、満開の桜の下で舞った。「最初にして最後の」なにものかを成就するとき、この既視感《デジャヴュ》の印象はどこから来るのだろうか。

ただよそにてこそみ吉野の、花をも雲と見なせども
（遠くから眺めると吉野の花は雲かと見誤られるが）
（『二人静』）

空をみ吉野の、霞のうちの花の滝、霞のうちの花の滝、
落ち行くかたは白波の
（空を見上げると、霞のなかに花の滝が落ちているが、
その滝の行くえはわからない……）
（『吉野静』）

三島と森田……「しかし死、夜、そして血への私の嗜好は……」

一九七〇年十一月二十五日、三島由紀夫、本名平岡公威（一九二五年一月十四日―一九七〇年十一月二十五日）は、朝早く起きて丁寧にひげを剃った。「これは彼の死に顔になるはずだった。完璧でなければならなかった」[59]、と伝記作家ヘンリー・スコット＝ストークスは語る。三島は、彼が一九六八年に創設した民兵組織〈楯の会〉のカーキ色の制服を身に着けた。彼は玄関のテーブルの上に六年前から書き続けていた小説（『豊饒の海』）の最終章を置き、それから何人かのジャーナリストに理由をいっさい説明せずに防衛庁まで自分に会いに来るように電話した。十時ちょっと過ぎにトヨタの白いコロナが彼の家の前に停まった。「三島は運転している小賀の横に座った。他の者たち、古賀と小川のほうへ振り向いた。彼らと一緒に三人目の弟子、小柄で冷静な、がっしりした顎の若者、森田必勝《まさかつ》がいた。彼は三島の命令のもと楯の会の学生長をしており、また彼の親密な友だった」[60]。

これら四人の弟子とともに、彼は新宿の市ヶ谷にある自衛隊の駐屯地に向かった。ここはかつて極東国際軍事裁判が開かれた場所である。彼は刀で武装して益田《ました》総監を人質に取り、本館正面玄関前に隊員たちを招集させた。広場に張り出したバルコニーの上で、日の丸と〈七生報国〉（中世の侍の叫び）の文字が染められた鉢巻を額に巻いて、彼は日本の憲法の見直しのための演説をぶち、日本が独立を取り戻すために自分とともに戦おうと隊員たちに呼びかけた。およそ八百人の隊員は、ヘリコプターの飛ぶ音で彼の言うことがよく聞きとれず、彼をののしるだけだった。やじのなか、三島は十二時十五分に引っ込んだ。総監室で、総監が思いとどまらせようとしたが甲斐なく、三島は〈切腹〉の儀式を遂行した。

上着と靴を脱いだあと、ズボンを腰まで引き下ろし、〈鎧《よろい》通《どお》し〉（三十センチの反りのない短剣）の切っ先を左下腹部に当て、彼は深く息を吸い、そして獣のような叫び声を上げながら短剣を沈めた。膝をついて身を屈め、次に彼は全力で短剣を水平に右側に引き、腹を長さ十三センチ、深さ五センチに掻っ捌《さば》いた。森田は、彼の背後にいて刀を振り上げていたが、わなわなと震え、それを振り下ろす好機を逸した。振り下ろしたとき、三島は前に崩れ落ちて、血に濡れた絨毯に顔をつけていた。刀は不幸にもその背中を深くえぐったが、苦痛に歪んだからだからは胸の悪くなるようなにおいを伴って腸がずるずると出た。森田は再度刀を振り下ろしたが、狙い誤って切った。三度目に刀を振るうとうなじに達したが、不器用に切りつけた。肉屋さながらだった。

そのとき古賀が刀を渡すように言い、そして一刀のもとに首を切り離した。その後、森田は、ショック状態にあったが、彼も制服を脱ぎ、儀式的な位置に跪いて、鎧通しを自分の腹に刺しこもうとした。しかし彼には力足らず、腹部に長い切り傷をつけるだけに終わった。「やってくれ」と彼は言い、古賀が首を切り落とした。頬を涙で濡らしながらも、三島が自殺することを禁じていた弟子たちは生き残り、二個の遺体を並べ、首を血まみれの絨毯の上にきれいに置いて、経を唱えた後、警察に逮捕された。益田総監は、気絶しそうに硬直していたので、文字通り室外に運び出さなければならなかった。警察医は三島と森田の死を十二時二十三分と発表した。

全東京が興奮した。あまりに信じがたいことだったので、『毎日新聞』の記者が記事を電話で送ると、編集員は彼に「事実を確かめる」ために戻るように要求し、そしてこう見出しをつけた。「三島負傷、病院に搬送」。

首相の佐藤栄作は、この事件に最初に公式にコメントしたが、こう言うだけだった。「彼は気違いとしか思えない」。誰が三島と森田を切腹で死ぬように導きえたのだろうか。「あなたがた西洋人には、これは謎でしょう。しかしわれわれ日本人には、答は明らかです」、と三島に関する多数の書物の著者、井上隆史は述べる。「彼らは二人とも死のノスタルジーを持っていました。彼らは死を望んだのです。森田は両親を二歳のときに亡くしていました。ひとりぼっちの孤児だったのです。彼の日記には、生きなければならない理由を見つけずにいるのは心配だ、というようなことが書かれています。彼は精神的な父を求めていました」[61]。三島はと言えば、彼は幼年期からエクスタシーの一形態として記述するところの死のエロティックな酩酊へのきわめて強い魅惑を感じていた。彼のすべての書き物は、青春の輝きのうちに死んだ美しい殉教者セバスチャンの目眩くイメージのまわりを巡っている。「彗星のように生き、燃え尽きて消える前に私の全存在で夜空を束の間彩ることができたなら」[62]、と間もなく日本全国を燃え上がらせる戦争の雰囲気のなかで、青年の彼は書いている。

一九四五年、東京の空が「かつて見たことのない（中略）美しい人工の火」[63]で輝いていたとき、三島は、彼の年代のすべての青年がそうであるように、自分が死ぬだろうと思っていた。残忍なサド・マゾ的幻想の高揚で身を養っていたこの精神にとって、平和は不承不承やって来た。彼は戦争について語り始めたが、彼は一九四三年にはそれを、「死がひとつの儀式であり陶然とさせる恵みであるような、私の経験における唯一の時」として、「月並みにして凡庸[64]」にも感じていた。たくましい肉体を作りあげるために、彼は筋力トレーニング室で毎日二時間割くことを決意した。外国に出かけるとき、いつも三島は自分の泊まるホテルがスポーツ・クラブの近くにあることを要求した。彼はまた自分の自殺を反復し始めた。それは強迫観念だった。「一九六〇年に彼は小説『憂国』を書き、そこで切腹《はらきり》を讃美した」、とスコット゠ストークスは語る。「五年後、彼は『憂国』を映画化し、そこで主役、切腹する中尉を演じた。一九六八年には『奔馬』を書き上げたが、その主人公、右翼のテロリストもまた切腹する[65]」。翌年、三島は長編映画『人斬り』に侍の役で出て、カメラの前であらためて腹を掻っ捌いた。

「別の生き方がわからない[66]」かのように、この実現の震えるような期待のなかで、三島は自分自身の死を反復することをやめなかった。彼はあらゆる種類の写真が、黒いホモ・エロティシズム気味の切腹の場面において、ただ〈ふんどし〉を着け刀を持っただけの自分の姿を不滅にしてくれることを望んだ。「抗いがたい力が私をこの壮麗な深淵へ引きつけるかのようだった」、と彼は『岬にての物語[67]』において書いている。それゆえ彼が森田のうちに、自分の死に心中という至高のロマンティックな色合いを添える完璧な道具を見出したのも、ほとんど避けられなかったことのように思われる。だがこの自殺は本当に〈心中〉だったのだろうか。「そんなことはありません」、と井上氏は答える。「たとえば、森田がホモセクシャルであったかどうかすらわかりません[68]。彼は三島を愛していたのか。そうだとしても、なんの痕跡も残っていません。彼らは、この愛が完璧なもの、つまり秘められたものであるように、おそらくすべての手紙を焼いてしまったのでしょう。私は、彼らのあいだに仮になにかがあったとしても、それが本当には愛でなかったと思います。彼らは高い目的を追求していました。しかしわれわれの伝統には、〈高い〉目的は存在しません。心中が行なわれるのは、もはや可能な別の選択がないように思われるとき、理由を曖昧にする強い情動のもと、いつも半ば無意識状態においてです」。

三島が何年間も考え続けた自殺は、それゆえ江戸時代の心中と比べて見るべきものはなにもない。それは、「冷たい」、合理的で意識的な自殺である。三島はそれを準備し、磨き上げ、書物の完結のまさにその日に周到に実現し、そしてその肖像は大都会のあらゆる書店のショーウインドーに飾られた。「それは日本的感性とは対極のユートピア的自殺です」、と井上隆史は説明する。「おわかりのように、われわれにとって三島は真に日本人ではありません。彼は西洋からもたらされた〈純愛〉の観念にあまりに深く影響されていました。われわれには、明治以前には〈恋愛〉は存在しませんでした。われわれが持っていた〈恋〉や〈情け〉は、燃え上がるような、不純な、短い、きわめて肉体的できわめて物質的な感情です。しかし明治以降、愛についてのわれわれの考え方は大きく変化しました。高められた高貴な感情の存在を信じ始めたのです。超越的な愛を。三島はそれに殉じたのだと思います。彼には理想的に死ぬ以外のいかなる理由もありませんでした。彼は健康で、栄光の絶頂にあり、若く美しいファンに囲まれ、妻と子供たちに愛されていました」。彼が自殺したのは、それゆえ、なんら正当化されないような一見根拠のない騒々しさのなかでの、純粋に意志の結果である。少なくとも、日本人の目には。

【註】

（1）茶枳尼はまた茶枳尼天とも呼ばれる。Sumiyo Umekawa, "Sex and Immortality: A Study of Chinese Sexual Activities for Better-Being in Religious Contexts". Department of History, School of Oriental and African Studies, University of London, 2004.

（2）「玉」という漢字は、翡翠、象徴的な力を持つ皇帝の石を指す。「玉姫」とは、文字通りには「翡翠の女」、「たま」、魂を所有する女である。

（3）René Sieffert, *Le Did des Heike*, POF, 1971, p.267.

（4）『今鏡』は、藤原為経《ためつね》、寂超《じゃくちょう》の名で知られる僧に帰せられる歴史物語で、一〇二五年から一一七〇年のあいだに宮廷で起きた出来事を扱っている。

（5）Bernard Faure, *The Power of Denial: Boudhism, Purity, and Gender*, Princeton University Press, 2003, p.211.

（6）Bernard Faure, *op. cit.*, p.212.

（7）René Sieffert, *op. cit.*, p.268.

（8）*Idem.*

（9）Maryse et Masumi Shibata, *Le Kojiki*, Maisonneuve & Larose, 1969, pp.122-127.

（10）古代の日本人は、生命力を一種の次第に消えゆく光球、眠っているからだから出て他の魂と交わるためにふらふらと遠くまで行くことのできる火と同一視した。彼らはそれを〈玉〉、〈人《ひと》魂《だま》〉、〈狐火〉、〈鬼火〉、〈牛鬼火〉、あるいは〈火の玉〉と呼んでいた。仏教徒たちは、それを〈宝珠〉や〈如意宝珠〉と同一視し、『古事記』由来の諸神話、聖なる狐に関する秘教的信仰、中国の龍伝説を、同じイデオロギー的な籠のなかで混ぜ合わせた。

（11）「舎利信仰をめぐる儀式がある種のエロティシズムに関係することは明らかだ。たとえば、比叡山で展開する聖遺物信仰は、男性原理と女性原理を象徴する二つの建物のあいだに建てられた卒塔婆の前でなされる」。Bernard Faure, "Buddhist Relics and Japanese Regalia", *Embodying the Dharma: Buddhist*

Relic Veneration in Asia, dirigé par David Germano et Kevin Trainor, SUNY Press, 2004, p.100.

（12）Bernard Faure, "Buddhist Relics and Japanese Regalia", *op. cit.*, p.103.

（13）璋子は藤原公実《きんざね》の娘で、それゆえ当時もっとも権勢のある、娘たちを天皇に嫁がせる摂政の家の出だった。藤原璋子《ふじわらのしょうし》、一一〇一年生、白河天皇の養女、一一一七年に結婚、一一一八年に中宮、一一二四年に待賢門院《たいけんもんいん》の称号を得る。一一四五年死去。

（14）彼は崇徳（一一一九—一一六四）というが、鳥羽は「叔父子《おじこ》」と呼んだ。

（15）Irene H. Lin, "The Ideology of Imagination: The Tale of Shuten Dôji as a Kenmon Discourse", *Cahiers d'Extrême-Asie*, vol. 13, 2002, p.379-410. Bernard Faure, "Buddhist Relics and Japanese Regalia", *op. cit.*, p.100.

（16）能の『殺生石』は、一六九三年に『新撰殺生石』というタイトルで歌舞伎に、次いで一七五一年に『玉藻前朝日の袂』というタイトルで浄瑠璃に採り入れられた。一八〇六年に今日もっともよく知られるかたちに書き改められ上演された。

（17）Basil Hall Chamberlain, *The Classical Poetry of the Japanese* (1880), Routledge, 2001, pp.147-156.

（18）遊女戸戸《とと》に帰せられるこの歌は、一一八八年に編まれた『千載和歌集』にある。Jacqueline Pigeot, *Femmes galantes, femmes artistes dans le Japon ancient*, Gallimard, Nrf, 2003, p.67.

（19）Eiji Yoshikawa, *La Chronique des Heike* (1957), traduit par Sylvie Régnault-Gatier, Albin Michel, 1968.

（20）*Genpei jôsuiki*, traduit par Jacqueline Pigeot, *op. cit.*, p.202.

（21）それも道理。崇徳は、鳥羽の祖父の白河院が鳥羽の妻、璋子とのあいだに設けた息子だった。実際、それゆえ崇徳は清盛の異母兄弟だった。

（22）義朝の正室は由良御前と呼ばれた。彼は常盤と暮らすために彼女を捨てる。彼女の長男、頼朝は、そのことに激しい怒りを覚える。伝説によれば、裏切られた母親の復讐のために、頼朝は彼の異母兄弟、常盤の息子の義経（牛若丸）を破滅させるべくあらゆることをすることになる。

（23）頼朝には、清盛がとても気に入っていた甥を思わせるところがあった。同じ特徴を持っていたのだ。清盛の義母、池禅尼《いけのぜんに》の嘆願で、頼朝は殺されず、一一六〇年、北条氏の支配する伊豆半島に流される。そこで頼朝は政子（北条一族の長の娘）に出会い、一一七七年に結婚する。『平家物語』（シフェール訳、p.225-226）では、頼朝は自分の命を救ってくれた女性のためにひたすら法華経を読む。彼の心は平安である。しかしかつて武士だったが出家していた文覚《もんがく》が、彼のところに足繁く通い、清盛に対して武器を取るように説得する。彼の異母兄弟たち（彼らも奇跡的に清盛に殺されずにいた）と同盟を結んだ頼朝は、戦いに身を投じ、そして一一八五年に源氏は平家に勝利した。

（24）René Sieffert, introduction au *Dit des Heike*, 1971, p.9. 徳子（のりこ、あるいは、とくこ）は、一一五五年生まれで、死亡年不詳（『平家物語』によれば一一九一年、ウィキペディアによれば一二一四年一月二十五日没）。一一七一年に従三位に叙せられ入内、一一七二年一月高倉天皇の〈女御〉に、次いで一一七二年三月に〈中宮〉になり、一一八二年に建礼門院の院号を得、壇ノ浦の戦いで母（時子）と息子（安徳）が自決した後、一一八五年五月に出家して直如覚《しんにょかく》と名乗った。

(25) *Le Dit des Heike, op. cit.*, p.251.

(26) *Idem.*

(27) *Le Dit des Heike, op. cit.*, p.252.

(28) A. S. Kline による英訳による。http://www.taleofgenji.org/sorrow.html

(29) *Le Dit des Heike, op. cit.*, p.252.

(30) 局《つぼね》は第二ランクの女官を指す。小督局は、その生活を証言する貴族の日記によれば、桜町中納言、藤原成範《しげのり》の娘である。奇妙にも、成範はまた李夫人の物語を語った作家の名前でもある。同一人物か?

(31) *Le Dit des Heike, op. cit.*, p.252.

(32) その日記のなかで建春門院中納言は、小督が並外れた美しさであると証言し、この女性が二十代始めに嵯峨のどこかに身を隠したことを嘆いている。Michael Watson, Modes of Reception: Heike Monogatari and the Nō Play Kogo, *International and Regional Studies*, Meiji Gakuin University, no 16, mars 1997, pp.275-303. http://www.meijigakuin. ac.jp/~watson/heike/kogo.html

(33) *Le Dit des Heike, op. cit.*, pp.254-255.

(34) 『玉葉』と呼ばれる日記のなかで、九条兼実(一一四九―一二〇七)は、一一七七年十一月四日、「中納言成範の娘」小督局に女の子が生まれたと報告している。一一八〇年四月十二日、貴族の中山忠親《ただちか》も、その日記『山槐記』に、彼が「中納言成範の娘、小督局」と呼ぶ女性の女の子の〈禊《みそぎ》〉の礼について書いている。忠親はこう記している。「この皇女の誕生後、小督局はもはや宮中に来ることはなかった。昨年の冬に彼女は出家した。二十三歳だった。理由があるに違いないが、誰もそれを知らない」。Michael Watson, *op. cit.*, p.9.

(35) *Le Dit des Heike, op. cit.*, p.256.

(36) Kamo no Chôumei, *Notes de ma cabane de moine*, traduit par Jacqueline Pigeot, Le Bruit du temps, 2010.

(37) 能の『小督』は、金春禅竹(一四〇五―?)に帰せられている。

(38) 憐れみ、つまり「情《なさけ》」という語は、三つの部首からなる漢字で、文字通りには「青い心」と読める。情を感じるとは、「青を持つ」ことだ。

(39) Ivan Morris, *La Noblesse de l'échec. Héros tragiques de l'histoire du Japon*, Gallimard, 1980, pp.95-96.

(40) 義経の理想化からもっとも遠い(それゆえもっとも信頼できる?)肖像は、『源平盛衰記』に由来するが、これは数々の戦いの模様を詳述し、義経を「歯並びの悪い、出目の、色白の小男」として記述する。Ivan Morris, *op. cit.*, p.103.

(41) 十二世紀、伝説によれば、僧の独身制の熱心な擁護者にして真言宗の創始者である空海(七七四―八三五)が、中国の同性愛的行為を「輸入」した(*L'Imaginaire érotique au Japon*, Drugstore, 2007, pp.194-205, 225-235, および *Dictionnaire de l'amour et du plaisir au Japon*, Drugstore, 2009, pp.160-175. を参照)。

(42) こうした挿絵物語のなかで、もっとも有名なのは、『秋夜長物語』(一三七七年?)と題する。

(43) Gaston Renondeau, *Choix de pièces du théâtre lyrique japonais*, pp.257-358.

（44）Ivan Morris, *op. cit.*, pp.101-102.

（45）黒い円錐形の帽子を頭の前部につける。玉房を麻の法衣「鈴懸《すずかけ》」に吊るす——二つを胸の前に、一つを背中に。結袈裟《ゆいげさ》と大口袴。山伏の多くは、また腰の周りに獣皮を巻く。

（46）Ivan Morris, *op. cit.*, p.105.

（47）義経の愛に関する主要な三作品は、能の『船弁慶』と『安宅《あたか》』、および歌舞伎の『義経千本桜』である。

（48）Ivan Morris, *op. cit.*, pp.129-130.

（49）Jacqueline Pigeot, *Femmes galantes, femmes artistes dans le Japon ancien*, Gallimard, Nrf, 2003, pp.160-185.

（50）「彼は色白で小柄だった。顔には大胆さが現れていた。眼差しは鋭かった」。『源平盛衰記』（第二十三巻）からの引用。Jacqueline Pigeot, "Histoire et légende de Shizuka, courtisane du XIIe siècle." *Comptes-rendus des séances de l'Académie des inscriptions et belles-lettres*, 142e année, n° 2, 1988, pp.431-445.

（51）「最初、彼女は目もあやな姿で舞い始め、最後には、足で地を叩き、くるくる回り、そのすばらしい声で耳を驚かせる」。『普通唱導集』（一三〇二年、編纂）所収「白拍子」。Jacqueline Pigeot, *Femmes galantes, femmes artistes dans le Japon ancien*, *op. cit.*, p.185.

（52）『義経記』第六巻。Jacqueline Pigeot, *Histoire et légend de Shizuka, courtisane du XIIe siècle*, *op. cit.*, p.438.

（53）『平家物語』における異説。traduit par René Sieffert, POF, 1971, p.506.

（54）この逸話は、『義経記』（第十四巻）および十五世紀頃の『幸若舞曲』に語られていて、「堀川夜討」、あるいはたんに「堀川」と題されている。これは、義経の居館のあった場所の名である。Jacqueline Pigeot, *Histoire et légend de Shizuka*, *op. cit.*, pp.434-435.

（55）Royall Tyler, *Japanese Nô Drama*, Penguin classics, 1992, p.88.『船弁慶』の翻訳に基づく。

（56）「文治二年四月八日」『吾妻鏡』。Jacqueline Pigeot, *Histoire et légend de Shizuka*, *op. cit.*, p.436.

（57）彼女の歌は長唄のなかでももっともすばらしいもののひとつである。

（58）Serge Salat et Françoise Labbé, *Créateurs du Japon, Le pont flottant des songes*, Hermann, 1986, p.194.

（59）Henry Scott-Stokes, *Mort et vie de Mishima* (1974), traduit par Léo Dilé, Philippe Picquier, 1966, p.41.

（60）*Idem*, p.42.

（61）二〇一一年十月十八日、東京で行なわれた井上隆史との対談。

（62）John Nathan, *La Vie de Mishima*, traduit par Tanguy Kenec'hdu, Gallimard, 1980, p.68.

（63）一九六六年四月十八日、東京の外国特派員協会での発言。Henry Scott-Stokes, *op. cit.*, p12.

（64）John Nathan, *op. cit.*, p.69.

（65）Henry Scott-Stokes, *op. cit.*, p.39.

（66）小説『花ざかりの森』からの引用。John Nathan, *op. cit.*, p.69. この小説の刊行（一九四四年）を機に平岡公威（十九歳）は三島由紀夫のペンネームを採用する。

（67）「岬にての物語」(1946), "Le Conte du promontoire", traduit

par John Nathan, *op. cit.*, pp.79-80.

(68) 森田にはひとりの女友達がいた。しかしこのことは、もちろんなにも意味しない。当時、ゲイの多くはバイセクシャルだった。というのも同性愛は日本では例外的性愛とは一度もみなされたことはないからだ。男同士の愛はずっとあったし、いまなお古典的家族生活には見られることだ。男が「性的嗜好」を持っているとの口実で家庭を築くのを拒否することはまずありえない。性的同一性の概念は、その根本的、制限的、排他的な性格ともども、西洋から近年輸入された概念である。異性愛そのものが、日本には真に存在しない。十六世紀に秀吉は女しか愛さず、病人とみなされていた。

第十六章　別れの歌

「心打つ死の受容」

お七……「人生は夢幻」

徳川の軍事体制下の江戸時代、日本は国境を閉ざし、国を一種の広大な牢獄に変え、服装や髪型に関わる厳格な規則を法令によって定期的に強化した。定められた階級制度のもと、日本人は着物や髪型を自分で選択する権利を持たなかった。人形浄瑠璃や歌舞伎では、それでも留め針を抜くだけで突然ざんばら髪になるような特殊効果の鬘《かつら》が見られるが、それは感情のほとばしりの同義語だった。こうした挑発的な「美しい逸脱」のなかに、とてもエロティックなので大衆が芝居の最強の契機とみなすものがあった。特殊な鬘を使用するこうした演劇作品は、〈仕掛物《しかけもの》〉と呼ばれた。

そうした作品は、一般に自殺、殺人、犠牲といった物語を舞台化したものだが、ヒロインがすっかり節度を失って髪を振り乱しながら心の内をあらわにするという「おだんご崩し」を待ち望んでの口実となった。当時、感情が解放されることには違反的性格があったので、髪の房が崩れるだけでも最悪の事態を予想させずにはいなかった。これは風紀のひどい乱れのしるしではなかっただろうか。うなじのちょっとしたほつれ毛でさえ、非の打ちどころのないように、慎重に油で抑えられた。

仕掛物のもっとも有名な作品――『八百屋お七』(1)――は、実話から採られている。お七（一六六七―一六八三）は、八兵衛《はちべえ》という名の八百屋の娘だった。彼女は江戸の本郷界隈に住んでいた。天和二（一六八三）年十二月二十八日、都の一部を焼き払った天和の大火の後、彼女の家族は駒込の吉祥寺(2)に避難した。自宅は全焼し、そして多くの被災者と同様、お七とその家族は寺の境内に仮住まいすることを余儀なくされた。僧たちは被災者のために最善を尽くした。「長老様の寝間《ねま》にも、赤子泣く声」(3)と、この悲しい話の三年後に西鶴は書いている。僧たちのなかで吉三《きちざ》という名の若い寺小姓(4)が、お七の注意を引いた。二人はほぼ同い年、十六歳だった。二人とも美しかった。お七は狂おしいほどの恋に落ちた。その著書『好色五人女』のなかで、西鶴は二人が相思相愛だったと強調している。吉三と彼女は、「命あるかぎり愛は変わらない」と誓い合う時を過ごしたが、しかし二人の関係は、一月になって八百屋の主人が新しい家を見つけたときに突然のように終焉した。若者から引き離され、お七は衰弱し始めた。「想いのたけを誰にも打ち明けられず、朝夕思い悩む女心のはかなさ」、と西鶴は言う。「お七は、吉三郎に逢える術《すべ》がなかったが、ある日、風の強い夕暮れに、以前、火事で寺へ避難したときの騒ぎを思い出した」。

ばかげた希望に動かされて、お七はまた突然の風を吹かせることを決意し、髪を振り乱して、火をつけると、火の粉が赤い花びらのように彼女を包んだ。〈散らす〉という動詞は、「発散する」、「散乱させる」を意味し、しばしば突風によって「ちらちら」舞う花のイメージに結びつけられる。散らす、それは髪をばらばらにし、雲を払い、桜の花を舞い散らせる風である。平安時代から、歌人のなかには、自分の感情を表現するために、突風に吹かれたかのように紙の上に文字を書く者がいる。この異様なスタイルは、〈散らし書き〉(5)あるいはまた〈乱れ書き〉と呼ばれるが、まるで興奮した走り書きの記号であるかのように奇妙にも髪に適用された。この混乱の記号に人は〈乱れ髪〉の名を与えたが、それは、「肉体的、精神的、政治的、あるいは社会的混乱」の同義語、〈乱る〉という語と〈髪〉という語からなる表現である。演劇や舞踊において、乱れ髪は違反的であるだけにいっそう評価された。お七の物語は、燃え上がり、最後に爆発するにいたる感情への理想的素材を提供した。後世の人々には、それゆえお七は、自分の衝動を抑えられず、感情の激発に苛まれる、哀れな人形となった。

放火犯を演出するのは難しいので、劇作家たちは、事実をわずかに改変して、お七が恐慌を巻き起こすために鐘を鳴らしたと主張する。当時、各地域に塔（火の見櫓《やぐら》）の頂に置かれた、火事を知らせる鐘があったが、正当な理由なしに打つことは禁じられていた。騒乱の扇動者は、極刑を言い渡された。お七の物語に想を得た作品の大半において、それゆえ最後の場面は、ヒロインが鐘を打ち鳴らし、自分の死刑判決に署名するところで終わる。娘が自殺にも等しくこの櫓の梯子を登り、最後の力で木槌を振り上げるとき、長いあいだ抑えていた情熱のほとばしりのように髪はほどけ、究極の見せ場を構成する。江戸時代、民衆がこの解放の悲劇的光景を目の当たりにして束の間息を止めたことは疑いない。崩れ落ちた髪は、体制への挑戦の身振りと相俟って、文字通り堰《せき》を切った。誰もが泣いた。

実際、お七の最期は劣らず衝撃的だった。彼女は火をつけたが、すぐに消された。「すこしの煙」、と西鶴は正確に書いている。見つかって、彼女は包み隠さずすべてを申し述べた。法律では故意の放火犯は火刑に処せられることになっていたが、ただこれは十五歳以上の場合だった。尋問の際、お七の美しさと若さが奉行の心を深く揺り動かした。「お前は十五歳だな」、と彼は慈悲に満ちて示唆した。お七は彼へ蒼ざめた顔を上げ、彼が示した救済を拒否して、答えた。「いいえ、私は十六歳です」。

お七は、さらし者になりながら、その振舞いと美しさへの配慮を忘れなかったので、大いに同情を買った。「人々はこぞって見に行ったが、惜しまぬ者はなかった」、と西鶴は語っている。彼女は生きながら火あぶりにされなければならないのか。四月初め、近づく最期への心構えを促された。彼女の心はなんら変わらなかった。「一生は夢幻《ゆめまぼろし》」、と彼女は一心に仏の国を願う様子で言った。死出の旅への手向けの花だと、咲き遅れの桜の一枝を渡されると、それを眺めながら、こんな歌を詠んだ。

世の哀れ春吹く風に名を残し遅れ桜の今日散りし身は[6]

この若さで死のうとしているお七は、自分の人生を歌の微妙な材料にした。しかも彼女が四月、桜の咲く月に処刑されるのも、無縁ではなかった。品川で火刑に処せられたとき、風によって火の粉と日本の象徴となったいかにもはかない桜の花びらとが混ざり合った。開花するかしないかのうちに、萎びる時間もなく、花びらは落ちる。〈花見〉と称される、その死の光景は、何世紀も前から憂愁にみちた奇妙な祝賀の形式を構成する。風が吹くたびに花が舞い散ると、民衆はひそかな称賛の叫びを上げる。「花は、はかないがゆえに日本人の魂のなかで永遠に美しくあり続ける」、とアラン・ワルターは『古代日本の性愛』において述べている。「そしてとりわけ桜の花は、萎れも腐りもせず、いちどきに散って、人々に死に方の範例、心打つ死の受容の範例を提供する」[7]。将軍による封建体制のもと、「花は桜木、人は武士」と言われた。桜の花は侍の特性となり、「花盛りの歳」での死のすばらしさのモデルとなった。同じ倫理を引き合いに出して、八百屋の娘、お七は、昔のヒーローやヒロインたちの一団に天国で加わろうと確かに望んだのだ。彼女は、それとは知らずに、権力に対する自己主張としての自殺の真の流行の端緒となったのである。

采女と鏡ヶ池……美に消える

東京の出山寺《しゅつさんじ》には、第二次世界大戦時の火災によって破損したひとつの石碑が、まだ花々のなかに建っているが、それにはただ〈采女塚《うねめづか》〉と刻まれている。その謂われはこうである。江戸時代、若い僧が采女(8)という名の遊女と恋に落ちた。采女は、吉原の娼家雁金屋《かりがねや》で働いていた。若い僧に逢ううちに彼女も恋に落ちた。娼家の女主人は、これを不快に思い、このあまりに感傷的な客に采女に近づくことを禁止した。僧の師は、自分の弟子が純潔の誓いを破ったのを知って、この不純な関係をやめるように彼に命じた。恋人たちはもう逢うことができなかった。それで若い僧は自害し、采女は、わずか十七歳だったが、この知らせを聞いて、別れの歌を一首したためた後、鏡ヶ池に身を投げた。

名をそれとしらずともしれさる沢のあとをかがみが池にしづめば

（私が誰であるか知らないとしても知ってほしい。猿沢の池に沈むように私は鏡ヶ池に身を投げたのだから）

分身のテーマにもとづく、気がかりな別れの歌ではある。采女について結局なにがわかったのか。その名は彼女のものではなかった。その死もまた。一千年以上も前の別の女性による身投げを真似て、采女は無名の死を死んだ無名の恋人として記憶に刻まれたのだ。彼女は、歴史上有名な別の女性と同じ名を持っていたために、よどんだ水のなかで窒息死することになった。采女は次々と続き、似通い、それぞれが水鏡に若く美しい水死者の影を投げ、二つの池のあいだに乱れた髪を流し、浮いたからだに衣服を非現実的に揺らめかせる。

采女(9)の端緒、水死者の悲壮な系列の最初の女は、九世紀初頭、奈良に住んでいた。『大和物語』の第百五十話は、その生涯を物語るが、三面記事のように短くそっけない。話は平城天皇（七七四―八二四）の治世（八〇六―八〇九）に遡る。采女は天皇を愛していた。「彼女は帝《みかど》へのかぎりない称賛の気持ちを育てていた」、とルネ・シフェールは訳している。「帝は、ある日、彼女を召した。しかし、その後、彼は召し出すことがなかったので、彼女はかぎりなく苦しみを覚えた。帝はたしかに彼女を召したけれども、さほど重きを置いていなかった。とはいえ、彼女は毎日のように帝の目に触れるのだ。もうこれ以上生きていけそうにもない心地がしたので、彼女はある夜ひそかに猿沢の池に身を投げた」[10]。ぞんざいに扱ったこの女のことをすっかり忘れていた帝は、あとになってたまたま会話のなかで彼女の自殺のことを知ると、「深く憐れんで、池のほとりまで出向いて、人々に歌を詠ませた」。柿本人麻呂は、猿沢の池の藻を寝乱れた髪にたとえて歌を詠んだ。

わぎもこのねくたれ髪を猿沢の池の玉藻とみるぞかなしき

（この愛しい乙女の寝乱れた髪を猿沢の池の藻として見なければならないのはまことに悲しいことだ）

帝は、こう続けた。

猿沢の池もつらしな吾妹子《わぎもこ》がたまもかづかば水ぞひなまし

（猿沢の池までも恨めしくてならない。愛しい乙女が身を投げて池の藻を被《かず》いたときに水が乾けばよかったのに）

「と、彼は歌を詠んだ。そして、この池のほとりに墓を作らせてから、彼は戻った」。

　猿沢の池の北のほとりの墓があったと推定される場所に、奈良の住民は采女の霊を慰めるために小さな神社を建てた。奇妙なことに、この神社は池に背を向けている。伝説によれば、もともと神社は池に向いていたが、一夜のうちに、耐え難い苦痛に襲われて建物が不吉な水をもう見なくてもすむように後ろ向きになったという。悲嘆にくれたように身を縮めたこの小さな神社に、恋人たちは、赤い糸で結ばれた小さな木板（絵馬）に永遠の愛の願いを書きにやって来る。九月、中秋の名月の夜、奈良の町は〈采女祭〉を執り行なう。これは一種の葬式で、池に舳先を龍頭で飾った奈良時代の小舟を二艘浮かべ、その上に町の綺麗どころが並ぶのである。宮廷淑女の衣装をまとった彼女たちは、静かに滑る小舟の上で花扇を揺らし、そして采女の苦しみを鎮めるために池の中央にそれを沈めるのだ。

　思い出に昇華されて何世紀にもわたり伝えられてきた采女の自殺は、悲嘆にくれる娘たちに想を与えずにはいなかった。それゆえ、別の多くの地方において、しばしば采女の名を持つ池に結びついた水死者の物語が見出されるが、それはあたかも、すべての傷心の娘たちが、静かな水鏡のもと、古典的な歌によって認証された美的な死の範例における消滅の形式をとりに来なければならないかのようだ。「千々に乱れてもうなにものでもないこの私は、先行した人の理想的なイメージのうちに融けこむことができる……」。吉原の采女は、鏡ヶ池に身を屈めながら、こんなふうに考えただろうか。美に消える。それはすでに生まれかわることだ。

求塚……「死んだ星がまだ燃える」

終わりはつねに始まりである
人は終わりを創ろうとするが
終えることはできない
なぜならわれわれはつねに始めるからだ
冬は終わりではない
死は終わりではない
死んだ星がまだ燃える
同じ女に対する男たちのように……

女が終わりにしようと思って自害しても、別の女が代わってまた自害し、すべてがいつまでも繰り返される。「植物の茎を切っても、別の茎がそれに取って代わる。農業文化や森林文化においては、それゆえ死は真に死ではなく、死は生の必須条件である、というきわめて強い感情が存在する」、とジョセフ・キャンベルは『神話の力』のなかで述べる。[11] 日本では循環的時間、永遠回帰の時間が意識に深く刻まれているので、二〇一一年のカンヌ国際映画祭で、映画『朱花《はねず》の月』の監督（河瀬直美）は、自分の映画を感情的葛藤の非時間性についての考察の枠内に置き、人間の愛は宇宙的現象の反響にほかならないと強調する。「こんなにも短くはかない生にどんな意味を与えるのか——月の循環的運動、様々な感情、過ぎ行く時間？ 人は自分に先立つ現実を真にとらえることはできません。だから私は物語を織るために過去の声を聞こうとしただけなのです」。日本文明の揺籃の地、飛鳥地方で撮影された『朱花の月』は、同じひとりの女を愛する二人の男の物語である。

この地方には、三角形をなす位置に三つの聖山[12]があって、日本人は少なくとも七世紀以来、それらのうち二つが男山（香久、耳成）で、第三の女山、畝傍《うねび》の愛を競っていると言う。人間たちさながらに、激しく求め合うのだ。天智天皇（六二六—六七一）[13]がこれら三聖山間の愛の物語について歌を詠んだ時代に、日本人は史上初の歌集を編纂することに決め、それを『万葉集』と名づける。これは、「一万の葉の集成」、あるいは「一万の生の」、あるいはむしろ「一万の世代の集成」と訳すことができる。永遠に伝えられるように定められたからである。この集成には四千五百三十六の歌が含まれるが、その大半は季節の巡りの光景のように愛を語る。ここではなにも持続しない。それでも「毎年、昔のように」鶴が「朝靄のなかで」鳴き、花が咲き、露が消え、流れる雲が天空に再び姿を見せる。

「『万葉集』の歌では、私たちの祖先は、飛行機も車も持たずに暮らしていたので、愛する人の訪れを待たなければなりませんでした」、と河瀬直美は言う。「こうした気持ちを描写するために、彼らはそれを季節ごとの花に置き換えました。いまではもう季節の訪れを待つ必要はありません。〈何事も迅速に〉の原則を最善の生き方と考えて、人々はいまや待つという単純な考えを捨ててしまったようです。彼らは活動を人生の主要目的にしています。しかし私たちの祖先は、この待つという能力によって、結局のところ今日の私たちよりも優れた優先性の感覚を持っていたのではないでしょうか[14]」。『万葉集』のもっとも有名な恋物語のひとつ（一八〇九、一八一〇、一八一一歌）では、「菟原娘子《うないおとめ》」が、自分を恋する二人のうちから選ぶよりも、「黄泉の国で待つ」ために身投げすることを採ったと語られる。彼らは自分だけのために彼女を欲していた。それで彼女は、おそらく痛切な思いで苦しみに終止符を打つために自殺したのだが、自分が死んだ後、理想的女性に、代々望まれる女性になるとは考えもしなかっただろう。

八世紀にひとりの男が菟原娘子《うないおとめ》の墓の前に来て、この不滅の美女の運命をこう語った。「八歳ばかりのまだ幼い時分から、振り分け髪を櫛上げて束ねる年頃まで、葦屋の菟原娘子《うないおとめ》は姿を見せなかった[15]」。人々の視線から守られて、彼女は宝石のように育った。両親は彼女を「繭のなかの蛹《さなぎ》のように[16]」閉じ込めていたので、彼女を一目見ようと男たちが外から垣根のように取り囲んでむなしく呼びかけたが、彼女は身を隠したままだった。「すると茅渟壮士《ちぬおとこ》と菟原壮士《うないおとこ》とが、彼女の愛を得ようとはやりにはやって競いながら来た。彼らは、焼き鍛えた太刀《たち》の柄《つか》を握りしめ、白木の弓や靫《ゆき》を背負って、水のなか火のなかも辞せずと必死に争った[17]」。これを見て、娘はその母に言った。「私のような取るに足りないもののために、立派な男《お》の子が張り合っているのを見ると、生きていても彼らと添い遂げられるはずはありません[18]」。そして小声で、「黄泉の国でお待ちしましょう」と、本心を「沼底によどむ水のように」秘めてささやいた。

「嘆きながら彼女は行ってしまった」。茅渟壮士《ちぬおとこ》は、その夜、彼女を夢に見て、「あとを追って行ってしまった」。後れをとった菟原壮士《うないおとこ》は、「天を仰いで叫びわめき」、あんな奴に負けてなるものかと地団駄踏んで歯ぎしりし、太刀を摑むと、

「二人を追いかけて行ってしまった」。「それで身内の者が寄り集まって、行く末かけての記念にしよう、のちの世まで語り継いでゆこうと、娘子《むすめ》の墓を真ん中に建て、壮士《おとこ》たちの墓を左右に建てた。私はこの話を聞いたとき、遠い昔のことではあるが、今亡くなった人たちの喪のように、こらえきれずに泣いてしまった」。三つの墓の前で思いに耽りながら、多くの訪問者が恋人たちに因む悲しい歌を詠んだ。しかも『万葉集』には、この話の別ヴァージョンも、またよく似た別の話もあり、まるで菟原娘子《うないおとめ》が、自殺の長い鎖をなす何十人の水死者のひとりでしかないかのようだ。

『万葉集』の第一八〇七歌は、東《あずま》の国に住んでいた真間《まま》の手《て》児名《こな》という名のよく似た娘の話を伝えるが、この伝説は上田秋成がその『雨月物語』のなかで再び採り上げることになる。この歌によれば、真間の手児名は、近づき難い女性の象徴、「満月のように円い顔」で、笑みをうかべると、「咲く花」を見るようだった。彼女の噂を聞いて男たちは、「夏の虫が火に飛びこむように」寄り集まって来た。「波の音の騒々しい」岸辺のように執拗な彼らの叫びと要求とに耐えられず、彼女は水に身を投げた。こうして彼女は彼らの訴えから逃れられると思ったのだろうか。いや、彼女の死は男たちの苦悩を永続させるだけだった。というのも、いまでもまだ、歌人たちが言うように、彼女の墓にお参りする者たちは涙を流すからだ。『万葉集』の第一八〇一歌は、こう言う。「この墓を見ると私でさえ悲しくなる、遠い時代のことを思うにつけても[19]」。悲しくも地下に眠る娘子《おとめ》のイメージを墓所に投影して、彼女のことを嘆かぬ訪問者とてない。「天空のたなびく遠い果てまでも、この道を行く誰もが立ち寄って嘆き悲しむのだ[20]」。

十世紀後半に成立した『大和物語』でも、この話とその不幸な後継者が問題になっている。第百四十七話は語る。「昔、津の国（現在の大阪）にひとりの女が住んでいた」。二人の男が彼女を熱心に求めた。雌雄を決するために、彼女は弓の技倆を見せるように彼らに求めた。水鳥を狙って、茅渟《ちぬ》と呼ばれる男が矢を射ると、矢は鳥の頭に刺さった。いまひとりの菟原《むばら》と呼ばれる男は、鳥の尾を射た。二人とも美しく、勇敢で、優しく、どちらを選んでいいのかわからずに娘は絶望した。彼らが鳥を射に来た川のほとりで、彼女は別れの歌を詠んで身を投げた。川の名は生田《いくた》という。そして彼女の記憶をとどめる墓の前で、いまなおこの歌を詠むことができる。

すみわびぬわが身を投げてむ津の国の生田の川は名のみ
なりけり

（もう生きてゆくのがつらくてたまらない。だから我が身をこの川に投げてしまおう。津の国の「生く」を意味する生田川の名も名ばかりのことだった）

娘が身投げすると、二人の男はいちどきに川の水に飛びこみ、愛する女の遺体を抱きしめ、「ひとりはその手を取り、もうひとりは足を取って」[21]死んだ。それで彼らは三つの墓に埋葬されたが、娘の墓を真ん中に二人の男の墓を両脇にして三角形をなした。この話で語られていないのは、二人の男のうち一方が、もし娘が他方をひどく傷つけることを恐れていなければ、意中の人になっていたかもしれないということだ。彼女を称えて詠まれた追悼歌（『万葉集』第一八一一歌）において不詳歌人は、その墓の上に木の枝がかかっていることを明らかにしている。秘密をかかえて死んだ娘の内なる思いを引き出すように、彼女が好きだった男のほうへ木がなびいていたのだ。「墓の上の木の枝《え》靡《なび》けり聞きしごと茅渟壮士《ちぬおとこ》にし寄りにけらしも」（墓の上の木の枝がそちらに向いてなびいている。話に聞いたとおり、娘は茅渟壮士《ちぬおとこ》に心を寄せていたらしい）。十世紀、この「昔話」は皇后をいたく感動させたので、皇后は侍女たちに歌を詠ませた。伊勢の御息所《みやすどころ》は、男のひとりの立場に立って、その男が死ぬ前に時間があれば書いたかもしれない別れの歌を詠んだ。当時、貴婦人たちは顔を隠さなければならず、そして男たちは自分が目にしたことのない、「繭のなかの蛹《さなぎ》のように」見えない、神秘的な内的生命の本性をつかさどるこうした存在のように見えない女たちに、しばしば恋した。菟原娘子《うないおとめ》が身投げしたとき、おそらく男たちは彼女を初めて、そして最後に、一度だけ見た。水底で、涙の川のヴェールを通して。だが彼らはなにを見たのか。

かげとのみ水の下にてあひみれど魂《たま》なきからはかひなかりけり
（水底でその影のような姿をついに見ることができたが、魂の抜け殻ではかいもなかったことだ）[22]

十四世紀末、またこの伝説に想を得て、劇作家の観阿弥は『求塚《もとめづか》』と題するバロック的で残酷な作品、美女の霊に取り憑かれた墓の話を作る。数世紀間埋《うず》もれていた塚から現れた〈痩せ女〉が、生田の里を訪れた僧に、鎮められぬ心の苦しみを語る。自分の過ちから二人の男と水鳥が死んだ。種々の苦悩の世界にほかならぬ地獄で、巨大な鉄の鳥に頭を突かれ、脳みそを啜られ、獄卒に八大地獄へと引き立てられる。「まず等活地獄（身を裂き骨を砕いて殺し、また生かして責め苦を繰り返す地獄）。次に黒縄地獄（熱鉄の縄で縛り苦しめる地獄）。衆合地獄（鉄山で圧殺し剣樹で苦しめる地獄）。叫喚地獄（熱湯や猛火で苦しめる地獄）。大叫喚地獄。焦熱地獄。大焦熱地獄。最後に無間地獄」。なぜこんなにも苦しみがあるのか。彼女が後悔しているからである。彼女は、とても優しく、とても若く、もっと生きたかったはずだ。心は世界に開き、希望と感嘆に満ちていたのに、愛する時間もなかった。最初の口づけの時も涙の時も持たずに死ぬこと以上にこの世で酷いことはない、と観阿弥は説明する。愛だけが唯一大事なことだからだ。「この題名は両義的です」、と能の専門家、狩野晃一は語る。「〈もと〉は欲望、〈求める〉を意味します。〈おとめ〉あるいは〈め〉は〈乙女＝娘〉を意味します。だから『求塚』は、〈乙女の墓〉とも〈墓の欲望〉とも訳せるでしょう。日本にはつねに死における両義性の形式がありま す。生と永遠の根源たる死の[23]」。死は伝説の大いなる循環のうちに様々な存在を巻きこみ、それらが、無の踊りに運ばれて互いの周りを廻る惑星のように、絶えることなく再記述されるのである。

次頁：森口裕二「擬宝珠」（2009年）

袈裟御前と盛遠……地獄門

京都近郊には美女の袈裟《けさ》のものとされる二つの〈恋塚《こいづか》〉がある。〈恋塚〉とは、大切な人への恋のために死んだ男や女の墓のことである。彼女以前の多数の女性をモデルとして、三人の恋の生贄となった袈裟は、二人の男、夫と愛人のいずれかを選ぶことを余儀なくされた。彼女は結局自己を犠牲にした。しかし誰のために？　謎はそっくり残ったままである。

袈裟の物語は、とりわけフランスでは、一九五四年にカンヌ国際映画祭でグランプリを獲得した衣笠貞之助の映画『地獄門』[24]のおかげでよく知られている。十三世紀末の戦記『源平盛衰記』[25]では、この物語は一一五九年の義朝の挫折した武装蜂起の時に設定されている。義朝は権力を奪取しようとしたが、競争相手の清盛によって鎮圧された。戦いのさなか、武士の遠藤盛遠《えんどうもりとお》（一一三九―一二〇三）は、ひとりの女性を救って、彼女を狂おしく恋するようになる。彼女は、しかし、すでに結婚していた。

情念を燃え上がらせた武士は彼女につきまとい、そして彼女が自分のものにならなければ、叔母と夫の渡《わたる》を殺し、彼女に手を掛け、自分も死ぬと脅迫する。袈裟はまばたきし、半ば悲劇的な、半ば困惑した表情を浮かべて尋ねる。「私をそんなにもお望みですか」。彼女は彼から逃れるすべがないと悟る。「敵との一夜」の翌日、彼女は言う。「私はあなたと一夜を過ごしました。これは私たちの運命です。しかし私があなたのものになるためには、夫を殺してくれなければなりません。今夜、彼の頭を洗います。あなたは手探りで濡れた髪を見つけ、切りつけてください」。

盛遠は恋の告白として別れの歌を詠む。夜が来ると、彼は夫婦の寝室に忍びこみ、闇のなかに横たわる人物の濡れた髪に触れ、夫の首だと思って恋する女の首を切り落とす。じつは袈裟は夫の場所を占めるために夫を遠ざけていたのだった。おそらく彼を救うために。おそらくはまた、償うために。彼女は犯されたことを罪深く感じていたのだろうか。あるいは盛遠をひそかに愛したことを。

この犠牲のうちに模範的な夫婦間の貞節しか見ようとしない人々の「公式」な見解によれば、袈裟は夫を危険にさらすよりも死ぬことを選んだ名誉ある女性である。一九一八年、作家の芥川龍之介[26]は、『羅生門』のなかで、皮肉な筆致で事実をあらためて解釈している。彼は、盛遠が袈裟を軽蔑する（あまりに尻軽に見えて）にいたり、その夫を殺す提案をして彼女を破滅させようとしたのだと暗示する。袈裟の自殺は、それゆえ裏切りという暗い出来事の不可避的な結果にほかならなかったのだろうか。

この物語を限りなく再記述することができるだろう。袈裟の動機は、打ち明けられず矛盾をはらんだ欲望と間違いなく関係している。彼女が死んだ今となっては、その顔は穏やかに笑っている。美女の首が血まみれになっているのを見た夫に向かって、盛遠は涙ながらに言う。「私を殺してくれ」。だが渡は、悔恨の情以上にひどい罰はないと思って、拒否する。また、熱愛した妻が戻って来るわけでもないと思って。なにになるだろう。二人の男は共に涙にくれる。

魂を殺されて生き延びることを余儀なくされた盛遠は、悔悛し続ける。七日間、虻《あぶ》や蚊《か》や蟻《あり》に刺されながら、身動きせずに横たわる。真冬に五日間、那智の滝に打たれて意識を失うが、この試練に奇跡的に生き延びる。誰ひとりそんなにも長く滝に打たれることなどできはしない。彼は、そこに立って、腕を交差させ、自分自身への憎しみと、冷たさの衝撃をほとんど感じなくさせるような怒りとによって支えられる。

公式には彼は生涯を祈りに捧げる。しかし『平家物語』[27]によれば、彼は出家して文覚《もんがく》と名乗り、復讐に取りつかれることになる。袈裟は、平家に支配された宮廷のなかにいた。彼はこの一族が地表から姿を消すまで諦めないだろう。彼は、名門の婦人に愚弄された武士、自分よりは死を選ばれた者として、以来、自分の力をたったひとつの目的のためにしか使わなくなる。彼は、地味な武士が美しい貴族の手を求めることを禁じる世の秩序を転覆させようとする。

平家を破滅させるために、彼はその頭領、清盛と戦わなければならない。文覚は悪魔的な計画を練り上げる。巡礼と苦行の連続だった那智での隠遁から千日後に、彼は清盛に負かされた源氏の長兄、頼朝（一一四七―一一九九）に会いに行く。「そなたの名誉を回復しなさい」、と彼は言う。そしてこの若者に義務感を呼びさますために、十年間首に掛けていたと称する髑髏を渡す。「これは、清盛に処刑されたそなたの父、義朝の髑髏である」。

『平家物語』[28]を信じるなら、彼の動機は純粋に宗教的なものだった。文覚は高尾山の神護寺の再興を望んだ。後白河天皇は、清盛と結ばれており、援助を拒否して、敵対勢力の統率者のほうを向いて、その影の黒幕となった。文覚の影響下に、頼朝は武器を取り、そして異母弟の義経の助けを得て平家を滅ぼした。一一八五年四月二十五日、壇ノ浦の戦いにおいて、何千人もの兵士が死に、続いて天皇（八歳）が血に赤く染まる水に身を投げた。これが新時代の、侍の時代の始まりだった。文覚は勝利したのだ。

日本の歴史は長い恋物語にほかならなかったのではないか。女を欲するあまり、文覚は女を追いつめて死なせ、そして残りの生涯を、武士が権力を獲得するまで復讐の炎をかき立てることに費やした。もし袈裟が一一八五年以降も生きていたなら、彼は彼女と結婚していただろう。だが残念ながら、伝説の語るところでは、旧暦七月九日（袈裟の亡くなった日）になると、たくさんのナメクジが這って来て彼の墓の上でうごめくという。それらの背中にはみな黒い傷跡のような一本の線があって、彼に自分の過ちを思い出させる。悔恨のナメクジは、一二〇三年以来、彼の墓の上を這いずっている。

伊達娘恋緋鹿子、櫓のお七
（安井金比羅宮金比羅絵馬館蔵、年代不明）

浮舟、漂う美女……「私がこの憂き世をさまよっているとき」

京都近郊に、紀元一千年の日本人が、数々の不吉な伝説に包まれたきわめて野蛮な地域とみなしていた宇治という町がある。そこに達するには、「険しい山道」を越え、鳥の悲しい鳴き声の響く川岸に沿って行かなければならなかった。『源氏物語』の最後の十帖は、この暗い環境で展開し、小説の冒頭とは明らかに一線を画するので、研究者の多くはそれを完全に別個の研究対象とする。[29]この宇治をめぐる物語の最初の帖「橋姫」は、こう始まる。「その頃、世に忘れられた年老いた皇子がまだ生きていた」。妻を亡くして絶望した、このやもめの皇子は、雑草のはびこった宇治の孤立した屋敷に娘たちと暮らしていた。「屋敷は川のほとり、魚を取る網《あ》代《じろ》の近くにあって、すさまじい流れの音がした。（中略）夜は風が激しく吹いて、静かに夢見ることもできなかった」。皇子は、「この世の定めなさとむなしさを感じながら」[30]、亡妻の霊のために祈ることに時間を費やし、娘たちにはただ音楽を教えるだけだった。長女は琴を、次女は琵琶を弾いた。

ある夜、月が玄妙な光を放っているとき、都から来たひとりの貴族が、楽の音に魅かれ、竹垣に近づいてなかを覗き見た。……彼は恋に落ちた。霧深い庭を前にして、演奏していた若い娘たちはすばらしく美しく、静かに動き、「裳裾を引きずりもせずに」立ち上がり、幻のように姿を消した。貴族の名は薫《かおる》。[31]この話の続きは、しかし不条理な自殺の連続でしかない。姉妹のひとりが、彼に身を差し出すよりは死を選んだのだ。とはいえ彼女は彼を愛していた、狂おしいほどに。彼女の名は総角《あげまき》という。ある夜、薫が朧な影のように黙って彼女の部屋に忍びこんで来たとき、彼女はちょっとした身代わりの遊びのマゾヒスティックな喜びにとらわれて、彼を妹と一緒にした。彼女は薫が妹を気にかけてくれることを望んでいた。しかし心ならずも嫉妬のあまり、彼女は自殺することになる。宇治では、いまでもまだ、既婚者たちは橋姫と名づけられた橋を渡らない。それは別れの橋だからだ。

愛する人の死後、薫は総角のほとんど双子と言ってもいいもうひとりの妹の存在を知り、自分の妻にしようと誓った。彼は最初の人を失っていた。二番目は是が非でも自分のものにしようと決意し、自分の婚約者になるように娘を優しく口説き始めた。彼女の名は浮舟《うきふね》といい、総角と同じように優雅でその無垢な分身のようだった。彼女はこの皇子を月を愛でるように愛し、「霧にかすむ山の端を物憂げに眺めながら」、あえて彼に触れることもなく何時間も一緒に過ごした。彼は好機を待とうと思った。

　待ったために、彼は彼女を失った。匂《におう》の宮は、宮廷で彼の最大のライヴァルだったが、宇治の僻地に身を隠した宝石のような娘の存在を知り、直ちにそこに赴いて、今度は彼が浮舟の魅力に屈した。匂は誘惑者だった。ある夜、彼は暗闇に乗じて薫を装い、浮舟の寝床に忍びこみ、彼女を征服した。彼女は彼を婚約者だと思って悪気なしに身を差し出した。彼が正体を明かしたとき、彼女はまず恥ずかしさのあまり涙を流し、そして苦しみに打ち沈み、彼がまた涙ながらに言うところを聞いて、もうどうしようもないことを悟った。

　彼女は二人の男を愛した。そして等しく美しく情熱的なこれらの男たちのいずれかを選ぶことは、彼女にはできなかった。「すべてを元通りに戻すには、自分が、自分だけが死んでしまえばいい」、と彼女は考えた。「多くの求婚者からひとりを選べずに、どうしようもなく水に身を投げた女たちが、いままでどれほどいたことだろう」[32]。それからも匂の燃えるような歌と薫の甘い呼びかけとに悩まされ、引き裂かれ、苛まれ、苦しめられて、浮舟は食物をとるのをやめ、みずから徐々に塞ぎこんでいくに任せた。

　冬になった。苦しみを長引かせてなんになろう。彼女はまず、あとくされがいっさいないように、すべての恋文を焼くか川に捨てた。そして別れの歌を詠んだ。

　　嘆きわび身をば捨つとも亡き影に憂き名流さむことをこそ思へ

　（絶望してこの身を捨てるにしても、死んだ私の名を汚す中傷を流し去ってくれたらいいのに）[33]

　それから、「皆が眠っているときに」彼女は屋敷を出て、川へ向かった。「激しい風に打たれ川の流れのすさまじい響きを前にして」彼女はみずからの孤独を恐ろしいまでに感じ、「過去も未来も忘れるほどだった。川べりに座って、脚を投げだした」[34]。彼女はためらった。何日も過ぎた。彼女が別れの歌を残して姿を消したので、誰もが喪に服した。いつか水のなかに彼女のばらばらになった遺体が見つかるのだろうか。二人の男は胸が張り裂けるほど泣き、そして春が来た。浮舟は、しかし死んでいなかった。ある夜、ひとりの僧が、古い廃屋のなかで衰弱して涙にくれ、自分の名前も思い出せない幽霊じみた姿の彼女を見つけた。自分に閉じこもり記憶を失くした浮舟は、ただ泣くだけだったが、徐々に記憶が戻ってくると、天使のような「とても美しい」男が自分を救ってくれたと主張した。話し終えると、彼女は宇治の山のなかで自分を匿ってくれるように僧に頼んだ。彼は彼女を剃髪して尼にした。それはあの世に行くことに等しかった。浮舟は、それゆえ以来ひっそりと僧衣に身を包み、その純粋な美しさをひたすら祈りに捧げた。「我《われ》かくて憂き世の中にめぐるとも誰かは知らん月の都《みやこ》に」（私がこの悲惨な世の中をこんなふうにあてもなくさまよっているとき月の都で誰かがまだ気にかけてくれるだろうか）[35]。彼女を恋した二人の男は、彼女に二度と会うことができなかった。書物の最終帖「夢の浮橋」において、薫は、少なくとも別れを告げるために最後に彼女に再会しようとするが、しかしかなわなかった。「彼は差し控えたほうが良かっただろう」。こうして二千ページに及ぶ波乱にみちた一大抒情文学『源氏物語』は、最後に絶望的な調子で終わるのである。

　恋は、この国ではしばしば不幸によって養われるが、ここでは感情を崇高なものにまで高めるために、抑制し、こらえ、押しとどめ、内面化し、ぎりぎりまで凝縮されることが求められる。この情熱の鉱物化のプロセスに、日本人は〈さび〉の語を与える。この語には多くの意味がある。時間の、凋落の、衰退の、断念のしるし。それは、時の経過によって古色を帯びたものや、早くから苦しみに苛まれてできた傷が感動的な優雅さを生んでいる女性の美しさを指す。それはまた「痛ましさを前にした変容状態の美」[36]を指す。美の（したがって恋の）基礎となる概念、〈さび〉は、「浮舟」のように移り変わる欲望によって動揺する存在にみちた「浮世」の芸術の精髄を表す[37]。このはかない世ではなにものも持続しない。そしてまさにその脆さが事物に価値を与えるのだ。つや消しされ、使われ、傷められ、打ち負かされて、沈黙のヴェールに覆われると、事物は美しくなる。「さびさびのなかに」（孤独な状態で）……。世間から身を引き、夢のなかで変身して、女たちは恋人たちの心に悲痛な郷愁を呼び覚ます。

【註】

（1）『八百屋お七』は、お七の死の二十年後、劇作家の紀海音《きのかいおん》によって、人形浄瑠璃のために作られた。

（2）それは少なくとも井原西鶴が「恋草からげし八百屋物語」（『好色五人女』）において主張するところである（*Cinq Amoureuses*, traduit par Georges Bonmarchand, Gallimard Nrf,coll. “Connissance de l'Orient”, 1959, pp.119-156.）。しかし別の典拠（一七七三年に菅専助、松田和吉、若竹笛躬によって書かれた人形浄瑠璃作品『伊達娘恋緋鹿子《だてむすめこいのひかのこ》』）によれば、お七の一家が避難した寺は正仙院だった。

（3）Ihara Saikaku, *op. cit.*, p.125.

（4）ここにも異説がある。西鶴の小説では、少年は吉三郎という名の十七歳の侍である。彼は北の大名によって彼とその愛人の護衛のために寺に置かれていた。『伊達娘恋緋鹿子』では、少年は生田庄之助という名の寺小姓である。

（5）Claire-Akiko Brisset, *À la croisée du texte et de l'image. Paysages cryptiques et poèmes cachés (ashide) dans le Japon classique et médiéval.* éd. Collège de France, Institut des hautes etudes japonaises, de Boccard, Paris, 2009, p.31.

（6）Ihara Saikaku, *op. cit.*, p.147.

（7）Alain Walter, Érotique du Japon classique, Gallimard, Nrf, coll. "Connaissance de l'Orient", 1994, p.310.

（8）彼女の名が采女というのは、天皇の側近に仕えた宮中の女官を暗示してのことである。『万葉集』の時代、采女——その美しさゆえに選ばれた地方豪族の娘——のなかには、第三等の皇族の妻になる者もあり、彼女たちに接触することは厳しく禁じられていた。一般人はもちろん、高官や皇子にも禁じられていたこうした女性から、誰に対しても仕える江戸の遊女たちは栄光の称号としての名を取ったのである。

（9）天皇の寵愛を失った後、水に身を投げて自殺する話は、『大和物語』（第百五十話）ばかりでなく、『袋草紙』や『十訓抄』のような中世説話集にも見出せる。

（10）*Contes de Yamato*, traduit par René Sieffert, POF, 1979.

（11）Joseph Campbell, *The Power of Myth*, NY Doubleday, 1988, p.102.

（12）いわゆる「大和三山」は、互いに三キロメートル離れている。

（13）「香久山《かぐやま》は　畝傍《うねび》を惜しと　耳成《みみなし》と　相争ひき　神代《かみよ》より　かくにあるらし　古《いにしへ》も　しかにあれこそ　うつせみも　妻を争ふらしき」（香久山は、畝傍を失うには惜しいと、耳成山と争った。神代からこんなふうであるらしい。いにしえもそうだったからこそ、今の世の人も妻を取りあって争うのであるらしい）。『万葉集』第十三歌。

（14）映画『朱花《はねず》の月』の記事からの抜粋。

（15）Gaston Renondeau, *Anthologie de la poésie classique japonaise*, Gallimard Poésie, Rnf, 1971, pp.72-73.

（16）歌はここではほとんど翻訳不可能になる。用いられている語は、おそらく呪術的価値を有していた。問題は、「木綿の生地のくぼみ」、「虚木綿《うつゆふ》」である。この呪術的空間、椀のくぼみ、かまどのくぼみ、女性器のくぼみといった、神が宿りに来たり生の炎が生まれたりする場所への暗示か。「虚木綿」は、「隠《こもる》」の「枕詞」である。

（17）Gaston Renondeau, *op. cit.*

（18）*Idem.*

（19）『万葉集』第一八〇一歌。

（20）同上。

（21）*Contes de Yamato*, traduit par René Sieffert, POF, 1979, pp.93-95.

（22）*Idem.*

（23）二〇一〇年五月十九日、ジュネーヴで行なわれた狩野晃一との対談。

（24）一九五三年に製作された映画『地獄門』は、そのとき審査委員長だったジャン・コクトーの影響下に映画祭のグランプリを受賞した。

（25）『源平盛衰記』：源氏と平家との長い闘争を物語る四十八巻から成る大河小説。『平家物語』（琵琶法師によって語られた、十二巻から成る物語）のもっとも長い展開版。

（26）芥川龍之介（一八九二―一九二七）は、『袈裟と盛遠』（一九一八）という小説を書いている。*Rashomônn et autres contes*, traduit par Arimasa Mori, Gallimard, coll. "Connaissance de l'Orient", 2011.

（27）*Le Dit des Heike*, traduit par Rene Sieffert, POF, 1971, pp.222-230 et 502-503.

（28）『平家物語』では、彼の復讐心は、京都近郊の廃寺、神護寺を再興するために彼が要求した援助金を後白河が拒否したことで惹き起こされたと説明されている。鳴神に倣って、呪術僧、文覚は、この拒否に深く傷ついたので復讐を誓った。そのとき彼は伊豆に流されたが、そこで中央権力によって追放されていたもうひとりの人物に出会うことができた。義朝の遺児、頼朝である。清盛は慈悲心から彼を殺さずにいた。*Le Dit des Heike, op. cit.*, pp.224-228.

（29）「宇治十帖」は、四十五帖（「橋姫」）に始まり、五十四帖（「夢の浮橋」）で終わる。著者は、紫式部の娘、あるいは複数の競争相手に帰せられる。Royal Tyller, "The Disaster of the Third Princess", *Essays on The Tale of Genji*, ANU Press, The Australian National University, 2009.

（30）Murasaki Shikibu, *Le Dit du Genji*, traduit par René Sieffert, vol. 2, POF, 1988, p.318.

（31）公式には薫は源氏の息子だが、じつのところ、彼は女三の宮と通じた柏木の息子である。

（32）*Le Dit du Genji, op. cit.*, p.577.

（33）*Le Dit du Genji, op. cit.*, p.581.

（34）*Le Dit du Genji, op. cit.*, p.630.

（35）*Le Dit du Genji, op. cit.*, p.633.

（36）Serge Salat et Françoise Labbé, *Créateurs du Japon, Le pont flottant des songes*, Hermann, 1986.

（37）世間的に死んだ浮舟は、その名が宿命づける神秘的な水死者の群れに加わった。舟は、留まること、停泊することの不可能性のメタファーであり、生の定めなさ、とりわけ恋愛関係の定めなさを指示する、とジャクリーヌ・ピジョは説明し、波の詩的想像力を、はかなく変わりやすい心の動きの想像力に結びつける。「それは perpetum mobile（永久運動）のイメージである。目的のない運動の」、と彼女は言う。日本人のあいだでは、「浮く」（波に揺れる）はまた「定めない」、「動揺した」を意味する。それゆえ「浮き寝」（水に揺られながら、あるいは泣きながら寝ること）とか「憂き世」（苦しみの世界、変移し変動する欲望の世界）といった表現が成立した。

第十七章　約束

「あなたのことは決して忘れません」

四十七士……「待ちわびたぞ」

ほぼ普遍的な習慣によれば、死のうとする人々は遺言書を遺す。しかし日本文化においては、人がこの世を去ろうとするときには〈辞世〉を詠むという独創的なかたちをとる。この伝統は、間違いなく日本の書き物の始まりにまで遡る。記録されたもっとも古い辞世は、『古事記』（七一二年）に見出されるが、それは恋の歌である。古代の戦士、ヤマトタケル(1)の妻に帰せられるが、彼女は彼のために自分の命を犠牲にした。彼女はこんな歌を詠んだあとに、嵐を鎮めるため荒れ狂う海に身を投げたのである。「さねさし　相模《さがむ》の小野に　燃ゆる火の　火中《ほなか》に立ちて　問ひし君はも」（高い山の立つ相模の国の野原で、燃え立つ火の、その火のなかに立って、呼びかけてくださったわが君）(2)。

二番目に古い別れの歌は、和歌の祖、柿本人麻呂に帰せられる。ある日、天皇に随行して石見《いわみ》の国に旅したとき、病気になり、妻の依羅《よさみ》に宛て別れの歌を作った。

鴨山の岩根しまける我れをかも知らにと妹《いも》が待ちつつあるらむ
（鴨山の岩を枕にして行き倒れている私なのに、なにも知らずに妻は私の帰りを待ち焦がれていることだろうか）　（『万葉集』二二三）

鴨は、いつまでも貞節な夫婦の幸福の鳥とみなされていた。柿本は、妻が流すであろう死別の涙を予想して、名残り惜しくこの世を去った。愛する物や人と別れるのは、とてもつらいことだ。平安時代初期、仏教の影響下に、死んでいく者たちは自分の生涯を、秋の野に光る遠い稲妻や枯れた花にたとえ始めた。武士が権力を握ると彼らもまた、苦痛に満ちた、最後の挨拶にふさわしい、五、七、五、七、七音節の形式の別れの歌を作り始めた。伝統がしっかり根付き、つねに彼らは書いたばかりの訣別の歌を携えて戦いに赴くように心がけた。歌を書く時間がない者は、それを口頭で詠んだ。入浴中に刺し殺された太田道灌（一四三二―一四八六）のように。自分のからだを刺し貫いた槍の柄を握って、彼はこんな歌を呟いて息絶えた。

かかる時さこそ命の惜しからめ　かねてなき身と思ひ知らずば

（このような時、どんなに命が惜しいことだろう。前もって元から死んで存在しない自分と悟っていなかったならば）

「形式に伝統的な制限があるにもかかわらず、小詩〈短歌〉（〈和歌〉とも呼ばれる）は、その厳格な音韻の枠内で深い感情を表現する最高の手段としてつねに称えられてきた」、とアイヴァン・モリスは説明する。「日本の悲劇的英雄は、その生涯が大部分の人間よりも優れた感情的水準によって構成されているが、しばしばそのもっとも深い感情を、とりわけ自分の実存が急ぎ終局へと向かっているとき、歌に表す。別れの歌の伝統は、この国のもっとも遠い過去にまで遡るもので、伝説の時代の日本の英雄のひとり、ヤマトタケルから最近のカミカゼ・パイロットたちにいたるまで、まず詩的にこの世に別れを告げずに死ぬことはなかった」[3]。

　規則によって毎日別れの歌を作る仏教の僧の例に倣って、同じ修行に従う日本人もいる。この歌は彼らの〈道行き〉である。『日本の辞世詠』においてヨエル・ホフマンは、十八世紀に、「適切な歌を作る術《すべ》を知らずに突然のように死に襲われることを恐れ、歌の師、冷泉為安に教えを乞うて五十歳で〈辞世〉を書き始めた[4]」男の話を語っている。八十歳になっても相変わらず元気な男は、こう書いた。

八十《やそ》あまり君と親との恵みもて世を月花《つきはな》に安き過ぎたる

（八十年以上ものあいだ、わが主君と両親のおかげで、この世を月や花を愛でながら安らかに過ごしてきたものだ）

　いつも通りに彼はこの歌を冷泉に読んでもらうために送ったところ、冷泉は賢明にもこう答えた。「九十歳になったら、第一句を変えなさい」。同じ時代、多くの僧がこうした慣習に激しく異を唱えた。〈辞世〉は、当時、啓示の閃きとみなされていた。最期の瞬間、人間が時間を超越した叡智に急激に到達することなどないかもしれないではないか。最期の瞬間の悟りへの信仰に反対して、辛辣な皮肉を込めた〈辞世〉を後世に残した賢者たちもいる。英一珪《はなぶさいっけい》（?―一八四三）は、こう詠んだ。「二三百生きようとこそ思ひしに八十五にて不時の若死に」（二三百年は生きようと思っていたのに、八十五歳で予期せぬ若死にをしそうだ）。守屋《もりや》仙庵《せんあん》（?―一八三八）：「我しなば酒やの庭の桶の下われてしずくのもりやせんもし」（私が死んだら酒屋の庭の桶の下に埋葬してくれ。桶が割れて酒が漏れることもあるかもしれないので）。島木赤彦（一八七六―一九二六）：「我が家《いえ》の犬はいずこに行きぬらむ今宵も思いいでて眠れる」（いつも家の片隅にいた犬はどこに行ってしまったのか。私は寝る前に今夜もまた犬のことを思い出した）。

明治時代に〈辞世〉の習慣が遍く行きわたる。人生の短さに最短の詩形を当てて〈俳句〉の形式で書く者もいるが、しかし〈和歌〉の形式がすべての伝統主義者のあいだに存続して、彼らは――高まる好戦論的文脈のなかで――帝国制の偉大さを国を挙げて認められた犠牲の偉大さと結びつける。十九世紀には多数の人間が自殺する。小学生のノートには、とりわけ四十七士の栄光に満ちた勇壮な話が書き込まれる。彼らは、一七〇三年三月二十日、泉岳寺（東京）の境内で自決し、恨みを晴らした彼らの主君の墓のそばに埋葬されたのである。『仮名手本忠臣蔵』（一七四八年）[5]のタイトルで舞台化され、これらの有名な〈浪人〉たちの物語が主要な上演作品のひとつとなっている。なかでももっとも感動的な場面は、切腹の場面である。赤穂藩藩主、浅野長矩《ながのり》（一六六七―一七〇一）は、卑劣な吉良の振舞いによって、禁制を犯したために、自害しなければならない。即日腹を切るように命じられたのだ。彼の自害のために用意された部屋のなか、妻の立ち合いのもと、何人かの証人の前に、浅野は白衣を着て登場し、儀式的な小刀の前に座って尋ねる。「由良之助は来たか」まだ来ない。最期の時を知らされた彼の忠実な家老は、おそらく間に合わないだろう。藩主は苛立つ。彼は別れの歌をしたためる。そして、小刀を摑み、その切っ先を腹に当て、妻を眺めやることなく、ため息をつく。「彼に生涯もう二度と会えないとはなんとつらいことだろう」[6]。彼が小刀を柄まで沈めたとき、ひとりの武士が突然入って来る。「由良之助！」、と瀕死の長矩は叫ぶ。「待ちわびたぞ」。二人の男は見つめ合う。彼らの目には、最後に一緒にいられる幸福、別れのつらさ、二人を永遠に結びつける誓いが読み取れる。長矩は息絶える。二年後、由良之助は主君の仇を討ち、あの世で主君に再会するために、仏教の表現によれば「一蓮托生」となるべく発つ。忠誠による自殺は〈殉死〉と呼ばれる。日本の歴史における最後の殉死は、一九一二年九月十三日になされた。乃木希典《まれすけ》（一八四九―一九一二）は、日清、日露戦争で輝かしい戦果を挙げ、国家の最高の栄誉が与えられ、道徳的厳格さの模範として尊敬を集めるが、明治天皇の葬儀の夜、儀式的な自決を遂行する[7]。死ぬ前に乃木希典はこういう歌を遺す。

うつし世を神去りましし大君のみあとしたひて我はゆくなり

一九二七年十二月号『日本少年』表紙（高畠華宵「忠義の主税」）

侍の妻たる者は、同じ忠誠を証明する際に遅れをとることはない。希典が自害すると、妻の静子は、最後の歌をしたためたあと短刀で喉をかき切るか突き刺すかするすべてのヒロインを範として、彼の後を追う。十四世紀から十六世紀にかけての戦国時代に、侍の妻の多くが義務として自決する。しかし、なかには佐介《さかい》貞俊《さだとし》の妻のように、愛ゆえに痛ましい思いで自決する者もいる。彼女は夫が斬首されて死んだことを知り、夫が形見に残した――処刑の日に身に着けていた小刀や小袖といった――品々を見て、涙ながらに愛する人の小袖の上にこんな歌を書く。

誰見よと形見を人の留めけん堪へてあるべき命ならぬに
（誰に見せようと形見を残したあなたなのでしょうか。
悲しみのあまり生き続けることはできない私なのに）

『太平記』（十四世紀）が物語るところによれば、彼女は小袖を頭からかぶり、そして彼の小刀を摑んで胸を突いた。この武家同士の戦いの時代の感動的な物語がもうひとつある。ヨエル・ホフマン（『日本の辞世詠』）は、それをこう語っている。侍の奈良左近《ならさこん》の妹、奈良弥生《やよい》は、別の武士、定光《さだみつ》に何年も前から恋され言い寄られていた。左近は定光が好きではなく、二人の結婚を拒否していた。領主間の同盟が破綻した結果、二人の男は対立する陣営に属することになった。定光は左近を矢で射殺し、捕らえられていた弥生と結婚した。彼女は結婚を受け入れたように見えたが、しかし密かに最後の手紙を母親宛に書いた。そのあと彼女は定光をその刀で殺し、自害して、一族への忠誠を証明した。彼女の歌を読むと、それでもそこに定光への愛のメッセージを見ずにいるのは難しいように思われる。

思ひ川深き淵瀬は早けれど誘ふ水には名を流さめや
（私の思いは深い川のようで流れは激しく速いけれど、
私を魅きつけるこの流れに私の名を流してしまうわけにはいきません）

横笛と滝口……血文字の恋文

詩歌の伝統においては、女性の多くは恋の苦しみを表現するために身投げする。(8)湖、池、あるいは海の底で、彼女たちは最後に欲望と肉体と、恋人の手のメタファーである藻に愛撫される長い髪との不定形の世界にたどり着くことができる。水死に伴う〈辞世〉のもっとも有名な例のひとつは、十世紀に書かれた『伊勢物語』に見出せる。「昔、男が片田舎に住んでいた。男は、宮仕えをしにと言って妻と別れを惜しみながら行ったまま、三年経っても戻って来なかった」。女は待った。なんの便りもなく、女はついにこう考えた。「私のことは忘れてしまったのだわ」。ひとりの男が彼女にしつこく言い寄った。すべて諦めて、彼女はついに譲歩した。「今夜、あなたをお待ちします」。「ところが夫がまさにその夜に戻った。彼は戸を叩いて開けるように言ったが、彼女は開けずに歌を詠んで外の夫に言った。あらたまの年の三年《みとせ》を待ちわびてただ今宵こそにひまくらすれ（三年間もあなたを待ちくたびれてちょうど今夜新しい夫と枕をかわすところなのです）。夫は、思いやりをこめて、愛されるかぎり男を愛するように彼女に言い、二人をそのままにして立ち去った。自分の行ないを悔いて彼女は急いで夫の後を追ったが、しかし時すでに遅く、彼は遠くに行ってしまっていた。それで「彼女は清水のある所に倒れ伏してしまった。そしてそこにあった岩に、指の血でこう書きつけた」。

あひ思はで離《か》れぬる人をとどめかねわが身は今ぞ消えはてぬめる

（私のほうでは愛しても愛してくれないで私のもとを離れ去った人を、引きとめることができず、私の身はいまここで消え果ててしまったようだ）

そして「彼女は死んだ」、と二十四話は簡単に言う。およそ四世紀後、横笛《よこぶえ》と呼ばれるひとりの娘が、絶えずカップルたちが懐かしがって撫でにやって来る岩の上に血で別れの歌を書き残した。それも恋の歌である。血文字は消え、代わって、実在したかどうかすらわからない文字が刻まれた。この話は『平家物語』（一三七一年）巻十に見出せる。話の舞台は、十以上の苔むした寺がひっそりと建つ、京都近郊の山の迷宮、嵐山（昔の嵯峨野）の牧歌的環境である。この遠隔の地には、祇王《ぎおう》と祇女《ぎにょ》の姉妹が、母親と美しい仏《ほとけ》とともに、心の安らぎを見出した避難所がある。そこから二十メートルのところ、竹垣に挟まれて蛇行する小道の先に、滝口寺の静かな庭が見えてくる。この寺の名は、十三歳という若さで京都の御所の警護に就いた侍、斎藤滝口時頼《たきぐちときより》に因む。彼はそこで建礼門院の侍女を一目見て恋に落ちた。しかし父親がこれを知って激怒した。「つまらぬ女に恋するとは。結婚などもってのほかだ。お前には出世に役立つある立派な人物の女婿《むすめむこ》になってもらいたいと思っている」。滝口は絶望して出家した。「夢幻《ゆめまぼろし》の世の中で、束の間にせよ、気に入らない女と暮らすことなどできようか[9]」。彼は十九歳だった。剃髪し、嵯峨野で僧衣を着た。ところが彼を恋していた娘は、この決断を知らず、不安な思いで彼を待つだけだった。恋する人が、彼女に一言も言わずに姿を消した。彼女が出家したことを知ると、彼女は気が狂ったように彼を探しに出、寺々や森をさまよい始めた。「頃は二月十日あまりのことなので、梅津の里の春風が運んで来た花の香りに彼女は思わずうっとりし、大井川の月影もおぼろに霞んでいた。この奇妙な混乱は、いったい誰のせいなのだろうと彼女は思った」。そのとき彼女は彼の声を耳にした。彼は経を唱えていた。「彼を見つけたと思って」、彼女は垣根の外から懇願した。「もう一度あなたにお目にかからせてください」。「滝口入道は、胸が騒いで、障子の隙間から覗き見た。そこには彼を必死になって探していた女の悲嘆にくれた姿があり、頑なな僧の心を打った[10]」。だが負けてはならないと決意して、彼は人を出して、滝口という名の人物はここにはいないと娘に告げさせた。『平家物語』は、横笛が尼になり、そして絶望のあまり死んだと結論するばかりである。滝口寺では、彼女の最期はさらに悲劇的なものだったと言われている。拒絶され、追い払われた彼女は、自分の苦しみを言葉ではなしに伝えるために笛を吹き、そして指を切った血で寺の前にある石の上に別れの歌を書き残し、大井川のそばの千鳥ヶ淵に身を投げた。彼女の墓は、川岸から数メートルのところにある。

敦盛と熊谷……「夢の世なれば驚きて、捨つれば現なるらん」

恋に関するもっとも重要な日本語のひとつ、〈契り〉〈約束〉は、また誓いという意味でもあり、それは文字通りには「言葉を折る」を意味する。「私たちの文化ではたくさんのものを折ります。たとえば、詩歌を含む手紙とか、告白の代わりとしてプレゼントを包む布とか。約束は、刀、香箱、あるいは笛という形をとって幾重にも包まれることもあり、そのためにいっそう密かで神秘的なものとなります。私たちにあっては、約束は見つめあって声高に発せられる誓いであることはほとんどありません。それはもっと遠回しの、ほとんど目に見えない、黙って酒を交わすという形をとります」[11]。琵琶奏者の友吉鶴心《ともよしかくしん》は、十三世紀から諸国を巡って四弦の琵琶で叙事詩を朗唱する盲目の〈琵琶法師〉の伝統を受け継ぐ。『平家物語』のなかにとりわけ悲痛な〈契り〉の物語があり、それを友吉は目を閉じ、反響する音を聞きながら甲高い声で歌うのを常とする。それは侍の敦盛《あつもり》の物語で、十六歳のとき、彼を愛するひとりの男に殺されたのである。「彼の死とその殺害者、熊谷次《くまがいじ》郎直実《ろうなおざね》の出家の話は、『平家物語』の語り部たちがもっとも好むところのものである」[12]と、この逸話から想を得た能作品の翻訳者ノエル・ペリは主張する。委細は、『平家物語』巻第九、全面的に一ノ谷の戦いを扱った章に語られている。

戦いは、一一八四年三月十八日に起きた。一ノ谷は平家の要塞で、現在の神戸の西、山と海に挟まれた、きわめて狭い海岸地帯にあった。より正確には、一ノ谷は三つの谷のうちの一つを意味し、平家軍はその斜面を背にして陣地を築いていた。山は、実際この場所で百メートルほどの高さの断崖になっていた。「当時、越えることができないと思われていたこの山に守られた陣地は、確かにきわめて頑強で難攻不落に見えた」[13]、とノエル・ペリは説明する。しかしその場所ゆえに陣地の内側で兵を動かすことがきわめて難しかった。この点を義経は悪魔的な戦略的感覚で利用した。彼は軍を三つに分け、自分は突撃部隊の先頭に立った。山の上から駆け下りて敵を背後から襲ったのである。二十五歳の情熱に駆られた彼は、わずか百騎ほどを率いて斜面を駆け下り、平家の取り乱した集団を殺戮した。恐慌をきたした平家軍は舟で逃げようとしたが、岸に着く前に大勢が死んだ。それは虐殺だった。『源平盛衰記』は語る。「敦盛は濃紺の地に金襴を施した装束の上に萌黄色の甲冑を着け、白い星の鍬形を打った兜をかぶっていた。（中略）明るい鹿毛色の馬に乗っていた。たったひとりで舟へ逃れようと、彼は馬を海に入れた[14]」。浜辺に駆け下りた熊谷という武士が、彼を追いかけて叫んだ。「引き返せ、逃げずに引き返せ！」自尊心を傷つけられた敦盛は振り返り、扇を高く上げて戦いに誘っている無礼者を睨みつけた。刀を抜いて、二人の男は互いに馬を駆り立て、「取っ組み合って、波打ち際に鈍い音を立てて落ちる。二度三度、彼らは上になり下になりして転げ回る。だが敦盛は若く非力である。熊谷は老練な武士だ。ついに彼は相手を組み伏せる[15]」。敦盛の肩に膝を乗せ押さえて、熊谷は首を切り落とそうと、その兜を押し仰向けて見れば、驚いたことに負かした敵は十六歳になるかならずの美少年にほかならず、自分の死んだ息子を思い起こさせる。敦盛は彼に笑いかける。当時の武士の慣わしで、薄化粧し歯は念入りに黒く染められていた[16]。死ぬには美しくあらねばならない。熊谷は、動転して、彼の名を尋ねる。「早く首を取れ」、と若者は答える。熊谷は言い張る。「繊細な感情も持たぬ東国のしがない武士には、名乗らないと決めたのか？ それも道理だが、思いついたことがあるゆえ、こんなふうに話しかけているのだ[17]」、と彼はやさしく示唆する。若者は思う。「われわれの争いも私の死も前世の報いに相違ない」。彼は名乗り、身分、家柄を言い、そして崇高な犠牲の子羊のように、最期を待つ。

熊谷は、悲しみに打たれ、彼の命を救う手だてを探るが、そのとき周りでは男たちが戦い、敗れ、取っ組み合い、波打ち際で血を流している。か弱い若者が自分の下でじっとしているのが、涙のためにもうほとんど見えない。容赦するのは不可能だ。「わが軍の兵士が雲霞のごとく満ち満ちており、私が逃しても彼らに倒されよう」、と熊谷は言う。「私の手にかかって死んでいただこう。この熊谷次郎直実がそなたの霊のために御孝養仕ろう」。「そう言って、目を閉じ、歯を食いしばり、泣きながら、彼は首を切る。言うまでもなく、それは恐ろしいことだった」、と『源平盛衰記[18]』は語る。『平家物語』でも話に大差はない。「早く首を取れ、と若者が言った。それで熊谷は泣く泣く首を切り落とした[19]」。その後、袖を顔に押し当ててさめざめと泣きながら、彼はこの美しい首を包もうと装束を解いて見ると、驚いたことに、敦盛はそこに錦の袋に入った笛を忍ばせていた。楽器を持って出陣したのだ。これが悲劇に最終的悲壮感を付け加えた。この笛は、小枝《さえだ》と呼ばれたが、以後ずっと熊谷の手元にあった。彼が出家したのは敦盛殺害後何年も経ってからだが[20]、劇作家や奏者の主張するところによれば、彼は戦いの直後に剃髪し、犠牲者の霊を慰めるために祈った。蓮生（れんしょう／れんせい）の号のもと彼は世を捨て、波打ち際で彼が首を切り落とした者の永遠に悲嘆にくれた愛人になったのである。

「熊谷は、初めて敦盛を見て、恋に落ち、そして彼を殺さなければならなかったとき、三十五歳でした」、と友吉鶴心は語る。「とても雄々しく、たくましい男でしたが、対照的に敦盛はそれだけいっそう優雅に見えたに違いありません。当時、男は別の男に恋することはありませんでした。恋したのは美しさに対してです。熊谷と敦盛は、互いに相手の美しさに負けたのです。彼らは、あたかも愛のいとなみをするかのように決闘で立ち向かい、そして最後に敦盛はその口の記念に横笛を残しました。潜在的な接吻です。この笛が〈契り〉でした」。仏教には、二人の人間の愛は死によって別たれなければ実現されえないという信仰がある。「男女間の愛」を実現するには二つの命が必要である、と格言は言う。「会うは別れの始め」。「種を蒔かなければなにも生えない」という格言もあるが、それは、種が芽を出すためには、まず死の季節たる冬が過ぎ去らねばならないということを暗示する。絶えず災害に襲われるこうした農業的文化において、源氏の武士がこの十二世紀末に権力を獲得するのは徒事《ただごと》ではない。犠牲の観念が新たな支配的イデオロギーの中心的テーマになる。

一ノ谷の戦いの一年後、平家が壇ノ浦の戦いで決定的な敗北を喫すると、勝利した頼朝は〈将軍〉の名のもとに権力を掌握し、そして彼の周りにいて彼を裏切りそうな者を殺し始める。服従を促すために、彼は虚無の美や禁欲を唱える僧を保護する。「露の命」（人の命は朝露である）。「死んだればこそ生きたれ」（死んで初めて生に達する）。強まる阿弥陀信仰の影響下に、集団自決の運動や、無私無欲を奉じる禅宗派が生まれ、死が生の、生そのものになるほどの必須条件になる。こうした教えは世阿弥に完璧に受け入れられる。一三七四年、ある将軍[21]の寵童になると、世阿弥はこの傑出した武士の理想を称揚する作品を書き始める。民衆を魅了すべく数々の武勲に想を得、もとより「敦盛の最期」を扱う作品を忘れることはない。この能において、最初に登場するのは熊谷、いまは蓮生《れんしょう》という名の法師である。喪に服して彼は悲痛の声で唱えながら進む。

> 夢の世なれば驚きて、夢の世なれば驚きて、捨つるや現《うつつ》なるらん
>
> （この世は夢のようにはかないのだと目が覚めて、世を捨てて出家したが、世を捨てたことだけは、確かな現実だと言えようか[22]）

敦盛を殺さなければならなかった、と彼は言う、現実に達するために。しかしいかなる現実か。「現《うつつ》」は、とても曖昧な語である。それは、「うつ（虚）」、「うつる（映る）」、そして「うち（内）」といった語に、様々な漠とした反響を伴って属する。それはまた、「ヴィジョンが現れる瞬間」を意味する「うつり」というほとんど定義しえぬ語を確かに喚起する。「存在」（霊、幽霊、神）が、自分のために用意された、純粋な、扱いうる空間を占める瞬間。それゆえ、空気を震わせて自分を何十年も過去へと運ぶ笛の音を聞いて、蓮生が記憶を呼び覚ますと、どこからともなく敦盛が現れる。波の打ち寄せる岸辺で、蓮生は自分が殺す前に若者にした、「そなたのために祈ろう」という約束を思い出す。毎日、彼は敦盛の霊が浄土に行けるように祈り続けてきたのだ。彼は、阿弥陀がすべての魂を救って浄土に導くというもうひとつの約束を語る〈念仏〉を果てしなく唱えてきた。その約束の実現のために、日本のいたるところで阿弥陀宗徒は、その名前を声をかぎりに繰り返せばよいと主張する。

「南無阿弥陀仏、南無阿弥陀仏……」

約束は、日本では集積から成る。それは、石の積み重ね、目眩くほど繰り返される朗唱、折りたたまれた手紙、同じ紙に重ねられる返事から成る。江戸時代まで紙は「とても貴重だったので、再利用する習慣があった」、とクレール＝アキコ・ブリセは説明する。「古い使用を示す墨の紙面を全面的に消すことがしばしば不可能になるので、それは明るい灰色の様相を帯びたが、そこに〈薄墨紙〉という詩的な名称が由来した。〈薄墨色〉は〈黄昏〉の色に等しい」[23]。能の『敦盛』の舞台では、「帰るさになる夕まぐれ」（帰る時刻の夕方）と歌われる。重なった雲のために暗さを増す空の下で、蓮生法師は、あたかも自然全体がもはや薄墨で書かれた恋文でしかないかのように、「夕波」を眺める。約束は、彼の魂の内部を映すこの浜辺で宇宙的な規模になる。彼はもはや、毎日そのために経を唱えている若者のことしか見ず、聞かず、考えない。すると突然、時間の厚みを通してであるかのように笛の音が聞こえ、彼はひとりの美少年の前にいることに気づく。初めは漁師の姿をしていたが、見えなくなり、そしてついに本当の顔で再び現れ、歌を詠む。「通ふ千鳥の声聞けば、寝覚めもす……」（飛び通う千鳥の鳴く声を聞けば、寝覚めもする……）。敦盛は彼に笑いかける。

日本では、羽の動きはしばしば波の動きにたとえられる。それは、鳥や虫の飛行によって生じる微風を暗示して〈羽《は》風《かぜ》〉と呼ばれる[24]。また、それを喚起するために、絶え間ない不在と現存、行きと帰りの交替するリズムのうちに、「近づく〈寄する〉もの」、「そして遠ざかるもの〈なごり〉の動きを思わせる動詞が用いられる。〈なごり〉〈名残り〉という名詞は、しかも砂の上に痕跡として積み残された泡のデッサンを思わせる、「もはやない跡」という美しい表現〈波残り〉と同音意義である。「日本人にとって、風景はすぐれて海景である」、とクレール＝アキコ・ブリセは主張し、源俊頼《としより》の歌を例に引く。「我は待つ　玉藻の床に浮き寝して……」。海面に浮き沈みする海鳥の「浮き寝」は、海藻の床〈玉藻の床〉で待つ恋人〈たち〉の苦しみを記述するのによく用いられるが、玉藻は、女の波打つ髪に、あるいは涙に濡れたその着物の裾にしばしばたとえられる。

浮遊するイメージで織り成されたこの歌には、海岸に関する語彙からの借用がたくさんあるので、日本の恋が作られるのは、海の満ち引きで跡を残す形なき砂によるようにしか見えない。さらに、刀の刃には〈白波〉という形が認められるが、これはゆったりとした波や泡の形に刀匠によって周到に引かれるものである。「刀身の上に見える紋様を記述するのに、二千から三千の言葉があります」、と刀剣商のシダルタ・ドゥッタは説明する。「一般に空や霧、気象に関係する言葉です。金属には内部の雷雨といった形をとる〈はたらき〉と呼ばれるものがあります。しかし審美家たちが注意するのは、とりわけ輝く鋼とくすんだ鋼とを分かつこの地震地帯です。一・五ミリから三ミリの幅のこの中間の空間に、彼らは泡だつ岸辺や曇った縁飾りを見るのです」[25]。シダルタ・ドゥッタは何時間も刀身を眺め、金属の「皮膚」の下を調べると刳形や波形などが浮き上がって見えることがあるという。刀は約束と同じように作られる、と彼は言う。つまり、連続的に折ることで。「八百グラムの刃を作るには、十二キロの鋼が必要です。初めに〈玉鋼《たまはがね》〉と呼ばれるものがあります。〈鍛錬〉と呼ばれる過程において、刀匠と弟子が赤熱したブロックを槌で打ち、平らにし、中央に切り込みを入れ、折り返し、そしてまた平らにします。折り返しの作業は、十回から十五回繰り返されます。折れば折るほど、刃は軽く純粋になります。しかし十五回以上折ると、刃はガラスのように割れます。一度鍛えられれば、刃は神秘的な生地で覆われますが、その製法は何世紀も前から師匠から弟子へと口頭で伝えられるだけです。千二百度の猛火のなかに入れられると、この生地で覆われた鋼は、刀身上に独特の波のデッサンを浮かび上がらせて凝縮し、美しくなります。次には水に入れられ、温度差の衝撃の効果で逆向きにたわみます。刀は、文字通り自己回帰するようなトラウマを受けるわけです」。

刀剣術もまた、それゆえ心の言葉を刻みつける、この層と重なりの美学に属するわけだ。その鋼が捩じられ、折られ、打たれるほど、それは凝縮する。そして雪の層が積み重なり固まってきらめく氷のブロックになるように、刀の刃もダイアモンドの特性を獲得する。「それで他の刃を叩くと、澄んだ音が響きます」、とドゥッタは言い、その品質を音で判断する。約束もそんなものである。折り返された言葉、寄せては返す波、繰り返される祈り、他の歌への返答としての歌……。それは、長く抑えられていたのでその強さを翻訳するにはひとつのため息で十分であるような物事の深さと密度を得るにいたるのだ。舞台では敦盛と蓮生が、ついに結ばれ、見つめ合う。「これは夢か」と僧は問う。「夢ではない」と死者は答える。「かつては敵《かたき》……」と僧はつぶやく。

「今はまた」、と敦盛は答える。「まことの法《のり》の」と蓮生。「友なりけり」。

豊原国周「敦盛 沢村訥升」（一八六九年）

扇を手にした班女……「恋を信じるべきです」

中国の漢王朝において、とても美しい女流詩人が成帝（紀元前三十三年から前七年まで統治）の愛人になっていた。名は班婕妤《はんしょうよ》。[26] 春に出会った二人は、しきたりに従って、貞節のしるしとして扇を交換していた。恋人たちはひと夏を過ごしたが、秋になると帝は別の女性に夢中になり、彼女をそっけなく見捨てた。班婕妤はそれで簡潔な詩[27]を作り、そのなかで自分をもう役に立たないために捨てられる「秋の扇」にたとえた。日本の多くの歌人、たとえば大江匡衡《おおえのまさひら》は、この物語に暗に言及し、そして「秋扇《あきおうぎ》」という表現が「裏切られ捨てられた女」の同義語になった。

婕妤が団雪の扇　岸風に代へて長く忘れぬ
（班婕妤の雪のように白く丸い扇は、岸の風に吹かれて、長く忘れられている[28]）

当時の中国の扇は、円形で木製の取っ手が付いていた。伝説によれば、婕妤の扇は白かったが、この色が円い形と結びついて、いかにも「その蒼ざめた光が恋人たちの傷ついた心に降り注ぐ[29]」秋の月を想わせた。『和漢朗詠集』（一〇一八年）のなかで、ある文人は、こうした扇の発明をくだんの美しい寵姫に帰してさえいる。「班婕妤は漢の成帝の最愛の人で、彼は彼女を優しく気遣った。それも、ある日飛燕が彼の前で踊ったときまで。帝は彼女に夢中になり、婕妤のことを忘れた。婕妤は、深く傷つき、それで木の輪の上に白絹を張って、胸を過る火を鎮めようとした。中国では扇は〈白絹〉と言われる。円くて綺麗なので、満月にたとえられる。その色はまた雪を想わせる。そのために〈団雪の扇〉と呼ばれる。この扇を使うとき、婕妤はもう嫉妬の炎を感じなかった[30]」。

すぐに消えるはかない恋は、古典的な歌においては、しばしば秋に結びつけられる。というのも「秋」は「飽き」と同音意義であり、またこの季節は、女がむなしく待つ「長月」の季節でもあるからだ。扇、陰鬱な風、そして月に関するこうした歌から、十五世紀初頭に劇作家の世阿弥は、中国の皇帝の寵姫、班婕妤の物語を田舎の旅籠という平板な環境に置き直して、衝撃的な演劇作品を引き出した。当時、旅籠は宿や住まいばかりでなく、また「腕枕」、客と寝る若い女をも提供していた。能作品は、『班女《はんじょ》』と題する。それは、花子と呼ばれ、また子供のときから扇をもてあそぶので「班女」とあだ名をつけられている遊女の物語である。花子は美濃の国（現在の岐阜県）の野上《のがみ》で働いているが、いまは高速道路と弾丸列車の線路とに挟まれた、関ヶ原駅近くのこの町で、何世紀も前から旅人たちが京都から遠い東国へ下る途上で休憩を取るのだった。この小さな町に、ある春の日、吉田の少将がこの旅籠に泊まり、花子と昵懇になって長居する。この行きずりの恋は、彼を混乱させ驚かせる。彼は花子に夢中になり、また戻って来ると約束する。使命を終えれば、彼女を探しに戻る、と彼は誓う。恋人たちは扇を交換し、男は去り、女はやるせなく、部屋に閉じこもって働こうとしない。「彼女はもう客の相手もできず、話しかけても返事もしない」、と宿の女将は憤慨し、何カ月か後、ついにこのごくつぶしを追い出してしまう。

最愛の人の扇を胸に押し当て、この不幸な女は余儀なく当てのない長い放浪の旅に出る。彼女は何カ月も前に交わした約束にすがるが、そのとき男は、夕顔の模様の扇と交換に月の模様の扇をくれたのだった。彼はいまどこにいるのか。なぜ戻って来ないのか。最初に能舞台へ導く橋掛りに登場するときから、花子を演じる役者は、この世の時間とは逆に流れる時間から剝ぎ取られたような足取りでおずおずと進むように見える。ヒロインは、契りを交わした思い出のあの春の一夜に合致する瞬間へと歩を進める。愛する人を探しながら、途方に暮れ、どこにいるかわからずに待つだけのこの矛盾した動きに、全作品が集約される。彼女は気が狂っている。彼女は扇を握りしめる。彼女を乱暴に追い出す宿の女将は、その扇を彼女の手から奪い取って放り投げる。花子は泣きながらそれを拾い、当てもなく行き当たりばったりにのろのろと出発する。彼女の苦しみの場面に変わる。「まことに相変わらず定めなき世であることよ」、と彼女は言い、にもかかわらず希望に震える声で付け加える。「と人の言う」。追われた彼女は、人間の条件を象徴する夢の追求の旅を始める。幸福を約束してくれた。それを信じるのは間違っているのか。なぜ彼は来ないのか。花子は近江路（「逢う身」の道）を歩み行き、行方も知らず重荷のように苦しみの身を運ぶ。だが、男は彼女のことを忘れていなかった。彼は再会を楽しみにして旅籠に来る。彼女がそこにはもういないのを知って、彼は京都の下賀茂神社に隣接する聖なる森、糺《ただす》の森に行こうと思う。そこは恋人たちが誓願を立てるところである。彼は発つ。花子を演じる役者が、そのとき舞台に戻り、地獄墜ちに伴う独白を始める。

由なき人に馴《な》れ衣《ごろも》の、日を重ね月は行けども、（中略）身を徒《いたず》らになすことを、神や仏も憐《あわれ》みて、思ふことをかなへ給へ（頼み甲斐もない人に馴れてしまって、月日は過ぎて行くが、（中略）抜け殻同然の身となっている私を、神様仏様、憐れんで願いをかなえてください）[31]。

だがなぜ答えてくれないのか。懐疑と希望のあいだで揺れて、花子は虚無の淵でためらうように見える。そして永遠に繰り返されるこの問いが、ついには作品の中心的問いになる。「私の身は、どこに行くのか」。私たちの成就の場所はどこにあるのか。「能のいかなる作品も約束について語る」、と能の専門家のディエゴ・ペレッキアは主張する。「たとえば『羽衣』において、天女は舞うことを約束します。『通小町』では、ヒロインは百夜の後に身を任せることを約束します。『松風』では、愛する男は戻って来ると約束します。それらはつねに幸福の約束、命がけでするような約束です。仏陀も人を救うと約束しました。救われるためには、仏陀のように、悟りの境地に入ればいいのです。能の役割は、われわれにまさのこの教えを思い起こさせるところにあります。われわれがそれを生きることができなければ、なにも来ませんし、なにも起こりません。そしてそこに達するには、起ころうとするなにかを待って、受け入れる用意ができていなくてはなりません。能の身振りはすべて道を開くことにあります。出会いが可能となり、再会が行われるために[32]」。もっとも、最初の出会いは、〈鏡の間〉と名づけられた神秘的な部屋で、眼差しの外で起きる。幕で観衆の視界に入らないこの閉ざされた部屋で、能の各作品の鍵となる瞬間が演じられるが、そこで主役（シテ）が舞台衣装を着け、舞台に出る前に最後の調整を行なうのである。彼は儀式の道具である仮面と簪《かんざし》をつける。「能はシャーマニズムに属します。シテが舞台衣装を着けたとき、彼はすでに移行状態に、つまり完全に自分自身以上の状態にあります」、と能の役者で翻訳者でもあるオガモ・レベッカ・ティールは説明する。「鏡の間は変身が達成されるべき場所です[33]」。

薄暗がりのなかで、シテはまず、それ自体虚無の象徴たる鏡の前に、そして鏡でもある仮面の前に立つ。「仮面をつける際に決して繰り返しはありません。それは身体を待つ霊です」、とレベッカ・ティールは強調する。能の上演はみな死者への祈りの価値を持つ。「仮面がゆっくりと顔に持ち上げられると、役者はそれを長いあいだ眺め、そしてそれを裏返して、鏡に映ったその人物像に融けこむ。暗がりのなかで、役者は、鏡の濃い闇の底、空間の底から、他者の像が現れるのを見る。その漠たる像は鏡の揺らめく暗がりのなかにぼんやりと垣間見られたものでしかないが、それが役者に近づき、その呼吸が役者の呼吸と混じり合う。役者はその人物になるわけではない。彼は自分自身であり続けるが、しかしその身体は二重化してあやしげな深さを獲得し、その霊は、催眠状態におけるように、別の霊に取り憑かれる。この存在にあらゆる部分が間近に取り囲まれるので、彼の皮膚もついにはその者の皮膚と混じり合って、役者は、計り知れない距離を来たかのようにふらふらと緩慢な身振りをする。彼は舞台に登場する用意がほとんどできている」[34]。彼を呼び出すのは笛である。笛の音が空間を貫き、地謡の叫びと鼓の震えが続く。「音楽は霊の出現を促します」、とレベッカ・ティールは言う。「それは超自然的な出現の告知のようにすべてを震わせます。この音楽は夢の呼びかけです」。次いで五色の幕（揚幕《あげまく》）が波打ちながら上がり、世界の果てからひとつの存在が立ち現れる。この幕の持ち上げ方には多くの種類があり、人物の感情に従って、あるときは激しく、あるときは夢幻的である。怪物や幽霊に関係する際には、幕は二度上げられる（半幕）。まず、わずかに感じられるあの世の息苦しい雰囲気と半ばそれと認められる恐ろしい姿とを直視させないために、半分だけ。次に、幽霊の役者が、見えない霧に取り囲まれて、まるで這うようにこの世に進み出るために、全部。

「能は受難劇です」、と武田好史は言う。「だから多くの能作品が待つことで気の狂った女たちを演出するわけです。能は、観衆にこの狂気に従い、自分の目印を失い、未知のものへと転落することを促します。すべては虚無と眩暈のまわりを巡ります。どんな出会いも、どんなヴィジョンも、虚無なしには不可能です。虚無は出来事の必須条件です。日本語では、この概念を指すのに〈うつ〉という語を用います。〈うつ〉は〈から〉を意味します。〈うつろ〉は〈空虚〉。〈うつわ〉は〈入れ物〉。〈うつる〉は〈反映する、合致する〉。〈うつり〉とは、神が空虚を満たす瞬間、そしてヴィジョンが現れる瞬間です。〈うつ〉はまた〈打つ、鍛える〉を意味する動詞で、〈鏡を打つ〉、〈刀を打つ〉、あるいは〈能面を打つ〉と言うときに使います。〈うち〉（内部）と発音するのは、穿《うが》たれたものは内部を有し、満たされることを要求するからです」[35]。武田によれば、女はすぐれて「穿たれた存在」、あの世から来るものの理想的受容器である。「女は竹の茎のようなものです。呼び求めるうつろな空間です」と彼は言う。能の『班女』では、この呼び求めは悲痛な調子で響き渡る。「秋風は吹けども、荻《おぎ》の葉のそよとの、便りも聞かで」。花子は、秋風に乱れる萩の葉や水面のように、次々に生起する反対感情の波に揺さぶられ、希望と絶望の全段階を過りながら涙する。彼女のたどる困難な道は、武士たちの道と交差し、彼女の乱れた髪が彼らを笑わせる。彼らは彼女を施しもののために狂気を装う乞食のひとりだと思う。

十四世紀、ヒステリー気味の〈色香〉に包まれた女性の狂人たちは、多少とも官能的な踊りを売り物にした。寂しい路上でみずからを守るために精神錯乱を真似する者もいた。また、男の気を惹くためにわざと乱れた身なりをする者もいた。苦しみのため、ときには恋のために気の狂った、こうした浮浪者たちの光景は、そこから世阿弥が能において〈物狂い〉(36)という名称で独立したジャンルを作るほどに心をそそるものがある。禅哲学者のなかには、狂人は虚無を見ることができると言う者もいる。〈物狂い〉の作品においては、狂気は啓示に属する。これらの作品で描かれるのは、「様々な劇的事件を通して、人格の境界が消えて精神が内的に解放された平和に達するまでに、大いなる美と詩想を持つ狂気へと徐々にいたる女の道程」(37)である、とセルジュ・サラとフランソワーズ・ラベは書いている。彼女たちによれば、能は「非合理的なものの息吹きを感じさせる」ものだ。現実に扇をゆったりと動かすことをやめて、花子は空間に計り知れない射程の羽の動きを創り出す。〈うつり〉、それはヴィジョンが現れることの胸躍る瞬間である。彼女の動きが武士たちとその将の注意を惹き、彼を驚かす。扇を持ったこの女は誰か？ 彼はそれをよく見ようとする。彼は月の絵と花子に気づく。花子はその魅惑的な目を彼に向け、吉田と気づく。地謡が「白雪の扇」と謡う。こうして、一緒にいられることの喜びを祝って舞う、結ばれた恋人たちの姿で、この作品は終わるのである。

【註】

（1）『古事記』は、ヤマトタケルが死後白鳥に変身したと語る。彼はその前に妻に倣って別れの歌をいくつか残していた。その最後の歌はこうである。「孃子《おとめ》の床《とこ》の邊《べ》に吾が置きしつるぎの大刀《たち》、その大刀はや」。当時の男たちは、しばしば自分の愛する女を刀にたとえた。というのも彼らは一緒に寝たからだ。愛する女は、刀のように、「一時も自分のそばから離れぬ人」だった。

（2）訳は、Maryse et Masumi Shibata (*Le Kojiki*, Maison-neuve & Larose, 1969, p.175) および Yoel Hoffmann (*Japanese death poems*, Tuttle publishing, 1986, p.59) を参照。

（3）Ivan Morris, *La Noblesse de l'échec. Héros tragiques de l'histoire du Japon*, Gallimard, 1980, p.33.

（4）Yoel Hoffmann, *op. cit.*, p.77.

（5）忠臣蔵は、もともと二代目竹田出雲、三好松洛および並木千柳の合作による全十一段の人形劇（浄瑠璃）のための作品である。

（6）Gary P. Leupp, *Male Colors: The Construction of Homosexuality in Tokugawa Japan*, University of California Press, 1995, p.50.

（7）乃木希典が自決するとき、〈殉死〉はおよそ百五十年前から非合法である。

（8）死刑が禁じられていた時代（奈良・平安時代）には、不貞な女、とりわけ天皇にもっぱら仕える神聖な巫女とみなされた〈采女〉は、心ならずも「自殺」させられたようだ。彼女たちを殺す方法は水死だった。René Sieffert, *Man'yôshû*, vol. 1, p.224.

（9）*Le Dit des Heike*, traduit par René Sieffert, POF, 1971, pp.424-427.

（10）*Le Dit des Heike*, *op. cit.*, p.426.

（11）二〇一〇年十二月二十日、友吉鶴心との対話。

（12）Noël Péri, Études sur le drame lyrique japonais No. III, Le Nô d'Atsumori, *Bulletin de l'École française d'Extrême-Orient*, tome 12, 1912, p.1-63.

（13）Noël Péri, *op. cit.*, p.3.

（14）*Gempei seisui ki*, cite par Noël Péri, *op. cit.*, p.3.

（15）*Gempei seisui ki*, cite par Noël Péri, *op. cit.*, p.6.

（16）平安文化は死刑を禁じていたが、後を継いだ武士の新秩序では、戦勝記念として首を切り取り、勇敢の証として持ち帰った。彼らが首を持ち帰れば帰るほど、彼らの栄光は輝かしいものとなった。敵将の首はとても望まれたので、瓶のなかの不気味な胎児さながらにアルコールで保存され、次いでそれを見分ける役目の権威のもとへ送られた。戦いの後、こうした首が町の入口に証拠として置かれることもあった。こうしたことを予想して、武士は化粧した。出血しても自分の顔が生気を保つように。

（17）*Gempei seisui ki*, cité par Noël Péri, *op. cit.*, p.6.

（18）*Idem*, p.7.

（19）*Le Dit des Heike*, traduit par René Sieffert, POF, 1971, pp.392-393.

（20）「熊谷は源空の指示で出家した。しかしそれは一一九二年、一ノ谷の戦いの八年後のことであり、敦盛殺害とは別の理由によるものだった。その猛々しく気難しい性質から、以前に平家から源氏へと移っていた熊谷は、その後頼朝によって自分の真価が評価されているとは思えなかった。彼は久下直光《くげのなおみつ》と言い争っていた領地問題に関する意見陳述で不利な評価を得た。この種の挫折を味わった後、まだ働き盛りだったが、彼は家を息子に譲り、黒谷に引退した」（Noël Péri, *op. cit.*, p.10）。能の『敦盛』の序文のなかで、ロイヤル・タイラーは、熊谷が出家したのは、一ノ谷の戦いの二十年後だと主張している（Royall Tyler, *Japanese Nô Drama*, Penguin classics, 1922, p.37）。日付がいつであれ、いずれにせよそれは確かに事件後であった。

（21）文中三年、西暦一三七四年、足利第三代将軍義満は、その若さにもかかわらず、すでにあらゆる芸能に通じた高級文化人であり、評判の高かった大和の猿楽座のすばらしさをみずから判断しようとした。Gérard Martzel, *Le Dieu masqué*, POF, 1982, p.111.

（22）Noël Peri (*op. cit.*, p.15) et Royal Tyler (*op. cit.*, p.38)

（23）Claire-Akiko Brisset, *À la croisée du texte et de l'image*, p.119.

（24）Claire-Akiko Brisset, *op. cit.*, p.61. クレール＝アキコ・ブリセはまた、「波が近づく」を意味する「寄する」という動詞が、「手紙を送る」「贈り物をする」をも意味すると述べている。

（25）二〇一〇年五月十四日、ジュネーヴのギャラリー・ドゥッタで行なわれた対談。

(26) 班婕妤《はんしょうよ》は日本語の発音で、中国名では Pan Chieh Yu あるいは Ban Jieyu と発音される。Pan/Ban は「寵姫」を意味する。彼女は帝室の女官で、紀元前四十八年から前六年まで生きた。能の『班女』の序文において翻訳者のロイヤル・タイラーの指摘するところでは、彼女の物語は中国と平安時代の日本のあらゆる種類の詩人たちに想を与えた。日本の十三世紀には〈宴曲《えんきょく》〉というかたちで韻文化されたが、これは武士や貴族のあいだで人気を博した歌謡である。Royall Tyler, *Japanese Nô Drama*, Penguin classics, 1922, pp.108-119. Armen Godel et Koichi Kano, *La Lande des mortifications*, Gallimard Nrf, coll. “Connaissance de l'Orient”, 1994, pp.33-50.

(27) 班婕妤が書いたという詩は、「怨歌行」と題するもので、彼女の作品のなかでもっともすばらしいとみなされている。「新たに斉の素を裂けば、皎潔霜雪の如し。裁ちて合歓の扇と為さば、団団明月に似たり。君が懐袖に出入し、動揺して微風発す。常に恐る秋節至り、涼風炎熱を奪ひ、篋笥の中に棄捐せられ、恩情中道に絶えんことを」。

(28) Armen Godel et Koichi Kano, *op. cit.*, p.33.

(29) *Idem.*

(30) Royall Tyler, *op. cit.*, pp.108-119.

(31) Armen Godel et Koichi Kano, *op. cit.*, p.41-42.

(32) 二〇一〇年七月二十七日、京都で行なわれたディエゴ・ペレッキアとの対談。

(33) 二〇一〇年八月四日、京都で行なわれたオガモ・レベッカ・ティールとの対談。

(34) Serge Salat et Françoise Labbé, *Créateurs du Japon, Le pont flottant des songes*, Hermann, 1986, p.181.

(35) 二〇一〇年十月二十五日、京都で行なわれた武田好史との対談。

(36) Minae Yamamoto, *Feminine Madness in the Japanese Noh Theater*, Ohio state University, 2008.

(37) Serge Salat et Françoise Labbé, *op. cit.*

訳者あとがき

本書は、Agnès Giard, *Les Histoires d'Amour au Japon, Des Mythes fondateurs aux Fables contemporaines*, Éditions Glénat, Grenoble, 2012 の全訳である。正題を直訳すれば、『日本における愛の物語集』とでもなろうが、《Histoires》という複数形の言葉に含意される「物語」と「歴史」との両義性を、あえて「史」という一語で受けとめて、副題はそのままに、邦題は『愛の日本史——創世神話から現代の寓話まで』とした。

全訳とはいえ、本書を構成する九十九の文章には、註のほかにときとして欄外註のようなものが付されていて、本文の敷衍、日本語の概念の辞書的説明、あるいは言及された場所の地理的案内などが記されているが、これらはわれわれ日本人読者にはさほど必要とも思われず、またいささか煩瑣でもあるので、すべて割愛させていただいたことをお断りしておく。

本書の翻訳のきっかけとなったのは、著者自身の「日本語版への序文」にものっけから名前の挙げられている、京都の長年の友人、武田好史氏との会話だった。「谷川さん、こんな本が出ているんですよ」と見せてくれたのが、五百ページを越えるフランス語の大著だった。もう三年以上も前のことである。著者アニエス・ジアールの名前は、すでに邦訳のあった『エロティック・ジャポン』（にむらじゅんこ訳、河出書房新社、二〇一〇年）を通して知ってはいた。現代日本の「性文化」の詳細なレポートとも言うべきこの書物を私は面白く読んだが、そのためもあって著者は日本のサブカルチャーについての特異なフランス人研究者という印象が強かった。それはその通りであるには違いなく、その後邦訳の出た『［図説］〝特殊性欲〟大百科——〝ビザール〟の生態学』（山本規雄訳、作品社、二〇一五年）もその感をますます強めることになったかもしれない。だが、武田氏の見せてくれた本は、こうした性的サブカルチャー物とは次元の異なる研究書に思えた。これこそ著者の真面目とも言うべき代表的著作ではあるまいか。武田氏の名前も何度も登場するらしい本書を、ならば私が邦訳してみようかと決意した次第である。

『古事記』から三島由紀夫まで、いやまさに「創世神話から現代の寓話まで」、おびただしい文献資料を渉猟しながら綴られた本書は、たんに一外国人の手になる日本文化論のひとつと言うよりは、それ自体この分野における画期的な研究書のように思える。「言霊《ことだま》の幸《さき》はふ国」の襞に分け入り、その驚くべき豊饒さを明らかにしようとした比類なき日本文化誌というべきだろう。

それにしても翻訳作業中に痛感したのは、古典を含む日本語文献がいかに数多く外国語に訳され、また論評されているかということだった。著者はそうしたフランス語訳あるいは英訳からしばしば引用しているが、私は可能なかぎり日本語原典に当たって、そこから原文を採り、そしてときに私なりの現代語訳を併記するように努めた。したがってその場合には原註の外国人訳者名は省略させていただいた。

翻訳に際して核心的な問題は、なんと言ってもフランス語の《amour》をどう訳すかということだった。〈愛〉――まさしく本書は『愛の日本史』と題されているわけである。しかし本書は「日本に愛は存在しない」という逆説的議論から始まる。存在するのは〈恋〉だけだ、と。この問題に関しては、著者自身の苦心の論述を辿っていただくほかはないが、私としては、〈愛〉を〈恋〉よりも包括的な上位概念として用い、両者を適宜訳し分けることにした。本書で〈恋〉とカッコ付きで出てくるのは、著者自身が日本語を引いている場合であり、それ以外はすべて《amour》という名詞、あるいは《aimer》という動詞の訳である。訳し分けに違和感がなければ幸いだが、これは読者諸兄姉の判断を待つほかはない。

しかしいずれにせよ、著者の微に入り細を穿《うが》つ記述、ときに解釈過剰性とも言うべき執拗な記述によって、「記号の帝国」（ロラン・バルト）ならぬ「愛の帝国」としての日本の相貌が鮮烈に浮き彫りにされることは間違いないだろう。

なお、その記述には幾つかの思い違いや誤記（たとえば旧暦と新暦の混同、書名、書物の刊行年あるいは歌番号の違い、等）が散見されたが、これらは訳者の判断で適宜修正しておいた。

またもうひとつお断りしておかなければならない原著との違いは、収められた図版の数である。原著にはおびただしい絵画と写真がすべてカラーで掲載されている。それらの図版は、本文の内容と合致するかと思えば、また微妙なズレを示して、テキストとイメージがまるでシュルレアリスムのデペイズマンのような相乗効果を生み出している。邦訳ではその相当数を割愛せざるをえず、編集者と相談の上、ごく限られた数の図版に絞ることを余儀なくされたことを申し添えておきたい。そのためにヴィジュアルな性格はかなり弱められたが、しかしかえって正統的読み物としての性格は強められたと言えるかもしれない。

さて、本書は九十九の文章でもって閉じられる。九十九回、小町のもとに通い、百回目を無にした深草少将のように。著者の言うように、読者はみずから「物語を付け加え」て「成就」を期するほかはないだろうか。いずれにせよ、この閉ざされは、また開かれてもいるわけである。

本訳書の成立にあたって、まず武田好史氏にありがとうと言いたい。翻訳のきっかけを作ってくれたばかりでなく、また彼がパーソナリティをつとめる京都のＦＭラジオ番組「ラジオ・ラビリントス」に本書の件で二度ゲストに呼んでくれた。うち一度は来日中のアニエス・ジアールと一緒に話をする楽しい機会を得たのである。

そして誰よりも国書刊行会の礒崎純一出版局長に心より感謝申し上げたい。本書のような大部の書物の邦訳を快く決断されたばかりでなく、また様々な便宜をはかっていただいた。国書刊行会での翻訳の仕事は、バルトルシャイティス『鏡』とエリー・フォール『近代美術［Ｉ］』に次いで三冊目になるが、このような特異な日本文化誌の訳出を許されたことを幸せに思う。

最後に、編集上の細かな作業に携わっていただいた幣旗愛子さんに厚く御礼申し上げたい。彼女の行き届いた心遣いがなければ、本書はこのようなかたちで成立を見なかっただろう。

そしてもうひとり。ブック・デザイン担当の山田英春氏。美しい本をありがとう。

二〇一八年五月十五日

谷川　渥

図版クレジット

【カラー図版】

p.2 : ©Yuji Moriguchi.
p.6 : ©Takato Yamamoto.
p.7 : ©Kago Shintaro.
p.8 : ©Fuyuko Matsui.

【モノクロ図版】

p.16 : ©Ryuya Kisaragi & Tomoe.
p.89 : ©Nori Tomizaki.
p.100 : ©Takato Yamamoto.
p.126 : ©Fuyuko Matsui.
p.133 : ©Kago Shintaro.
p.166 : ©Takato Yamamoto.
p.193 : ©Ayami Kojima.
p.207 : ©Asako Hayashi.
p.228 : ©Yuji Moriguchi.
p.303 : © Takato Yamamoto.
p.330 : © Imiri Sakabashira.
p.344-345 : © Yuji Moriguchi.
p.367 : © Nori Tomizaki.
p.395 : © Yuji Moriguchi.
p.451 : © Yuji Moriguchi.

著者略歴
アニエス・ジアール（Agnès Giard）
哲学者の父、文学専門家である母のもと、ブルターニュで生まれ、アフリカで育つ。のちにパリに戻り、パリ第三大学で現代文学を学ぶ。90年代から若者向けメディアのジャーナリストとして活躍。また、アニメをはじめとする日本のサブカルチャー全般にも造詣が深く、フランスでは日本アニメの紹介者としても有名。既訳の著作に、『フェティッシュ・モード』（2003年、ワイレア出版）、『エロティック・ジャポン』（2010年、河出書房新社）、『［図説］“特殊性欲”大百科――“ビザール”の生態学』（2015年、作品社）がある。

訳者略歴
谷川 渥（たにがわ・あつし）
美学者。東京大学大学院博士課程修了。文学博士。主な著書に『形象と時間』、『美学の逆説』、『鏡と皮膚』、『新編　表象の迷宮』、『見ることの逸楽』、『文学の皮膚』、『幻想の地誌学』、『図説・だまし絵』、『イコノクリティック』、『廃墟の美学』、『美のバロキスム――芸術学講義』、『シュルレアリスムのアメリカ』、『肉体の迷宮』、『新編　芸術をめぐる言葉』、『書物のエロティックス』、『幻想の花園』、『芸術表層論――批評という物語』など。主な訳書にピエール＝マクシム・シュール『想像力と驚異』、エルンスト・ゴンブリッチ『棒馬考』（共訳）、ユルギス・バルトルシャイティス『鏡』、クリスティーヌ・ビュシ＝グリュックスマン『見ることの狂気』、アンドレ・ブルトン『魔術的芸術』（共訳）、エリー・フォール『美術史4　近代美術（I）』（共訳）など。

愛《あい》の日本史《にほんし》
創世神話《そうせいしんわ》から現代《げんだい》の寓話《ぐうわ》まで

2018年6月20日初版第1刷発行

著者……アニエス・ジアール
訳者……谷川 渥
発行者……佐藤今朝夫
発行所……国書刊行会
〒174-0056　東京都板橋区志村1-13-15
電話03-5970-7421　ファックス03-5970-7427
http://www.kokusho.co.jp

印刷・製本：三松堂株式会社
編集：幣旗愛子
ブックデザイン：山田英春

ISBN978-4-336-06270-3
落丁・乱丁本はお取り替えいたします。